CONSTITUTION DE LA MODERNITÉ
sous la direction de Jean-Claude Zancarini
4

Les Métaphysiques des Lumières

Actes du colloque « Les métaphysiques des Lumières » organisé les 14, 15
et 16 mai 2015 à Montréal par l'ANR « Anthropos » – UMR 5317 IHRIM
(ENS de Lyon), l'Université de Montréal et l'Université d'Ottawa
et publié avec le soutien du programme blanc ANR « Anthropos »,
le Conseil de recherches en sciences humaines du Canada
et le Fonds de recherche du Québec – Science et culture

Ce travail a été réalisé au sein du LabEx COMOD (ANR-11-LABX-0041)
de l'université de Lyon, dans le cadre du programme « Investissements d'avenir »
(ANR-11-IDEX-0007) de l'État français,
géré par l'Agence nationale de la recherche (ANR).

COMOD
UNIVERSITE DE LYON

Les Métaphysiques des Lumières

Sous la direction de Pierre Girard, Christian Leduc
et Mitia Rioux-Beaulne

PARIS
CLASSIQUES GARNIER
2016

Pierre Girard, professeur en études italiennes à l'université Jean-Moulin – Lyon III, est agrégé et docteur en philosophie. Ses recherches portent sur l'histoire des idées et sur la philosophie politique en Italie à l'âge classique (XVIIe-XVIIIe siècles). Il fait partie de l'UMR 5317 du CNRS (IHRIM/CERPHI), du programme ANR « Anthropos » et du LabEx Comod.

Christian Leduc est professeur de philosophie à l'Université de Montréal. Ses travaux portent sur Leibniz et les Lumières françaises et allemandes. Il s'intéresse à l'histoire de la méthode, de la métaphysique et des sciences.

Mitia Rioux-Beaulne est professeur agrégé au département de philosophie de l'Université d'Ottawa. Ses recherches portent sur Fontenelle, Diderot et les Lumières françaises. Ses travaux s'intéressent surtout à la philosophie de l'histoire, l'esthétique et l'épistémologie.

ISBN 978-2-406-06217-2 (livre broché)
ISBN 978-2-406-06218-9 (livre relié)
ISSN 2493-8947

INTRODUCTION

Un des premiers objectifs des contributions rassemblées dans cet ouvrage consiste à ne pas se satisfaire du constat habituellement fait selon lequel le siècle des Lumières – avec toutes les précautions qu'une telle catégorisation implique – serait un siècle fondamentalement anti-métaphysique, et cela par opposition à l'âge classique, en particulier le XVIIe siècle, celui des grandes doctrines métaphysiques. Il ne s'agit bien sûr pas de nier frontalement des caractéristiques classiques de l'histoire des idées et de la philosophie, mais de tenter de les penser de manière plus contrastée et plus problématique que ne le fait le simple énoncé ci-dessus. Il est vrai que les critiques voltairienne ou kantienne de la métaphysique sont incontournables pour comprendre des caractéristiques fondamentales du siècle, seulement il nous paraît réducteur d'en faire l'interprétation directrice. Le siècle des Lumières est une époque à laquelle la métaphysique a encore un droit de parole considérable, et c'est ce que les présentes contributions visent à examiner.

Certes, on a souvent caractérisé l'époque des Lumières comme étant le résultat de la substitution de problématiques anthropologiques à des questions métaphysiques. Sans revenir sur un tel constat, éclatant pour de nombreux aspects et pour de nombreuses pratiques des Lumières, il nous semble qu'il se fait paradoxalement *a posteriori*, sans jamais saisir les mécanismes dynamiques qui permettent de discerner les rouages et les causes de cette substitution. Pire, cela peut donner l'impression qu'une discipline se substitue à une autre, comme si elles évoluaient l'une l'autre dans des champs et des époques entièrement séparés et imperméabilisés, sans aucune relation entre elles. Le regard rétrospectif a ceci de pervers qu'il simplifie les interactions et, par une sorte de mouvement régressif du vrai, semble justifier ultérieurement ce type de substitution faussement linéaire. Il en ressort une simplification abusive des disciplines elles-mêmes, mais également de leurs relations.

Si l'on suit une telle manière de procéder, on peut avoir le sentiment que la métaphysique, discipline des fondements et des vérités premières, cesse d'exister au XVIIIe siècle. Les questions sont alors nouvelles et ne sont plus posées avec l'exigence initiale d'une autorité ou d'un fondement vertical vers lesquels se tourner, mais dans la perspective horizontale et critique du monde des hommes, de cette humanité redécouverte et qu'il faut connaître pour elle-même, qu'il faut éduquer, comprendre, et gouverner. Il s'agit là d'une perspective d'autant plus séduisante qu'elle semble exprimer de manière très suggestive la modification du sens du regard. Les vérités premières, les fondements, ne sont plus à chercher en dehors de nous, au-dessus de nous, dans une extériorité qui leur donnerait leur valeur, mais doivent être appréhendés au sein des caractéristiques propres à l'humanité en train de se connaître elle-même. Délivrée de toute autorité et de toute antériorité, l'humanité porterait enfin le regard sur elle-même et s'abstiendrait de chercher toute forme de vérité en dehors de celle dont elle est capable et qui lui donne sens. En témoigne, à titre d'exemple, ce fait qu'un *Traité de Métaphysique* comme celui de Voltaire, rédigé à l'aube des Lumières, en 1738, intitule son introduction, par une sorte de pied-de-nez à la tradition scolastique : « Doutes sur l'homme ».

Ce tournant anthropologique n'est du reste pas forcément contestable si l'on est attentif aux grandes problématiques qui caractérisent les Lumières. Ce n'est plus l'autorité divine, ni celle d'Aristote et de la tradition ou celle du Roi d'origine divine qui sont sollicitées. Le regard qui interroge le ciel ne découvre qu'un monde vide de sens, muet, désenchanté, à disposition de l'homme. L'évolution des sciences aux XVIIe et XVIIIe siècle, et ce de manière particulièrement marquée en physique et en médecine, a porté en apparence des coups irréversibles aux grandes pensées métaphysiques. Désormais, l'homme des Lumières issu de la « crise de la conscience européenne », pour reprendre l'heureuse formule de Paul Hazard, a conscience de la désuétude du questionnement métaphysique, est finalement à même de poser les vraies questions qu'exige l'humanité, et de trouver les réponses en son sein, sans jamais succomber aux sirènes de principes extérieurs à l'expérience humaine.

À nouveau, cette manière de caractériser les Lumières n'est pas fausse et l'investigation de l'humanité, de ses caractéristiques, de ses limites, de ses aspirations est bel et bien une marque éclatante de la production des Lumières et cela dans sa diversité européenne. Mais cette manière d'appréhender les Lumières se révèle profondément énigmatique si on s'arrête à ce simple constat. Énigmatique dans la mesure où une telle appréciation semble indiquer deux choses contradictoires : d'une part un processus clair où l'on voit certaines problématiques se substituer à d'autres. Il est évident que les questions qui se posent à l'époque des Lumières, bien que pouvant avoir les mêmes objets qu'auparavant, ne se posent plus dans les mêmes termes. Mais derrière cet aspect évident demeurent des zones à explorer qui rendent compte du passage d'une époque à une autre. Pour le dire autrement, métaphysique et anthropologie ne sont pas comme deux mondes isolés et hermétiques, glissant l'une sur l'autre, dans une sorte de ballet déshistoricisé. Les disciplines doivent être comprises dans leur ancrage historique, qui fait qu'elles ne sont jamais complètement séparées, mais liées à d'autres phénomènes, à d'autres champs par l'intermédiaire desquels elles entrent irrémédiablement en contact et le plus souvent de manière conflictuelle.

Par exemple, la naissance de l'anthropologie comme discipline ne saurait faire abstraction de l'exigence de la *libertas philosophandi* qui se développe tout au long du XVIIe siècle et cela au milieu de conflits et de querelles souvent rudes et violents. L'élaboration des conditions de possibilité du nouveau regard anthropologique ne se fait jamais dans le silence des Académies, mais sur la place publique, au milieu de luttes et de querelles aux caractéristiques théologico-politiques. Les figures de Bruno, de Campanella, de Galilée sont là pour nous le rappeler, comme la mise à l'index de la plupart des Cartésiens. Inversement, il serait illusoire de considérer la métaphysique comme une discipline coupée de l'histoire et de ses aléas. La question en ce sens est moins de savoir si elle l'est – les batailles dont elle fait l'objet et qui la voient comme enjeu ou principal protagoniste en sont le meilleur témoignage – que de comprendre les raisons tactiques et historiques qui l'amènent à se présenter comme au-dessus de l'histoire. Le désir de pureté et d'absolu systématique est ainsi toujours suspect et doit être reconduit à ses raisons historiques. En ce sens, il n'est pas étonnant de voir l'assimilation qui est le plus souvent faite entre métaphysique et théologie. Il ne s'agit pas simplement d'une affinité élective, mais d'une machine de guerre dans laquelle la métaphysique sert au pouvoir théologique pour imposer son idéologie. Machine de guerre qui a son revers, puisque la mise en cause de la légitimité du pouvoir théologique risquera de mettre à mal la discipline même sur laquelle elle s'appuie.

Un des grands problèmes sera du reste de savoir s'il est possible de discerner un champ métaphysique qui puisse être distinct du champ théologique ou si le premier doit s'amalgamer au deuxième puisqu'ils ont traditionnellement tous les deux Dieu comme objet et principe premier. Les nombreuses querelles issues de la réception de Descartes et du cartésianisme en Europe semblent indiquer le contraire, la métaphysique cartésienne étant pour certains de ses détracteurs avant tout le résultat d'une posture de « dissimulation honnête », lui permettant, sous couvert d'une fausse métaphysique, de proposer par le biais de la promotion de la *res extensa* une pensée purement matérialiste.

Sans entrer dans le détail de ce type de querelle qui feront l'objet d'analyses plus précises dans les études qui suivent, nous voudrions être particulièrement attentifs à ces mécanismes de confrontation par l'intermédiaire desquels métaphysique et anthropologie se confrontent, se télescopent et s'affrontent. Pour reprendre une belle image prise par Giambattista Vico dans sa *Scienza nuova* pour caractériser le passage d'un « âge » de l'humanité à un autre, il faut voir cette articulation comme « le puissant courant d'un fleuve royal » (celui de la métaphysique) qui « conserve encore, loin dans la mer (celle de l'anthropologie), l'élan de son cours et la douceur de ses eaux[1] ». Cette image suggestive pose avec acuité le statut de la métaphysique au siècle des Lumières. Vico semble indiquer que la douceur des eaux dure un moment avant de disparaître dans l'océan du questionnement anthropologique. Mais cette douceur n'en demeure-t-elle pas moins, tout en se transformant, en s'adaptant aux eaux salées ?

Tout l'intérêt des contributions qui suivent renvoie au statut de ces eaux douces dans l'océan des Lumières. Certes, cette articulation se forme comme un chiasme. À l'Âge classique, la métaphysique, alliée à la théologie, était première et semblait rejeter en dehors de son champ les questions anthropologiques, qui n'en restaient pas moins vivantes, mais se développaient le plus souvent au sein de genres dépréciés, ou considérés comme moins nobles, par exemple la littérature et la rhétorique. Le traitement des passions chez Descartes, Spinoza ou Malebranche, qu'on

---

1 *Scienza nuova*, 1744, § 629. Nous citons la traduction donnée par A. Pons : G.-B. Vico, *La Science nouvelle*, Paris, Fayard, 2001.

hésite à situer en continuité ou à l'extérieur de la métaphysique, est une illustration de ce rapport ambigu. La situation semble s'inverser avec les Lumières. La littérature, la richesse de la rhétorique, ne sont plus des genres impurs, mais des outils épistémologiques, des armes permettant de pénétrer et d'explorer la complexité de l'humanité, souvent mise à mal et caricaturée par les catégories faussement pures et réellement simplistes et artificielles de la métaphysique. En apparence, la métaphysique n'est alors plus qu'un mot, une sorte de masque que se donnait la théologie au siècle précédant pour asseoir son pouvoir idéologique. Si l'émergence du questionnement anthropologique et historique au XVIIe siècle était immédiatement reconduit par le pouvoir théologique à l'athéisme, ce type de questionnement n'étant considéré tout au plus que comme un simple masque pour avancer des positions hérétiques, le mécanisme semble analogue, mais inversé au XVIIIe siècle. Désormais, celui qui se pare de la métaphysique n'est qu'un théologien caché tentant, derrière de faux questionnements de faire douter l'humanité d'elle-même et de la nécessité de trouver en son sein les réponses aux questions qu'elle se pose.

On le voit, la mise en rapport de ces deux disciplines, leur historicisation, ont des effets étonnants qui empêchent de voir ces deux champs comme imperméables l'un à l'autre. Dans les deux cas, on a le sentiment que chacun de ces champs ne peut exister qu'en intégrant l'autre, même si c'est de manière négative. C'est le cas de la métaphysique qui n'accèderait à sa pureté qu'en rejetant hors d'elle-même l'impureté du questionnement empirique et anthropologique. Mais paradoxalement, il en va de même dans le développement de l'anthropologie au XVIIIe siècle. Certes la métaphysique est, pour reprendre un texte célèbre de Kant tiré de la première Préface à la *Critique de la raison pure*, assimilée à un « champ de bataille où se livrent ces combats sans fin[1] », qui peuvent sembler inutiles. Mais ce constat n'en efface pas pour autant le *besoin* de la métaphysique. L'historicisation de la métaphysique a ainsi un effet profondément paradoxal, qui permet d'en discerner à la fois l'aspect désuet, mais aussi la force intrinsèque irréductible aux aléas de l'histoire.

Le sort que les Lumières font subir à la métaphysique est ainsi complexe et offre un effet de sédimentation qui empêche de réduire cette articulation à un simple mouvement de substitution linéaire. Pour plusieurs penseurs des Lumières, la métaphysique n'est en apparence

1 KrV A VIII.

plus qu'un mot vide d'un point de vue épistémologique, et simplement chargé d'un poids conflictuel théologico-politique. La métaphysique est cette discipline qui croyait illusoirement réduire la complexité et l'épaisseur du monde des hommes à un principe explicatif unique. Or l'évolution des sciences, la découverte de l'humanité et de sa complexité, ont détruit cette illusion. Chaque champ suppose à présent sa métaphysique propre, c'est-à-dire sa méthode propre. Devenue multiple, réduite à une simple méthode, la métaphysique perd ce qui faisait sa valeur initiale, à savoir son unité. Mais le second effet qui en est issu est peut-être encore plus étonnant. En historicisant la métaphysique, en montrant dans quelle mesure elle est aussi et peut-être avant toute chose une position théologico-politique, les Lumières donnent en creux une place originale à la métaphysique.

Certes, si elle est liée à un temps et à une époque déterminés, si elle se développe, si elle peut sembler désuète, voire mourir, la métaphysique semble perdre les caractéristiques qui en faisaient la valeur initiale. Et les Lumières ne se priveront pas de montrer la diversité des conceptions de la métaphysique, l'histoire d'une discipline qui paradoxalement tirait son avantage de ne pas être soumis à l'évolution et aux contingences historiques. Réduite à son histoire, à ses changements, à ses querelles, la métaphysique n'est en apparence plus qu'une position parmi d'autres – mais dont l'ancrage incertain dans le monde empirique risque de la vouer au statut de discipline chicanière[1]. Mais l'historicisation et la particularisation ont un effet paradoxal qui redonne à une telle position une force inattendue. Certes, en réduisant la métaphysique aux contingences de son histoire les Lumières semblent lui ôter toute valeur, mais le constat qui est fait de la persistance de la métaphysique dans l'histoire peut être interprété dans un sens parfaitement opposé. Pour le dire autrement, l'histoire donne une leçon contradictoire. Certes, la métaphysique n'existe peut-être pas comme discipline anhistorique, dans cette « pureté » dont elle se réclamait à l'origine. Mais si l'on ne peut que constater historiquement l'absence de la métaphysique au profit d'une multiplicité de systèmes métaphysiques contradictoires,

1 Dans son *Éloge de Malebranche*, Fontenelle écrit que l'Académie royale des Sciences « s'abstient totalement de la Métaphysique, parce qu'elle paraît trop incertaine et trop contentieuse, ou du moins d'une utilité trop peu sensible » *Œuvres complètes*, tome VI (sous la direction d'A. Niderst), Paris, Fayard, 1994, p. 354.

force est d'en reconnaître la persistance et le besoin au cours des siècles. Telle est peut-être la leçon réelle de l'image de Giambattista Vico : le maintien de la pureté des eaux du fleuve de la métaphysique au sein de l'océan est le signe non pas de son extinction, mais de sa persistance, de sa modification, de sa métamorphose au sein des eaux salées de l'anthropologie.

La nuance peut sembler marginale, mais il nous semble qu'elle est décisive pour penser l'articulation que nous nous efforçons de discerner dans les contributions qui suivent. Notre problème est moins de repérer au cas par cas les signes de la disparition de la métaphysique, que de discerner son évolution, sa plasticité. Il sera par exemple étonnant de voir que le plus souvent le discours anthropologique adoptera une position complexe qui vise aussi bien à combattre et à écarter des systèmes métaphysiques qui sont historiquement ses ennemis, qu'à tenter de récupérer ce *besoin* de métaphysique que le premier combat rendait paradoxalement plus éclatant et énigmatique à la fois. La réduction de la métaphysique à l'histoire, à son accélération au XVIIIe siècle, notamment à travers la circulation des idées, a donc un effet contradictoire qui, en même temps qu'il semble écarter de manière définitive les tenants historiques de la métaphysique, met au jour un besoin métaphysique irréductible aux aléas de l'histoire et que l'anthropologie doit prendre en compte.

Parallèlement à ce processus d'historicisation et de multiplication des champs de la métaphysique, lequel rompt avec la conception unifiée de la discipline depuis l'Antiquité, restent fécondes les recherches portant plus directement sur des questions classiques de théologie, de psychologie et de cosmologie rationnelles. N'oublions pas que la classification des domaines métaphysiques, bien que pensée dans la scolastique, est fixée de manière pérenne par Christian Wolff dans sa *Philosophia rationalis sive Logica*. C'est d'ailleurs l'une des premières théorisations de l'ontologie, définie comme science de l'étant en général[1]. À la suite de Wolff, les penseurs des Lumières souhaiteront réviser cette classification et la conception de la métaphysique qu'elle propose en tant qu'elle explicite les fondements de la connaissance et de la vie pratique. On peut déceler au moins deux types de révisions

1 *Logica*, 1728, § 73.

critiques au XVIIIe : d'une part, certains veulent conserver la portée des questionnements métaphysiques, notamment sur les principes de constitution et d'organisation des corps, mais refusent de comprendre la cosmologie dans un positionnement fondamental par rapport aux sciences. Par exemple, Maupertuis développe un principe métaphysique de moindre action en ce qu'il résulte de notre connaissance scientique des corps, et non en tant qu'il est le fondement absolu à partir duquel on constitue nécessairement les lois du mouvement[1]. D'autres part, plusieurs valident seulement l'une des parties de la métaphysique, l'une des *metaphysicae speciales* de la tradition, et renoncent ainsi au questionnement fondamental de l'ontologie ou science de l'être en tant qu'être, jugée illégitime. La manière dont Condillac réduit la métaphysique à la seule étude des facultés cognitives humaines est tout à fait caractéristique de cette perspective renouvelée. Le seul domaine possible de la métaphysique est à trouver dans une psychologie empirique, de sorte qu'on doive interdire la prétention à connaître la nature ou essence première des choses et de leurs causes[2]. Chez plusieurs philosophes, la métaphysique, même dans ses interrogations les plus traditionnelles, demeure ainsi nécessaire à la complétude de nos savoirs, bien qu'ils en modifient manifestement la signification et les objets légitimes.

Le problème est alors de savoir quel est le statut de ce besoin, de cette survivance de la métaphysique dans le nouvel océan problématique du XVIIIe siècle. Cette perspective, nous avons tenté de l'explorer en multipliant les fronts aussi bien thématiques, géographiques que rhétoriques. Ce sont les Lumières européennes qui sont interrogées dans les contributions qui suivent et la diversité des réponses qu'elles apportent aux questions de la définition, de la portée et des limites de la métaphysique. Au lieu de constituer un terme de l'histoire de la métaphysique, les Lumières sont-elles plutôt un moment d'important renouvellement et d'une évolution centrale de la discipline ?

---

1 *Essai de cosmologie*, in *Œuvres*, I, p. 24-25.

2 *Essai sur l'origine des connaissances humaines*, in *Œuvres philosophiques*, Paris, PUF, 1947, I, p. 3.

Nous adressons nos remerciements les plus chaleureux à l'Université de Montréal pour nous avoir accueillis dans ses locaux, en particulier à la Faculté des arts et des sciences qui a contribué au financement de l'événement. Nous remercions également le Centre interuniversitaire de recherche sur la première modernité pour son soutien financier.

Pierre GIRARD, Christian LEDUC
et Mitia RIOUX-BEAULNE

FOI ET RAISON

Remarques autour d'un paradigme métaphysique

En rassemblant un ensemble de traités épars d'Aristote sous le titre de *Métaphysique*, Andronicos de Rhodes, au Iᵉʳ siècle avant notre ère, n'a pas seulement construit un traité aristotélicien, il a aussi légué à la postérité une interrogation sur le statut de ce savoir ainsi que le problème de son unité. Sans vouloir ici étudier en profondeur la métaphysique dans son ensemble – tâche impossible – nous voudrions nous demander ce qui réellement peut être considéré au pluriel lorsque nous évoquons « les métaphysiques ». Dans la mesure où elle est pensée dans son unité, « la » métaphysique se présente, depuis Aristote, comme une interrogation sur l'être en tant qu'être ainsi que sur les premiers principes, se différenciant ainsi des autres sciences portant sur des parties ou des régions de l'être. Cependant la manière dont est menée cette interrogation engendre une multitude de systèmes qui, à chaque époque, engendrent de nouvelles métaphysiques, le pluriel désignant alors les différentes architectures conceptuelles résultant de cette recherche, bien que leurs auteurs en considèrent la production comme étant la véritable expression de ce que doit être *la* métaphysique. Malgré cette pluralité, les différentes interrogations métaphysiques restent tributaires d'une continuité de problématiques pouvant alimenter l'idée d'une *metaphysica perennis*, manifestant une certaine unité existant par-delà les oppositions et les variations de ses expressions singulières. Nous voudrions ici interroger le statut de cette continuité, en nous intéressant à une certaine continuité problématique autour de la question du rapport de la raison et de la foi, dans la mesure où elle nous semble constituer un élément fondamental de la pensée métaphysique, en l'articulant à la manière dont celle-ci est restituée, à l'aube du XVIIIᵉ siècle, dans les *Essais de Théodicée* de Leibniz, afin de montrer comment elle véhicule des arguments plus anciens, forgés à la fin du Moyen Âge.

Confronté aux différentes désignations que donne Aristote de la science qu'il cherche à mettre en place, Thomas d'Aquin, dans le prologue au commentaire qu'il fait de ce traité, distingue trois acceptions majeures : comme « philosophie première », en tant qu'elle étudie les causes premières, « transphysique », en tant qu'elle s'élève au-dessus de la physique, ou « théologie », en tant qu'elle étudie les substances séparées[1]. Cette distinction permet de tracer la ligne de démarcation classique entre la *metaphysica generalis*, dénommée « ontologie » à partir du XVIIe siècle, et la *metaphysica specialis*, aussi nommée théologie. La pensée s'articule ainsi dans la confrontation entre deux « lumières », deux ordres de la raison, dont l'accord ou le désaccord peut être compris comme le motif d'un choix de la raison naturelle contre l'ordre surnaturel, ou comme la tentative pour mettre en accord l'enseignement de la raison et celui de la foi. Si ces deux notions, qui articulent deux modes de la pensée humaine, ne constituent pas la métaphysique en tant que telle, elles nous semblent permettre d'envisager une ébauche de réponse à notre question initiale sur la pluralité des métaphysiques, en posant que *la* métaphysique désigne une *fonction*, ou plutôt un ensemble de fonctions, dont *les* métaphysiques représentent l'expression plus ou moins systématique.

DES PARADIGMES MÉTAPHYSIQUES

Comprendre la métaphysique dans son histoire ne nous semble dès lors plus consister à chercher une continuité ou une discontinuité au niveau des doctrines ou des écoles de pensée, selon une perspective qui tendrait à unifier des doctrines parfois très hétérogènes sous une dénomination commune, par exemple l'« aristotélisme », le « néoplatonisme » ou l'« augustinisme ». Il s'agit plutôt de s'interroger sur des éléments, des motifs ou des fonctions qui émaillent l'ensemble des discours métaphysiques, que nous choisirons de nommer *paradigmes*, en nous inspirant du sens linguistique du terme, qui sont mis en fonctionnement dans des agencements divers. Ce que nous désignons par

1 Thomas d'Aquin, *Somme théologique*, Ia, qu. 1, art. 5, Paris, Cerf, 1985, t. 1, p. 157-158.

là ne sont pas de simples concepts, ni même des propositions formelles comme pouvaient l'être les *autoritates* médiévales, mais plutôt des articulations fonctionnelles, des mécanismes argumentatifs opérant à l'intérieur d'une structure démonstrative ou descriptive. En tant que tels, ils ne peuvent être à proprement parler définis, mais peuvent par contre être *décrits*, et sont également susceptibles de variation dans leur mode de fonctionnement, dans la mesure où leur sens est orienté par l'ensemble de la structure conceptuelle dans laquelle ils s'insèrent, qu'elle soit discursive, thématique ou même historique. Nous avons choisi de centrer nos remarques sur l'aube des Lumières, au travers de la philosophie de Leibniz, d'une part parce qu'il a été possible pour certains de ses commentateurs d'envisager dans sa pensée la présence d'« automates conceptuels », qui par bien des aspects recoupent le fonctionnement de ce que nous nommons « paradigmes », d'autre part parce qu'elle permet de tracer une étape de l'évolution d'un paradigme spécifique, que nous appellerons simplement « foi et raison », entre l'Âge Classique et les Lumières. S'il ne s'agit pas ici de faire une étude des rapports historiques complexes entre la foi et la raison, ce couple conceptuel nous semble particulièrement intéressant pour tout à la fois éclaircir le sens que nous voudrions donner au paradigme et, dans le même temps, l'illustrer par un opérateur qui nous semble emblématique de *la* métaphysique elle-même. La fonction métaphysique, du Moyen Âge aux Lumières, peut ainsi apparaître comme la construction d'une mécanique conceptuelle, se formant dans une époque à partir d'éléments paradigmatiques hérités des périodes précédentes en les recomposant, les ré-agençant, les déplaçant, parfois même en les faisant opérer en un sens contraire de celui qu'ils avaient à l'origine.

L'histoire des métaphysiques nous semble alors devoir chercher à appréhender, parallèlement à l'étude des systèmes de pensée en eux-mêmes, le mode d'existence de ces opérateurs, mais aussi la manière dont ils peuvent être compris par un lecteur extérieur. Il est en effet nécessaire de ne pas surévaluer ceux-ci comme cela a été fait à de maintes reprises dans l'histoire de la philosophie, faisant passer de l'identification d'un ou de plusieurs paradigmes fonctionnels chez un auteur à une caractérisation générale de son système sous l'éclairage de ceux-ci. C'est en effet ce qui se produit lors de la formation des –ismes, sortes de monstres idéologiques formés par l'amplification systématisante d'une seule structure paradigmatique.

La question de l'« averroïsme », sur laquelle nous souhaitons insister car elle est reprise par Leibniz, illustre parfaitement ce phénomène, comme le montre par exemple la querelle de 1785 entre Kant et Herder[1]. Ce dernier voit en effet dans l'idée de perfectibilité du genre humain, développée par Kant dans son *Idée d'une histoire universelle d'un point de vue cosmopolitique*, la simple retranscription d'une manière de penser héritée de l'averroïsme. Refusant l'immortalité de l'individu et ne considérant que celle du genre, Averroès – du moins selon la restitution qu'en faisaient des auteurs comme Thomas d'Aquin – était conduit à ne penser l'homme qu'au niveau générique, niant par là même l'individualité humaine. Kant, considéré comme prisonnier de ces schémas métaphysiques anciens, se trouvait alors explicitement associé par Herder au penseur arabe dans la seconde partie des *Idées en vue d'une philosophie de l'histoire de l'humanité.* Critiquant les Lumières dont l'idée de progrès n'est qu'un préjugé relevant d'une vaine spéculation métaphysique abstraite sur une hypothétique unité éternelle du genre humain, dont l'origine serait averroïste, Herder en vient à proposer *Une autre philosophie de l'histoire*, fondée sur la singularité des peuples. Cette querelle nous intéresse ici moins dans son contenu que comme révélatrice d'une méthode de lecture, celle de Herder dans ce cas mais commune à bien d'autres, qui tend à identifier par ressemblance deux structures paradigmatiques d'apparence similaire – ici l'unité et la pérennité du genre humain[2] – dont le fonctionnement est en réalité totalement différent. Pour Averroès, l'idée d'une éternité du genre humain est liée à sa conception de l'intellect possible, séparé, éternel et unique pour tous les hommes, qui ne sont individuellement dotés que d'un « intellect passible », l'imagination, disparaissant à la mort du corps, mais ayant la capacité de se conjoindre avec l'intellect possible. Répondant au reproche d'Herder qui l'accuse de « s'aventurer sur les sentiers de la philosophie d'Averroès », Kant précise sa définition de l'espèce humaine comme « la *totalité* d'une lignée de générations s'étendant à l'infini (dans l'indéterminable) », pour laquelle « aucun membre pris isolément dans toutes ces générations du genre humain,

1 Sur cette question que nous ne faisons qu'évoquer, voir M. Castillo, « La querelle entre Herder et Kant », in Kant, *Histoire et politique*, Paris, Vrin, 1999, p. 29 *sq.*

2 Les condamnations du 7 mars 1277 donnent pour formulation du paradigme « averroïste » de l'éternité du genre humain : « Il n'y a pas eu un premier homme et il n'y en aura pas un dernier, mais au contraire, il y a toujours eu et il y aura toujours génération de l'homme par l'homme », D. Piché, *La condamnation parisienne de 1277*, Paris, Vrin, 1999, p. 83.

mais l'espèce seule atteint pleinement sa destination[1] ». Bien que nous ne puissions ici donner qu'un aperçu très sommaire de la description du paradigme de l'unité générique de l'humanité, nous constatons qu'il fonctionne de manière totalement différente chez les deux auteurs, engendrant deux formulations métaphysiques distinctes, mais aussi qu'il provient bien d'une source métaphysique commune, dont les origines seraient à chercher dans les commentaires aux traités d'Aristote autour de la question du genre et des espèces. Si Aristote et ses commentateurs tendaient à identifier les niveaux logiques, métaphysiques et biologiques des genres et des espèces, Kant pour sa part fait sienne la définition de Buffon, selon laquelle l'unité de l'espère repose sur la possibilité de reproduction : en utilisant la notion d'« espèce » héritée du biologiste français, Kant produit ainsi une argumentation qui peut sembler, au niveau syntagmatique, semblable à celle d'Averroès, bien qu'en réalité le fonctionnement de cette argumentation est radicalement différent de celui établi par le penseur arabe.

La pensée kantienne de l'histoire et du progrès se constitue bien à partir d'un ensemble de paradigmes métaphysiques hérités des époques précédentes, bien que leur fonctionnement ne soit plus identique chez lui avec ce qu'il pouvait être chez ses prédécesseurs. Ainsi, Herder a tort de faire de Kant un averroïste, mais il a raison de penser que sa philosophie de l'histoire est bien fondée sur une métaphysique héritée, ainsi qu'en témoigne la fin de ce compte-rendu :

> La destinée du genre humain considérée dans son ensemble est une *ascension continue* ; et l'accomplissement total de celle-ci est une idée pure, mais utile à tous égards ; celle du but vers lequel, conformément au dessein de la Providence, nous avons à tendre nos efforts[2].

Sans entrer dans les détails de la discussion polémique entre les deux hommes, nous pouvons constater chez eux la présence de paradigmes métaphysiques, comme l'idée de « Providence », terme qui oriente sous sa forme conceptuelle vers de multiples structures argumentatives issues d'une tradition métaphysico-théologique qui sont loin d'être similaires[3]. Les structures argumentatives qui décrivent la Providence,

1 *Compte rendu de l'ouvrage de Herder*, in *Opuscules sur l'histoire*, Paris, GF, 1990, p. 121.

2 *Ibid.*

3 Pour cette raison, tout concept n'est qu'une contraction de structures paradigmatiques articulées entre elles, et qui sont utilisées lors de sa définition. S'il est évident que le sens

qui imprègne la métaphysique herderienne, se rattachent chez les deux penseurs aux mêmes sources, mais leur fonctionnement diverge au point d'engendrer deux métaphysiques antagonistes, qui pourtant évoluent dans le même bain métaphysique. En ce sens, la métaphysique peut bien être considérée comme une unité du fait des problèmes et des interrogations qui sont les siennes, mais elle se produit toujours au pluriel, à la fois par une variation combinatoire des paradigmes et par un glissement des concepts véhiculés par ceux-ci. En d'autres termes, *la* métaphysique est une machine abstraite, et *les* métaphysiques sont des mécaniques singulières, utilisant des pièces et des rouages certes forgés par des auteurs antérieurs, mais dont l'agencement fonctionnel produit une doctrine nouvelle, qui ne peut être assimilée que métaphoriquement aux doctrines précédentes.

FOI, RAISON ET « DOUBLE VÉRITÉ »

Afin d'exposer plus précisément cette première ébauche, nous voudrions nous intéresser à la question d'un autre paradigme, celui qui fut construit pour comprendre les rapports entre la foi et la raison. Nous l'interrogerons sur la base du traitement qu'en fait Leibniz dans ses *Essais de Théodicée*, dans la mesure où il nous semble permettre plus clairement l'identification des modes de production des discours métaphysiques, lui-même ayant recours à une brève restitution de l'histoire du problème. Le *Discours sur la conformité de la foi et de la raison* qui, après la Préface, débute l'ouvrage, se centre sur le rapport de ces deux lumières de l'esprit, dont l'accord ou le désaccord constitue, comme le note Leibniz, un problème ancien et récurrent. Si la réponse à cette question a beaucoup été commentée[1], il nous semble que l'histoire de

des concepts change selon les époques, il en va de même pour les paradigmes, au sens que nous leur donnons, proche de la manière dont Foucault pensait les « énoncés » dans l'*Archéologie du savoir*. Le paradigme au sens où nous l'utilisons est cependant différent de l'énoncé foucaldien, car il se forme historiquement au sein d'une doctrine et transite de manière isomorphe dans les doctrines postérieures qui le revivifient.

1 Voir par exemple P. Rateau, « Sur la conformité de la foi avec la raison : Leibniz contre Bayle », *Revue philosophique*, Paris, PUF, 2011/4, p. 467-485.

ses paradigmes constitutifs est encore à réaliser. Sans prétendre pouvoir réaliser ici ce qui demanderait une étude longue et complexe, nous pouvons néanmoins mettre en évidence certains éléments permettant de comprendre pourquoi Leibniz a besoin de s'interroger sur l'averroïsme, doctrine relativement secondaire à son époque au premier abord, et comment il construit son argumentaire. Bien que la manière dont Leibniz envisage la conformité de la foi et de la raison soit nouvelle, dans la mesure où elle se fonde sur des conceptions de la raison et de la vérité qui lui sont propres, elle utilise un ensemble de paradigmes d'origine thomiste, donnant ainsi à lire ce que nous pourrions nommer « un thomisme sans Thomas ». Étudier la métaphysique leibnizienne, non sous un angle systématique, mais au niveau de ses éléments constitutifs permet ainsi d'identifier dans sa construction discursive la présence de structures conceptuelles issues de la tradition la plus classique, qui se déploient cependant selon un fonctionnement original. Bien qu'il le considère comme « un auteur qui a coutume d'aller au solide[1] », Thomas d'Aquin en tant que tel est relativement absent de l'œuvre de Leibniz ; cependant, certains paradigmes utilisés par ce dernier proviennent de constructions argumentatives élaborées par l'Aquinate, dans un contexte certes relativement différent.

Les rapports entre la foi et la raison se sont historiquement organisés autour d'une problématique connexe, connue sous le nom de « double vérité », que Leibniz évoque dès le début de son *Discours* en affirmant que « deux vérités ne sauraient se contredire[2] ». Si cette notion de « double vérité » est fréquemment associée à la nébuleuse hétérogène identifiée sous le terme d'« averroïsme », il faut tout d'abord remarquer qu'elle n'existe pas en tant que telle chez des auteurs de ce courant, que ce soit Averroès lui-même ou des penseurs comme Siger de Brabant ou Boèce de Dacie. Plus qu'une doctrine, il s'agit là d'une fonction conceptuelle que Leibniz lui-même nomme « averroïste », créée de toute pièce afin d'invalider, à la fin du Moyen Âge, la tentative d'autonomisation des philosophes vis-à-vis des théologiens. C'est donc au sein d'une querelle particulière, qui agite les universités latines au XIIIe siècle, que se construit ce paradigme, postulant un conflit entre les conclusions produites par

1 Leibniz, *Essais de théodicée*, III, § 330, *Die philosophische Schriften von Leibniz*, hrsg. von Gerhardt, Hildesheim, Olms (abrév. GP), VI, p. 331.

2 *Discours*, GP VI, p. 49.

la lumière naturelle de la raison et les affirmations issues de la lumière révélée de la foi, dont l'opérativité continue de tarauder la métaphysique du XVIIIe siècle. Dans sa réponse à Bayle, qui prône une soumission de la raison naturelle aux injonctions de la foi, affirmant un certain fidéisme contre la théologie rationnelle, Leibniz en vient à réactiver la pensée averroïste, et décrit le paradigme qu'il vient de nommer « averroïste » :

> Le genre humain est éternel, selon Aristote ; donc, si les âmes particulières ne périssent pas, il faut venir à la métempsychose rejetée par ce philosophe ; ou, s'il y a toujours des âmes nouvelles, il faut admettre l'infinité des âmes conservées de toute éternité ; mais l'infinité actuelle est impossible, selon la doctrine du même Aristote : donc il faut conclure que les âmes, c'est-à-dire les formes des corps organiques, doivent périr avec ces corps, ou du moins l'entendement passif appartenant en propre à chacun. De sorte qu'il ne restera que l'entendement actif, commun, à tous les hommes, qu'Aristote disait venir de dehors, et qui doit travailler partout où les organes y sont disposés, comme le vent produit une espèce de musique lorsqu'il est poussé dans des tuyaux d'orgue bien ajustés[1].

Ce texte nous intéresse particulièrement dans la mesure où il correspond exactement à ce que nous nommions « paradigme », car il ne s'agit ni d'une proposition formelle, ni d'un concept, ni d'un syntagme, mais de la description d'un enchaînement de propositions dont l'ensemble reçoit le nom d'*averroïsme*. Restitué par Leibniz comme une fonction négative, il permet de grouper un ensemble de pensées disparates sous un schème de fonctionnement unique, qu'il critique par la suite sur trois points. Tout d'abord, Aristote ne réfute pas la métempsychose, ensuite il ne prouve pas l'éternité du genre humain, et enfin, il est faux de dire qu'un infini actuel soit impossible. Il est cependant important de noter ici que les expressions utilisées par Leibniz ne proviennent pas d'Averroès lui-même mais de la reconstruction opérée par Thomas d'Aquin dans son *De unitate intellectu contra averroïstas*. Un indice de cette lecture orientée par la vision thomiste nous est par exemple fourni par l'expression « entendement passif » : la version latine du commentaire d'Averroès au *Traité de l'âme* d'Aristote utilise en effet le terme d'*intellectus passibilis* (intellect passible)[2] alors que la restitution

1 *Essais*, § 7, GP VI, p. 54.

2 Averroès, *L'intelligence et la pensée* (commentaire du *De anima*), III, 20, Paris, GF, 1998, p. 120.

qu'en donne Thomas évoque un *intellectus passivus* (intellect passif)[1]. De même, la fin de l'exposé reprend, au travers de l'exemple de l'orgue, la conclusion que tire Thomas de la pensée d'Averroès. Pour Thomas, l'averroïsme conduit nécessairement à l'idée que l'homme individuel ne pense pas[2], mais qu'il est pensé de l'extérieur par l'intellect agent. Leibniz n'en reste cependant pas là, puisqu'il poursuit la construction de l'averroïsme aux § 8 et 9 en établissant que l'hypothèse de cette école de pensée est aussi une reprise de la doctrine néoplatonicienne de l'« âme du monde », et c'est ce conglomérat entre Averroès et les néoplatoniciens qui peut alors permettre de donner un nom définitif à ce qui devient un nouveau paradigme, le « monopsychisme », qui se trouvera après Leibniz étroitement associé à la doctrine averroïste[3].

Pourquoi a-t-il besoin de recourir à une doctrine qui a certes eu son heure de gloire à la fin du Moyen Âge et à la Renaissance, mais qui ne semble plus représenter un réel enjeu à l'époque où il écrit ? L'évocation brève, présentée comme une histoire de la pensée, de l'averroïsme, est justifiée au § 11 par une nécessité du temps : « j'ai fait cette petite digression parce qu'elle m'a paru de saison dans un temps où l'on n'a que trop de disposition à renverser jusqu'aux fondements mêmes de la religion naturelle[4] ». La convocation du paradigme averroïste a ainsi chez Leibniz une fonction similaire à celle qu'elle avait chez Thomas d'Aquin, puisqu'elle vise à discréditer, par ses conséquences intenables, des doctrines qui sont contemporaines aux deux auteurs. Les § 11 à 15 montrent ainsi que, dans une sorte d'éternel retour, la querelle médiévale entre les théologiens et les philosophes ne cesse de se rejouer par la suite, entre Luther et les universitaires de son temps, Wolzogen et Louis Meyer, ou encore au travers de la querelle du piétisme. Cherchant, comme en son temps Thomas d'Aquin, à trouver une réconciliation entre la raison et la foi, se déchirant à nouveau en son temps, Leibniz est conduit à remettre en route la fonction « averroïste », repoussoir négatif construit à la fin du Moyen Âge autour du paradigme de la

1 Par exemple dans la *Somme contre les Gentils*, II, 60, Paris, GF, 1999, t. 2, p. 245. Voir aussi A. de Libera, *L'Unité de l'intellect de Thomas d'Aquin*, Paris, Vrin, 2004.

2 « Hic homo non intelligit (cet homme ne pense pas) », *Sentencia libri de anima*, III, lec. 7, n. 25.

3 Par exemple par E. Renan, qui restitue bien à Leibniz la paternité du terme « monopsychisme », *Averroès et l'averroïsme*, Paris, Michel Lévy Frères, 1866, p. 124.

4 *Essais*, GP VI, p. 56.

« double vérité » en vue d'attaquer les prétentions philosophiques des Maîtres ès arts.

Bien que Leibniz ne cite à aucun moment l'Aquinate, l'exposé qu'il fait du « dogme » averroïste est la reprise de la manière dont celui-ci était construit, d'abord chez Thomas, puis dans le prologue d'Étienne Tempier, évêque de Paris, aux condamnations de 1277, visant à fustiger la « double vérité ». Leibniz écrit en effet au § 11 :

> Je reviens aux averroïstes, qui se persuadaient que leur dogme était démontré suivant la raison, ce qui leur faisait avancer que l'âme de l'homme est mortelle selon la philosophie, pendant qu'ils protestaient de se soumettre à la théologie chrétienne, qui la déclare immortelle[1].

Or, l'une des premières formulations de la « double vérité » sous une forme propositionnelle se trouve dans le *De unitate intellectu* de Thomas qui, visant Siger de Brabant, lui fait affirmer :

> Par la raison je conclus de nécessité que l'intellect est numériquement un, mais je tiens fermement le contraire par la foi[2].

Et Étienne Tempier de la reprendre :

> [Certains hommes d'étude ès arts] disent en effet que cela est vrai selon la philosophie, mais non selon la foi catholique, comme s'il y avait deux vérités contraires, et comme si, contre la vérité de l'Écriture sainte, il y avait du vrai dans les dires de ces païens damnés[3].

Il ne s'agit pas ici pour nous d'affirmer que Leibniz suit directement Thomas dans sa restitution de la pensée averroïste, ni même de chercher à faire une histoire de la « double vérité[4] », mais de voir que ces paradigmes ne peuvent être considérés comme de simples fictions, dans la mesure où ils révèlent leur opérativité au sein de la construction discursive de métaphysiques variées. Elle permet donc à Leibniz, au travers d'une brève histoire de la pensée, de tendre un fil conducteur problématique partant

1 *Ibid.*

2 Thomas d'Aquin, *L'unité de l'intellect contre les averroïstes*, § 119, in *Contre Averroès*, Paris, GF, 1994, p. 195.

3 D. Piché, *La condamnation…*, *op. cit.*, p. 75.

4 Déjà magistralement réalisée par L. Bianchi, *Pour une histoire de la « double vérité »*, Paris, Vrin, 2008.

du Moyen Âge, passant par le cinquième concile de Latran (1512-1517), et dont les conséquences se font ressentir dans la manière dont le rapport entre la raison et la foi se fait ressentir « de [son] temps » (§ 4). La question qui se pose concernant la « double vérité », de même que pour l'« averroïsme » ou le « monopsychisme », n'est pas tant de savoir si ces doctrines existent réellement chez les penseurs auxquels on les attribue communément, mais plutôt de s'interroger sur la manière dont ces structures paradigmatiques fonctionnent dans différents discours, et la raison pour laquelle, à certaines époques, des paradigmes issus de métaphysiques plus anciennes en viennent à être revivifiés. Dans le cas de Leibniz, le *Discours* vise également à s'insérer au sein de la querelle entretenue par Bayle et Jaquelot, ce dernier accusant le premier de défendre dans son *Dictionnaire historique et critique* la doctrine de la « double vérité[1] ». Mais Bayle attribue pour sa part cette doctrine à Luther dans l'article éponyme de son dictionnaire, « qui enseignait qu'un même dogme est faux et vrai en même temps, faux en Philosophie, vrai en Théologie : faux en Physique, vrai en morale, &c[2]. ». Il est intéressant de noter également ici que, dans la note accompagnant cette affirmation de la « double vérité », Bayle restitue également la manière dont les « averroïstes » médiévaux posaient leur affirmation, car il ne s'agissait pas pour eux de dire que la raison et la foi se contredisent, mais plutôt qu'elles opèrent selon deux ordres différents, qui ne sont pas contradictoires puisqu'ils n'abordent pas leurs objets selon le même point de vue. Aussi peut-il écrire dans cette note :

> Disons aussi qu'il peut se mêler du malentendu dans cette Dispute-là, & beaucoup de *logomachies*, & qu'on blâmerait à tort la doctrine de Luther, s'il l'eût exprimée de cette façon : *les mêmes dogmes qui paraissent faux & impossibles, quand on n'en juge que par les lumières naturelles, sont vrais & certains quand on en juge par les lumières de la parole de Dieu.* Mais de prétendre qu'après même que la Révélation nous a fait connaître qu'une doctrine est véritable, elle continue d'être fausse en philosophie, c'est s'abuser.

Et il poursuit en prenant l'exemple de la virginité de Marie, qu'Aristote aurait considérée comme impossible, mais qui devient une vérité une fois intervenue la Révélation. Bien qu'il ne soit pas explicitement nommé,

---

1 Isaac Jaquelot, *Conformité de la foi et de la raison*, Amsterdam, Henry Desbordes et Daniel Pain, 1705.

2 Pierre Bayle, *Dictionnaire historique et critique*, III, p. 234 (en ligne : https://artfl-project.uchicago.edu/content/dictionnaire-de-bayle).

nous retrouvons dans ces discussions métaphysiques un ensemble de fonctions discursives du paradigme averroïste, qui restent similaires entre les différentes époques, bien qu'elles se structurent selon des agencements différents dans chaque cas. Par son exemple, Bayle marque la radicalité de la séparation entre foi et raison tout en se prévenant contre l'accusation de « double vérité », puisque la vérité révélée, provenant directement de la « lumière de la parole de Dieu », est d'un autre ordre que celui des démonstrations qui structurent l'argumentation rationnelle. Cherchant à contrer cette possible accusation, les « averroïstes » ont largement insisté sur ce point, affirmant que la théologie se fonde bien sur la parole divine, et qu'elle ne se situe pas sur le même terrain que celui de la philosophie. Il ne s'agit plus alors de dire qu'il y a deux vérités contradictoires, mais que la foi et la raison œuvrent dans des champs autonomes qui ne se recoupent pas, et de ce fait ne peuvent entrer en contradiction. Telle est par exemple la position de Siger de Brabant qui, radicalisant la distinction entre la raison et la foi, établit d'une part que la raison n'a pas à se prononcer sur les vérités théologiques, car celles-ci sont en dehors de son domaine de compétence, et d'autre part que la vérité révélée ne peut s'extraire d'un champ restreint, celui de la parole divine donnée par les Écritures[1]. Alors que Thomas ou Tempier utilisent le paradigme de la « double vérité » pour accuser des « averroïstes » de vouloir défendre la raison au détriment de la foi, ces derniers, au premier rang desquels se trouve Siger de Brabant, construisent un paradigme alternatif, celui de la scission radicale entre foi et raison, qui n'est finalement qu'un renversement du précédent. C'est celui-ci que nous retrouvons en fonctionnement dans la pensée de Bayle, chez qui il produit un résultat différent : plutôt que de se rabattre, comme Siger, sur l'ordre rationnel des vérités, il se dirige vers un fidéisme doublé d'un scepticisme, rendant au contraire la raison incapable de produire des propositions vraies. S'il ne s'agit bien entendu pas d'affirmer une filiation directe entre les Maîtres ès arts de l'université parisienne de la fin du XIIIe siècle et Bayle, nous constatons cependant qu'ils partagent un axe paradigmatique commun dans la scission radicale entre la foi

1 Telle est par exemple la position de Siger de Brabant, qui lui-même écrit en déplaçant subtilement les arguments de Thomas. Sur ce point voir F. Pironet, « Théologie révélée *versus* théologie philosophique : Siger de Brabant renverse Thomas d'Aquin », *Philosophiques*, 31/2, 2004, p. 311-347.

et la raison, qui conduit à une affirmation similaire : toute théologie rationnelle est impossible.

Cet axe entre frontalement en opposition avec la doctrine thomiste, qui prône au contraire la scientificité de la théologie et sa supériorité sur toutes les autres sciences, proposant ainsi un accord entre les deux lumières, fondé sur une soumission des vérités de la raison à celles de la foi. La constitution du paradigme de la « double vérité » à la fin du Moyen Âge n'était en rien une erreur interprétative, mais constituait un cheval de Troie destiné à décrédibiliser la séparation de la raison et de la foi, afin de préserver la suprématie de la théologie sur la philosophie. Il n'est donc finalement pas si étonnant de voir Leibniz réactiver ce paradigme, tout en lui assignant un fonctionnement nouveau. Par la reprise du titre de l'ouvrage de Jaquelot pour son *Discours*, Leibniz prend ainsi part à la querelle dont il était resté un temps éloigné, et trouve chez Thomas tout une série de fonctions argumentatives utiles pour construire sa propre position, que nous avions nommé, de manière quelque peu provocatrice, un « thomisme sans Thomas ». Précisons bien entendu qu'il ne s'agit pas ici de penser que Leibniz puisse être identifié comme un « Thomiste », mais plutôt qu'il nous semble que la structure même de son argumentation et de la conception nouvelle de la vérité qu'il met en place admet, dans son architecture, des éléments provenant de la métaphysique de ce dernier. Dans le chapitre intitulé « la triple vérité » de son ouvrage consacré à la pensée de Leibniz, Christiane Frémont remarque bien que « le *Discours* suit la problématique de saint Thomas au *Contra Gentiles*[1] », tout en précisant que Leibniz va élaborer une théorie de la raison « différente » de celle de Thomas d'Aquin. Mais quel est le statut exact de cette différence ? Si les deux manières de répondre ne sont en effet pas du tout identiques, il est néanmoins important de remarquer qu'elles font fonctionner des structures argumentatives qui recèlent plusieurs similitudes, surtout si nous les étudions au travers des polémiques au sein desquelles elles se sont constituées. La manière dont Leibniz résout le problème des rapports entre la raison et la foi, exposée dès le § 5 du *Discours*, est bien connue, et repose sur la distinction entre le *comprendre* et l'*expliquer*. « Comprendre » quelque chose suppose une idée claire et distincte de l'objet étudié, reposant

1 C. Frémont, *Singularités. Individus et relations dans le système de* Leibniz, Paris, Vrin, 2003, p. 125.

sur des démonstrations, tandis qu'« expliquer » consiste à exposer le sens de la chose et pouvoir la défendre, sans pour autant en connaître le « comment », ainsi qu'il l'expose au § 56 :

> Il en est de même des autres mystères, où les esprits modérés trouveront toujours une explication suffisante pour croire et jamais autant qu'il en faut pour comprendre. Il nous suffit un certain *ce que c'est* (*ti esti*) ; mais le *comment* (*pos*) nous passe, et ne nous est point nécessaire. [...] Nous n'avons pas besoin non plus, comme j'ai déjà remarqué, de prouver les mystères *a priori* ou d'en rendre raison ; il nous suffit que la chose est ainsi (*to oti*) sans savoir le *pourquoi* (*to dioti*) que Dieu s'est réservé[1].

Les choses que nous ignorons parce qu'elles se situent au-dessus des capacités de la raison ne relèvent pas d'un domaine qui lui serait contraire, ce que la convocation du paradigme de la « double vérité » a permis d'établir, sans pour autant devoir prononcer un divorce entre la foi et la raison à la manière de Bayle. Ainsi que nous le voyons, les différents paradigmes mis en place dans la querelle entre foi et raison à la fin du Moyen Âge continuent à opérer dans les pensées suivantes, y compris dans les métaphysiques du début du XVIIIe siècle, permettant ainsi de mettre en lumière des axes problématiques continus, malgré la divergence de leurs expressions au cours des différentes époques. Les caractérisations d'« averroïsme » ou de « thomisme » ne sauraient constituer des éléments heuristiques satisfaisants pour comprendre ce qui se joue dans ces constructions métaphysiques, d'où la nécessité de se concentrer sur une micro-métaphysique des éléments pour tenter de porter un éclairage nouveau sur la manière dont se constituent les arguments sollicités dans les querelles entre les différentes métaphysiques. Face à un axe paradigmatique allant de Siger de Brabant à Bayle, instituant une scission radicale des champs entre la foi et la raison, se constitue un second axe, allant de Thomas à Leibniz, visant au contraire à les articuler. Nous comprenons peut-être alors mieux les enjeux du discours leibnizien lorsqu'il évoque l'histoire de l'« averroïsme », car il ne s'agit pas là d'une histoire de la philosophie au sens propre, mais plutôt d'une idéologie fonctionnant de manière négative et dirigée contre Bayle, sans pour autant l'accuser de prôner une « double vérité » comme le faisait encore Jaquelot. Pour cette raison, Leibniz a besoin de revivifier des éléments issus de la pensée de

1 *Discours*, GP VI, p. 81.

Thomas, sans pour autant le faire de manière explicite afin d'éviter de voir sa propre position confondue avec celle de l'Aquinate. En utilisant des termes grecs dans l'évocation de la différence entre « comprendre » et « expliquer », il masque ainsi le fait que cette distinction se calque sur la différence entre le *quod est* et le *quo est*, fondatrice de l'argumentation thomiste et largement reprise par la suite dans la scolastique latine. La quasi-continuité existant entre la raison et la foi tient chez Thomas au statut de sa conception métaphysique, qui est avant tout une théologie rationnelle, lui permettant à la fois de construire un système du savoir dans lequel toutes les sciences s'emboîtent dans un rapport de subalternation et de subordination, et de refuser que la raison puisse par elle-même discourir sur les mystères de la foi. Pour cette raison, il ne cherche pas à reprendre la preuve anselmienne de l'existence de Dieu, se contentant de « voies » rationnelles vers Lui, parcourues par la raison, que la foi vient sublimer, afin d'éviter la tentation de certains théologiens d'appuyer la foi sur des démonstrations rationnelles[1]. Cela risquerait en effet de la déstabiliser plutôt que la servir, la raison étant capable de produire des antinomies qui viendraient alors affaiblir de telles preuves.

S'il y a bien solution de continuité entre les démonstrations de la raison et celle de la foi, le hiatus est résorbé par le biais de l'*analogia entis* ainsi que l'ensemble de sa doctrine de l'analogie, qui lui permet de plus d'écarter l'idée selon laquelle le discours de théologiens ne serait que métaphorique. La doctrine de l'analogie, non clairement énoncée dans les traités thomistes, mais existant comme socle sous-jacent de ses argumentations, permet ainsi de poser une différence entre la foi et la raison, tout en évitant la contradiction. N'étant ni équivoque ni univoque, le discours analogique permet ainsi de produire des discours dans le domaine de la foi qui ne sont pas contradictoires avec ceux de la raison, bien qu'ils ne soient pas de nature démonstrative[2].

Leibniz se rapproche ainsi de Thomas, parce que les deux auteurs partagent un axe interprétatif comme du paradigme « foi et raison » au travers d'une méréologie apparaissant dans le *Discours* :

---

1 Pour cette raison fut « blamé Raymond Lulle d'avoir entrepris de démontrer la Trinité par la philosophie », *Discours*, § 59, GP VI, p. 83.

2 Voir Thomas d'Aquin, *Somme théologique*, Ia, qu. 13, art. 5 et 6 ; L. Millet, « Analogie et participation chez Thomas d'Aquin » in *L'analogie*, *Les Études Philosophiques*, 3/4, Paris, PUF, 1989, p. 371-383.

> [M. Bayle] reconnaît très bien que nos mystères sont conformes à la raison suprême et universelle qui est dans l'entendement divin, ou à la raison en général ; cependant il nie qu'ils paraissent conformes à cette portion de raison dont l'homme se sert pour juger des choses. Mais comme cette portion de raison que nous possédons est un don de Dieu, et consiste dans la lumière naturelle qui nous est restée au milieu de la corruption ; cette portion est conforme avec le tout, et elle ne diffère de celle qui est en Dieu que comme une goutte d'eau diffère de l'Océan, ou plutôt comme le fini de l'infini. Ainsi les mystères la peuvent passer, mais ils ne sauraient y être contraire. L'on ne saurait être contraire à une partie, sans l'être en cela au tout. Ce qui contredit une proposition d'Euclide est contraire aux *Éléments* d'Euclide[1].

La lumière surnaturelle et la lumière naturelle, expliquer et comprendre, ne diffèrent donc que comme le tout d'avec la partie selon Leibniz, et Bayle se voit donc accusé implicitement de « double vérité », comme le lui reprochait déjà Jaquelot. Si la pensée de Leibniz ne reprend pas la pensée de Thomas en tant que telle, la comparaison avec la goutte d'eau et l'Océan, qui rappelle ici la célèbre métaphore de la perception du bruit de la mer, ou le rapport du fini et de l'infini, n'auraient pas été désavoués par le théologien. La mention d'Euclide nous semble particulièrement intéressante ici tout d'abord parce qu'elle marque la rationalité de la foi *en soi*, même si elle peut sembler incompréhensible *pour nous* et pour notre raison naturelle démonstrative, tout en s'inscrivant parfaitement dans les considérations thomistes sur l'architecture des sciences, qui assurent que la logique et la métaphysique ne sont pas contradictoires[2]. Derechef, affirmons que nous ne cherchons pas ici à défendre un Leibniz thomiste, l'expression d'un « thomiste sans Thomas » étant plus une provocation qu'une thèse de filiation directe.

Au travers de cette brève étude du paradigme « averroïste » opérant au sein de la querelle entre foi et raison et de son fonctionnement, nous avons au contraire cherché à montrer comment la répétition de querelles problématiquement proches, de la fin du Moyen Âge au XVIIIe siècle, se trouve traitée à partir de structures argumentatives continues, qui viennent cependant fonctionner de manière différente et ainsi produire

1 *Discours*, § 61, GP VI, p. 84.

2 Contre les tenants d'une Toute-puissance divine qui serait absolue, pouvant créer de l'illogique, Thomas considère que Dieu peut faire tout ce qui n'est pas contradictoire, risquant ainsi de le soumettre au principe de contradiction, ce qui lui sera reproché par la suite, *Somme contre les gentils*, II, chap. 22, § 3.

de nouvelles métaphysiques. L'histoire de la philosophie « averroïste » que Leibniz fait au début de son *Discours* n'apparaît alors plus comme celle d'une doctrine concrète, mais celle d'un paradigme élaboré dans un autre contexte, dont la mise en fonctionnement à différentes époques en vient à jouer le même rôle. Chercher à identifier la paternité de ces paradigmes permet ainsi de voir que les auteurs réels, comme Averroès dans le cas qui nous a intéressé, tendent à devenir des référents nominaux vides, désignant non des individus ayant existé mais des stratégies argumentatives élaborées selon des circonstances et des buts précis, et pouvant se déplacer d'époque en époque. L'étude des métaphysiques, plutôt que de chercher à classer les auteurs à partir d'écoles de pensées aux contours plus ou moins définis, doit se concentrer, à un niveau micro-métaphysique, sur ces éléments et les stratégies discursives qu'ils mettent en évidence.

Les rapports problématiques de la foi et de la raison, de même que la prégnance du paradigme « averroïste », continuent d'opérer au XVIIIe siècle. Contrairement à Leibniz, Kant n'a pas pour sa part besoin de restituer les disputes de la fin du Moyen Âge, cherchant une fondation radicalement nouvelle de la métaphysique. La philosophie transcendantale, limitant les prétentions cognitives de la raison, conduit alors à refuser à la métaphysique la possibilité de *connaître* les choses relevant de la sphère nouménale, bien qu'elle se révèle comme un ordre majeur du savoir, capable de les *penser*. La différence entre penser et connaître ne se construit pas avec les mêmes outils que celle établie par Leibniz entre comprendre et expliquer, car la scission ne passe plus chez lui entre l'immanence et la transcendance, mais entre l'ordre de la raison pure et celui de la raison pratique, conduisant à la célèbre affirmation : « il me fallait donc mettre de côté le *savoir* afin d'obtenir de la place pour la *croyance*[1] ». L'accusation de « double vérité » est dès lors neutralisée, sans avoir besoin de revivifier, pour différencier l'ordre théorique du pratique, l'autonomie des champs de la foi et de la raison mise en place par Siger et les « averroïstes ». Certes, l'idée de deux champs autonomes peut paraître proche mais, contrairement à ce que nous pouvions trouver dans la note à l'article « Luther » de Bayle, la description paradigmatique ne se trouve pas chez Kant, tout simplement parce qu'il s'agit alors de

1 Kant, *Critique de la raison pure* [AK, III, 19], Paris, PUF, 2001, p. 85.

toute autre chose : dire que Kant est proche sur ce point des averroïstes serait, au mieux, une mauvaise métaphore. Malgré ce geste radical, le paradigme « averroïste », qui ne semblerait pourtant plus « de saison », se trouve toutefois réactivé par Herder contre Kant, ainsi que nous l'avons évoqué plus haut. L'attaque porte sur un autre paradigme, tournant cette fois autour de la question de l'éternité de l'espèce – paradigme qui a lui-même une histoire différente – et non plus de la « double vérité », faisant que l'« averroïsme » dont parle Herder et celui dont parle Leibniz n'ont de commun que le nom. Néanmoins, la critique de Herder montre à quel point l'opérativité des querelles et des structures argumentatives forgées par les différentes métaphysiques médiévales reste forte dans les métaphysiques des Lumières.

Didier Ottaviani
ENS de Lyon
UMR 5317-IHRIM

« *HOMO NON INTELLIGENDO FIT OMNIA* »

Vico et la métaphysique poétique

L'ENJEU HISTORIOGRAPHIQUE DE LA MÉTAPHYSIQUE DE VICO

Si l'on s'en tient à la « fortune » de Vico dans l'histoire des idées, la question du statut métaphysique de sa pensée peut sembler paradoxale tant le philosophe napolitain semble être connu pour avoir fondé une « philosophie de l'histoire », selon l'interprétation qu'en donne Michelet, pour avoir anticipé les grandes théories de l'historicisme au XIXe siècle, ou pour avoir été une sorte de précurseur universel des « sciences humaines[1] ». À chaque fois la pensée de Vico semble reconnue et évaluée dans sa capacité à sortir du champ métaphysique, qui caractérise les grandes philosophies systématiques de l'âge classique, notamment la pensée cartésienne, et pour avoir su affronter les champs traditionnellement rejetés par la métaphysique traditionnelle, et que la tradition cartésienne avait rejeté dans le « confus » et « l'obscur », à savoir le monde issu du « faire » des hommes, leur histoire, leurs langues, leurs mœurs, leur droit, etc.

Sans entrer dans le détail d'une telle fortune, qui est en soi aussi discutable dans ses présupposés qu'intéressante dans ce qu'elle nous dit également sur une certaine manière possible de lire Vico, il faut néanmoins en reconnaître la persistance, et cela aussi bien en amont qu'en aval. Il est en effet tout à fait remarquable de constater que Vico semble, selon certaines interprétations, valorisé pour avoir su se déprendre de problématiques métaphysiques verbales et inutiles et avoir su en cela rétablir le lien avec l'humanisme et ses problématiques civiles et sociales.

---

1 Voir par exemple G. Tagliacozzo, M. Mooney et D. P. Verene (éd.), *Vico and Contemporary Thought*, Atlantic Highlands, Humanities Press, 1979 ; G. Tagliacozzo (éd.), *Giambattista Vico : Past and Present*, 2 vol., Atlantic Highlands, Humanities Press, 1981.

C'est notamment la thèse d'Ernesto Grassi pour qui Vico est le point « culminant » de la tradition humaniste italienne[1]. Il en va de même le plus souvent en aval où Vico est à nouveau reconnu pour avoir anticipé les grandes problématiques anthropologiques des Lumières dans sa critique d'un certain cartésianisme. Il est du reste intéressant, pour appuyer une telle idée, de souligner que ce constat est fait dès l'époque de Vico[2].

Si l'on regarde cependant de plus près, le rôle de Vico dans une telle reconstruction n'est pas aussi évident qu'il ne le paraît. Aussi intéressante soit-elle, la « fortune » d'un auteur a des effets de lissage qui occultent souvent les conflits qui sont au cœur de la dynamique de l'histoire des idées. Certes, il est parfaitement possible de faire de Vico une des figures représentatives d'un mouvement plus général que l'on peut discerner dans les Lumières européennes, qui voit l'anthropologie se substituer à la métaphysique. Mais un tel constat, si on s'y limite, n'est pas satisfaisant. D'une part, il semble se fonder sur une certaine neutralité des champs disciplinaires, qui s'articuleraient les uns aux autres sans conflits, ce qui est rarement le cas dans la réalité. Faire de Vico à la fois le continuateur de l'humanisme et l'anticipateur des grandes thématiques anthropologiques qui se développent à partir de la fin du XVIIIe siècle et tout au long du XIXe siècle, revient d'une certaine manière à relier l'humanisme et cette même anthropologie, reléguant du même coup la métaphysique et sa tradition à des égarements de la pensée, s'éloignant du monde réel. D'une certaine manière, l'humanisme réagit de ce point de vue face à la scolastique de manière analogue à Vico face aux « fictions » et aux abstractions issues de la tradition cartésienne. Il n'y aurait ainsi pas deux disciplines qui s'articuleraient l'une l'autre au cours de l'histoire des idées, mais une tension entre une pensée évaluée positivement et attentive à la réalité de l'expérience des hommes, et, tout au contraire, une pensée se perdant dans des chimères abstraites.

---

1 *Vico and Humanism. Essays on Vico, Heidegger and Rhetoric*, New York, Peter Lang, 1990, *passim*.

2 On pourrait notamment penser à A. Genovesi, figure célèbre des Lumières napolitaines, qui s'inscrit dans le sillage de Vico et qui obtint la première chaire d'économie politique en Europe à l'Université de Naples, et qui met en scène à maintes reprises dans ses écrits le tournant dans son *iter* intellectuel qui le voit abandonner la métaphysique au profit de l'économie politique et du commerce. Sur ce point, voir P. Zambelli, *La formazione filosofica di Antonio Genovesi*, Napoli, Morano, 1972, *passim* ; G. Galasso, *La filosofia in soccorso de' governi. La cultura napoletana del Settecento*, Napoli, Guida, 1989, p. 401 *sq.*

De ce point de vue, il est nécessaire de voir quels sont les conflits, les mécanismes qui rendent une telle tension possible et les forces qui permettent un champ de se substituer à un autre. Il est d'ailleurs peut-être aussi discutable de parler « d'articulation » entre deux champs disciplinaires, comme si le premier cédait la place au second pour disparaître. Plutôt que d'articulation, mieux vaudrait-il parler de repli face à un champ nouveau qui impose ses propres problématiques. D'une certaine manière, il en va des disciplines comme des auteurs dans l'histoire des idées. Les auteurs ne disparaissent jamais et ne sont pas « redécouverts » comme s'ils avaient été oubliés[1]. On ne les a jamais perdus de vue, mais ils redeviennent actuels dans leur capacité à répondre à de nouvelles questions et à s'insérer dynamiquement dans un champ problématique. L'anthropologie vichienne – et nous verrons quel sens peut avoir une telle qualification – ne se substitue pas de manière harmonieuse à la métaphysique cartésienne, comme si le nouveau prenait la place d'un ancien devenu caduc. Le passage se fait de manière beaucoup plus conflictuelle, passage dans lequel il s'agit pour l'anthropologie non seulement de prendre l'avantage sur la métaphysique, mais aussi de tenter de la neutraliser et de la rendre muette, tout en l'investissant de manière conflictuelle pour lui donner un sens nouveau. C'est du reste dans cette perspective que se fait l'émergence des premières Lumières à Naples dans la seconde moitié du *Seicento*. Les *novatores* s'efforcent d'insérer leurs pratiques dans le sillage du dynamisme de la *libertas philosophandi* et de l'avancée des sciences, tout en neutralisant les considérations métaphysiques ; le parti des anciens, au contraire, tente de reconduire les perspectives scientifiques sur le champ métaphysique et théologique, de manière à neutraliser les modernes par ses accusations[2].

La zone délimitant ces champs disciplinaires n'est jamais neutre et doit se comprendre selon ces logiques conflictuelles dans lesquelles chaque parti tente de prendre l'avantage sur l'autre, de lui imposer ses problématiques, ses références, ses termes mêmes. De ce point de vue, il est remarquable de constater, et ce sera le cas dans l'exemple précis de Vico, que les deux champs que sont la métaphysique ou l'anthropologie

1 Voir E. Garin, *Il ritorno dei filosofi antichi*, Napoli, Bibliopolis, 1984.

2 Sur ce point, nous nous permettons de renvoyer à notre étude : *« Comme des lumières jamais vues ». Matérialisme et radicalité politique dans les premières Lumières à Naples (1647-1744)*, Paris, Champion, 2016.

sont systématiquement associés à d'autres perspectives qui leur donnent une charge politique et conflictuelle immédiate. Encore une fois, le contexte est déterminant et il faut historiciser le statut de ces disciplines. Faire de la métaphysique à la fin du XVIIe siècle à Naples, c'est presque nécessairement s'insérer dans le camp des anciens, et donc, *de facto* s'opposer violemment aux modernes. La métaphysique n'est jamais neutre, mais est l'expression de positions théologico-politiques scolastiques engagées dans une lutte sans merci contre la *libertas philosophandi*. En d'autres termes, procéder en métaphysicien en dehors du champ théologique est immédiatement associé – et il est remarquable de voir que le jugement sera le même aussi bien chez les *novatores* que chez les anciens – à des stratégies de « dissimulation honnête » consistant à « avancer masqué » et à tenter de contourner les interdits religieux. La métaphysique est donc immédiatement synonyme de soumission au pouvoir théologique et l'expression du camp des anciens. Si ce n'est pas le cas, elle est considérée comme une tentative tactique pour introduire des thèses athées et hérétiques.

Si l'on revient à présent sur le cas précis de Vico, on peut constater que la charge théologico-politique que revêtent ces deux champs disciplinaires, est réactivée dans les lectures et les interprétations qui en sont faites. Lier Vico à l'humanisme et en faire un précurseur des sciences humaines et plus généralement de l'anthropologie est souvent lié à des lectures progressistes[1] qui soulignent la « modernité » de Vico. Inversement, l'insistance avec laquelle est mis en avant le rôle de la métaphysique chez Vico – laquelle est immédiatement associée à son concept de Providence – est souvent une opération consistant à en sauver une interprétation fondamentalement catholique[2]. Il faut par ailleurs noter qu'un tel aspect se retrouve au sein de la critique vichienne elle-même. Certains interprètes, qui soulignent l'importance

1 Voir par exemple l'interprétation de Vico par J. I. Israel, in *Radical Enlightenment. Philosophy and the Making of Modernity 1650-1750*, Oxford University Press, 2001. Voir également G. Zanetti, *Vico eversivo*, Bologna, Il Mulino, 2011. La question de la « modernité » ou de « l'archaïsme » de Vico constitue du reste un topos des études vichiennes, comme on a pu le remarquer lors de la publication de l'essai de M. Lilla, *G. B. Vico : The Making of an Anti-Modern*, Cambridge-London, Harvard University Press, 1993, et du débat qui s'ensuivit.

2 Voir notamment l'interprétation d'A. Del Noce, *Il problema dell'ateismo*, Bologna, Il Mulino, 1964, *passim*.

de la pensée métaphysique de Vico, le font le plus souvent en se fondant sur une appréciation hiérarchique de l'ensemble du corpus. Le procédé consiste notamment à donner une place centrale au *Liber metaphysicus* de Vico, puis à s'en servir comme clé de lecture du reste de l'œuvre[1]. Sans entrer dans le détail d'une telle interprétation, il faut reconnaître qu'elle se fonde non pas sur un examen neutre du corpus vichien – et on pourrait du reste montrer très facilement que si hiérarchie il y a au sein du corpus vichien, il est en faveur de la *Scienza nuova* dans ses trois versions et jamais en faveur du *De antiquissima Italorum sapientia* – mais sur une volonté *a priori* de voir en Vico une alternative métaphysique face au cartésianisme, comme si la simple dimension anthropologique de sa pensée n'était pas suffisante à garantir une telle alternative.

LIBERTAS PHILOSOPHANDI ET MÉTAPHYSIQUE

Ces quelques considérations nous amènent à souligner l'importance centrale du contexte pour déterminer le sens à accorder à la pensée métaphysique de Vico. Notre perspective ne consiste pas simplement à situer Vico dans son époque, mais de manière plus déterminante à montrer que sa pensée réagit aux problèmes de son temps, tout en ouvrant de nouveaux champs problématiques. De ce point de vue, il importe de souligner le poids des termes employés. Procéder en « métaphysicien » n'est jamais une position neutre. Parler de « métaphysique vulgaire », « rude », ou « poétique », non plus, et cela à un moment où la métaphysique est synonyme de respect de la pensée scolastique. La position peut du reste sembler encore plus complexe dans la mesure où il est souvent difficile de déterminer la ligne de partage entre une pensée qui se déclare « métaphysique » pour avancer subrepticement des positions hérétiques et une pensée qui, tout au contraire, tente de libérer la métaphysique du poids de la théologie. Il s'agit ici de délivrer la métaphysique du coup de force de la théologie qui l'avait investie, empêchant d'être métaphysicien sans être nécessairement théologien.

1 Voir par exemple l'interprétation de S. Otto, *Giambattista Vico. Grundzüge seiner Philosophie*, Stuttgart-Berlin-Köln, Kohlhammer, 1989.

La variété des interprétations qui ont été données de la pensée de Vico est l'exact reflet de cette difficulté à déterminer quel est le statut métaphysique de sa pensée. S'agit-il d'une pensée qui s'affranchit de problématiques métaphysiques surannées où seraient indistinctement associés les *novatores* napolitains et les scolastiques ? Une telle position ferait de Vico un précurseur à double titre : il se serait débarrassé autant du parti des anciens associé à une scolastique stérile que du parti des modernes en crise à la fin du siècle notamment du point de vue scientifique. En réorientant les objectifs de la science sur l'humanité et ses productions, Vico serait ainsi résolument tourné vers la modernité la plus absolue. Certains aspects de sa pensée peuvent appuyer une telle interprétation : Vico évoque très rarement les *novatores* napolitains dans son autobiographie, comme s'il ne reconnaissait pas une telle tradition. De la même manière, même si sa critique de Descartes peut sembler assez virulente dans le *De antiquissima* et dans le *De nostri temporis studiorum ratione*, le nom même de Descartes disparaît des différentes versions de la *Scienza nuova*, comme si désormais Vico avait trouvé une nouvelle orientation à sa pensée, résolument tournée vers de nouvelles découvertes à venir, rendant inutile la confrontation avec un auteur enfermé dans des polémiques stériles.

Mais on pourrait aussi se demander si le positionnement de Vico ne consiste pas, plus finement, à libérer la métaphysique du poids de la théologie. La « métaphysique poétique » ne serait plus en ce sens le renoncement à la métaphysique, mais de manière plus ambitieuse, le projet d'une métaphysique nouvelle, fondée sur des principes nouveaux, qui tourne délibérément le dos à la métaphysique empreinte de théologie des anciens. On le voit, la question dépasse celle des lectures catholiques de Vico, qui procèdent le plus souvent elles aussi sur l'association théologie-métaphysique. Là encore, plusieurs éléments dans la pensée de Vico, comme dans sa réception, peuvent appuyer un tel point de vue. À la différence du mouvement des *novatores* napolitains de la seconde moitié du *Seicento* préoccupés avant toute chose de libérer leur pratique scientifique, sans s'attarder sur des questions théoriques inutiles à leurs yeux, Vico s'emploie, tout au contraire, à se donner des « principes » et des fondements fermes et bien établis dans sa *Scienza nuova* (*Libro primo*). De la même façon, la section consacrée à la « métaphysique poétique » est une des plus travaillées de l'ensemble de son œuvre. L'Église ne s'y est du reste pas trompée et très rapidement l'entreprise de Vico est associée à une volonté de construire un système impie, qui tente de s'affranchir des contraintes légitimes de la religion catholique[1].

Répondre à ces questions suppose, on le voit, la détermination précise du contexte dans lequel s'inscrit Vico. Cela suppose en particulier de déterminer ce que cela signifie que de vouloir procéder en métaphysicien et de qualifier le nouveau champ de « poétique ». La question de la formation de la pensée de Vico, de ses influences, des traditions qu'il reprend, celles auxquelles il s'oppose est extrêmement complexe et a fait l'objet de nombreuses études, qui montrent souvent que les filiations reconnues (ou refusées) ne sont pas nécessairement les plus significatives[2]. Il est revanche intéressant de souligner la particularité du contexte napolitain et plus généralement du développement de la modernité à partir de la seconde moitié du *Seicento*.

Ce contexte, que nous nous limitons à dessiner à grands traits, offre des caractéristiques tout à fait particulières. Il faut d'une part remarquer l'importance d'une tradition proprement méridionale dans laquelle la métaphysique a souvent été contestée, notamment à travers la pensée de Telesio et de son Académie, très présente à Naples, mais aussi de Campanella. L'importance de Galilée est aussi essentielle et permet du reste de discerner Naples de Florence où elle est également centrale. La comparaison est ici très intéressante et permet de discerner la force du contexte dans l'appréciation de la présence de la métaphysique. On le sait, Galilée ne fut pas simplement condamné pour des positions épistémologiques, mais pour avoir donné un statut métaphysique à ces mêmes positions. Déclarer que la nature est écrite en « langage mathématique[3] », ne veut pas simplement dire qu'il est possible d'en offrir une lecture mathématique (ce qui serait une simple position épistémologique), mais est une position ontologique forte qui se prononce sur l'être même de la nature.

1 Sur ce point, voir les critiques dès le *Settecento* de G. Finetti, in *Difesa dell'autorità della Sacra Scrittura contro G. B. Vico. Dissertazione del 1768*, B. Croce (éd.), Bari, Laterza, 1936. Voir également plus récemment la découverte d'un début d'instruction de la part de l'Inquisition contre Vico : G. De Miranda, « *Nihil decisum fuit*. Il Sant'Ufficio e la *Scienza nuova* di Vico : un'irrealizzata edizione patavina tra l'imprimatur del 1725 e quello del 1730 », *Bollettino del Centro di Studi Vichiani*, XXVIII-XXIX, 1998, p. 5-70.

2 Sur cette « stratégie » nous renvoyons à notre étude : « Influences et stratégie des références dans la *Scienza nuova* », in *Giambattista Vico. Rationalité et politique. Une lecture de la* Scienza nuova, Paris, PUPS, 2008, p. 25 *sq*.

3 *Il saggiatore* (1623), in *Opere*, F. Brunetti (éd.), Torino, UTET, 1980, p. 631-632.

Or il est frappant de voir que l'ambiguïté de la position de Galilée est reproduite dans sa diffusion en Italie. Si l'on se réfère à sa fortune à Florence, on voit que les galiléens florentins semblent assumer un double héritage, celui épistémologique de la science, mais aussi celui théologique de sa condamnation. Être « galiléen » signifie à Florence tenter de dissocier la pensée scientifique de Galilée de ses présupposés métaphysiques. C'est notamment le cas au sein de « l'Accademia del Cimento[1] », dont les activités se situent au sein même du pouvoir, dans le Palazzo Pitti, et qui est extrêmement prudente dans son rapport à la métaphysique et à la théologie[2]. Les florentins en faisant coïncider métaphysique et théologie, se libèrent du poids de la théorie et du risque qu'elle peut représenter aux yeux de l'Église. En reconnaissant qu'il n'y a pas d'autre métaphysique possible que celle imposée par la théologie, en faisant fusionner les deux champs, les florentins ne prennent aucun risque et se donnent en creux la possibilité d'une pratique scientifique libre.

Tout autre est la situation napolitaine dans laquelle le mouvement des *novatores* se fait de manière beaucoup plus conflictuelle. Contrairement à « l'Accademia del Cimento », « l'Accademia degli Investiganti » napolitaine est dans un rapport plus ambigu avec le pouvoir du Royaume de Naples, cherchant à l'investir, mais aussi s'en défiant face au parti des anciens[3]. Même si en apparence les deux académies semblent suivre des procédés analogues, tout autre est l'interprétation que l'on peut faire de leurs résultats. À Florence, la fusion de la métaphysique et de la théologie, libère les *novatores* du poids et du risque de la théorie et leur garantit dans une certaine mesure une pratique libre. À Naples, la métaphysique est un champ problématique indéterminé et risqué. Ce risque apparaît autant diachroniquement que thématiquement.

Thématiquement, il est celui du conflit entre les anciens et les modernes. L'introduction de la modernité ne se fait pas à Naples dans le cadre feutré et métaphysiquement neutralisé du Palazzo Pitti. Les

1 Voir P. Galluzzi, « L'Accademia del Cimento : "gusti" del principe, filosofia e ideologia dell'esperimento », *Quaderni storici*, anno XVI, n° 48, 1981, p. 788-844.

2 Il suffit de voir l'extrême prudence du ton employé par L. Magalotti, secrétaire de cette académie, dans ses *Saggi di naturali esperienze* (1666) qui offrent un compte-rendu des activités de l'Académie.

3 Voir M. H. Fisch, « L'Accademia degli Investiganti », *De Homine*, VI, 1968, p. 17-78 ; M. Torrini, « L'Accademia degli Investiganti. Napoli 1663-1670 », *Quaderni storici*, anno XVI, n° 48, 1981, p. 845-883.

novatores napolitains interviennent au milieu d'épidémies terribles, de révoltes populaires, d'une instabilité historique et naturelle qui rendent leur approche immédiatement conflictuelle et politique. Il en ressort que le rapport au pouvoir est beaucoup plus compliqué qu'à Florence. Du coup, la question métaphysique devient autant un problème épistémologique qu'un risque théologico-politique. Ce problème épistémologique est visible dans le développement de l'atomisme à Naples[1]. La force de cette doctrine est selon les *novatores* sa capacité explicative et son efficacité, notamment en médecine. Ce qui est frappant si l'on lit avec attention les textes qui mettent en avant cet atomisme, c'est de constater que jamais ils ne se fondent sur une ontologie de la matière, et semblent même s'en méfier. Comme l'écrit significativement Francesco D'Andrea :

> Pour ma part, je crois que la philosophie atomiste, c'est-à-dire la philosophie fondée sur les sens, celle qui est réelle et s'attache à chercher la vérité des choses, et non celle qui se perd dans des disputes inutiles autour de mots, se corrompra quand elle commencera à s'exposer aux querelles publiques. Car on ne s'efforcera plus alors à chercher le vrai ou du moins le vraisemblable, mais seulement à s'attacher l'aura du vulgaire par la nouveauté, à considérer qu'il ne faut jamais céder, et à se doter de distinctions et de termes que ne comprennent pas ceux qui la combattent comme ceux qui la défendent[2].

Tenter de donner un fondement métaphysique à une telle doctrine reviendrait à perdre du temps, ce qui est impensable tant la particularité du contexte presse les *novatores* à agir, mais aussi à prendre le risque de se lancer dans de faux débats avec le parti des anciens et donc à s'exposer à des condamnations.

Pour les *novatores*, il faut tenter d'éviter des conflits dans lesquels la métaphysique devient un enjeu. Tout l'intérêt de leur démarche est, au contraire, de tenter d'éviter ces questions de manière à garantir la pratique de la *libertas philosophandi*. Inversement, la démarche des anciens consiste à tenter de faire déplacer le champ des controverses sur celui de la métaphysique et donc de la théologie. Ces tentatives sont constantes tout au long de la période qui nous intéresse. On pourrait citer une des plus célèbres d'entre elles qui oppose le père Jésuite De Benedictis avec

1 Voir en particulier les textes réunis par A. Borrelli, in *D'Andrea atomista. L'« Apologia » e altri inediti nella polemica filosofica della Napoli di fine Seicento*, Napoli, Liguori, 1995.

2 F. D'Andrea, *I ricordi di un avvocato napoletano*, N. Cortese (éd.), Napoli, Lubrano, 1923, p. 39-40 [Nous traduisons nous-même le texte].

l'ensemble des *novatores*[1] et qui aboutit à un procès retentissant à la fin du siècle dans lequel sont impliqués des proches de Vico[2].

Mais c'est à coup sûr l'évolution diachronique du contexte qui va mettre au jour la situation malaisée des *novatores*. Nous venons de le dire, leur perspective était au départ purement pragmatique et visait à répondre à l'urgence du contexte. Pour cela, les auteurs de la modernité n'étaient retenus que dans leur capacité à donner des réponses immédiates et rapides. Par exemple, Descartes n'est alors retenu que pour la partie scientifique de sa philosophie, dont le mécanisme s'allie très bien au matérialisme et à la pensée atomiste très diffusée à Naples, notamment à travers le renouveau des matérialistes de l'Antiquité, mais aussi de la pensée de Gassendi[3]. Or si dans un premier temps, la pensée cartésienne constitue une véritable machine de guerre permettant aux *novatores* une pratique efficace *hic et nunc*, l'évolution du cartésianisme va devenir un obstacle à cette même pratique. Il nous faut approfondir ce point tant il est révélateur de l'enjeu que constitue le champ métaphysique, dans son indétermination même. Même si cela peut sembler étonnant du point de vue de la lettre du système cartésien, Descartes n'est pas un métaphysicien pour les *novatores* napolitains – ils ne voient dans sa métaphysique qu'un reste archaïque ou une dissimulation – mais, inversement, celui qui leur permet, par sa force scientifique, de neutraliser le champ métaphysique. Bref, le cartésianisme, allié à l'atomisme est à même, par son efficacité pratique de marginaliser les attaques métaphysiques du parti des anciens. La dynamique scientifique fait que les anciens ont ainsi du mal à rendre audibles pour le pouvoir leurs attaques métaphysiques et théologiques. Certes, l'atomisme est accusé de nier la transsubstantiation[4], mais ce type de critique est alors peu audible dans un contexte où les médecins, qui se réclament de l'atomisme dans leur pratique de la chimie sont en première ligne pour vaincre des épidémies désastreuses

1 Sur cette polémique, voir G. De Liguori, « Teologia, filosofia e fisica di Cartesio nella *Difesa della terza lettera apologetica* dell'Aletino (1705) », in *L'ateo smascherato. Immagini dell'ateismo e del materialismo nell'apologetica cattolica da Cartesio a Kant*, Firenze, Le Monnier Università, 2009, p. 63-94.

2 Voir L. Osbat, *L'inquisizione a Napoli. Il processo agli ateisti (1688-1697)*, Roma, Edizioni di Storia e Letteratura, 1974.

3 Voir P. Cristofolini, « Tommaso Cornelio et l'histoire du matérialisme », in *Gassendi et l'Europe* (1592-1792), S. Murr (dir.), Paris, Vrin, 1997, p. 335-346.

4 Voir L. Amabile, *Il Santo Officio e l'Inquisizione in Napoli : narrazione con molti documenti inediti*, Città del Castello, Tip. S. Lapi, 1892, II, p. 53, note 2.

pour le Royaume. La force du développement scientifique empêche ainsi les modernes d'être attirés sur le champ théologico-métaphysique.

Le problème est que cette force entre en crise à la fin du siècle. Crise interne d'une part, tant le modèle scientifique cartésien est concurrencé par Newton. Crise externe d'autre part, tant les *novatores*, privés de la dynamique initiale du cartésianisme, sont alors exposés aux attaques des anciens. Une des forces de De Benedictis dans ses attaques contre les *novatores*, est d'être à même de rendre la question métaphysique incontournable, et cela aux yeux des modernes eux-mêmes. En délaissant la métaphysique pour se consacrer à une pratique scientifique efficace, les modernes ont en quelque sorte laissé le champ libre aux anciens qui l'ont investi pleinement en le faisant fusionner avec la théologie. Privés de la dynamique de la science et de son progrès, contraints de se défendre de manière théorique, les modernes sont déplacés sur un champ métaphysique à présent complètement investi par la théologie et sur lequel les anciens ont des positions solides et cohérentes. Les anciens ont gagné en quelque sorte en faisant se déplacer le champ et le cadre de la confrontation. Et lorsque les modernes tenteront de réinvestir ce champ, ils le feront le plus souvent en ordre dispersé, et de manière ambiguë[1].

« *HOMO NON INTELLIGENDO FIT OMNIA* »

Il faut, pour bien évaluer le sens et le statut de la métaphysique chez Vico, tenir compte de ce contexte, tant il permet d'en discerner la valeur. Pour résumer, nous pourrions dire que Vico assume un double héritage, celui de l'effort et des succès scientifiques des *novatores*, mais aussi celui de leur crise. Il est en particulier significatif de noter que parmi ces *novatores*, Vico fréquente dans sa jeunesse principalement ceux qui sont amenés à se positionner sur le champ métaphysique en tentant de le soustraire à celui des scolastiques, notamment Giuseppe Valletta ou Paolo Mattia Doria[2] à

1 Les tentatives de Giuseppe Valletta pour tenter de fonder l'atomisme dans une improbable « antica sapienza italica » et chez Moïse en est le meilleur exemple.

2 Les titres mêmes des ouvrages de Doria illustrent le champ métaphysique sur lequel il intervient : *Discorsi critici filosofici intorno alla filosofia degl'Antichi, e de' Moderni ; ed*

qui sera du reste dédié le *De antiquissima* de Vico. Le but de Vico est alors double : étendre l'effort scientifique des *novatores*, mais aussi lui donner un fondement métaphysique stable, soustrait à la théologie. Contrairement aux premiers *novatores* qui avaient pratiqué une *libertas philosophandi* en délaissant imprudemment le champ de la métaphysique immédiatement investi de manière théologique par les anciens, Vico ne se limite pas, dans sa *Scienza nuova*, à la pratique, mais s'efforce de fonder une science au sens fort du terme, et donc de réinvestir un champ abandonné par les modernes.

Pour bien comprendre la valeur de l'opération menée par Vico, il faut se référer à la « gravure placée en frontispice » qui « sert d'introduction à l'œuvre », sorte de résumé de la *Scienza nuova* tout entière selon Vico. Cette gravure célèbre, et le commentaire qu'en donne Vico[1], sont intéressants à plusieurs titres. D'une part ils montrent l'évolution de la notion de métaphysique et surtout l'opération de récupération de ce champ qu'entreprend Vico en le soustrayant à la théologie. Selon cette gravure, Dieu est en effet représenté par un œil en haut à gauche. La « femme aux tempes ailées[2] » représente la métaphysique. Si l'on se contente du haut de la gravure, nous sommes dans un schéma traditionnel, une sorte de contemplation pure, sans altération entre Dieu et la métaphysique, c'est-à-dire précisément cette confusion des champs dont il était question auparavant. Or cette confusion repose sur le fait que jusqu'à présent, cette contemplation était rendue possible, car fondée uniquement sur « l'ordre des choses naturelles », écho évident des sciences de la nature qui avaient caractérisé l'entreprise des *novatores* au XVIIe siècle. Pour sortir de cette espère de contemplation-fusion extatique, Vico imagine un rayon qui part de Dieu, qui ne s'arrête pas dans la métaphysique, mais, au contraire, se réfracte sur sa poitrine à partir d'un bijou convexe. En se réfractant, le rayon est alors détourné vers les choses morales « publiques », le « monde civil ou monde des nations », qui est l'objet de la *Scienza nuova*.

> Le rayon de la providence divine, qui éclaire un joyau convexe ornant la poitrine de la métaphysique, dénote le cœur limpide et pur que la métaphysique doit

---

in particolare intorno alla filosofia di Renato Descartes. Con un progetto di una metafisica, in Venezia, MDCCXXIV ; *Difesa della metafisica degli antichi filosofi contro il Signor Giovanni Locke ed alcuni altri moderni autori*, Venezia [Napoli], 1732.

1 *Scienza nuova* 1744 [à partir de maintenant *Sn44*], « Idea dell'opera », § 1-42. Nous citons à partir de la traduction donnée par A. Pons, *La Science nouvelle*, Paris, Fayard, 2001.

2 *Sn44*, § 2.

> avoir ici, un cœur qui ne soit ni souillé, ni sali par l'orgueil de l'esprit ou par de vils plaisirs corporels (...). En outre, ce rayon dénote que la connaissance de Dieu ne se termine pas dans une métaphysique qui s'éclaire en privé grâce aux choses intellectuelles et, par conséquent, règle seulement ses propres choses morales, comme l'ont fait jusque-là les philosophes : c'est là ce qu'un joyau plat aurait signifié. Mais il est convexe, et le rayon s'y réfracte et se répand au dehors, pour montrer que la métaphysique connaît Dieu provident dans les choses morales publiques, c'est-à-dire dans les coutumes civiles, avec lesquelles sont venues au monde et se conservent les nations[1].

Plusieurs conséquences peuvent être tirées de ce texte. La première conséquence est une redéfinition complète du statut de la métaphysique. On a souvent interprété la métaphysique de Vico comme une production « originale » par rapport à la métaphysique classique. C'est sans doute vrai, mais il faut avant tout comprendre cette production comme une opération de dissociation de la métaphysique et de la théologie. En se réfractant, le rayon se répand dans un nouveau champ, qui n'est plus celui diaphane, extatique de la contemplation-fusion entre Dieu et la métaphysique. La gravure montre au contraire que le rayon se répand dans les « ténèbres » du monde des hommes, celui que se propose d'explorer la *Scienza nuova*. Il ne s'agit pas simplement d'un changement de direction, mais de la délimitation d'un nouveau champ pour la métaphysique, un champ qui ne se confond plus avec la théologie. Il faut insister sur ce point car les commentateurs ont surtout été attentifs à la seule nouvelle direction du rayon. Certes, cette nouvelle direction vers le monde du « faire humain » est synonyme d'une orientation plus générale de la métaphysique vers des préoccupations de type anthropologiques qui caractérisent les Lumières. Mais cette nouvelle orientation est aussi synonyme d'une rupture avec une conception traditionnelle de la métaphysique qui l'avait emprisonnée dans le champ de la théologie.

Les conséquences épistémologiques de cette nouvelle direction du rayon sont immédiates et s'inscrivent plus généralement dans la critique du cartésianisme par Vico. Cette critique est connue[2] et renvoie à ce défaut méthodologique majeur qualifié par Vico de « vanité des savants[3] » qui consiste à exporter arbitrairement les conceptions d'une

1 *Sn44*, § 5.

2 Voir notre étude : « Giambattista Vico critique de Descartes ? », in *Qu'est-ce qu'être cartésien ?*, D. Kolesnik-Antoine (dir.), Lyon, ENS Éditions, 2013, p. 503-519.

3 *Sn44*, § 127.

« raison entièrement développée » sur un objet qui lui est hétérogène, bref à croire que l'objet est immédiatement homogène à la raison qui l'aborde. Un tel régime n'est possible que dans le haut de la gravure où Dieu et la métaphysique semblent immédiatement diaphanes l'un à l'autre. Or en donnant une nouvelle direction au rayon, Vico montre qu'il faut s'enfoncer dans les ténèbres du bas de la gravure, se donner de nouveaux principes, de nouveaux outils épistémologiques, qui seront définis et mis en œuvre dans la *Scienza nuova*. Dans cette perspective, autant la *mathesis universalis* cartésienne que l'usage de l'outil mathématique se révèlent de simples chimères, des « fictions », pour reprendre un terme employé à maintes reprises par Vico. Le gain de la *mathesis universalis* a donc un coût qui le rend relatif : il nous offre certes un monde diaphane, évident, immédiatement accessible, mais il ne s'agit que d'un monde artificiel, abstrait, qui ne reflète en rien l'épaisseur du monde réel.

Cela dit, Vico ne renonce pas pour autant à l'effort scientifique. Sa « science nouvelle » est une science au sens le plus fort du terme. Il ne s'agit pas de se perdre dans le monde obscur des nations, et la persistance du rayon depuis la poitrine de la métaphysique en est la meilleure illustration. Il faut savoir éclairer ce monde, lui trouver des lois, qui seront celles exposées dans la *Scienza nuova* et qui seront parmi les théories les plus célèbres de Vico, notamment « l'histoire idéale éternelle[1] » ou la mise au point du « cours des nations[2] ». Mais la conséquence principale renvoie au changement d'orientation de la métaphysique, qui lui donne un statut et une valeur entièrement nouveaux.

> Cette Science est une histoire des idées humaines, d'après laquelle semble devoir procéder la métaphysique de l'esprit humain. Cette reine des sciences, selon l'axiome qui veut que « les sciences doivent commencer là où commence leur matière », commença au moment où les premiers hommes commencèrent à penser humainement, et non pas au moment où les philosophes commencèrent à réfléchir sur les idées humaines[3].

Plusieurs remarques peuvent à nouveau être faites. D'une part, en reliant métaphysique et histoire des idées humaines, Vico rompt

1 *Sn44*, § 349.
2 *Sn44*, § 915 *sq*.
3 *Sn44*, § 347.

le vis-à-vis diaphane de pure contemplation qui était le propre de la métaphysique traditionnelle, *i. e.* celle investie par la théologie. La métaphysique ne se comprend plus dans une perfection, des principes, ou des dogmes posés *a priori*, mais dans un processus dynamique[1]. Elle devient le résultat d'un processus qui intègre ses propres étapes et n'est pas la fusion avec des principes posés *a priori*. Du même coup, ce qui importe est moins le résultat que la force qui permet de passer d'une étape à une autre. Et c'est certainement là que l'inflexion que Vico fait subir à la notion de métaphysique est la plus forte :

> De sorte que, si la métaphysique rationnelle enseigne que « *homo intelligendo fit omnia* », cette métaphysique imaginative montre que « *homo non intelligendo fit omnia* » ; et peut-être y a-t-il davantage de vérité dans la seconde affirmation que dans la première, car l'homme, lorsqu'il comprend, déploie son esprit et se saisit des choses, mais, lorsqu'il ne comprend pas, il fait les choses à partir de lui-même, et, en se transformant en elles, il devient ces choses mêmes[2].

Ce texte célèbre de la *Scienza nuova* illustre parfaitement la nouvelle orientation de la métaphysique. Celle-ci n'est plus le propre d'une « raison entièrement développée » à même de saisir l'évidence de la providence divine et de se confondre avec elle. La métaphysique doit se comprendre comme un processus de construction génétique, progressif. Mais ce qui frappe dans ce texte, c'est l'*autonomisation* du champ de la métaphysique. Si l'on suit Vico, cette dernière n'a pas à coïncider, ou à se confondre avec un autre champ, celui de la théologie, qui la fonderait en amont et la justifierait en aval. Une telle conception, ferait dépendre entièrement la métaphysique de la théologie qui se servirait d'elle comme une de ses extensions dans d'autres champs, notamment scientifiques. Pour Vico, tout au contraire, il n'y a plus d'extériorité vis-à-vis de la métaphysique, en tout cas aucune dépendance théologique. En se concentrant sur son processus génétique de développement, Vico réussit à soustraire la métaphysique de tout champ et principe de légitimation autre qu'elle-même et de son propre développement interne. La métaphysique n'est plus validée par une valeur qui lui serait supérieure, mais par son propre mécanisme de constitution.

---

1 Sur cet aspect, voir P. Cristofolini, « La metafora del fiume e la metafisica », in *Studi sul* De antiquissima Italorum sapientia *di Vico*, G. Matteucci (dir.), Macerata, Quodlibet, 2002, p. 16 *sq.*

2 *Sn44*, § 405.

> C'est à partir de ces premiers hommes, grosses bêtes (*bestioni*), stupides, insensées et horribles, que tous les philosophes et philologues auraient dû commencer à raisonner sur la sagesse des anciens païens (…). Et ils auraient dû commencer par la métaphysique, puisque cette dernière cherche ses preuves non pas dans le monde extérieur, mais dans les modifications de l'esprit même de celui qui médite, car, puisque le monde des nations a certainement été fait par les hommes, c'est à l'intérieur de ces modifications qu'il aurait fallu (…) chercher ses principes ; et la nature humaine, dans ce qu'elle a de commun avec celle des animaux, a pour propriété de ne pouvoir connaître les choses que par la voie des sens[1].

De là une double conséquence, sur la manière d'appréhender épistémologiquement cette métaphysique, et sur ses résultats. Le premier point constitue une des thématiques sur laquelle Vico insiste de manière continuelle. Même si elle est la « reine des sciences », la métaphysique ne doit pas être abordée, pour être comprise dans ce qui fait sa spécificité génétique, comme simple résultat, mais dans ce qu'il y a de dynamique en elle. Or seul l'aspect poétique, à prendre au sens grec du terme, c'est-à-dire du « faire » (*poiein*) est légitime pour en comprendre la dynamique :

> La sagesse poétique, qui fut la première sagesse du monde païen, a donc dû commencer par une métaphysique, non pas raisonnée et abstraite comme l'est celle des hommes instruits aujourd'hui, mais sentie et imaginée comme dut l'être celle de ces premiers hommes, incapables de raisonnement, et qui n'étaient que sens robustes et imaginations vigoureuses (…). Cette métaphysique fut leur poésie, une faculté qui en eux était innée (car ils étaient pourvus naturellement de tels sens et de telles imaginations) et qui était née de l'ignorance des causes ; cette ignorance fut la mère de leur émerveillement devant toutes choses, et fit que, ignorants de toutes choses, ils en étaient fort étonnés (…). Telle est la manière dont les premiers hommes des nations païennes, ces enfants du genre humain naissant (…), créaient eux-mêmes les choses d'après leur idée, mais cette création différait infiniment de celle de Dieu : Dieu, en effet, dans son entendement parfaitement pur, connaît les choses, et, en les connaissant, les crée ; eux, par l'effet de leur robuste ignorance, le faisaient en vertu d'une imagination au plus haut point corporelle, et, parce qu'elle était au plus haut point corporelle, ils le faisaient avec une sublimité merveilleuse, au point qu'elle troublait à l'excès ceux-là mêmes qui, en imaginant les choses, les créaient, ce pourquoi ils furent dits « poètes », ce qui veut dire en grec « créateurs[2] ».

1 *Sn44*, § 374.
2 *Sn44*, § 375-376.

Chez Vico, la métaphysique n'est donc plus l'expression la plus raffinée et la plus élevée d'un esprit reflétant et soumis à l'ordre divin et à ses dogmes, mais une production dynamique, celle du faire humain, qui soumis à sa propre ignorance[1], est amené à élaborer peu à peu son expérience. Et Vico de montrer dans la célèbre section « Della metafisica poetica », comment cette science sublime organise le faire « poétique » des premiers hommes, ces « poètes théologiens », dans l'ensemble des sections de la « sagesse poétique », (logique, morale, économique, politique, physique, cosmographie, astronomie, géographie poétiques, etc.) qui sont toutes issues de cette « métaphysique grossière » (*rozza metafisica*)[2].

Ces textes célèbres, qui donnent lieu aux passages les plus suggestifs de la *Scienza nuova*, la langue de Vico devenant elle-même poétique dans son exposition, ne doivent pas cependant cacher le champ polémique dans lequel il se meut. Rappelons-le, l'action de la *Scienza nuova* – et son ambition – consiste à soustraire la métaphysique de son emprise théologique. La dimension poétique, aussi fascinante soit-elle dans son exposition, dans ses découvertes, notamment celles liées à une nouvelle herméneutique de la mythologie, au « nouvel art critique », à la définition des « Universaux de l'imagination » et aux « caractères poétiques » ne doit pas cacher la radicalité de l'entreprise de Vico, qui autonomise le champ de la métaphysique.

C'est du reste du point de vue de la théologie que l'action de Vico produit son effet le plus radical. Non seulement la métaphysique est délivrée de sa dépendance du champ de la théologie, mais l'opération consiste à intégrer cette dernière dans sa nouvelle métaphysique, renversant complètement le lien de dépendance initial. La métaphysique de l'esprit humain n'est plus justifiée et légitimée par un ordre supérieur qu'il lui faudrait révérer et auquel elle devrait se conformer (« la métaphysique rationnelle » et abstraite), mais c'est tout au contraire ce même ordre qui trouve sa place et son sens dans un développement interne et autonome. On mesure ici la rupture qu'opère Vico : il ne s'agit pas de nier Dieu et l'ordre divin, mais de montrer qu'ils s'insèrent dans les cadres autonomes du développement de l'homme et des « modifications » de son esprit. Bref, si Dieu est reconnu, ce n'est jamais en adhérant à une existence

1 Il n'est d'ailleurs pas étonnant que le modèle pris par Vico pour illustrer ce faire est celui de l'enfant (voir *Sn44*, § 209).

2 *Sn44*, § 367.

réelle et extérieure, mais par simple reconnaissance d'une construction interne aux « modifications de l'esprit ».

La meilleure illustration de cette vision entièrement nouvelle apparaît dans la manière poétique avec laquelle naît la théologie, qui n'est jamais la reconnaissance d'un ordre supérieur, mais le simple constat du « faire humain » :

> Telles durent être les natures des premiers fondateurs de l'humanité païenne quand – cent ans après le Déluge en Mésopotamie et deux cents ans après dans le reste du monde, comme nous l'avons dit dans un postulat (car il fallut tout ce temps-là pour que la terre, détrempée par l'inondation universelle, fût asséchée et en état d'émettre dans l'air des exhalaisons sèches ou matières ignées pour produire la foudre) – le ciel finit par fulgurer et tonner, avec des éclairs et des coups de tonnerre épouvantables, comme cela devait advenir nécessairement la première fois qu'une si violente impression pénétrait dans l'air. Alors quelques géants, qui devaient être les plus robustes, et qui étaient dispersés dans les bois au sommet des montagnes, là où les bêtes les plus vigoureuses ont leurs tanières, épouvantés et frappés de stupeur par le grand effet dont ils ne savaient pas la cause, levèrent les yeux et remarquèrent le ciel. Or, dans un tel cas, la nature de l'esprit veut qu'il attribue à l'effet sa propre nature (...), et leur nature, dans l'état qui était le leur, était celle d'hommes qui n'étaient que robustes forces du corps et qui exprimaient leurs très violentes passions en hurlant et en grondant ; aussi se figurèrent-ils que le ciel était un grand corps animé, que, sous cet aspect, ils appelèrent Jupiter, le premier dieu des *gentes* dites *maiores*, et qui voulait par le sifflement des éclairs et le fracas du tonnerre leur dire quelque chose[1].

Ce texte célèbre qui relate la fin de « l'errance bestiale » somptueusement mise en scène par Vico est frappant à plusieurs titres. D'une part, il faut souligner, outre l'inspiration lucrétienne du passage, le principe purement matérialiste de l'explication de la fin de « l'errance bestiale » et du processus d'humanisation des hommes. La providence divine n'est jamais pour Vico l'intervention d'un dieu omniscient et tout puissant dans le cours de l'histoire des hommes : ici seules des explications météorologiques matérielles expliquent cette foudre qui donne son départ à l'humanité. De la même manière aucune grâce particulière n'explique ou ne justifie que seuls certains *bestioni* soient touchés par cette foudre. À nouveau, c'est le seul hasard qui désigne ceux qui se trouvent au sommet des montagnes.

1 *Sn44*, § 377.

Mais c'est à coup sûr la naissance du sentiment religieux, première œuvre poétique de cette métaphysique, qui illustre le mieux le renversement de perspective qu'opère Vico. Certes les *bestioni* sont « atterrés » par la foudre, et, terrorisés, lèvent les yeux vers le ciel. Cet arrêt qui, selon Vico, permet aux hommes de se sédentariser, d'avoir des femmes et des enfants « certains » et d'intégrer le processus d'humanisation commence par la naissance du sentiment religieux. Terrifiés par cette foudre qu'ils ne comprennent pas, les premiers hommes exportent poétiquement sur ce phénomène leur propre expérience et créent la figure de Jupiter, Dieu épouvantable, poétique, plein de passions, qui marque cependant l'éveil du sentiment religieux. À nouveau, au-delà de cette description grandiose, ce qui frappe, c'est la capacité de Vico à inverser le schéma métaphysique classique. À aucun moment il ne dit que cette croyance en Jupiter peut s'expliquer par une correspondance avec un dieu réel. Il n'y a aucune extériorité à ce schéma qui le justifierait et le mettrait en branle. Tout s'explique de manière interne et mécanique. Ce qui importe ici est la croyance dans les dieux, c'est-à-dire les causes anthropologiques qui permettent une telle croyance et non pas la correspondance théologique avec un vrai dieu. On mesure le pas qui est franchi par Vico, qui non seulement soustrait la métaphysique à la théologie, mais finit par dissoudre cette dernière dans le développement d'une métaphysique poétique devenue purement autonome. Dans ce schéma, la religion conserve certes une place primordiale dans la mesure où la croyance aux dieux est la première étape dans le processus de « l'umanità », mais cette place devient toute relative par rapport au schéma traditionnel dans la mesure où elle n'est jamais la reconnaissance d'un dieu véritable, ce qui impliquerait la reconnaissance d'une théologie hiérarchiquement première, mais la simple mise au jour d'une des caractéristiques de l'esprit humain dans son processus de développement, une simple « modification de l'esprit ».

Le traitement que fait subir Vico à la notion de métaphysique est significatif à plusieurs égards. D'une part, il illustre dans quelle mesure la métaphysique, loin d'être un champ clos doté de valeurs propres, stables et pérennes, est en réalité avant tout un enjeu, un risque, mais aussi une force pour celui qui sait se l'approprier et lui imposer ses propres valeurs. Le rapport de la métaphysique à la théologie est ici d'autant plus déterminant que la théologie peut facilement passer pour l'allié naturel et légitimant de la métaphysique. Focalisés sur la pratique de la *libertas philosophandi*, les premiers *novatores* napolitains tombent dans ce piège et négligent ce champ stratégique. Les catégories de la métaphysique sont alors celles du parti des anciens et de la scolastique. La crise que subissent les *novatores* à la fin du siècle, qui les contraint à réagir sur le champ métaphysique, à se doter de fondements, manifeste clairement leur faiblesse et leur incapacité à répondre sur un champ qui leur a complètement échappé. Une telle situation illustre le sens de l'entreprise de Vico, mais aussi la force de l'inflexion qu'il fait subir à la métaphysique. Cette métaphysique devenue poétique, « vulgaire », ne se limite pas à illustrer une pensée particulièrement originale, qui anticiperait l'anthropologie et les « sciences humaines ». L'opération menée par Vico, derrière les images grandioses dont elle est porteuse, nous paraît bien plus profonde, qui non seulement soustrait la métaphysique à l'emprise de la théologie et finit même par dissoudre cette dernière dans une anthropologie du sentiment religieux et de son rôle dans la constitution de l'humanité. De ce point de vue, Vico nous semble particulièrement représentatif de ces premières Lumières qui ne se limitent pas à substituer abstraitement un champ à un autre, mais qui sont tout au contraire capables de dissoudre de l'intérieur une métaphysique conçue comme un carcan théologique, et cela pour la réinvestir dans un discours anthropologique prospectif.

Pierre GIRARD
Université de Lyon
Université Jean Moulin – Lyon III
UMR 5317 IHRIM/Labex Comod

LA CRITIQUE BERKELEYENNE DE LA MATIÈRE : UNE DIALECTIQUE DU SENS COMMUN ET DE LA MÉTAPHYSIQUE

Le jugement de Berkeley sur la matière est bien connu : rien de tel n'existe, d'où le qualificatif d'immatérialiste qui lui est le plus souvent attaché. Lorsqu'on s'efforce de saisir la matière pour penser le réel dans sa concrétude, en écartant les qualités perceptives qui ne subsistent que dans l'esprit, on ne produit qu'un concept abstrait et vide de contenu, que la norme du sens commun, à laquelle Berkeley se tient, ne peut qu'invalider. On a depuis longtemps noté que cet immatérialisme revendiqué, dans les premiers écrits (jusqu'en 1713), contre la métaphysique[1], qui pose de différentes manières l'existence de la matière, et contre le scepticisme nihiliste, qui résulte nécessairement de ce préjugé métaphysique, se faisait plus discret dans les œuvres ultérieures[2], sans que son ontologie immatérialiste ne change fondamentalement. Une lecture attentive montre cependant que le statut des trois éléments impliqués dans cette négation de la matière (métaphysique, matière et sens commun) évolue sensiblement jusqu'à la *Siris* de 1744. Ainsi, à partir du *De Motu* de 1721, Berkeley dessine une place positive nouvelle pour une

1 *Notes philosophiques*, Carnet A, 751 : « Ne pas oublier de bannir constamment la métaphysique, etc., et de rappeler les hommes au bon sens ». Pour les *Trois dialogues entre Hylas et Philonous*, l'*Alciphron* et la *Siris*, nous donnons d'abord les pages dans l'édition de référence A. A. Luce et T. E. Jessop, *The Works of George Berkeley*, 9 volumes, Londres et Edimburg (1948-1955), et nous donnons en second la page dans la traduction française, sous la direction de G. Brykman, Paris, PUF (1987-1996), en 4 volumes. Pour les autres textes, nous donnons seulement la traduction française (la division en paragraphes permettant aisément de retrouver le texte). Ici, vol. I, 1997, p. 125. Voir aussi *Principes de la connaissance humaine*, introduction manuscrite, paragraphes 12-15, vol. I, p. 159 ; *Trois dialogues entre Hylas et Philonous*, I, vol. II, p. 172, vol. II, p. 32.

2 Geneviève Brykman, par exemple (*Berkeley et le voile des mots*, Paris, Vrin, 1993, p. 227 et suivantes), parle d'un « immatérialisme militant », dans les premières années.

métaphysique ou « philosophie première », qui ne serait ni seulement un objet de critique, ni une place à occuper par le seul discours critique, un sens que Berkeley développe jusque dans la *Siris* (1744). Parallèlement, on voit Berkeley s'approprier différents concepts fondamentaux liés à la matière, comme le mouvement ou l'étendue, jusqu'à assumer, en un sens, le corpuscularisme des modernes, en 1721, ou à produire, en 1744, quelque chose comme une philosophie de la matière. Et cette reprise de la notion de matière s'accompagne d'une problématisation progressive, à partir de l'*Alciphron* de 1732, de la référence au sens commun, au jugement non-philosophique.

Pour ressaisir cette évolution dans son unité, nous proposons donc, dans un premier temps, de repartir de la critique berkeleyenne de la matière, conduisant à récuser la métaphysique au nom du sens commun, dans les premières œuvres. Cela permettra de comprendre comment Berkeley redessine, à partir de 1721, une place à la métaphysique, dans un dialogue, non avec le sens commun, mais avec les sciences portant sur les concepts fondamentaux de la pensée de la matière, pour voir enfin comment l'idée d'une critique du sens commun, à partir de 1732, va de pair avec la réalisation complète, en 1744, de la métaphysique projetée en 1721, se réappropriant pleinement la matière. Notre objet, ici, reste la pensée berkeleyenne saisie dans son développement, pour en préciser les invariants et les mutations. Nous négligerons donc, par méthode, ce qui relève de la contextualisation des références scientifiques de Berkeley.

LA MÉTAPHYSIQUE RÉCUSÉE AU NOM DU SENS COMMUN : LA CRITIQUE DE LA MATIÈRE

Nous commencerons par rappeler brièvement l'analyse critique de Berkeley. Là où il peut sembler que faire fonds sur l'existence de la matière pour expliquer les phénomènes relève du sens commun, Berkeley s'attache à montrer, dans toutes ses premières œuvres, jusqu'en 1713, que le concept de matière est le plus vide qui soit, une substance étendue qui n'a rien des qualités sensibles par lesquelles le sens commun l'appréhende. Autrement dit, la matière comme telle n'est pas le réel dans sa concrétude, mais un concept des plus abstraits, étranger au sens commun. Cette analyse est double et permet de préciser en quel sens Berkeley nie l'existence de la matière. Elle consiste d'abord à montrer que rien dans l'expérience sensible n'incline à inférer l'existence d'une entité matérielle extérieure à l'esprit. L'ordre de cette analyse est particulièrement bien établi, dans sa progression, dans les *Trois dialogues entre Hylas et Philonous* (1713). Berkeley commence par une série d'arguments, faisant fonds sur la tradition sceptique, pour asseoir l'intériorité à l'esprit de chaque qualité sensible spécifique, en commençant par la chaleur puisque son association au sentiment du plaisir et de la peine en assure l'intériorité. Mais chaque qualité sensible est examinée (couleurs, odeurs, goûts, sons, qualités tactiles). Une fois cette intériorité acquise, c'est-à-dire une fois établi que ces qualités ne peuvent subsister hors d'un esprit qui les perçoit, il lui reste à établir qu'aucune propriété se donnant à même l'expérience ne peut, par conséquent, subsister hors d'un esprit, ce que Berkeley gagne essentiellement, dans les *Principes de la connaissance humaine* (1710), comme dans les *Trois dialogues*, en réactivant et en étendant ses arguments et son analyse de la perception visuelle, développés dans la *Nouvelle théorie de la vision* (1709). L'optique moderne, en effet, soutient depuis longtemps que les qualités visuelles ne sont que la représentation mentale de l'*effet* mécanique des corps extérieurs sur les sens. Seulement pour penser ce rapport *causal*, il faut faire usage des propriétés géométriques du mouvement des corps, lesquels relèvent aussi du champ de la perception : la grandeur spatiale et le mouvement sont aussi perçus, ce qui, suivant un long processus de distinction allant *grosso modo* de Kepler à Newton, en passant entre autres par Descartes et Hobbes, s'est traduit par une dissociation progressive entre une optique que l'on pourrait dire objective – une théorie de la lumière, de ses causes et de ses effets – et une optique subjective comprise comme une géométrie du regard, une organisation géométrique du champ de perception – la structuration en trois dimensions, la perception de la distance et de la profondeur –, le lien s'établissant en ceci que les principes géométriques à l'œuvre dans les deux versants de l'optique sont les mêmes. La stratégie de Berkeley, en 1709, consiste à déconstruire l'outil géométrique en partant du versant subjectif de l'optique et de l'idée qui la travaille : les objets de la perception comme les objets mathématiques sont construits à partir des qualités sensibles spécifiques, qui n'en sont que les matériaux immédiatement perçus. Berkeley radicalise la construction en montrant qu'au sens strict seules les qualités spécifiques sont donc immédiatement perçues, là où, non seulement les objets, mais même les qualités dites premières, dans le vocabulaire de Boyle ou de Locke, dont traite par exemple la géométrie et dont on fait usage en optique, sont médiatement perçus et construits : si nous percevons une surface, c'est que cet objet est lui-même, en-deçà de la perception des objets concrets de l'expérience, une construction à partir des qualités spécifiques qui la constituent. La géométrie est légitime comme science en tant qu'on peut théoriser le mode de cette construction, mais comprendre la perception suppose de respecter cet ordre génétique pour soutenir que les qualités secondes sont en fait premières[1], ce qui a deux conséquences : la première (que Berkeley tire clairement en 1709) est que, si l'on veut décrire la construction de l'espace perceptif, on ne peut partir de la géométrie parce que ses objets sont des produits de la construction à partir des qualités sensibles spécifiques (il faut plutôt faire fonds sur une théorie du signe sensible et des liaisons habituelles entre les qualités sensibles immédiates, pour décrire la construction de l'espace tridimensionnel) ; la seconde (qu'il exploite en 1710 et 1713, mais qui est déjà présente dans les *Notes philosophiques* de Berkeley, antérieures à la *Nouvelle théorie de la vision*) est que, si les qualités sensibles spécifiques n'existent que dans l'esprit, alors il en est de même des qualités dites premières. Ce point est décisif, dans l'argumentation de Berkeley, en ceci qu'il lui permet de vider progressivement le concept de corps extérieur de tout contenu intelligible qui ne soit pas, en lui-même, de l'ordre de la qualité qui n'existe qu'en tant que perçue, donc dans un esprit, et au premier chef l'idée d'étendue. Il ne reste alors plus (3ᵉ étape) qu'à nier l'intelligibilité d'un concept de corps qui serait représenté par des idées qui, en elle-même, ne ressemblent pas aux propriétés des corps (ce qu'il appelle la théorie des idées représentatives), parce qu'une telle relation de représentation n'est concevable que lorsque chacun des termes en relation est lui-même représentable. La trace de cette exigence est, pour Berkeley, dans le vocabulaire dont on fait usage pour désigner cette entité supposée représentée par des idées qui ne lui ressemblent en rien : elle est substance ou substrat, c'est-à-dire à rigoureusement parler *ce qui*

1 *Notes philosophiques*, Carnet B, 368, vol. I, p. 70 : « les mathématiciens (...) font ce à quoi tout homme de bon sens peut arriver par des actes répétés. Je le sais par expérience, je ne suis qu'un homme de bon sens. »

se tient sous ou *s'étend sous*, laquelle signification n'est qu'une métaphore vaine si *ce qui se tient sous* n'est pas sensible au même titre que ce qui *se tient au-dessus*[1].

Il reste cependant qu'à ce stade de l'argumentation, Berkeley a bien montré que l'expérience ne fait pas signe de manière intelligible vers un corps dont on aurait une idée et qui se tiendrait hors de l'esprit, donc qui ne serait pas réductible de part en part à des qualités sensibles spécifiques et à leur combinaison, mais non qu'il est *impossible* qu'une telle matière existe[2]. Pour ce faire, il lui faut développer une autre ligne argumentative, à savoir montrer l'inconsistance de tous les concepts par lesquels cette matière, et son lien aux idées par lesquelles on la perçoit, sont pensés : d'abord l'idée que cette matière est *cause* des idées, qui en seraient les effets sans lui ressembler, puis que cette matière est l'*instrument* dont Dieu se sert pour communiquer les idées sensibles à l'esprit, et enfin que cette matière est l'*occasion* pour Dieu de communiquer ces idées sensibles (ce qui donne l'occasion, si l'on peut dire, d'une réfutation de Malebranche)[3]. Le cœur de l'argumentation berkeleyenne est toujours le même : montrer que ce type de relation n'est intelligible que lorsqu'elle met du sensible en relation à du sensible, et non lorsqu'elle met du sensible en relation à du non-sensible et du non-pensant (comme est supposé l'être la matière extérieure), ce qui appelle plusieurs remarques. D'abord le fait que, de la cause à l'occasion en passant par l'instrument, le pouvoir prêté à la matière s'amenuise pour se maintenir, quoiqu'en vain. La seconde est que moins l'on prête à la matière, pour expliquer ceci que nous avons des perceptions sensibles, plus il faut accorder un rôle à autre chose, pour rendre raison de la passivité de l'expérience sensible, et cette autre chose est Dieu. L'énumération débouche sur un dernier concept : la matière est un « je ne sais quoi », ce qui n'est qu'une manière d'avouer sans le reconnaître qu'on use du mot sans rien concevoir[4]. La *matériologie* négative n'est qu'un asile de l'ignorance qui prépare la conclusion dernière. Le concept de matière n'est pas tant vide de sens parce que rien n'est conçu sous ce terme, qu'absurde parce qu'il pousse à une pensée contradictoire :

1 *Trois dialogues*, I, vol. II, p. 198, vol. II, p. 65-66.
2 *Ibid.*, II, p. 224-225, p. 100, par exemple.
3 *Ibid.*, I, p. 215-221, p. 88-96.
4 *Ibid.*, II, p. 221-223, p. 96-98.

> Si je nie l'existence de la substance matérielle, ce n'est pas simplement parce que je n'en ai aucune notion, mais c'est parce que la notion en est incohérente, ou, en d'autres termes, parce qu'il est contradictoire qu'il y en ait une notion[1].

Dans le premier cas, par exemple, lorsqu'on dit que le corps réel n'est ni grand ni petit, parce que ce sont des catégories du sensible ; dans le second cas, lorsqu'on dit qu'il est à la fois grand et petit pour pouvoir être perçu des deux manières. L'examen traduit l'inconcevabilité du concept de matière dès lors qu'on suppose que l'inventaire des candidats concourant au titre de principe d'intellection de la matière est exhaustif.

Plusieurs conclusions, concernant l'objet précis de la critique berkeleyenne de la matière et ses effets, peuvent en être tirées. Tout d'abord, le sens précis dans lequel la matière est dite inexistante : il s'agit bien du corps en tant qu'il ne se réduirait pas aux idées qu'on en a par la perception, et donc existant hors de tout esprit. C'est ce même contenu que Berkeley formalise, au début de la seconde ligne d'examen, dans les *Trois dialogues*, comme le sens de la matière partagé par les philosophes, une substance étendue non-pensante : « est-ce que le mot de *matière*, dans son acception courante commune [commune aux philosophes], ne signifie pas une substance étendue, solide, mobile, non pensante et non active[2] ? ». Or, une telle définition conduit à dissocier la croyance en la matière et le sens commun : non seulement l'expérience commune ne fait nullement signe vers quelque chose d'extérieur à tout esprit, non seulement les philosophes ne conçoivent rien lorsqu'ils prétendent théoriser un tel concept, engendrant une pensée absurde, mais en outre ce concept de corps, que l'on prête abusivement au sens commun, est en fait l'abstraction vide de sens des philosophes. Berkeley conserve ce faisant la possibilité d'un concept de matière, à condition de n'entendre rien d'autre que ce qu'on voit et ce qu'on touche, autrement dit des collections de qualités sensibles spécifiques, qui, elles, n'existent que dans un esprit, et un tel concept de matière, cette fois, est conforme à l'usage du sens commun. Ce n'est pas là seulement un tour rhétorique, de la part de Berkeley. Le résultat de l'analyse est la négation de toute extériorité aux esprits, mais ce résultat est en fait double : 1) au niveau ontologique, ne sont

1 *Ibid.*, III, p. 232, p. 110.
2 *Ibid.*, II, p. 216, p. 90.

hors de l'esprit que d'autres esprits ; 2) au niveau empirique, s'il n'y a pas d'extériorité des idées sensibles, cela ne signifie pas que le contenu de l'expérience est tout entier intérieur (en un sens, l'intériorité et l'extériorité sont corrélativement problématiques et repensées), mais qu'il faut redéfinir le partage entre ce qui est en moi et ce qui est hors de moi, empiriquement. Que la distance spatiale soit construite n'implique pas qu'elle n'ait pas de sens. Ce n'est donc pas la référence à la réalité matérielle, à partir de l'expérience, qui est illégitime, mais un certain concept de réalité matérielle. C'est tout l'enjeu de l'affirmation, présente dès les *Notes philosophiques*, selon laquelle l'immatérialisme n'idéalise pas le réel, mais réalise les idées :

> Je ne vise pas à changer les choses en idées, mais plutôt à changer les idées en choses, puisque je tiens les objets immédiats de la perception, qui d'après vous ne sont que les apparences des choses, pour les choses elles-mêmes dans la réalité de leur être[1].

C'est en ce sens précis que Berkeley soutient avoir le même concept de réalité matérielle ou de corps (le sensible) que l'homme du commun :

> Si [...] vous signifiez par le mot « corps » ce que chacun entend par ce mot, à savoir ce qui est immédiatement vu et senti, et qui n'est qu'une combinaison de qualités sensibles ou idées, alors, leurs objections [ceux qui attaquent les Écritures] les plus imparables tombent à néant[2].

L'analyse berkeleyenne n'est donc pas tant une négation de la matière qu'une discussion de son mode d'être, de son statut ontologique, et de ceci que son champ de pertinence est d'abord le champ empirique.

1 *Ibid.*, III, p. 244, p. 125 – c'est Philonous, donc Berkeley, qui parle. Voir déjà les *Notes philosophiques*, Carnet A, 516-517, vol. I, p. 91-92 : « Je n'élimine pas les substances. On ne devrait pas m'accuser d'écarter la substance du monde rationnel. Je rejette seulement le sens philosophique (qui en réalité n'est pas un sens) du mot substance. (...) Je suis pour la réalité plus que tous les autres philosophes ; ils soulèvent mille doutes et leur seule connaissance certaine est que nous pouvons être trompés. Je soutiens exactement le contraire. »

2 *Principes*, I, 95, vol. I, p. 368-369. Voir aussi *Trois dialogues*, III, vol. II, p. 245, vol. II, p. 126 : « [Philonous à Hylas] Nous sommes donc d'accord tous les deux sur un point, nous ne percevons que des formes sensibles ; mais où nous différons, c'est que vous les tenez pour des apparences vides, et moi pour des êtres réels. » ; *Notes philosophiques*, Carnet B, 392, vol. I, p. 73 : « Il y a des hommes qui prétendent qu'il y a des étendues insensibles, d'autres prétendent que le mur n'est pas blanc, que le feu n'est pas chaud, etc. Nous autres, Irlandais, nous ne pouvons parvenir à ces vérités. »

Le régime discursif d'une telle analyse pourrait donc bien, même si Berkeley n'en fait pas encore, en 1710-1713, d'usage positif, relever de la métaphysique.

LA MÉTAPHYSIQUE REVENDIQUÉE ET LA RÉAPPROPRIATION DU MOUVEMENT ET DE L'ÉTENDUE : LE DIALOGUE AVEC LES SCIENCES

Et précisément, l'une des nouveautés du *De Motu* (1721) par rapport aux œuvres antérieures est de faire droit à un sens positif de métaphysique : elle n'est pas seulement ce qui s'articule autour de la fiction de la substance matérielle, principalement, préparant le scepticisme le plus radical, mais aussi une discipline, un régime du discours rationnel proprement dit, distinct des diverses sciences, et qu'il nomme aussi « philosophie première[1] ». De même dans l'*Analyste* (1734) :

> N'y a-t-il pas réellement une *philosophia prima*, une certaine science transcendantale supérieure aux mathématiques et plus vaste qu'elles, que nos analystes modernes feraient mieux d'étudier que de mépriser[2] ?

Ce faisant, elle implique la posture théorique qui est la sienne dès les premières œuvres. Pour le saisir, il faut associer cette nouveauté, dans l'œuvre berkeleyenne, à une autre, souvent soulignée par les commentateurs : l'idée d'un dialogue avec les sciences telles qu'elles se font, c'est-à-dire la mécanique, principalement, dans le *De Motu*, les mathématiques dans l'*Analyste* et la chimie dans la *Siris* (1744). Avant de voir dans quelle mesure il faut parler d'une réelle double nouveauté, il faut expliciter le lien entre les deux : ce n'est ni en mécanicien, ni en mathématicien, ni en chimiste que Berkeley dialogue avec ces trois sciences, mais d'un point de vue extérieur, qui suppose, certes, de pénétrer dans leur détail, mais non pour corriger techniquement ces savoirs, ni prétendre y ajouter quoi que ce soit. Il s'agit d'évaluer ce qui

1 *De Motu*, paragraphes 34 et 71, vol. II, p. 166 et 181.

2 *L'Analyste*, question 49, vol. II, p. 330. Voir encore question 48, p. 330, qui oppose la « métaphysique saine » et la « métaphysique pervertie ».

y est vraiment conçu, car Berkeley élargit la critique du langage qu'il développe depuis ses premiers travaux : le langage rend capable de penser abstraitement, en raisonnant sur des termes généraux (un nom valant pour une série indéfinie d'idées particulières ressemblantes), mais cette puissance positive génère l'illusion que l'esprit produit des idées intrinsèquement abstraites ou générales (dans leur contenu de représentation). Une telle illusion, cruciale pour expliquer la fiction de la matière[1], nourrit la croyance aux idées abstraites, fondée sur une mauvaise théorie du langage – à un nom répond une seule idée (théorie fausse engendrée par une bonne pratique) – est précisément ce qui définit la métaphysique dans l'introduction des *Principes*. De manière tout à fait semblable, dans le *De Motu* comme dans l'*Analyste*, Berkeley soutient (élargissant sa critique des dommages collatéraux du bon usage des signes) que le langage symbolique des mécaniciens et des mathématiciens accroît leur puissance de calcul et de communication, mais nourrit d'autant plus l'illusion qu'ils conçoivent parfaitement ce qu'ils manipulent et ont des idées abstraites[2]. La manipulation des symboles produit du métaphysique, comprise dans le sens que Berkeley récuse.

Or, c'est bien ce dialogue critique qui définit pour partie la métaphysique positivement comprise dans le *De Motu*, réalisant une intuition déjà présente dans les *Notes philosophiques*, lorsqu'il soutient qu'il ne faut pas développer une métaphysique en général, mais produire des métaphysiques (métaphysique de la géométrie, de l'optique, etc.) liant un versant critique et un versant positif :

> Mon but n'est pas d'exposer une métaphysique générale tout entière d'une manière scolastique dans sa généralité, mais de l'adapter en quelque mesure aux sciences et de montrer comment elle peut être utile en optique, géométrie, etc.[3]

1 *Principes*, introduction manuscrite, paragraphes 6 et 27, vol. I, p. 155 et 168 ; introduction, paragraphes 44-46, p. 178-179 ; I, paragraphes 95-97, p. 369.

2 Sur la fonction communicative du discours, voir *De Motu*, paragraphe 7, vol. II, p. 157. Sur les concepts de force, de gravité et d'attraction, leur utilité dans les calculs, et leur puissance corrélative d'illusion, *ibid.*, paragraphes 17 et 20, p. 160-161. Sur le calcul des fluxions, voir *L'Analyste*, paragraphe 3, vol. II, p. 273-274. Sur les effets du calcul en général, voir enfin *Défense de la libre-pensée en mathématiques* (1735), paragraphe 20, vol. II, p. 348 : « L'usage ou l'exercice fréquent et poussé habitue seulement davantage les hommes aux symboles et aux règles, sans rendre plus claires les notions antérieures ni plus parfaites les preuves antérieures. »

3 *Notes philosophiques*, Carnet B, 207, vol. I, p. 49.

Il s'agissait alors de démasquer les illusions sous-jacentes aux pratiques scientifiques et d'assigner aux objets et concepts des sciences leur véritable signification (par exemple, dans le *De Motu*, le concept d'attraction ne désigne ni une propriété des corps – ce que soutenait déjà Newton, selon Berkeley[1] –, ni une quelconque entité, mais une « hypothèse mathématique » utile pour rendre raison des phénomènes par des lois, et permettre ainsi des prédictions, en faisant l'économie de tout présupposé causal réel[2]). Pour ce faire, il s'agit de faire émerger la pensée commune d'un champ disciplinaire : ni la mécanique, ni les mathématiques, ni la chimie ne sont exempts de controverses, et la reprise critique de Berkeley implique à chaque fois des ajustements, des synthèses, un peu forcées, et des choix qui visent, notamment dans le cas de la chimie, à *révéler*, pourrait-on dire, la pensée commune plus ou moins implicite, d'un champ scientifique. On pourrait montrer (mais là n'est pas notre objet) que cette démarche berkeleyenne n'est pas sans rapport avec la lecture de Newton qui se développe dans le champ anglo-saxon, au XVIIIe siècle : une lecture nominaliste du concept de force et du type d'explication qu'il rend possible.

La métaphysique revient donc à penser une autonomie et une légitimation des sciences : la critique porte sur les produits de l'histoire des sciences, qui se développent d'elles-mêmes de manière parfaitement légitime. En même temps, cette légitimation est une limitation parce que la démarche du scientifique le porte toujours à projeter son autorité au-delà des limites de son objet. Le géomètre, le mécanicien, le chimiste prennent des décisions métaphysiques obscures, sur les causes réelles, sur le sens d'*exister*, sur ce qui est susceptible d'exister, qui excèdent les limites de leur objet[3]. Voilà pourquoi « les abstractions métaphysiques

1 *De Motu*, paragraphe 17, vol. II, p. 160 : « Pour ce qui est de l'attraction en tout cas, il est manifeste que Newton ne l'introduit pas comme une véritable qualité physique, mais seulement comme une hypothèse mathématique. »

2 Voir encore, dans le *De Motu* toujours, la réduction du concept de force à une notion abstraite commode. Ainsi, par exemple, « aucune force n'est sentie immédiatement par elle-même, ni connue et mesurée autrement que par un effet », d'où le fait qu'une « force morte » soit tout bonnement nulle (paragraphes 9 et 10, vol. II, p. 158). Voir aussi à propos de la controverse sur le calcul des forces (proportionnelles à la vitesse, pour les uns, et à la vitesse au carré, pour les autres) : une telle controverse s'annule d'elle-même dès lors que force et mouvement ne se distinguent pas réellement (paragraphe 15, *ibid.*, p. 159).

3 *L'Analyste*, paragraphes 33, vol. II, p. 311 : « L'on ne doit pas s'imaginer qu'après avoir été familier de cette obscure analyse, ses facultés rationnelles soient rendues meilleures

n'ont pas partout cédé devant la mécanique et les expérimentations et font maintenant aux philosophes d'inutiles embarras[1] ». Le métaphysicien, lui, est celui qui définit l'objet de la science, en limite la portée, et, en outre, s'occupe de ces questions – réalité du pouvoir causal, signification d'exister – qu'il s'approprie en les écartant des sciences :

> Les principes métaphysiques et les causes efficientes réelles du mouvement et de l'existence des corps ou des attributs corporels ne concernent en aucune façon la mécanique ni les expérimentations, et ils ne peuvent les éclairer que dans la mesure où, à titre de connaissances préalables, ils servent à fixer d'avance les limites de la physique et par là même à écarter les difficultés et les questions étrangères[2].

La métaphysique ne se réduit donc pas à un discours critique, mais lui articule un discours positif. Ce dernier point montre toutefois que ces deux nouveautés de 1721 nomment et prolongent ce qu'on trouvait déjà dans les premières œuvres. Berkeley y établissait déjà le sens d'exister et la réalité du pouvoir causal, attribué aux seuls esprits, seules entités réellement actives (ce que pense implicitement la mécanique, par exemple, en montrant, par le principe d'inertie, qu'aucun corps n'engendre en lui-même et par lui-même un mouvement, ou l'optique bien comprise, lorsqu'elle montre que les objets de perception semblent géométriquement construits par le sujet). Il s'attachait aussi à extraire, par exemple, sa théorie de la perception de l'optique, dans la *Nouvelle théorie de la vision*, pour en faire un instrument critique à l'égard des conceptions métaphysiques du corps émanées des sciences modernes, retenant d'elle la construction subjective des objets perçus. On peut même soutenir que, dans les *Trois dialogues*, la négation de l'idée que l'expérience renvoie à une substance matérielle entre en dialogue avec l'histoire de la science du corps en mouvement, pour l'achever : l'ordre

---

que celles des autres hommes qui ont été entraînés de manière différente et sur des sujets différents ; et encore moins doit-on se poser en juge et en oracle sur des sujets qui n'ont aucune espèce de liaison ou de dépendance avec ces notations algébriques, symboles ou signes, au maniement desquels on est si familier et si habile ». Voir encore paragraphe 49, *ibid.*, p. 323 : « vous n'avez aucun droit, en vertu de vos habitudes, de faire la leçon hors de votre propre sphère. »

1 *De Motu*, paragraphe 8, vol. II, p. 158.

2 *De Motu*, paragraphe 41, vol. II, p. 169. Voir aussi paragraphe 71, p. 181 : « En philosophie première ou métaphysique, il est question des choses incorporelles, des causes, de la vérité et de l'existence des choses. »

des arguments y est quasiment historique et s'achève avec Malebranche. La subjectivité des contenus de perception est une idée radicalisée par la science moderne, et montrer que ces contenus se séparent tant du réel que l'on perd toute raison de postuler une substance matérielle revient bien à radicaliser encore ce mouvement de la modernité, pour retrouver le sens commun, car « les mêmes principes qui à première vue conduisent au *scepticisme*, si on les poursuit jusqu'à un certain point, reconduisent au sens commun[1] ».

C'est toute une théorie de l'histoire des sciences qui s'en dégage : plus les arguments sceptiques érodent l'hypothèse de la matière, plus les métaphysiciens sont prêts aux fictions les plus ingénieuses pour la sauver – fiction qu'ils n'auraient pas été prêts à croire à un stade antérieur de l'histoire de la métaphysique et de sa critique, comme on voit, dans le dialogue, Hylas soudain prêt à croire ce qu'il pensait absurde quelques pages plus tôt. Là est précisément l'historicité de la métaphysique, comprise comme fiction de la pensée abstraite, pour Berkeley. C'est ce mouvement qui explique la vigueur de la critique de Malebranche : avec l'occasionnalisme, on a le moins de raisons de postuler une substance matérielle, et ce postulat est alors maintenu avec la plus grande absurdité ; le plus proche de la vérité, Malebranche, est pour cela même le plus absurde des métaphysiciens. De la même manière, lorsque Berkeley s'efforce de montrer, par la négative, que l'idée d'une substance matérielle est inconcevable, il dialogue avec les produits de l'histoire du concept de matière. Seulement, et là est la différence avec la posture qu'il adopte à partir du *De Motu*, pour que la réfutation des conceptions historiques de la matière débouche sur l'affirmation de son inconcevabilité, il faut supposer, on l'a vu, une clôture de cette histoire, affirmer que la série des notions examinées est exhaustive. Au contraire, à partir du *De Motu*, Berkeley dialogue avec un état présent des sciences, lourd de son passé, mais ouvert sur un avenir imprévisible : rien concernant le mouvement, dans le *De Motu*, l'étendue, dans l'*Analyste*, ou les pouvoirs particuliers des corps spécifiés, dans la *Siris*, n'est supposé définitif et clos pour être examiné. Le dialogue ne débouche pas sur un jugement dernier, et le geste métaphysique devra être relancé à mesure que la science produira

1 *Trois dialogues*, III, vol. II, p. 262, vol. II, p. 149.

de nouveaux résultats, même si les conclusions métaphysiques restent structurellement les mêmes : il n'y a pas de substance extérieure non-pensante ; seuls les esprits, et au premier chef Dieu, sont actifs. En ce sens, la métaphysique positivement comprise, ou la philosophie première, a, elle aussi, une historicité, et une secondarité, dans son versant critique, parce qu'elle vient après ses objets, comme dans son versant positif, parce que l'immatérialisme vient au terme d'une séquence de l'histoire de la pensée[1]. On peut dès lors s'étonner de la primauté d'une philosophie première, venant pourtant en second. Cette primauté ne peut s'entendre qu'au sens clairement énoncé, on l'a vu plus haut, dans l'*Analyste* : cette science est « transcendantale » et supérieure aux autres disciplines, d'abord parce qu'elle seule examine légitimement ce qui est effectivement conçu dans chaque science, pourtant indépendante dans son développement.

Car c'est bien une autonomie régionale des sciences vivantes qu'il s'agit pour Berkeley de penser, et une autonomie qui n'est pas niée, mais confortée par la métaphysique positive[2]. C'est tout le sens de la réponse de Berkeley, dans l'*Analyste*, notamment, au reproche que les mathématiciens lui adressent – importer du métaphysique dans les questions de mathématiques : cette dimension métaphysique (tirer des conclusions sur l'existence à partir d'une réflexion sur l'étendue géométrique, ou sur la nature de l'infiniment petit à partir du calcul infinitésimal) est introduite en sous main par les mathématiciens eux-mêmes[3]. La légiti-

1 On peut rattacher ce sens de « philosophie première » à ce que Bacon thématise sous ce concept en le distinguant, lui, de la métaphysique (par exemple, *De Dignitate et Augmentis Scientiarum*, 1623, in *The Works of Francis Bacon*, vol. I, 1858, III, 1) sachant que Berkeley ne peut faire de place, à proprement parler, à ce que Bacon appelle « métaphysique » (connaissance des lois des actes propres de la matière, *ibid.*, III, 4).

2 Dans les *Trois dialogues* déjà, on trouve une synthèse des complications étrangères introduites par une décision métaphysique sur le sens de la matière, dans les diverses sciences, mais aussi bien dans la morale, III, vol. II, p. 258, vol. II, p. 143. Voir aussi *De Motu*, paragraphes 71-72, vol. II, p. 181, pour l'autonomie des sciences, maintenue dans la *Siris*, par exemple paragraphe 297, vol. IV, p. 257-258.

3 *L'Analyste*, paragraphes 47-48, vol. II, p. 321-323, sur les présupposés métaphysiques du calcul des fluxions. Voir aussi *Siris*, paragraphe 297, vol. V, p. 137-138, vol. IV, p. 257-258 : « Même si parmi les lecteurs modernes, certains n'en ont pas le goût, le fait de traiter dans des livres de physique de matières métaphysiques et divines peut avoir pour lui de grandes autorités chez les anciens. [...] Que l'on pardonne donc à ce rude essai si, par d'insensibles transitions, il amène le lecteur à des spéculations et enquêtes lointaines, que ni lui, ni l'auteur, n'avaient en tête en posant les premiers jalons. ». Ou encore *De*

mité du métaphysicien, au regard du travail des mathématiciens, a deux fondements tout à fait liés : 1) c'est à lui que reviennent les questions ontologiques[1] ; 2) ce que pourchasse le métaphysicien, dans les travaux des mathématiciens, c'est du métaphysique introduit subrepticement par eux-mêmes :

> Peut-être espérez-vous échapper à l'emprise de tout ce qui a été dit, et couvrir les principes faux et les raisonnements contradictoires en prétendant d'une façon générale que ces objections et ces remarques sont métaphysiques. Mais c'est une vaine prétention. [...] Cette métaphysique, ce n'est pas la mienne, c'est la vôtre propre[2].

Et ce métaphysique fragilise, certes pas l'autonomie des mathématiciens, mais celle du champ du mathématique comme tel, qui, sans la critique du métaphysicien, resterait imparfaitement scientifique :

> Peut-on dire à proprement parler que des hommes procèdent de manière scientifique, sans concevoir clairement l'objet dont ils s'occupent, le but qu'ils se proposent, et la méthode par laquelle ils le poursuivent[3] ?

De même, la physique rencontre des difficultés et soutient de nombreux paradoxes du fait de ses présupposés métaphysiques[4].

C'est uniquement en ce sens indirect que les concepts liés à la matière que sont le mouvement et l'étendue deviennent aussi, en 1721 comme en 1734, l'affaire du métaphysicien, au-delà donc de la seule critique de la fiction de la substance matérielle, acquise dès la période 1706-1713. La philosophie première n'est telle qu'en tant qu'elle a le monopole du discours ontologique légitime, qu'elle juge de ce qui est effectivement conçu

Motu, paragraphe 34, vol. II, p. 166 : « La philosophie naturelle suppose la connaissance de Dieu ou l'emprunte à une science supérieure. »

1 *De Motu*, paragraphe 41, vol. II, p. 169, cité plus haut.

2 *L'Analyste*, paragraphe 48, p. 322. Berkeley parle aussi de la « métaphysique des analystes modernes » ou de la « métaphysique géométrique », *L'Analyste*, table des matières, point 48, vol. II, p. 270, puis paragraphe 35, p. 311.

3 *L'Analyste*, question 4, p. 324. Voir aussi paragraphe 50, vol. II, p. 323 : « depuis longtemps, j'avais soupçonné que cette analyse moderne n'était pas scientifique ». Ou encore *Trois dialogues*, III, vol. II, p. 241-243, vol. II, p. 121-123, sur l'indifférence de la physique, en elle-même, à l'ontologie de la matière absolument séparée.

4 *De Motu*, paragraphe 8, vol. II, p. 157-158 : la difficulté que rencontrent Torricelli et Leibniz, lorsqu'ils définissent la force, tient à ce qu'ils prennent la décision métaphysique d'en faire une réalité. Voir encore paragraphe 9, *ibid.*, p. 158, à propos du paradoxe « la force de choc, si petit soit-il, est infiniment grand. »

dans chaque science, et qu'elle fait le lien, comme on va le voir, avec la théologie naturelle, qui légitime, d'une certaine manière, l'épistémologie des sciences régionales.

LA MÉTAPHYSIQUE COMPLÈTE ET LA RÉAPPROPRIATION DE LA MATIÈRE : UNE CRITIQUE DU BON SENS

À ce stade de l'analyse, une objection demeure cependant. Comment Berkeley peut-il rendre raison d'une série d'illusions consubstantielles au travail de la science parce que liées à toute manipulation de symboles, donc aussi bien du langage, sans supposer que le sens commun ait lui-même tendance au métaphysique subreptice ? La chose est connue et on en a vu plus haut le rôle dans les œuvres où Berkeley s'efforce d'établir l'immatérialisme comme une nouvelle forme de réalisme : Berkeley se réfère régulièrement au sens commun comme à une pierre de touche pour évaluer ce qui est vraiment concevable ; le sens commun joue donc un rôle normatif dès les premières œuvres. Et, dans l'*Analyste* encore, le critère de l'intelligibilité reste le « lecteur intelligent et sans préjugés[1] » – semble-t-il, celui chez qui le sens commun demeure dans sa pureté –, et non le savant[2].

Cette référence au sens commun a également une triple dimension théologique : 1) le refus du scepticisme, dès les premières œuvres, se fonde, non seulement sur la possible contagion de cette maladie de l'esprit, qui pourrait toucher aussi la religion, mais aussi sur l'affirmation d'inspiration baconienne d'une innocence des facultés de connaître en tant que telle, innocence qui n'est pas sans rapport avec la référence au sens commun intact comme critère de jugement, et qui est garantie par la bonté de Dieu ; 2) l'homme de sens commun lit sainement les Écritures parce qu'il n'y injecte aucune fiction métaphysique ; 3) enfin, l'homme du sens commun sait voir, dans les *Trois dialogues*, l'expérience si merveilleusement belle et ordonnée qu'elle le

1 *L'Analyste*, paragraphe 48, vol. II, p. 322.
2 Par exemple, *Défense de la libre-pensée en mathématiques* (1735), vol. II, p. 348, à propos de Newton : « Les plus grands hommes ont leurs préjugés. »

mène à l'idée qu'il y a un Dieu, et tel est le seul discours de théologie naturelle, dans les premières œuvres. Or, dans les mêmes œuvres, et particulièrement dans les *Trois dialogues*, on voit clairement que le sens commun n'est pourtant pas si innocent, n'est pas absolument parlant le *bon sens*, si l'immatérialisme n'est pas tant retour au sens commun, que réconciliation de la science et du sens commun[1]. Une telle réconciliation suppose en effet de rectifier aussi le sens commun, qui, dans ses actes et son usage pragmatique du langage, recèle aussi les germes de la fiction de la substance matérielle. Car l'homme de la science moderne a sur lui l'avantage de savoir que le contenu perceptif ne subsiste comme tel que dans l'esprit, même s'il en infère à tort une substance matérielle pourvue d'autres propriétés incompréhensibles et absolument extérieure, alors que l'homme du commun croit que la couleur et le son sont les propriétés réelles, à l'instar de l'immatérialiste[2], mais pose cependant aussi ce qui est extérieur à son esprit comme ce qui est extérieur à tout esprit – la résistance qu'il rencontre dans ses actes est une des racines, avec l'abstraction linguistique, de l'illusion métaphysique. L'homme du sens commun et le métaphysicien inconséquent confondent, chacun à leur manière, l'extériorité empirique et l'extériorité ontologique. On comprend ainsi mieux les ressources de l'illusion de la matière qui, sans cela, pouvait passer pour une corruption propre au savant[3].

Cette conscience de ceci que le sens commun n'est jamais aussi métaphysiquement innocent qu'il en a l'air est pleinement déployée dans l'*Alciphron* (1732), et il nous semble qu'on a là une évolution aussi importante que celle qui se joue dans le *De Motu*, onze ans plus tôt, et qu'on a abordé dans la partie précédente. Chacun des personnages, quelles que soient les positions qu'il tient, savantes ou populaires, se réclame toujours d'un sens commun ou du bon sens, parce que ce sens commun n'y est jamais que le sens commun à un parti[4]. Le bon sens est toujours déjà corrompu parce qu'il est toujours cette seconde nature

1 *Trois dialogues*, préface, vol. II, p. 167-168, vol. II, p. 27-29, et toute fin de l'œuvre, III, p. 262, p. 148-149.

2 Par exemple, *Ibid.*, III, p. 229-230, p. 106-107.

3 Voir aussi le problème de la résistance du sens commun à la nouveauté philosophique. Par exemple, *Ibid.*, III, p. 243, p. 124.

4 *Alciphron*, progressivement explicité au cours du Ve dialogue, et formulé en VI, 12, vol. III, p. 242-243, vol. III, p. 281.

qui émane des pratiques politiques (Berkeley place dans la bouche de Lysiclès le discours du machiavélisme, notamment), des comportements quotidiens, ou de la pratique de telle ou telle science (le même Lysiclès soutient toute une réfutation de l'immatérialité de l'âme et de l'existence de Dieu sur la base des acquis de la chimie qui inclinent le « bon sens » à ces conclusions). Le bon sens, ou sens commun, c'est ce que notre milieu et notre pratique nous inclinent à croire[1]. C'est pour cela que Lysiclès peut parler de bon sens à propos du machiavélisme[2] ou de la réfutation de l'immatérialité de l'âme par la chimie[3]. Le bon sens est indifféremment la raison à l'œuvre dans la science ou les évaluations du vulgaire : dans tous les cas, c'est un exercice toujours déjà conditionné du jugement. Un tel biais peut même avoir une dimension nationale. Criton s'étend ainsi sur le manque de goût et l'exagération naturelle des Anglais : ils changent la religion en fanatisme, la libre-pensée en athéisme et la liberté en révolte – l'Anglais doit donc prendre la loi pour règle de son goût[4].

Cette attention nouvelle à la diversité des sens communs tels qu'ils sont mobilisés dans les évaluations du discours (nouvelle par rapport aux premières œuvres, mais aussi bien par rapport au *De Motu*) jette une autre lumière sur cette référence au « lecteur intelligent et sans préjugés » auquel en appelle le paragraphe 48 de l'*Analyste* : en un sens, si l'*Analyste* est un discours métaphysique critique, le « lecteur intelligent et sans préjugés » est tout à la fois appelé à valider le discours de Berkeley et, d'abord, produit par cette critique, parce que l'homme de bon sens, au sens de l'*Alciphron*, peut certes être intelligent, mais il n'est jamais sans préjugés[5].

Parallèlement, l'*Alciphron* soutient, pour défendre la religion, accusée d'obscurité, que tout discours recèle une part irréductible de mystère[6], y compris le discours du sens commun, et Berkeley prend l'exemple

1 Par exemple, *Alciphron*, VI, 15, vol. III, p. 247-248, vol. III, p. 287.

2 *Ibid.*, II, 2, p. 66-68, p. 74-77 : les moralistes et les théologiens, pour Lysiclès, conspirent tous à corrompre ce bon sens.

3 *Ibid.*, VI, 14, p. 244-246, p. 283-285.

4 *Ibid.*, III, 2, vol. III, p. 131-132, vol. III, p. 150.

5 Déjà dans les *Notes philosophiques*, on trouve l'idée que, s'agissant de la métaphysique et de la morale, il faut, non seulement démontrer ce qu'on avance pour vrai, mais aussi déconstruire les préjugés (B, 163, vol. I, p. 43 ; voir aussi B, 239, p. 53 : c'est plus vrai encore pour la métaphysique, moins démontrable que la morale).

6 Par exemple, *Alciphron*, VII, 6-7, vol. III, p. 295-296, vol. III, p. 343-344.

du soi, critiquant implicitement la conception lockéenne de l'identité personnelle (la conscience et la mémoire font cette identité[1]), non pour en soutenir une autre qui serait meilleure (ce que fait Reid lorsqu'il reprend cinquante ans plus tard le même argument que Berkeley, celui de la non-transitivité de la mémoire[2]), mais précisément pour montrer que la meilleure théorie n'épuise pas le mystère contenu dans cette notion, qui relève pourtant d'une évidence du sens commun[3]. Ce problème du bon sens est redoublé par ceci que la tentative pour montrer, dans les *Trois dialogues*, que l'immatérialisme relève d'un sens commun parfaitement clair échoue, d'une certaine manière. Dans le second dialogue, Berkeley soutient en effet que tout homme a de lui-même une notion de l'esprit par réflexion immédiate sur lui-même, et peut se faire une notion de Dieu en prenant son esprit pour une image affaiblie de Dieu (en ce sens, l'esprit que je suis est le substitut d'une impossible idée de Dieu) : il me suffit pour cela de faire l'expérience limite de l'extension à l'infini de mes facultés[4]. Cette procédure appelle deux remarques : 1) elle donne une portée théologique encore plus forte à la thèse de l'innocence des facultés humaines en tant que telles – ce n'est que par leur limite, et non par leur nature, que leur usage génère des illusions ; 2) il faut aussi bien, sur cette base, mettre dans le giron du sens commun une possible conception de l'action de Dieu sur les esprits finis. L'enjeu est précisément celui de rendre raison de la passivité de la perception, en tant qu'elle implique que, si le contenu de la perception n'est pas l'effet de corps extérieurs à tout esprit, ils doivent bien provenir d'un autre esprit, dans lequel, par ailleurs, elles subsistent lorsqu'aucun esprit fini ne les perçoit : « autant il est sûr que le monde sensible existe réellement, autant il est sûr qu'il y a un esprit omniprésent infini qui le contient et le supporte[5] ». Le problème se formule donc ainsi pour Berkeley, à ce moment du texte : quelle faculté est en moi l'image finie et appauvrie de la faculté de Dieu de produire et communiquer le contenu de l'expérience ? Berkeley, sans détour, attribue ce rôle à

1 *An Essay Concerning Human Understanding*, livre II, chapitre 27.
2 *Essays on the Intellectual Powers of Man*, III, 6 (1785).
3 *Alciphron*, VII, 11, vol. III, p. 298-299, vol. III, p. 347-348.
4 *Trois dialogues*, III, vol. II, p. 231 et suivantes, vol. II, p. 109 et suivantes.
5 *Ibid.*, II, p. 212, p. 84.

l'imagination : lorsque j'expérimente en moi la faculté de produire des images nouvelles, j'ai une idée de ce que Dieu fait lorsqu'il produit les idées de la perception, donc le sens commun a les ressources pour clore sur elle-même la pensée immatérialiste. Le glissement est cependant évident : même s'il est possible, en étendant à l'infini ce pouvoir de l'imagination, de produire la notion de ce qu'il se passe lorsque Dieu produit le contenu perceptif de l'expérience, cela ne fait pas comprendre comment Dieu peut le faire exister dans un autre esprit que le sien, sachant en outre que Berkeley vient d'accuser la vision en Dieu malebranchienne (que Berkeley comprend comme le mouvement inverse : mon esprit va chercher ses idées dans l'esprit de Dieu) de mysticisme absurde[1]. Il reste donc, dans ce dispositif, une part irréductible d'impensé dans le rapport causal entre Dieu et l'esprit fini, ce dont Berkeley tient indirectement compte lorsqu'il montre, dans l'*Alciphron*, que *tout* discours, y compris donc celui de l'immatérialisme et celui du sens commun, recèle une part irréductible de mystère dans ses notions-clés[2]. Philonous, porte-parole de Berkeley dans les *Trois Dialogues*, ne répond donc pas entièrement à l'objection d'Hylas, lorsque celui-ci soutient qu'une part irréductible d'impensé subsiste dans toute pensée d'un rapport causal, et que de ce point de vue il est indifférent de soutenir que l'extériorité radicale aux esprits finis s'appelle Dieu ou s'appelle matière. Pour que l'objection d'Hylas tienne tout à fait, il suffirait de préciser « matière *pensante* ».

Pour toutes ces raisons, la métaphysique immatérialiste, qui combine, depuis le *De Motu* au moins, une ontologie positive (« être, c'est percevoir ou être perçu[3] ») et un versant critique, ne peut être tenu radicalement pour une théorie tout entière soluble dans un sens commun pensé comme bon sens immaculé. Un surcroît de légitimation est donc nécessaire, et Berkeley va le chercher précisément dans ce qui justifie la démarche philosophique qui est la sienne : le versant

1 *Ibid.*, II, p. 214, p. 87 pour la critique de Malebranche (cette critique est augmentée dans la réédition de 1734) : p. 215, p. 88 pour le lien entre l'imagination et l'action divine sur les esprits finis. L'imagination intervenait déjà au moment de dire que la présence de Dieu est effective au niveau même de l'expérience ordinaire (II, p. 211, p. 83).

2 *Alciphron*, VI, 11, vol. III, p. 241, vol. III, p. 279 : l'union entre l'âme et Dieu est incompréhensible.

3 *Notes philosophiques*, Carnet A, 429, vol. I, p. 78 : on connaît la célèbre suite, « le cheval est dans l'écurie, les livres sont dans le cabinet de travail comme auparavant. »

apologétique de son discours. Certes, ce versant a toujours été présent. Mais il prend, sur la base de cette limite du projet des *Principes* et des *Trois dialogues*, un rôle plus important avec l'*Alciphron*, puisque l'immatérialisme a besoin, pour se justifier pleinement, de se montrer le plus apte à penser l'existence et la bienveillance de Dieu. Tout ceci peut expliquer l'intérêt de la *Siris* (1744), rarement justifié avant le travail de Luc Peterschmitt, pour la chimie[1]. Car, si la mécanique peut, une fois le concept de force rectifié, aisément conduire à penser par elle-même les corps comme inactifs, donc comme dépourvus de pouvoirs causaux intrinsèques, et ainsi renvoyer aisément à la bienveillance et à l'omnipotence de Dieu[2], il n'en est pas de même de la chimie, qui prend, au contraire, ces pouvoirs actifs des corps pour objets. Autrement dit, la chimie a davantage de ressources pour nourrir l'objection d'Hylas[3] : dès lors que l'on accorde, sur la base de cette science, que les corps ont un pouvoir causal par eux-mêmes, on peut mettre la matière à la place de Dieu, en dépit des obscurités puisque tout discours recèle, de toutes façons, une part d'impensé. Telle est la principale fonction du matérialisme chimique de Lysiclès, dans l'*Alciphron* : le risque principal qu'encourt la religion n'est plus le dualisme cartésien, comme en 1713, qui engendre le scepticisme, puis l'athéisme, mais un accès direct à l'athéisme par un matérialisme moniste, arbitraire, certes, mais comme l'est l'immatérialisme, dès lors qu'on reconnaît qu'il y a une part d'impensé dans tout discours.

Il fallait donc, pour Berkeley, réfléchir à la chimie, comme il avait réfléchi auparavant à l'optique, à la mécanique et aux mathématiques, pour montrer que la chimie, telle que les chimistes la produisent, une fois expurgée des présupposés étrangers à son champ et des opinions arbitraires engendrées par sa pratique, ne recèle pas les ressources du discours matérialiste de Lysiclès, parce que, elle non plus, ne prête pas de pouvoir intrinsèque aux corps. Nous ne pouvons ici retracer l'ensemble de l'analyse berkeleyenne, nécessairement plus développée et détaillée, sur cette question, que ce que nécessitait la mécanique, mais son fil conducteur consiste à montrer que tous les pouvoirs actifs

1 *Berkeley et la chimie. Une philosophie pour la chimie au* XVIIIe *siècle*, Paris, Classiques Garnier, 2011. Nous nous appuyons largement sur ce travail pour la fin de notre propos.

2 Le seul paragraphe 34 du *De Motu*, vol. II, p. 166, semble suffire.

3 Par exemple, *Siris*, paragraphe 115, vol. V, p. 70-71, vol. IV, p. 186-187.

étudiés en chimie se ramènent à celui du feu qui « semble être la source de toutes les opérations de la nature[1] » mais qui, cependant, ne produit et ordonne qu'en tant qu'instrument de Dieu pour engendrer les divers effets naturels et leur ordre[2]. Berkeley soutenait pourtant, en 1713 notamment, que l'idée même que Dieu ait besoin d'un instrument n'a pas de sens, et qu'on ne peut soutenir aucune notion de matière sur cette base. Si cette notion fait retour ici, c'est dans une visée apologétique : Dieu ne se sert pas d'instruments, pour réaliser ses effets, parce qu'il en a besoin (point réfuté en 1713), mais parce qu'ainsi nous pouvons reproduire, en connaissant les instruments dont Dieu se sert (et au premier chef le feu), les effets naturels à notre usage. Dieu se sert d'instruments par bienveillance à notre égard. De là s'explique aussi que, plus que pour les autres sciences, la manière dont Berkeley fait émerger la pensée commune de la chimie use déjà d'un critère apologétique : entre deux théories chimiques, on choisit celle qui est la plus conforme à la bienveillance de Dieu. Mais la *Siris* ne s'en tient pas à ce moment critique. Elle constitue une pensée de la nature et de ce qu'on a pu appeler la « chaîne des êtres[3] » (formant un système du monde[4]), qui permet de remonter à Dieu comme à son premier maillon, rendant possible la chaîne. Autrement dit, Berkeley produit cette fois, ce qu'il ne faisant pas dans ses premières œuvres, et qu'il annonçait simplement dans le *De Motu*[5], une théologie naturelle sur la base d'une philosophie de la nature matérielle.

Au terme du parcours, l'ontologie berkeleyenne n'a pas changé : il reste immatérialiste, et cette matière qu'il théorise en étudiant la chimie n'a d'existence qu'en tant qu'elle est perceptible (au moins en théorie), ou, ce qui est nouveau par rapport aux toutes premières œuvres, nécessaire pour expliquer et prédire le perceptible. Mais cette fois sa métaphysique est complète : elle ne contient plus seulement une ontologie immatérialiste et une analyse critique de la matière

---

1 *Siris*, paragraphe 190, vol. V, p. 96, vol. IV, p. 212. Voir aussi paragraphes 162, 190-202, p. 85-86 et 90-100, et, pour la traduction, p. 201 et 212-218.

2 Pour le détail de cette thèse, voir L. Peterschmitt, *op. cit.*, que nous suivons.

3 Voir notamment R. Dégremont, *Berkeley. L'idée de nature*, PUF, 1995, p. 105 et suivantes, qui rappelle que *Siris* vient du grec *seira*, qui veut dire la « petite chaîne ».

4 L. Peterschmitt, *op. cit.*

5 *De Motu*, paragraphes 34 et 42, vol. II, p. 166 et 169.

et de ses concepts fondamentaux (mouvement et étendue), mais elle inclut ce qu'il annonçait dans le *De Motu*, une théologie naturelle fondée sur une théorie de la matière. Corrélativement, la juste notion de la matière ne se limite plus, comme dans les premières œuvres, à ce qu'on perçoit immédiatement, mais sans céder pour autant sur la critique de la fiction d'une substance qui ne serait qu'étendue. Enfin, la théologie naturelle ne peut plus se réduire, comme dans les *Trois dialogues*, à l'évidence de la beauté et de l'ordre de la nature telle qu'elle se montre dans l'expérience immédiate[1]. Cet ordre se montre davantage une fois instruit par les sciences[2], et au premier chef la chimie, et la théologie, en retour, légitime épistémologiquement leur démarche : elles ont raison de rechercher des *lois* explicatives[3], parce que Dieu, par bienveillance à notre égard (permettre l'usage technique de la nature), agit par des instruments réguliers, et la chimie, parce qu'elle est au plus près de l'erreur matérialiste en prêtant à ses objets des pouvoirs intrinsèques, est la science qui le montre le mieux à l'œil critique. Cette métaphysique complète se veut mieux armée qu'un immatérialisme qui se contentait d'éradiquer les conceptions métaphysiques de la matière (ce qu'on a pu appeler l'immatérialisme militant) ou que celui qui s'efforçait de limiter et légitimer les sciences, de rectifier un sens commun toujours déjà dénaturé : en ajoutant à ses tâches l'établissement d'un lien entre Dieu et la possibilité de comprendre et utiliser la nature à ses fins, elle saisit le savant et le sens commun dans leurs milieux propres et attribue à Dieu les conditions de possibilité de leur pratique. Ce n'est ainsi nullement un hasard, si c'est dans la *Siris* que l'on trouve le texte (paragraphe 331) qui pense le plus explicitement et le plus synthétiquement la manière dont les discours

1 Même si la *Nouvelle théorie de la vision défendue et expliquée* (1733) conserve la possibilité d'une évidence de Dieu à même l'expérience sensible, pour l'homme du commun.

2 On peut comparer la critique de la philosophie naturelle dans les *Principes*, I, paragraphe 109, vol. I, p. 377, à la *Siris*, paragraphe 297, vol. V, p. 137-138, vol. IV, p. 257-258, qui soutient la nécessité de traiter les questions de théologie et de métaphysique à même la philosophie naturelle. Voir aussi *De Motu*, paragraphe 34, vol. II, p. 166 : « La recherche sur la nature fournit de toutes parts aux sciences plus élevées des arguments remarquables pour prouver et illustrer la sagesse, la bonté et la puissance de Dieu. »

3 Affirmée plus tôt (une fois les lois naturelles expurgées de tout présupposé causal), par exemple, *Principes*, I, paragraphes 30-31 ou 62, vol. I, p. 334 et 351-352 ; *Trois dialogues*, II, vol. II, p. 210-211, vol. II, p. 83 ; ou encore *De Motu*, paragraphe 34, vol. II, p. 166. On trouverait aussi cette idée dans les *Notes philosophiques*.

scientifiques et métaphysiques modifient les esprits de tous à travers notamment les discours politiques et les institutions d'enseignement (aussi bien le clergé), et donc assigne à la métaphysique berkeleyenne de la matière la portée d'une réforme radicale du sens commun, répétant, à sa manière, la rencontre baconienne entre la philosophie et le champ historico-politique :

> Dans un État, la prédominance de telles ou telles études est capitale, puisque la religion, les mœurs, et le gouvernement civil d'un pays prennent toujours leur inspiration dans sa philosophie, qui n'affecte pas seulement les esprits des professeurs et étudiants, mais aussi les opinions de la classe cultivée, et la pratique du peuple entier, certes de façon lointaine et médiate, mais cependant digne d'attention[1].

Arnaud MILANESE
ENS de Lyon
UMR 5206 Triangle

1 *Siris*, paragraphe 331, vol. V, p. 150-151, vol. IV, p. 270-271. Et Berkeley enchaine sur l'exemple de la scolastique, et du fatalisme chez les modernes.

CRITIQUE DE LA MÉTAPHYSIQUE, PHILOSOPHIE PREMIÈRE ET CONSTRUCTION DU RÉEL CHEZ HUME

Il est assez habituel de présenter la science de la nature humaine chez Hume comme se construisant à partir de la critique radicale de la métaphysique. Son empirisme sceptique aurait pour premier réquisit la destitution des pouvoirs de la raison et, ce faisant, la remise en cause de toute prétention métaphysique[1] à vouloir constituer un savoir qui s'exonèrerait de l'épreuve de l'expérience.

Il le formule de manière ironique et efficace dans la Sixième Section « *De l'idée d'existence et celle d'existence extérieure* » qui vient conclure la Seconde Partie du Livre I consacrée à l'espace et au temps :

> Fixons notre attention hors de nous-mêmes, autant que possible ; hasardons notre imagination dans les cieux, ou jusqu'aux limites ultimes de l'univers : en réalité, nous n'avançons pas d'un degré au-delà de nous-mêmes et ne pouvons concevoir aucune sorte d'existence hormis les perceptions qui sont apparues dans ces étroites limites. C'est l'univers de l'imagination et nous n'avons d'autres idées que celles qui y sont produites[2].

Cette affirmation, à savoir que nous ne sortons jamais de notre imagination, revêt au moins deux types de signification. D'une part, elle s'inscrit dans cette manière générale, propre à l'empirisme moderne anglais depuis Bacon, Hobbes, Locke et Berkeley, qui remet en cause l'autorité de l'École et s'efforce de trouver en les conditions de l'expérience,

---

1 C'est ici en un sens délimité que l'on parle de « métaphysique ». Il s'agit de désigner par là tout discours qui prétend identifier, au-delà de l'expérience, les premiers principes depuis lesquels fonder ce qui légitime la raison à connaître ce qui est. C'est donc dans son rapport à la théorie de la connaissance que la métaphysique est ici envisagée.

2 D. Hume, *Traité de la nature humaine*, Livre I : *L'entendement*, trad. Béranger et Saltel, Paris, GF-Flammarion, 1995, p. 124 ; je souligne.

entendue comme ce qui se donne dans l'imagination *via* les facultés perceptives, de quoi fonder la nouvelle légitimité de toute connaissance. Il s'agit ainsi de transférer la force et l'autorité de l'École vers l'autorité de ce qui est perçu et depuis lequel opère[1] l'imagination selon des règles d'association qu'il faut inférer.

Dès lors, la raison n'a plus fonction de constitution ; au mieux, devient-elle l'occasion de réarrangements dont il faut découvrir les règles pour ajuster le produit de son activité aux conditions originaires de l'expérience. En ce sens encore, s'accomplit le premier moment de cette mise en adéquation de la connaissance aux conditions de l'expérience : l'autorité de la raison devenue dogmatique cède la place à l'autorité du réel[2] qui s'impose sous forme première et originaire d'impressions et de perceptions. Ces impressions, qui sont elles-mêmes déterminées par des intensités et des vivacités différentes, sont autant de forces qui conduisent l'imagination à assentir.

L'importance que revêt, sur le plan général de la théorie de la connaissance, la question de la perception est ainsi le signe d'un basculement de principe qui va d'un certain rationalisme vers un type nouveau

1 Le terme est à vrai dire égarant puisqu'il faudrait ici parler de passivité de l'imagination ; passivité qui, précisément doit se comprendre comme ce qui garantit l'objectivité de ce qui est « reçu », c'est-à-dire « perçu ». À l'activité de la raison constituante devait donc être substituée la passivité de l'imagination qui, via les sens, perçoit. Étant entendu, encore une fois, que les associations ne sont que des « principes » ordonnant ce matériau premier qui est perçu. D'un autre côté, la formulation est réductrice puisque l'un des intérêts critiques, par exemple, de l'*Essai pour une nouvelle théorie de la vision* de 1709 de Berkeley, est de montrer que la perception de la profondeur est un « jugement » qui implique un certain type de synthèse entre vision et tact. Voir, pour une formulation explicite de ce point le début du § 3 : « Il est reconnu que l'estimation que nous faisons de la distance des objets considérablement éloignés est plus un acte de jugement fondé sur l'expérience qu'un acte des sens » et, de manière plus générale, cette remarque au § 16 : « la distance est suggérée à l'esprit par la médiation de quelque autre idée qui est elle-même perçue dans l'acte de voir … », *Nouvelle théorie de la vision*, in Berkeley, *Œuvres*, Vol. 1, Paris, PUF, Coll. « *Épiméthée* », G. Brykman, direction éditoriale, L. Déchery, traduction, p. 203 et p. 206-207.

2 En un certain sens, la question du « réalisme » peut se comprendre à partir de ce renversement qui, contre une forme de métaphysique, revendique l'autorité du « réel » comme critère de détermination et de distinction de ce qui est valide et de ce qui ne l'est pas. En ce sens aussi, pourrait-on ajouter, la question du réalisme engage non seulement, dans ce moment de la philosophie moderne, une critique de la métaphysique mais aussi celle de l'idéalisme. Raison pour laquelle la position de Hume est irréductible à celle revendiquée, en son temps, par les rationalistes de type cartésien ou par les empiristes de type lockéen. Voir *infra*.

de réalisme. Le réel, dont on ne peut peut-être rien dire puisque nous ne sortons pas de notre imagination, devient l'autorité première dont la force d'affection *via* les impressions suppose, pour être clairement identifiée, que l'on adopte un certain point de vue naturaliste. Il est en effet dans la nature même de l'homme[1] que d'être sensible à cette force en raison de ses facultés perceptives. Parler ici de naturalisme[2] veut seulement dire que ce qui jusque-là pouvait être attribué à la « raison » – « rationalisme » – l'est désormais à la « nature[3] » de l'homme. L'élucidation de cette nature est alors ce qui permet de comprendre en quelle manière, par le biais de l'expérience, les *sense data* qui forment le matériau brut de l'expérience adviennent comme autant d'impressions et d'idées en l'imagination[4]. Il serait alors possible de dire que l'anthropologie, en tant qu'elle statue sur un certain contenu de la nature de l'homme comme être *en* la société est, elle aussi, un naturalisme.

Mais ce mouvement – de l'autorité de la raison vers l'autorité de l'expérience – enveloppe une seconde signification. Dans le schème rationaliste, la raison trouve dans une philosophie première les principes qui assurent la juste correspondance entre ce qu'elle constitue comme objet de connaissance et ce qui est. La garantie épistémologique d'une connaissance vraie s'adosse alors à une ontothéologie sans laquelle rien n'autoriserait l'identification de ce qui est posé par la raison avec ce qui est. La possibilité de connaître avec certitude est, *in fine*, tributaire d'une postulation première qui, hors de l'expérience, et comme pour la rendre

1 Chez Hume, il convient, sur ce plan, de ne pas faire de différence entre l'animal et l'homme. Voir, pour une illustration parmi bien d'autres, le contenu de la Section VIII « De la raison des animaux », D. Hume, *Enquête sur l'entendement humain*, trad. M. Malherbe, Paris, Vrin, 2008, p 269 *sq.* C'est même la possible extension de ce qui vaut pour l'homme *à* ce qui vaudrait pour l'animal qui augmente la légitimité de la théorie générale : « … toute théorie qui nous permet d'expliquer les opérations de l'entendement ou l'origine et la liaison des passions dans l'homme, recevra une autorité additionnelle, si nous trouvons que la même théorie est requise pour expliquer les mêmes phénomènes chez tous les autres animaux », *op. cit.*, p. 269-271.

2 Sur tous ces points on pourra se reporter à C. Gautier : « Les philosophies écossaises. Naturalismes et sciences de l'homme », in : « Les philosophies écossaises », *Archives de Philosophie* 78, 2015, Automne, dossier coordonné par C. Gautier, p. 587-596.

3 « Il est évident que toutes les sciences sont plus ou moins reliées à la nature humaine et que, si loin que certaines d'entre elles puissent paraître s'en écarter, elles y reviennent toujours par une voie ou une autre », TNH, I – « *Introduction* », Hume, *L'entendement*, p. 33.

4 Sur ce point je renvoie à Claude Gautier, 2010 : « Expérience et relation chez Hume », in *L'expérience*, Laurent Perreau (dir.), Paris, Vrin, Coll. « *Thema* », p. 41-63.

possible, permet la construction des règles avec lesquelles affirmer en toute certitude que ce que la raison connaît est également ce qui est. La métaphysique se justifie alors fonctionnellement par la place éminente qu'elle détient dans le schème rationaliste[1] : elle établit les conditions d'une possible connaissance vraie ; elle garantit que ce que je connais est ce qui est et, ce qui n'est pas ontologiquement équivalent, que ce qui est, c'est cela seul qui est connaissable.

Pour le schème rationaliste, certes ici sommairement stylisé[2], la « réalité » dont on fait l'expérience n'est pas vraiment un problème. Elle ne l'est pas parce que ce qui concerne la raison implique précisément que l'on dissocie ce qui est – en tant qu'objet de la raison connaissante – de ce qui est perçu. La métaphysique se trouve requise comme discours portant sur l'identification ontologique de ce qui est connu par la raison à ce qui est au-delà de ce qui est perçu. Le renversement de cette relation, dans le cas de ce que j'appelle aussi par commodité le schème empiriste classique[3], a deux conséquences au moins : d'une part, il congédie la métaphysique en tant qu'elle prétend exonérer la raison de se soumettre à l'autorité de l'expérience comme moment originaire et exclusif de toute connaissance ; d'autre part, il constitue le statut ontologique de la réalité en un véritable problème. Il fait de la question de savoir si « *ce qui est perçu* » est effectivement « *ce qui est* » l'une des questions modernes de la théorie de la connaissance[4].

La récusation, pour ne pas dire le rejet, de toute prétention fondatrice de la métaphysique pour constituer ce qui garantit la possibilité même d'une connaissance vraie accompagne non seulement la critique empiriste d'un certain rationalisme, mais peut[5] impliquer aussi, comme un corrélat

1 Dont le paradigme est sans doute incarné par la philosophie de Descartes.

2 Je suis tout à fait conscient de ce que l'opposition entre les deux schèmes ainsi qualifiés de « rationaliste » et d'« empiriste » ne résiste pas à l'analyse de détail. Cependant, il s'agit de styliser un type de démarcation qui a pour vertu de mettre en évidence ce qui désigne un type de déplacement ou un type de renversement dont il faut identifier les contours pour reformuler la question que je pose. En d'autres termes, il s'agit là, bien plus, d'une opposition à caractère *méthodologique*.

3 Là encore et par commodité, de Bacon à Hume en passant par Locke, Berkeley et Hume.

4 Autre façon de considérer la question topique du rapport entre les mots et les choses. La question est bien sûr plus complexe et moins univoque que je le laisse entendre. Par exemple, sur le nominalisme hobbesien, se rapporter à M. Malherbe, 2000 : *Hobbes ou l'œuvre de la raison*, Paris, Vrin, notamment p. 27 *sq.*, p. 35 *sq.*

5 Ainsi qu'on va le voir, il s'agit là d'une possibilité différemment traitée selon les auteurs de cette tradition empiriste moderne. Le geste sceptique de Hume, dans une certaine

de plus en plus incontournable, d'ériger en véritable « problème » le fait de savoir à quel type de réel donne accès l'expérience dont on vient de consacrer la nouvelle autorité.

On peut illustrer la nature de ce déplacement ainsi que le caractère problématique de la question d'une éventuelle identification de ce qui est perçu et connu à ce qui est en revenant sur la différence de position entre Locke et Hume[1]. Cette différence, chez Hume, se justifie précisément par la place et la fonction spécifique de son scepticisme[2]. Car s'il est vrai que ce qui constitue l'essence de la modernité philosophique est bien la question critique, c'est-à-dire l'enquête sur la nature et les pouvoirs de nos facultés de connaître, on est peut-être en droit de se poser la question de savoir si Hume appartient vraiment à cette modernité-là ?

De prime abord, il pose, lui aussi, et comme tout le monde aux XVIIe et XVIIIe siècles, ce problème. Cependant, la critique, telle qu'elle est entreprise, tant par les rationalistes que par les empiristes, suppose constamment que les facultés peuvent connaître, peuvent fournir une science qui porte effectivement sur un objet, la seule question étant celle de la délimitation des domaines de compétence et celle de la définition des règles d'un usage correct des facultés. Quel est le sens d'une critique quand, comme c'est le cas chez Hume, elle prend comme point de départ – car ce n'est pas un résultat mais le principe fondateur de la critique – que nous ne sortons pas de nos perceptions pour aller vers

continuité à ses yeux, avec celui de Berkeley, consistera à affirmer qu'on ne peut rien dire de ce « réel » que ce que nous en « percevons » – geste qui consiste à identifier l'être et l'être perçu. Les références à Berkeley ne sont pas nombreuses dans le *Traité*. Dans le Premier Livre, *L'Entendement*, il y en a une donnée au tout début de la section portant sur les idées abstraites [I, I-7 « Des Idées abstraites », Hume, *op. cit.*, p. 62] et qui porte sur le statut de la généralité. Voir sur ce point la manière dont Berkeley pose la question de la « généralisation » dans son *Traité des principes de la connaissance humaine*, « Introduction » § 12 *sq.* « C'est en considérant la façon dont les idées deviennent générales que nous pouvons mieux juger comment les mots le deviennent ... », Berkeley, *Œuvres*, Volume 1, *op. cit.*, p. 206. Là où Locke, par exemple, s'efforce, tout comme les rationalistes, de préserver la possibilité d'une identification possible, sinon réalisable, entre connaissance de ce qui est perçu et connaissance de ce qui est. Voir *infra*.

1 Là encore, il ne s'agit que de styliser un déplacement pour mettre en évidence la singularité de la position de Hume dans cet empirisme moderne.

2 La position de Hume, qui retient ici mon attention, n'est pas seulement exemplaire en ce qu'elle se démarque, pour ainsi dire, des espèces de la philosophie moderne – qu'il s'agisse du rationalisme ou de l'empirisme –, cette position déplace jusqu'au genre même de la philosophie : de la « critique » à la « construction » – *infra*.

les choses, ou pour le citer encore, que « Les seules existences dont nous soyons certains sont les perceptions[1] » ? Ce qui est en jeu, chez Hume, ce n'est donc pas d'abord la détermination et l'identification de nos pouvoirs de connaître le « réel » puisqu'il est acquis qu'on ne connaît rien d'un réel supposé exister en soi. Il s'agit de tout autre chose ; il s'agit de la compréhension des modalités mêmes par lesquelles l'esprit construit ou fabrique intégralement le « réel ».

La question de la critique radicalisée de la métaphysique qui soutient le projet humien de constitution d'une science de la nature humaine reconduit non seulement le mouvement par lequel c'est l'autorité de l'expérience qui devient l'indice depuis lequel discriminer les idées vraies des idées fausses[2], mais, et là il se démarque des empiristes tout comme des rationalistes classiques, le réel dont on parle, ou ce qu'il y a de réel dans ce dont on parle, ne pourra plus être considéré comme le réel *en soi*.

Si la garantie métaphysique d'une possible connaissance authentique apportait avec elle les principes d'un certain réalisme – ce que je puis connaître est aussi ce qui *est* véritablement –, avec Hume, cette liaison disparaît et rien ne permet de dire, *a priori*, que ce dont on parle et ce que l'on peut connaître est le réel en soi. Il y a même tout lieu de penser que ce ne peut être le cas. Dès lors, si réel il y a, il ne peut être que *construit*[3]. Ce que la récusation de la métaphysique produit aussi chez

---

1 Hume, *L'entendement*, IV-2, p. 297.

2 Il s'agit là du principe de priorité des perceptions sur les idées depuis lequel dégager la règle de dérivation des secondes par rapport aux premières : « *à leur première apparition, toutes nos idées simples dérivent d'impressions simples qui leur correspondent et qu'elles représentent exactement* », *L'entendement*, I-1, p. 44 [*ital.* de Hume]. Autre formulation du même principe : « la primauté des impressions prouve avec autant de force que nos impressions sont causes de nos idées et non pas nos idées de nos impressions », *Ibid.*, p. 45. Autre formulation encore que l'on trouve dans l'*Enquête* : « Quand donc nous soupçonnons qu'un terme philosophique est employé sans signification ni idée (ce qui n'est que trop fréquent) demandons-nous seulement *de quelle impression cette prétendue idée tire son origine.* Et s'il est impossible de lui en trouver aucune, nous aurons là de quoi confirmer notre soupçon », *Enquête sur l'entendement humain*, Section II, p. 69 ; souligné par Hume. Il résulte de ce principe que le critère de validité réside ici dans l'antériorité de l'impression sur l'idée ou, ce qui revient au même, dans le fait que toute idée vraie est dérivée, d'une manière ou d'une autre, de l'expérience originaire qui produit une impression. La citation extraite de l'*Enquête* montre également que ce principe permet d'assimiler le défaut de signification à l'absence de vérité. Est dépourvue de signification l'idée qui n'est pas dérivable d'une impression – qu'elle soit simple ou complexe, c'est-à-dire irréductible ou composée.

3 Cette position conduira Hume à réexaminer et à modifier le statut et le concept de « vérité » de ce qui est connu [voir note précédente]. Pour importantes que soient les modifications

Hume, *via* son scepticisme, est alors la nécessité de penser le point de vue constructiviste comme point de vue permettant de poser un réel *pour nous*.

À ce titre, il est tout à fait possible de lire le *Traité de la nature humaine* comme le livre de la construction du monde pour nous. Tout comme la nature associative de l'imagination porte à mettre en relation des éléments qui nous sont donnés dans l'expérience, parler ici de point de vue constructiviste ou, ce qui revient au même, d'une construction du réel par l'imagination qui opère, c'est mettre au cœur du mouvement même de la connaissance – théorique et pratique – la dimension productive des relations. Construire, ici, revient à mettre en relation, à fabriquer par des mises en relation.

Comme on pourrait le montrer à propos de la constitution de l'identité personnelle, constituer revient à faire jouer des relations d'association qui identifient ce qui est ressemblant, qui confondent ce qui est contigu, qui posent dans une continuité ce qui est discret, *etc.*[1]. Parler de construction du monde, c'est donc admettre, d'une part, que le réel que l'imagination construit est un réel pour nous ; c'est reconnaître, d'autre part, que cette construction procède par association, c'est-à-dire par des mises en relation. Là, comme pour l'identité, la relation est principe de production du monde en lequel il sera possible d'agir et, plus encore, d'interagir.

---

apportées par les auteurs modernes, ils partagent encore avec la scolastique, la vieille définition de la vérité comme *adæquatio rei et intellectus*. Si le contenu n'en est plus le même, la forme de la conception du vrai, quant à elle, reste identique. Or, avec Hume, cette définition, non seulement n'est plus retenue, mais elle apparaît dans sa vacuité et dans tout son dogmatisme : comment pourrais-je savoir si mon intelligence de la chose [*res*] est adéquate à la chose, puisque, de toute manière, je n'accède à la chose qu'au travers de l'intelligence que j'en ai. La définition est verbeuse ou verbale, c'est-à-dire circulaire.

1 C'est bien sûr dans la partie IV, section VI « De l'identité personnelle » [p. 342 *sq.*] que Hume pose la question de ce qu'elle est à l'aune du point de vue de la raison critique. Mais pour en saisir la portée il a, préalablement, posé les principes d'individuation [IV-2 « Du scepticisme à l'égard des sens », p. 261 *sq.*] qui consistent à attribuer, par une disposition de l'imagination, l'identité à ce qui n'est que ressemblant, et la continuité à ce qui n'est que contigu. Par cette double confusion ou fusion, l'imagination construit l'individualité d'un objet comme ce qui est doté de la double propriété d'identité à soi d'une part et de continuité d'autre part. La question de l'identité personnelle n'est pas posée autrement et sa déconstruction consiste précisément à montrer que ce qui est supposé identique et continu est, de fait, fluant, discontinu et perpétuellement changeant. Dès lors, « L'identité que nous attribuons à l'esprit de l'homme n'est qu'une identité fictive, du même genre que celle que nous attribuons aux corps végétaux et animaux », *L'entendement*, IV-VI, p. 351.

La question du réel *en soi* n'est donc plus une question qui vaille d'être posée. L'émanentisation des conditions depuis lesquelles on fait l'expérience de ce qui est connaissable, c'est-à-dire leur naturalisation, lorsqu'elle est portée à ses conséquences ultimes, doit conduire à substituer à la question classique et encore métaphysique de la connaissance du réel *en soi*, la question moderne de la connaissance du réel *pour nous*. En ce sens, Hume va bien au-delà de la posture empiriste classique. Ce qu'il faut désormais préciser et j'en viens, pour cela, à la comparaison entre Locke et Hume.

Cette comparaison se justifie, entre autres, par l'orientation rigoureusement empiriste de leurs doctrines. Locke exprime tout aussi clairement que Hume la nécessité de fonder toute connaissance sur l'expérience. C'est par sa médiation exclusive qu'il est possible d'accéder à une représentation vraie du réel. On peut relire le premier livre de l'*Essai philosophique sur l'entendement humain*[1], c'est-à-dire l'essentiel de sa critique des idées innées, à partir de cette exigence : l'idée innée n'est jamais qu'un dogme puisqu'elle est, par principe, ce qui pour advenir s'exonérerait de tout rapport à l'expérience, de toute confrontation au réel par la voie des sens.

Cependant, il est deux manières de statuer sur la valeur de vérité de ce qui est alors connu par l'intermédiaire de la perception. D'un côté, on affirme que ce qui est perçu, sous conditions, est encore de l'ordre de ce qui est – c'est la voie empruntée par Locke ou, plutôt, certaines des tensions qui traversent sa position indiquent qu'il reste tributaire de cette orientation générale du problème. De l'autre côté, et c'est la voie empruntée par Hume, on renonce à se prononcer sur la nature de ce qui est connu sinon à dire qu'il peut être vrai pour nous seulement et sous conditions.

La première voie reste encore marquée par une certaine direction métaphysique qui, pour être explicitement dénoncée par Locke, n'en est pas moins objectivement nécessitée. La seconde voie permet d'y renoncer mais, en retour, requiert de la philosophie entendue comme science de la nature humaine qu'elle statue de manière préjudicielle sur

1 Locke, *Essai philosophique concernant l'entendement humain*, traduction par Pierre Coste, établissement du texte, présentation et notes de Ph. Hamou, Paris, 2009, Le Livre de poche. Coll. « *Classiques de la philosophie* ». Voir notamment, ici, le Livre I « Des notions innées », p. 133 *sq*.

les connaissances dont l'homme est susceptible, à savoir leur caractère phénoménal.

L'une des questions centrales de l'épistémologie lockienne est celle du rapport entre l'essence réelle de la chose et son essence nominale. Si les qualités secondes ne ressemblent pas aux qualités réelles de l'objet[1], en revanche les qualités premières ressemblent bien aux qualités réelles de l'objet. Si les qualités secondes sont produites en nous par la configuration et les mouvements des petites parties qui constituent l'identité de l'objet, elles résultent de l'opération des corpuscules de l'objet sur notre corps, mais ne nous renseignent en rien sur la nature même de la chose. On voit bien comment cette distinction contraint Locke, contre sa décision de départ, à entrer dans le domaine de la philosophie naturelle sur laquelle il doit impérativement étayer sa théorie de la connaissance. Il le reconnaît à son corps défendant en II, VIII, 22 :

> Je viens de m'engager peut-être *un peu plus que je n'avais résolu* dans des recherches physiques. Mais comme *cela est nécessaire* pour donner quelque idée de *la nature des sensations*, et pour faire concevoir distinctement la différence qu'il y a entre les qualités qui sont *dans les corps*, et entre les idées que les corps excitent *dans l'esprit*, sans quoi il serait impossible d'en discourir d'une manière intelligible, j'espère qu'on me pardonnera cette petite digression [...][2].

Ainsi, sa théorie de la connaissance est comme suspendue à la validité de la physique des corpuscules et de la physiologie. Locke fonde alors l'accord entre ces types de qualités sur la bonté de Dieu :

> ... ces idées de blancheur, de froideur, de douleur, etc. sont en nous des effets d'une puissance attachée aux choses extérieures, établie par l'auteur de notre être pour nous faire avoir telles et telles sensations[3].

La connaissance scientifique et l'usage de la vie se trouvent ainsi mis en harmonie par la sagesse de Dieu. Le recours à la philosophie naturelle est rendu indispensable pour proposer une thèse – celle du corpuscularisme – expliquant le passage du réel en soi – le monde objectif des

1 Locke, *Essai*, II, VIII, § 15 : « Les idées des premières qualités ressemblent à ces qualités, et celles des secondes ne leur ressemblent en aucune manière », *op. cit.*, p. 259.

2 Locke, *Essai*, II, VIII, § 22, *op. cit.*, p. 263 ; je souligne.

3 Locke, *Essai*, II, XI, § 9, p. 289-290, *op. cit.*

choses composées de petits corps en mouvements – à sa représentation dans l'imagination. Le recours à l'argument théologique vient garantir la possible adéquation entre le monde et sa représentation. Il semble donc que l'empirisme de Locke se soutienne ici d'une liaison de principe entre ce que pose la philosophie naturelle comme physique des corps et ce que peut affirmer la philosophie morale sur les conditions d'accès à une connaissance vraie – cette liaison entre philosophie naturelle et philosophie morale exprime, à elle seule, le fait que Locke ne sépare pas complètement ce qui relève du réel en soi et du réel pour nous. Plus encore, la superposition possible des deux exige le recours à un axiome théologique comme le laisse clairement entendre la citation précédente. Là où précisément Hume fera valoir la séparation entre les deux types de philosophie puisqu'il s'agit d'abandonner l'exigence de conformité entre les deux mondes.

Il y a plus encore. Le corpuscularisme de Locke n'est pas l'atomisme de Hume car le premier rapporte la sensation à un objet[1] là où le second ne considère que la sensation en elle-même[2], c'est-à-dire la sensation comme « existence primitive ». En rapportant la sensation à la nature d'une chose qui lui est extérieure, celle-ci se trouve toujours liée à la substance qui la provoque. La sensation simple n'est donc pas une existence primitive, elle est une abstraction de l'analyse. Dès lors, la théorie lockienne de la connaissance est une doctrine de la représentation et elle se situe dans le cadre d'une recherche portant sur les rapports unissant la perception à son objet.

Informé de cartésianisme, l'empirisme lockien ne garantit sa cohérence interne qu'en recourant à la providence. Locke n'a peut-être pas, de manière si évidente, renoncé à la question du réel en tant que tel. Si celui-ci continue d'échapper au regard de l'homme, il demeure ce qu'il faut connaître, et la seule garantie, *in fine*, de cette possible connaissance des liaisons réelles, celles-là mêmes que permet de décrire la philosophie naturelle, est tributaire d'un accord divin entre « ce qui est » et « ce qui est perçu ».

1 Sans quoi c'est la distinction entre les deux qualités qui perdrait toute sa signification et toute sa fonction.

2 Nous « *ne pouvons concevoir aucune sorte d'existence hormis les perceptions qui sont apparues dans ces étroites limites* » qui sont celles de l'imagination dit Hume, *L'Entendement*, II-6, p. 124. Ou bien encore : « *Les seules existences dont nous soyons certains sont les perceptions* », IV-2, p. 297.

L'impossible renoncement à l'identification de « l'être » à « l'être perçu » a plusieurs conséquences qu'il faut rappeler car elles feront l'objet d'une remise en cause claire et explicite chez Hume. La première est de subordonner la légitimité des propositions de la philosophie morale portant sur le statut de la connaissance vraie à certains éléments de sa philosophie naturelle fixant les principes de la nature objective du monde des choses en tant que cette nature objective soutient la valeur des relations entre les idées. La seconde est, au-delà de cette articulation entre philosophie naturelle et philosophie morale, de faire dépendre le parallèle entre monde objectif des choses et monde représenté des idées d'une assise théologique puisque Dieu ou la providence garantit, en dernière instance, la correspondance entre mots et choses.

Il y a donc un pas que ne franchit pas Locke, qui le sera par Hume et par certains libres penseurs avant lui[1]. Et c'est peut-être là que réside finalement la raison pour laquelle l'empirisme de Locke n'est pas celui de Hume : Locke n'est pas véritablement sceptique. Il accorde encore trop à l'idée d'une réalité objective et d'une théorie des idées comme représentations là où Hume s'en émancipera sans doute plus complètement. Si pour Locke, l'esprit ne connaît pas les essences réelles des choses, c'est-à-dire leur configuration corpusculaire objective, mais seulement leur essence nominale, à savoir l'ensemble de leurs qualités sensibles, lesquelles ne ressemblent pas à l'objet en soi, il demeure un rapport réglé et constant entre la structure de la matière et la constance des qualités sensibles. Et ce rapport est, *in fine*, garanti par Dieu.

L'irréductibilité de la position humienne tient donc au refus constamment rappelé de considérer quelque chose qui serait outre l'esprit. C'est la liaison entre « empirisme » et « scepticisme[2] » qui joue

1 La garantie divine n'est pas seulement rejetée par Hume ; elle l'est aussi par les libres penseurs qui, comme Anthony Collins au tout début du XVIIIe siècle, dans la controverse sur l'athéisme, récuse, par exemple dans son *Essai sur l'usage de la Raison* [1707], cette garantie et affirme que la connaissance consiste entièrement dans la perception de la présence, puis dans la perception de la convenance ou de la disconvenance des idées entre elles. Il récuse tout « au-delà » de la raison et abandonne alors la « substance ».

2 Hume est sceptique. Dans la 12e section de l'*Enquête sur l'entendement humain*, il fait une classification des divers mouvements sceptiques et se range lui-même dans l'espèce du scepticisme académicien [voir notamment Hume, *Enquête sur l'entendement humain*, Section XII, § 25, *op. cit.*, p. 405 *sq.*]. Cependant, ce scepticisme, il l'interprète à partir de ses propres positions. La différence entre le scepticisme antique et le sien, c'est que le

ici comme facteur de déplacement du problème. Cette liaison ne doit pas être comprise comme ce qui disqualifie, une fois pour toutes, la possibilité même d'une connaissance et, plus encore, celle d'une science. Cette possibilité se trouve dans une manière particulière de faire de la « nature humaine » l'objet premier de la science de l'homme. Ainsi qu'il le rappelle dans la section conclusive du livre sur l'Entendement : « La nature humaine est la seule science de l'homme[1] ». C'est là une position radicale parce qu'elle détruit, en son principe même, toute possibilité de métaphysique[2].

À la différence de Descartes – mais ceci vaut pour les philosophes de l'âge classique jusqu'à Leibniz –, Hume ne fait pas de science et ce trait n'a rien d'anecdotique car il exprime une situation nouvelle de la philosophie. Les grands philosophes de l'âge classique sont tous des savants et leurs pratiques scientifiques avaient leur pendant théorique dans une certaine conception de la philosophie comme totalité du savoir, c'est-à-dire comme projet de systématisation intégrale des connaissances humaines. Avec le *Traité de la nature humaine*, Hume prend acte d'une distinction désormais irréversible entre philosophie morale *et* philosophie naturelle[3].

Cette scission exprime sans doute un constat assez net, celui d'un développement de la philosophie naturelle qui s'est progressivement dégagée de tout besoin et de toute dépendance à l'égard d'une fondation métaphysique. La philosophie naturelle se déployait positivement comme un ensemble de résultats portés par des méthodes d'observation et d'expérimentation de plus en plus éprouvées. En une certaine manière,

---

scepticisme antique est un scepticisme sans théorie, c'est-à-dire un scepticisme pour lequel il n'est science de rien. Par opposition, le scepticisme de Hume ne rend pas impossible la science ; il se présente et il est présenté par Hume lui-même, dans le *Traité* comme dans l'*Enquête*, comme la seule position philosophique capable de bâtir et même de fonder la science. Ni sceptique au sens ancien ou classique, ni empiriste, ni rationaliste, au sens habituel de ces termes, la position de Hume brise les catégories traditionnelles depuis lesquelles sont généralement regroupées les philosophies.

1 Hume, *L'Entendement*, IV-7, p. 366.

2 C'est cet enjeu qui conduira d'ailleurs Kant à ouvrir la critique, comme il le dit lui-même aussi bien dans les *Prolégomènes* [« Depuis les essais de Locke et de Leibniz, ou plutôt depuis l'origine de la métaphysique, aussi loin que remonte son histoire, il ne s'est produit aucun événement qui ait pu être plus décisif à l'égard du destin de cette science que l'attaque portée contre elle par David Hume » *Préface*, Kant, *Œuvres philosophiques*, Vol. 2, Paris, Gallimard, Coll. « *Pléiade* ».

3 Séparation dont on a vu que Locke ne pouvait pas vraiment la respecter.

le *Traité* hérite de cette coupure entre science et philosophie. Et à ce titre, Hume est sans doute le moderne qui, plus que d'autres, admet que la philosophie n'est plus le système total des sciences ordonnées sous sa souveraineté. Si le modèle de la science accomplie demeure celui de Newton, c'est en un sens particulier que le reconnaît Hume qui la pose, depuis son scepticisme théorisé, comme une science des « phénomènes », c'est-à-dire comme une science qui n'atteint du soi-disant réel que les phénomènes, à savoir des données mentales. Or dire que la physique est science des phénomènes, c'est dire que son statut théorique de science relève d'une détermination préalable portant sur le statut des « apparences » et qu'à ce titre, elle est redevable de la législation de la philosophie morale puisque, pour Hume, les apparences sont des données psychiques qui relèvent de la science de l'homme.

La récusation de toute métaphysique fondationnelle s'accompagne de la reconnaissance d'une scission devenue effective, d'abord dans les faits, entre philosophie naturelle et philosophie morale. Cette scission, il importe alors de la poser *en droit*. C'est ce que fait, à sa manière, Hume qui sépare « philosophie morale » et « philosophie naturelle » et affirme que la première a sans doute un rapport préjudiciel à la seconde. Hume n'est ni médecin, ni physicien, ni chimiste. Il est seulement philosophe mais sa philosophie ne se trouve pas moins impliquée, en tant que « science de l'homme », dans un certain rapport à la philosophie naturelle. Cette implication est d'ailleurs explicitée par le sous-titre du *Traité* : « Essai pour introduire la méthode expérimentale dans les sujets moraux ».

On peut comprendre de deux manières ce sous-titre. Il pourrait, en effet, suggérer que la philosophie gagnerait en légitimité si elle s'efforçait de transposer ou de traduire la méthode propre à certains domaines de la philosophie naturelle – la connaissance de la matière, de la nature –, pour la constituer en une méthode pour la philosophie. Cette lecture serait fondée sur de nombreuses remarques de l'« Introduction » au *Traité*, reprises dans la première section de l'*Enquête sur l'entendement humain* ; des remarques qui comparent, et ce n'est pas original, l'état de la philosophie et de la métaphysique à un champ de bataille, à un champ de ruines, reconnaissant ainsi l'écart grandissant entre le progrès des sciences portées par la philosophie naturelle et la stagnation de la philosophie corrompue par ses ambitions métaphysiques. Dans ce cadre, la philosophie morale, ainsi revendiquée, deviendrait une « science positive » dont le principe lui serait donné par le modèle des sciences de la nature ; en un mot par celui de la philosophie naturelle. Ainsi comprise, la séparation entre philosophie naturelle et philosophie morale s'accompagnerait d'une détermination de la première sur la seconde.

La récusation de toute prétention métaphysique impliquerait, *ipso facto*, la réduction de son ambition à n'être qu'une philosophie ou une science positive parmi d'autres dont le champ privilégié serait celui de l'esprit. Rien n'interdirait alors de penser que la philosophie morale rénovée et enfin guérie de sa pulsion métaphysique puisse devenir une psychologie positive de l'esprit. En un certain sens, la philosophie morale pourrait se réduire à n'être qu'une investigation de l'esprit qui, bientôt, sera l'objet d'une psychologie parce qu'il s'agirait, déjà pour Hume, de faire en philosophie morale ce que l'on fait en philosophie naturelle[1] ?

La position de Hume est plus complexe. Tout en rejetant la métaphysique comme philosophie fondatrice de toute connaissance vraie, Hume cherche néanmoins à faire de la philosophie morale, en tant que « science de l'homme », une philosophie première qui peut et doit statuer sur ce qu'il est possible de connaître[2] – en philosophie naturelle notamment. Le scepticisme de Hume, ainsi qu'il a été dit, soutient alors la radicalité de son point de vue sur l'impossibilité de statuer sur le réel *en soi* et, à ce titre, fonde la possibilité d'une connaissance vraie sur le constructivisme réglé de l'imagination – le réel *pour nous*.

Ce constructivisme n'implique donc pas que la philosophie qui le justifie n'ait aucune prétention à statuer sur la nature de ce qui est connu ; précisément parce que ce connu est connu pour nous. Si tel est le cas, tout en renonçant à la prétention métaphysique que l'on retrouve sous une forme ou sous une autre dans les philosophies rationalistes et empiristes classiques, la philosophie morale moderne que Hume entend

1 Hume serait alors un moment pivot : la philosophie, comme discipline distincte des sciences, est en retard sur les sciences pour des défaillances de principe liées à l'inadaptation de la méthode à son objet. Pour se faire science, c'est-à-dire se former comme un équivalent, pour le domaine de l'esprit, de la science de type physique, elle doit donc réformer sa méthode comme son objet.

2 « La seule façon de délivrer d'un seul coup la connaissance humaine de ces questions abstruses, c'est d'étudier sérieusement la nature de l'entendement humain et de montrer, par une analyse exacte de ses pouvoirs et de sa capacité, qu'il n'est aucune fait pour traiter des sujets aussi éloignés et abstrus », Hume, *Enquête sur l'entendement humain*, section I, *op. cit.*, p. 47-49. Les « sujets éloignés et abstrus » sont évidemment ceux de la métaphysique corrompue.

définir doit aussi se comprendre comme une philosophie première si, par elle, l'on comprend qu'elle peut, avec légitimité, statuer sur ce que, *en droit*, la philosophie naturelle peut connaître du réel. En ce sens précis, Hume reste un héritier de l'âge classique et revendique comme objet de la philosophie, philosophie qu'il n'hésitera pas à qualifier, dans l'*Enquête sur l'entendement humain*, de « vraie métaphysique[1] », l'assignation exacte du statut des sciences[2].

C'est en ce sens que l'on peut aussi comprendre cette affirmation radicale du livre I déjà citée qui énonce que « La nature humaine est la seule science de l'homme ». Il ne faut donc pas se méprendre sur le sens qu'il convient de donner ici à ce caractère premier, si l'on veut, de la philosophie. Introduire la méthode expérimentale dans les sujets moraux est une autre manière de souligner que la science de l'homme est totale et qu'on ne peut assigner leur statut théorique aux sciences exactes qu'une fois construite la science de l'homme.

Telle est sans doute l'interprétation la plus respectueuse de l'ambition humienne : la science de l'homme ne doit pas être comprise comme une extension à un nouvel objet qui serait « l'homme » d'une science qui aurait fait ailleurs ses preuves, dans l'étude de la matière ou de la nature par exemple. Elle doit se comprendre comme une philosophie première à partir de laquelle il devient possible, consciemment, de faire des sciences :

« Il est évident que toutes les sciences sont plus ou moins reliées à la nature humaine et que, si loin que certaines d'entre elles puissent paraître s'en écarter, elles y reviennent toujours par une voie ou une autre. Même les mathématiques, la philosophie naturelle et la religion naturelle dépendent, dans une certaine mesure, de la science de l'HOMME, puisqu'elles relèvent de la connaissance ["*cognizance*"] des hommes et

1 À propos de la nécessité de la philosophie « abstraite », Hume affirme ainsi : « C'est un travail dont il faut essuyer la fatigue, pour vivre ensuite et à jamais en repos ; et il faut cultiver la vraie métaphysique ["*true metaphysics*"] avec assez de soin pour détruire la fausse et ses corruptions », Hume, *Enquête sur l'entendement humain*, Section I, *op. cit.*, p. 49.

2 Il faudrait être plus large encore puisque une telle philosophie n'est pas seulement propre à statuer sur la nature de ce qui est connaissable du réel en philosophie naturelle – les phénomènes – mais aussi à constituer un préalable indispensable au développement et au raffinement des arts et belles lettres. Il suffit de se rapporter, toujours à cette première section de l'Enquête sur l'entendement et à ce qu'il dit, par le biais d'une analogie, de la connaissance anatomique et de l'art du peintre [Hume, *Enquête sur l'entendement humain*, Section I, *op. cit.*, p. 43] par exemple, etc.

que ce sont leurs pouvoirs [*"powers"*] et leurs facultés [*"faculties"*] qui en jugent[1]. »

Comme philosophie première, il apparaît donc que cette science de l'homme est, avant tout, une philosophie de *l'esprit*, c'est-à-dire une philosophie susceptible de statuer sur les « connaissances », les « pouvoirs » et les « facultés » de l'entendement humain en tant qu'il connaît. Si donc elle est première, c'est de manière critique ou pour répondre à la question des conditions de possibilité. Ce qui veut dire : élucider ce que peuvent ces « *faculties*[2] ».

C'est dans ce cadre que la question de savoir si le *Traité de la nature humaine*, du moins le Premier Livre, peut être considéré comme une philosophie première a du sens. On comprend, dès lors, pourquoi la philosophie naturelle de Newton constitue un exemple et non pas un modèle. Parler de la méthode newtonienne comme d'un modèle à suivre serait proposer une interprétation dogmatique de la science newtonienne. La philosophie cesserait d'être philosophie pour devenir science par application de la méthode expérimentale de la physique. Hume donne une interprétation sceptique de Newton. Ce dernier n'est constitué en exemple pour la philosophie que parce qu'il a *déjà* compris[3] que la science ne portait pas sur l'être, que nous n'avions pas accès au réel mais seulement à l'esprit, c'est-à-dire à des données mentales.

Dès lors que l'on n'a accès qu'à des données mentales, la science elle-même, dont l'objet officiel est la « matière », le « réel », est et ne peut être qu'une *création* de l'esprit humain[4]. Dire que la physique est science

1 Hume, *L'Entendement*, « Introduction », *op. cit.*, p. 33 [trad. mod.].

2 Le vocabulaire ne varie presque pas du *Traité* à l'*Enquête*. Dans cette dernière, et toujours à propos de la « véritable métaphysique » comme philosophie première, Hume parle des « pouvoirs » [« *powers* »] et de la « capacité » [« *capacity* »] de l'entendement humain [Hume, *Enquête sur l'entendement humain*, Section i, *op. cit.*, p. 48-49].

3 Selon Hume, évidemment.

4 Il n'est pas ici le lieu de discuter de la manière dont Hume ressaisit le geste critique de Berkeley – l'être c'est l'être perçu –, non pas pour fonder un immatérialisme dont l'assise reposerait *in fine* – et là encore – sur une garantie divine, celle de la correspondance entre les esprits humains, mais pour en déployer, au contraire, toutes les potentialités sceptiques : le renoncement à toute hypothèse portant sur ce qui est supposé exister hors de nos représentations. Le constructivisme humien est dès lors tout à fait compatible avec un matérialisme dont les principales déterminations ne sont intelligibles que pour autant qu'elles sont posées par et pour l'imagination qui en est affectée. Ce matérialisme n'est donc pas ontologique à la manière dont l'immatérialisme de Berkeley peut l'être. Il est susceptible, également, d'être construit par l'imagination qui met en relation ce qui

des phénomènes, et donc des apparences, c'est dire que sa possibilité relève de la détermination préalable du statut des apparences. Elle est, à ce titre, sujette à la législation de la philosophie morale puisque les apparences sont des données psychiques qui relèvent de la science de l'homme.

Chez Hume, l'assignation exacte du statut des sciences est et demeure l'objet de la philosophie, voire de ce qu'il appelle encore *la vraie métaphysique*. Il ne s'agit pas d'appliquer la méthode physique *en* philosophie. La science de l'homme n'est pas tant l'extension à un nouvel objet – l'homme – d'une science qui a fait ses preuves ailleurs, dans l'étude de la matière, que la science fondatrice à partir de laquelle il devient possible de faire délibérément et consciemment des sciences.

On devrait donc pouvoir convenir que le geste humien, tout en destituant toute métaphysique de sa visée fondatrice, tout en la réduisant à n'être qu'un discours illégitime parce que s'exonérant de l'épreuve de l'expérience, conserve à la philosophie morale une fonction critique qui est précisément celle de statuer sur *la nature des apparences*, si l'on veut utiliser ce terme : les apparences ou les phénomènes en tant qu'ils sont le seul matériau auquel accède l'imagination et que l'on ne peut dépasser[1]. Parler d'une philosophie de l'entendement, c'est poser les principes d'*une reconstruction possible de ce matériau* en tant qu'il est perçu *comme* un « monde extérieur », c'est-à-dire *comme* un monde qui existe en dehors de la perception que l'on en a.

L'exigence de cette philosophie première est donc double : il s'agit, d'une part, d'expliciter les lois de construction du monde tel que l'imagination la produit [livre I, parties I à III] et, pour cela et d'autre part, de débusquer les formes fallacieuses de projections de l'imagination qui fait croire que ce monde que l'on *construit* est un monde *en tant que tel* [partie IV]. Si les trois premières parties du Livre Premier *L'Entendement* permettent de comprendre en quelle manière opèrent les principes d'association, c'est-à-dire les principes de construction du monde de

---

se présente à elle comme autant d'impressions discrètes et fugaces. Comme cela a déjà été mis en évidence à propos des dynamiques d'individuation – des choses, des objets, des identités, etc. [voir la note n° 19] –, ce qui pourrait s'apparenter à une continuité et à une permanence – attributs si l'on veut de la matière – relève de *constructions* où joue de manière déterminante la relation sous toutes ses formes : ressemblance, contiguïté, causalité.

1 Sur ce plan, la différence majeure d'avec Kant est qu'il n'est pas besoin de conserver la distinction entre « phénomènes » et « noumènes ».

l'imagination, la quatrième et dernière partie de ce même livre permet, quant à elle et dans un retour critique, de comprendre pourquoi l'imagination va toujours au-delà et pose comme objectif et extérieur ce qui n'est qu'intérieur et pour nous. Moment critique qui permet, *in fine*, de conclure sur le statut des apparences qui sont les objets légitimes de toute connaissance en philosophie naturelle.

Claude Gautier
ENS de Lyon
UMR 5206 Triangle

VÉRITÉ MÉTAPHYSIQUE ET VÉRITÉ POLITIQUE CHEZ EDMUND BURKE

Une critique politique de la raison pure[1]

BURKE ET LA « MÉTAPHYSIQUE DES LUMIÈRES »

Dans les *Réflexions sur la révolution en France* (1790) Burke inscrit son combat contre les principes de la Révolution française dans une lecture plus globale des « Lumières ». Ce qu'il nomme, en partie ironiquement, « notre époque éclairée » se signale pour lui par la prégnance d'un programme aberrant, qui en se coupant des conditions morales et institutionnelles de son émergence, menace d'annihiler la civilisation qui l'a produit[2]. Dès *A Vindication of Natural Society* (1756), Burke avait pointé le danger que ferait naître le projet visant à faire de la raison naturelle individuelle l'instrument exclusif d'évaluation des institutions sociales et politiques[3]. Le combat qu'il engage contre la Révolution française lui offre l'occasion d'approfondir la mise en évidence de la dialectique négative qu'il repère au cœur des Lumières et du programme rationaliste qu'elle porte à ses yeux. Ce dernier doit selon lui inéluctablement déboucher, non seulement sur une déconstruction radicale des institutions existantes, mais plus fondamentalement sur l'impossibilité d'en établir de nouvelles. Il interdirait de dégager un nouvel ordre social permettant l'approfondissement du progrès moral et politique

1 Les textes de Burke sont cités d'après *The Works of the Right Honourable Edmund Burke*, 12 volumes, Londres, John Nimmo, 1887 (cité *W.*, n° volume, n° page). À défaut nous renvoyons à *The Writing and Speechs*, P. Langford, Oxford, Clarendon Press (cite *WS*, n° volume, n° page).

2 *Cf.* notamment *Reflections on the Revolution in France*, W., III, p. 335-336.

3 *A Vindication…*, *W.*, I, p. 7 : « que deviendrait le monde, si la mise en application de tous les devoirs moraux et les fondements de la société ne reposaient que sur la possibilité d'en rendre les raisons claires et démontrables pour chaque individu ? »

auquel cet « âge spéculatif » aspire et la libération des individus qu'il revendique. La raison en ne reconnaissant d'autorité et de valeur qu'à ce qu'elle peut produire de manière autonome et *a priori* se trouverait incapable de saisir et de justifier les conditions de sa propre capacité instituante ; elle en serait alors réduite à n'être qu'un instrument de destruction. Entendant constituer ce qu'il nomme dans les *Réflexions*, une « métaphysique politique » [*political metaphysics*][1], la raison serait ainsi condamnée à ne produire qu'une philosophie « barbare[2] ».

La critique sans reste de cette « métaphysique politique » qui s'exprime à ses yeux dans la Déclaration de 1789 passe avant tout par la mise en évidence des risques politiques que charrie la métaphysique quand elle entend régler le jugement et l'action politiques. Dans cette perspective, la métaphysique n'est pas d'abord comprise comme une discipline singularisée par des objets spécifiques, mais comme une certaine économie du connaître, marquée par l'abstraction et la prétention à établir une connaissance *a priori* du réel. Si cette forme de connaissance peut être objet de critique, c'est d'abord pour Burke parce qu'elle porte en elle et de manière essentielle une tendance à s'étendre à tous les domaines du savoir, au-delà de ceux dans lesquels elle peut espérer s'exercer de manière légitime. La métaphysique apparaît bien sous sa plume comme un autre nom du programme rationaliste des Lumières. La Révolution française se présente alors comme le moment où se révèlent à la fois l'aspiration impérialiste de la métaphysique des Lumières et son échec. S'il y a ainsi une « métaphysique des Lumières » pour Burke, elle ne singularise pas tant par une redéfinition de la métaphysique elle-même que par la manière dont elle parvient à s'étendre effectivement hors de ses limites traditionnelles, et en particulier au champ de l'action politique.

Pour Burke la spéculation politique a réussi à se donner une dimension immédiatement pratique à la faveur de la réduction de toute autorité à celle de la raison naturelle individuelle. Nulle place dans ce cadre pour ce qui échappait à l'emprise critique de cette raison parce que se fondant sur d'autres autorités (la foi, l'expérience, l'histoire, le jugement collectif, le sentiment…), et qui contenait en un sens l'impérialisme métaphysique. Il ne saurait s'agir de rappeler ici les analyses complexes et nombreuses par lesquelles Burke décrit les opérations qui ont sapé

1 *Reflections*, *W.*, III, p. 308.
2 *Reflections*, *W.*, III, p. 336.

la valeur sociale de ces éléments. Notons simplement que le règne de la raison individuelle est d'abord le fruit de l'effondrement des institutions morales et sociales, et non sa cause première, même s'il participe bien évidemment, une fois son monopole critique assuré, à la dévalorisation de ces institutions.

Si la raison (réduite par ce programme lui-même à la raison naturelle et individuelle) ne saurait justifier le *contenu* de ces éléments sociaux que les « philosophes parisiens » visent à dissoudre, elle peut cependant selon Burke rendre compte de leur importance et même de leur nécessité politiques. Si tel préjugé particulier ou tel dogme religieux échappent à la validation rationnelle, il demeure possible et nécessaire de montrer *rationnellement* l'importance politique, sociale et morale du préjugé ou des dogmes religieux en général, l'expérience et l'histoire pouvant à partir de là révéler la légitimité de leur contenu. C'est à ce titre que la politique ne peut être qu'une science expérimentale, où doit s'exercer une raison *a posteriori* et où doit prévaloir un jugement nécessairement collectif (puisque fondé sur l'expérience historique d'une communauté particulière). La métaphysique politique se constituant sur le refus de reconnaître la moindre validité à ce qui ne se déduirait pas intégralement de la raison naturelle et individuelle se condamne au contraire à manquer ce qui doit constituer l'horizon de l'action politique : produire un ordre social, établir et maintenir des institutions. La politique comme connaissance en vue de la pratique met ainsi au jour les bornes de la raison pure : elle conduit la raison à produire une critique de la métaphysique qui met l'accent sur sa prétention indue à ordonner l'intégralité de la sphère du connaître.

Burke n'entend pas ainsi proposer une critique de la raison elle-même[1], ni même refuser d'accorder le moindre rôle à la raison en politique. Son dessein est plutôt de s'opposer à la réduction de la raison à la raison métaphysique pour rendre possible et pensable ce qu'il nomme lui-même la « raison politique » de manière à en dégager le caractère à la fois *a posteriori* et collectif. Dans cette perspective, la raison devient capable de juger les institutions sociales, qu'elles soient politiques ou morales, sans se condamner à une posture purement destructrice. Il deviendrait alors possible de saisir rationnellement le

1 Francis P. Carnavan, *The Political Reason of Edmund Burke*, Durham, Duke University Press, 1960.

sens et la légitimité des éléments sociaux que la raison « métaphysique » ne peut comprendre. La « raison politique » parvient ainsi selon lui à reconnaître une valeur c'est-à-dire une vérité, à ce qu'elle ne saurait elle-même déduire *a priori*. Tel est le rôle de cette philosophie « spéculative » légitime évoquée par Burke dans les *Réflexions*, qui est capable de mettre au jour la sagesse comprise dans les préjugés. Cette connaissance rationnelle non métaphysique du politique constitue le fondement de la défense du conservatisme réformiste, celui qui aurait dû empêcher selon lui la France de s'abîmer dans la Révolution et la « métaphysique politique » qui la nourrit.

L'erreur des Révolutionnaires français pour Burke tient ainsi d'abord à la réduction de la raison à la raison métaphysique, et par là de toute vérité à la vérité métaphysique. Il entend lui défendre une forme de plurivocité de la raison et du vrai. Il affirme ainsi dans les *Réflexions*, au sujet des droits de l'homme de la Déclaration de 1789, qu'ils sont « métaphysiquement vrais, et qu'ils sont aussi métaphysiquement vrais qu'ils sont moralement et politiquement faux[1] ». C'est à tenter de comprendre cette affirmation que nous attacherons ici.

VÉRITÉ NÉCESSAIRE ET IMPÉRIALISME MÉTAPHYSIQUE

Sa critique de la « métaphysique politique » porte ainsi d'abord sur la prétention de la métaphysique à ordonner et à administrer l'intégralité du domaine de la vérité : à ses yeux les vérités métaphysiques ne semblent pas constituer les vérités les plus hautes car les plus universelles ; par là c'est un certain statut traditionnel de la métaphysique qui se trouve implicitement récusé. Mais la formule de Burke ne se contente pas d'affirmer l'existence d'un ordre de vérité indépendant de la métaphysique ; il pointe l'existence d'une inversion nécessaire de la valeur de vérité entre métaphysique, d'une part, et morale et politique, de l'autre : ce qui fait qu'une proposition est vraie en métaphysique l'amène à être fausse en morale et en politique.

1 *Reflections*, *W.*, III, p. 313.

John Priestley, l'un des critiques les plus virulents des *Réflexions*, juge que cette thèse est non seulement paradoxale mais proprement incompréhensible du fait que « l'expression *métaphysiquement* vrai ne peut signifier que *strictement* et *proprement* vrai ». Il affirme ainsi ne pas pouvoir saisir comment si les droits de l'homme dont parle la Déclaration de 1789 sont « métaphysiquement vrais » ils peuvent être « en quelque sens que ce soit *faux* ». Le caractère paradoxal et absurde du propos de Burke tient ainsi selon lui au sens qu'il convient de donner à l'idée de « vérité métaphysique ». Elle doit être comprise comme une vérité « stricte », c'est-à-dire absolue et universelle. La métaphysique est alors implicitement définie comme la recherche de ce qui est *nécessairement* vrai. Et en un sens, que l'on accorde ou pas la possibilité d'une telle recherche, c'est bien, à en croire Priestley, la seule définition que l'on puisse donner à la métaphysique. Si on ne saurait dire pour autant que la métaphysique épuise le champ de la vérité et de la connaissance, on peut en déduire malgré tout selon Priestley que ce qui est vrai en métaphysique doit l'être aussi en politique. On doit conclure de ce régime unique de vérité à l'impossibilité de séparer strictement comme le fait Burke la métaphysique d'un côté et la politique et la morale de l'autre. Pour Priestley si les droits de l'homme dont parle la Déclaration française sont « *vrais* », ils sont « *justes* et *raisonnables* » et pour cela « ils doivent être appliqués dans tous les États et dans toutes les formes de gouvernement » et « s'ils ne sont pas appliqués, le peuple peut alors légitimement s'en plaindre et rechercher un moyen de les recouvrer[1] ».

Tel est précisément le programme politique que Burke entend refuser en critiquant la « métaphysique politique » et cela parce qu'il donne implicitement la même définition que Priestley à l'idée de « vérité métaphysique ». C'est parce que les droits de l'homme déclarés en 1789 sont *métaphysiquement vrais*, c'est-à-dire apparaissent comme des vérités *nécessaires* qu'ils sont à ses yeux *politiquement faux*. La conception de la vérité politique que promeut la « métaphysique politique » est en effet la source du danger inédit que représente la Révolution française pour Burke. Il pointe ainsi en 1790 les dangers de ces « lourdes subtilités de la métaphysique politique », bonnes peut-être pour se divertir dans les « Écoles », mais capables de renverser tous les États existants en

1 Joseph Priestley, *Letters to the Right Honourable Edmund Burke, occasioned by his Reflections on the Revolution in France*, Birmingham, Th. Pearson, 1791, p. 25.

remettant en question leur « légitimité » [*title*] même[1]. La perspective « métaphysique » donne aux droits revendiqués et déclarés dans la Déclaration de 1789 une prétention universelle qui menace l'équilibre institutionnel, juridique et politique de l'Angleterre mais plus largement de toute la « République d'Europe ». Rien d'étonnant ainsi que ce soit d'abord à ceux qui comme le « Doctor Price » entendent défendre sur le sol britannique les principes des « philosophes parisiens » que Burke s'en prenne dans les *Réflexions*. C'est cette prétention universaliste, ou ce qu'il nomme l'« esprit de prosélytisme[2] », qui explique aux yeux de Burke le caractère inouï de cet événement politique qu'est la Révolution *en* France (qui ne saurait ainsi être comprise seulement comme une « affaire » strictement *française*)[3], et ce qui l'amène à la comprendre par analogie avec l'événement religieux que fût la Réforme protestante. En effet selon lui :

> Le principe de la Réforme était tel qu'en raison même de son essence, il ne pouvait être local ou confiné au pays dont il est originaire. Ainsi, la « doctrine de la justification par la foi ou par les œuvres », qui était l'origine de la Réforme, ne pouvait permettre qu'un terme de l'alternative soit vrai en Allemagne et faux dans les autres pays[4].

De la même manière la Révolution française parce qu'elle constitue une « Révolution de doctrine et de théorie[5] » a produit aux yeux de Burke un « schisme » et une « rupture dans la communauté européenne » qui condamne soit « l'humanité [*mankind*] à adopter leur système [celui des révolutionnaires français] » soit « à vivre dans une hostilité perpétuelle avec la communauté la plus puissante que l'on ait jamais connu[6] ». Elle a ainsi, comme la Réforme, « introduit dans tous les autres pays

1 *Reflections*, *W.*, III, p. 308.

2 *Reflections*, W., III, p. 378 et *Thoughts on France Affairs*, W., IV, p. 319.

3 Il faut être ici attentif au tire original du texte de Burke : *Reflections on Revolution in France*. Si la révolution débute en France, elle menace par son essence même de s'étendre au-delà. Elle se présente comme un « modèle » qui concerne à ce titre toutes les autres nations européennes (*W.*, III, p. 349). On voit ici l'erreur de jugement de Tocqueville qui reprochait à Burke d'avoir méconnu cette prétention universelle de la Révolution française en n'y voyant qu'un « accident français » (*Fragments et notes inédites sur la Révolution*, in *Œuvres complètes*, II, 2, Paris, 1953, p. 340).

4 *Thoughts on French Affairs* (1791), W., IV, p. 319.

5 *Thoughts on French Affairs*, W., IV, p. 319.

6 *Letters on a Regicide Peace*, W., V, p. 320.

d'autres intérêts que les intérêts locaux », d'autres intérêts que « ceux qui se développent en raison des circonstances naturelles[1] ». Le caractère *métaphysique* du discours des révolutionnaires français sous-tend ainsi la perspective résolument impérialiste de leur politique (perspective qui explique en outre selon lui leur choix en faveur d'une constitution de type républicaine), sur laquelle mettent l'accent les *Lettres sur une paix régicide* de 1796[2].

La contestation de ce programme à la fois épistémologique et politique par Burke ne passe pas ainsi par le refus de reconnaître le caractère nécessaire et donc universel des principes de la Révolution française, mais plus radicalement par celui d'accorder la moindre valeur en politique à des vérités qui ne pourraient se saisir que comme des vérités nécessaires et universelles. Pour Burke la manière dont la raison opère en métaphysique pour produire ce type de vérités ne saurait être appliquée pour régler l'action et le jugement politiques.

LA RAISON MÉTAPHYSIQUE ET L'ABSTRACTION

La conception de la métaphysique qui se dégage de sa critique de la métaphysique politique est ainsi travaillée par le souci de mettre en évidence à la fois ce qui lui impose de produire des vérités qui se présentent comme nécessaires et ce qui l'amène à méconnaître la singularité de la vérité politique. L'existence même de la « métaphysique politique » témoigne en effet clairement de la possibilité de confondre ces deux régimes de vérité. Cette indistinction indue s'explique en partie par le fait que la séparation entre métaphysique et politique ne renvoie pas à l'existence de facultés cognitives différentes. Il ne s'agit pas pour lui de distinguer une faculté métaphysique intuitive qui s'opposerait à une faculté discursive qui trouverait à s'exercer en politique. Pour Burke, métaphysique et politique sollicitent la même faculté humaine, à savoir la *raison*. Elles font simplement opérer différemment cette même faculté. Il affirme ainsi dans les *Réflexions* que :

1 *Thoughts on French Affairs*, W., IV, p. 319.
2 *Letters on a Regicide Peace*, W., V, p. 364.

> La raison politique est un principe de computation : ajoutant, soustrayant, multipliant et divisant, moralement, (et non de manière métaphysique ou mathématique), les vraies dénominations morales[1].

Métaphysique et politique s'inscrivent toutes deux dans le champ des connaissances rationnelles, en ce qu'elles impliquent des procédures d'ordre computationnel s'exerçant sur des « dénominations ». La distinction entre politique et métaphysique n'est pensable que sur le fond de cette communauté de procédures. Elle passe tout d'abord par l'existence d'une différence quant à la nature des dénominations sur lesquelles opèrent les procédures rationnelles. Elle suppose en second lieu de reconnaître deux manières distinctes de faire opérer ces procédures computatives. Il y a en réalité un lien pour Burke entre ce qui fait qu'une *dénomination* est d'ordre morale ou politique et la manière spécifique dont la raison doit opérer sur elle. La spécificité des dénominations ne tient pas seulement à leur objet particulier, mais à la manière dont ces objets déterminent un certain régime de définition qui lui-même conditionne la manière dont la raison procède.

Raisonner métaphysiquement pour Burke consiste en effet à opérer, comme le montre le rapprochement (fréquent sous sa plume) entre métaphysique et géométrie, sur des dénominations générales, en vue de dégager la vérité nécessaire de propositions portant sur les objets particuliers compris sous ces dénominations. Comme le précise l'*Appel des Whigs modernes aux Whigs anciens*[2], la métaphysique suppose par essence des définitions qui n'admettent ni « exceptions » ni « modifications ». L'exactitude de la compréhension des concepts doit permettre de produire une vérité valable pour l'intégralité de leur extension.

L'abstraction apparaît alors pour Burke comme l'acte de l'esprit humain pouvant seul justifier la nécessité à laquelle prétend la vérité métaphysique. L'abstraction doit en effet d'abord se comprendre comme l'opération par laquelle l'esprit humain produit la contrepartie mentale qui permet de donner du sens aux dénominations générales et exactes dont a besoin la métaphysique. Burke rend compte de cette opération en s'inscrivant pour une bonne part dans la continuité de Locke. On le sait pour Locke l'abstraction comprise précisément du point de vue de

1 *Reflections*, *W.*, III, p. 313.
2 *Appeal from the News to the Old Whigs*, W., IV, p. 80-81.

ce qui peut donner du sens aux dénominations générales est cette opération par laquelle « l'esprit rend générales les idées particulières qu'il a reçues des objets particuliers » ; opération qui consiste à « considérer » les « idées particulières » telles qu'elles sont dans l'esprit, c'est-à-dire comme « des apparences, séparées de toute autre chose existante et des circonstances de l'existence réelle, comme le sont le temps, le lieu et autres idées concomitantes[1] ». Le processus abstractif par lequel l'entendement considère ces « apparences qui se trouvent dans l'esprit sans considérer comment, d'où et avec quelles autres idées elles lui sont venues », lui permet d'emmagasiner des idées abstraites, « exactes et nues », capables de devenir des représentations générales, c'est-à-dire des « étalons » ou des « modèles » permettant de classer en différents genres les êtres réels et existants, et de leur appliquer des « dénominations » générales conformément à cette classification.

Burke lie, comme Locke, l'« exactitude » et la « nudité » de l'idée abstraite : l'exactitude requise est pour lui le produit de la « considération simple [*simple view*] d'un objet » où ce dernier apparaît « déshabillé de toute relation » et dans « toute la nudité et la solitude d'une abstraction métaphysique[2] ». La métaphysique n'est pas ainsi d'emblée limitée à certains objets qui s'offriraient immédiatement à elle, dans l'instantanéité d'une intuition, mais elle se déploie sur le fond de ce que produit l'opération d'abstraction en termes de contenu mental et de définitions des dénominations. La nature du donné mental sur lequel opère l'esprit pour produire les idées abstraites n'est pas l'objet d'un exposé précis dans les textes où Burke développe sa critique de la « métaphysique politique ». L'enjeu réel semble être plutôt ici d'insister sur l'opération d'abstraction elle-même. Car c'est pour lui cette opération, et non la matière sur laquelle elle opère, qui constitue le véritable fondement de ce régime spécifique de vérité auquel prétend la métaphysique (y compris quand elle se fait politique). Et en renvoyant l'abstraction à une opération mentale susceptible de s'opérer sur n'importe quelle idée, il parvient en outre à rendre compte de l'effort d'extension de la métaphysique, hors des objets qui lui sont traditionnellement réservés, dont se nourrit le projet de constitution d'une « métaphysique politique ».

---

1 J. Locke, *Essay concerning human understanding*, II. 11. 9.

2 *Reflections*, *W.*, III, p. 240.

Si le processus d'abstraction fonde le régime de vérité propre à la raison métaphysique c'est que cette dernière semble lui reconnaître une dimension « essentialiste ». La raison « métaphysique » ne peut en effet prétendre fonder un discours établissant des vérités universelles et nécessaires que si l'abstraction permet d'accéder à l'essence réelle de l'objet considéré. L'abstraction métaphysique en refusant toute considération de la relation prétend ainsi ouvrir pour Burke l'espace de « l'absolu », dans lequel l'idée abstraite n'est plus une considération partielle de son objet mais la saisie de l'essence universelle d'un genre. Dès les *Recherches philosophiques sur l'origine de nos idées du sublime et du beau*, Burke insiste sur le risque qu'une telle confusion fait courir à tout effort de définition[1]. C'est la raison pour laquelle selon lui, une « définition peut être très exacte et pourtant ne pas conduire bien loin dans la connaissance de la nature de la chose définie ». Mais dans les textes qu'il consacre à la Révolution française, il ne s'agit pas pour lui d'insister sur cette possible confusion qui amènerait à douter de la possibilité de souscrire au projet de la raison métaphysique elle-même.

L'important est d'abord d'établir en quoi cette perspective « métaphysique » ne peut pas s'appliquer à la politique, c'est-à-dire de montrer en quoi ce qui permettrait de lui donner une légitimité dans son ordre est aussi précisément ce qui lui interdit de s'appliquer à la politique, comprise comme la connaissance susceptible d'évaluer et de guider l'action politique. L'abstraction qui pourrait légitimer la connaissance et la vérité métaphysique doit apparaître comme ce qui interdit à la métaphysique de parvenir à des vérités politiques.

Ainsi plutôt que d'interroger pour elle-même la possibilité d'accéder à la connaissance des essences réelles par le recours à l'abstraction il s'agit de montrer que la connaissance politique ne saurait se réduire à cette forme de connaissance. En effet, Burke loin de refuser l'existence d'essences abstraites dans le champ politique entend montrer que la connaissance de telles essences, à ses yeux politiquement *nécessaire*, n'est pas suffisante pour juger les institutions existantes et guider l'agir politique.

1 *A Philosophical Inquiry*..., *W.*, I, p. 80-81. Il ajoute qu'« [...] en définissant, nous risquons de circonscrire la nature dans les bornes de notions que souvent nous adoptons par hasard, embrassons sur parole ou formons d'après une considération limitée et partielle de l'objet présent, au lieu d'élargir nos idées pour y faire entrer tout ce que la nature comprend, suivant ses propres combinaisons » (nous citons la traduction de B. de Saint Girons, Vrin, p. 65).

MÉTAPHYSIQUE POLITIQUE ET PHILOSOPHIE DE L'ACTION POLITIQUE

La « raison métaphysique » opère sur des dénominations générales, définies grâce à l'abstraction de manière exacte, afin de dégager des vérités nécessaires. La raison politique opère elle sur des « dénominations morales ». Ces dénominations ne sont apparemment pas moins générales que les dénominations de la métaphysique, mais elles sont prises dans un autre régime définitionnel, marqué lui par le refus de l'exactitude. La raison politique suppose la mise en crise de la généralité abstraite des dénominations sur lesquelles elle opère. Cette résistance du particulier au processus abstractif induit le régime d'incertitude apparent et spécifique de la politique qui permet à Burke de la comprendre sous le registre topique de la « prudence ». Pour Burke si la politique est de l'ordre de la prudence c'est semble-t-il en raison de l'inscription des affaires politiques dans le « monde de la contingence[1] ». La politique semblerait ainsi se singulariser par un régime d'incertitude radical, en demeurant incapable de se hisser au type de vérité nécessaire qui demeure le propre de la métaphysique. Mais s'en tenir à une telle détermination négative, c'est réduire la distinction entre vérité métaphysique et vérité politique à une question de degré de certitude, identifiant en apparence la première à l'idée ancienne de « vérité morale » et reconduisant le privilège traditionnellement accordé à la seconde. Rien ne permettrait alors de comprendre le principe d'inversion de valeur selon laquelle une vérité métaphysique prenant la politique pour objet est par essence politiquement fausse. Rendre compte de ce principe suppose de comprendre plus positivement le régime politique de vérité[2].

---

1 *Thoughts on French Affairs* (1791), W., IV, p. 349.

2 Cela suppose de refuser, contre Hayek, l'intégration simple de la pensée de Burke dans ce qu'il conçoit comme la longue tradition de critique du constructivisme politique se fondant sur la dénonciation de « l'illusion synoptique » (*Droit, législation, liberté*, vol. I, 1980, Paris, PUF, p. 16) qui amène à méconnaître l'état d'ignorance radicale des individus vis-à-vis de la complexité du social. On trouve certes chez Burke des éléments qui le rapproche d'une telle posture. Mais sa critique d'un certain rationalisme politique ne se justifie pas seulement de la dimension spontanée de l'ordre social, puisque dès les *Réflexions* il insiste au contraire sur l'existence de fins conscientes et rationnellement connaissables qui déterminent la constitution de l'ordre social. Il y a bien pour lui dans

Burke affirme clairement que ni le processus abstractif ni l'exactitude définitionnelle ne suffisent quand il s'agit de « distribuer la louange et le blâme » dans ce qui a trait « aux actions et aux affaires humaines ». Mais ce n'est pas la complexité particulière de l'objet politique qui explique l'impossibilité d'atteindre le même degré de certitude en politique qu'en métaphysique, mais la complexité de « la nature humaine » elle-même et par là des « fins de la société[1] ». L'apparente limite de la connaissance politique tient en effet d'abord à la perspective morale dans laquelle elle doit se placer. Cette dimension fondamentalement morale engage non pas une exclusion pure et simple de l'abstraction, mais plutôt un rapport non métaphysique à des éléments moraux résolument abstraits, auxquels il donne le nom de « principes ». S'il prétend en effet dans son *Discours sur la pétition des Unitariens* ne pas se laisser gouverner quand il agit, comme n'importe quel homme « rationnel », par les « abstractions et les universaux », il affirme cependant ne pas pouvoir refuser « totalement les idées abstraites ». En effet :

> [...] sans être guidés et éclairés par des principes solides et bien compris, tous les raisonnements ne seraient en politique comme ailleurs qu'un fatras confus de faits particuliers et de détails, sans moyen de découvrir une quelconque conclusion théorique ou pratique[2].

La raison politique ne peut, pour produire un énoncé vrai sur ce qu'il convient de faire, se passer de cette forme particulière d'idée abstraite que constituent les principes, c'est-à-dire les normes morales qui doivent guider l'action politique. La première question qu'on doit se poser face à une théorie politique (en tant qu'elle engage un programme pratique ou un jugement sur les institutions existantes) est de savoir si elle est « conforme à la nature humaine en général[3] ». Le politique ne peut se priver de la considération « abstraite » de ce que requiert la nature humaine en général. Les principes politiques s'identifient précisément aux « besoins » humains auxquels doit répondre l'institution sociale et qui apparaissent ainsi sous la plume de Burke à la fois comme des

---

l'institution humaine du social un dessein susceptible d'être saisi par la raison humaine. Mais pour lui ce dessein ne saurait suffire à générer intégralement cette institution et à la maintenir.

1 *Reflections*, *W.*, III, p. 312.

2 *Speech on the Petition of the Unitarians* (11 mai 1793), W., VII, p. 41-42.

3 *Speech on the Reform of Representation* (7 mai 1782), W., VII, p. 97.

« droits » des individus et comme des « devoirs » pour ceux qui exercent le pouvoir politique[1].

À ce titre la politique est aussi l'affaire du « philosophe spéculatif » qui adoptant une « vue générale sur la société » doit « indiquer [*mark*] les fins propres du gouvernement ». Mais il rappelle que le « politicien » ne saurait se contenter de cette considération spéculative et abstraite des fins du gouvernement. Ce qui distingue ainsi l'« homme d'État » du « professeur d'université », c'est le rapport entretenu avec ces principes. Le premier doit chercher à « découvrir les moyens adaptés à ces fins, et les mettre à exécution » et il doit pour cela « combiner un grand nombre de circonstances aux idées abstraites[2] ». Ainsi le politicien se doit d'associer à la question de la conformité d'une théorie, visant à être mise en pratique, à la nature humaine en général, celle de sa conformité à la « nature humaine modifiée par les circonstances ». Il s'agit bien d'associer ces deux questions, et non de substituer la deuxième à la première. Le politique ne saurait délaisser totalement l'abstraction. Il ne saurait se définir par exclusion totale de la philosophie spéculative, puisqu'il doit être selon la belle formule de Burke un « philosophe en action » [*philosopher in action*][3]. En rester à la philosophie spéculative et ne pas prendre en considération ces circonstances pour qui a en charge l'action politique c'est pour Burke être « métaphysiquement fou[4] ». La « métaphysique politique » qui constitue l'autre nom de cette folie s'enracine ainsi dans la croyance irrationnelle en la suffisance *pratique* de la considération abstraite des principes politiques, c'est-à-dire des « finalités » générales de toute société humaine.

La métaphysique politique n'est pas pour autant ramenée à un idéalisme moral excessif, comme pourrait y inviter l'insistance

1 Burke reconnaît dès 1765 l'existence d'une loi morale « que ni une quelconque communauté ni l'ensemble du genre humain n'a le pouvoir d'altérer » (*WS*, IX, p. 455). En effet sa nature a été « donnée » à l'homme par la volonté de Dieu. Naît ainsi une « loi invariable » (*id.*), ou encore une « loi éternelle et immuable » (*Reflections*, *W.*, III, p. 356) et universelle (comme le montre par exemple ses prises de position contre Hastings, *cf.* *WS*,VI, p. 275 – 276 et 346). Cette loi constitue à ses yeux une limite inconditionnelle à l'arbitraire politique (*Appeal*, *W.*, IV, p. 165) dont ni « la raison d'État », ni « la préservation de la constitution » ne sauraient justifier la transgression (*WS*, IX, p. 455).

2 *Speech on the Petition of the Unitarians*, W., VII, p. 41.

3 *Thoughts on the Cause of the Present Discontents*, W., I, p. 530.

4 *Speech on the Petition of the Unitarians*, *W.*, VII, p. 41. Burke pointe déjà de manière récurrente dans les *Reflections* la « folie » [*madness* ou *folly*] de la politique de la Convention.

burkéenne sur la distinction entre intérêt pour les fins et intérêt pour les moyens. Elle ne se contente pas de dessiner un idéal sans se soucier des moyens de le produire puisqu'elle entend constituer un programme pratique concret qu'elle déduit de la seule considération abstraite des finalités générales en déterminant les moyens qui leurs sont les plus immédiatement conformes. La métaphysique politique croit ainsi pouvoir proposer le système de gouvernement capable de produire le plus « parfaitement » possible chacune des finalités que doit se proposer tout gouvernement. Burke n'affirme pas ainsi que la considération abstraite d'un principe politique serait en soi incapable de déterminer et d'évaluer la moindre action particulière, ou encore d'éclairer la connaissance des moyens à mettre en œuvre pour faire prévaloir pratiquement ce principe. Sa critique de la métaphysique politique ne pointe pas l'indétermination radicale de l'abstraction. Elle entend au contraire la saisir depuis les dangers pratiques qu'elle fait naître, c'est-à-dire à partir de sa capacité à imaginer des programmes politiques particuliers, qui se résument toujours aux « voies les plus simples et les plus courtes[1] », c'est-à-dire celles qui se déduisent de la seule conformité aux principes.

LA CONTRADICTION DES PRINCIPES POLITIQUES ET L'OUVERTURE AU PARTICULIER

Les *Réflexions* illustrent cette insuffisance de la considération métaphysique des « principes » politiques en montrant notamment le risque d'un traitement purement abstrait de la « liberté ». La liberté constitue bien pour Burke un principe moral et politique, propre à guider le jugement et l'action, puisqu'elle est un des « bienfaits » que les hommes attendent légitimement de la société. La considération métaphysique de ce principe suppose de déterminer à partir d'un rapport abstrait à ce seul principe ce qu'il faut faire dans tel ou tel cas pour s'y conformer.

Il s'agit alors de procéder à l'image de Don Quichotte, que Burke nomme ironiquement dans les *Réflexions* « le métaphysique chevalier

1 *Appeal*, *W.*, IV, p. 206.

à la triste figure[1] », qui en libérant les galériens a mis *abstraitement* en pratique le *principe de liberté*. En effet en suivant la définition exacte et universelle de la liberté, que le processus abstractif permet de saisir, il leur donne bien la « liberté », comprise comme le fait pour les individus de « faire ce qui leur plaît[2] ». Or ce dont témoigne cet exemple c'est qu'il est en réalité impossible de louer ou de blâmer les actions particulières sur le seul constat qu'elles se conforment à ce qu'est la liberté dans l'abstrait. Si la liberté considérée dans l'abstrait est un « bien » ou un « bienfait » [*blessing*] pour l'ensemble des hommes, elle ne saurait pour autant constituer en tant que tel un principe de l'action politique, bien que l'action politique doive prendre pour principe les bienfaits que chaque homme est en droit d'attendre de la société. Autrement dit, le fait de considérer une propriété comme un bienfait dans l'absolu, ne détermine pas le caractère *nécessairement* bénéfique d'une action pourtant en elle-même conforme à ce que prescrit dans l'absolu et dans l'abstrait ce principe. Cette thèse apparemment paradoxale révèle en réalité la manière dont contrairement à l'économie métaphysique du vrai la politique impose une certaine indépendance du particulier vis-à-vis du général. Le régime définitionnel propre à la raison politique, marqué par le refus de l'exactitude et la place donnée aux exceptions, trouve ici sa justification. Seule la considération du particulier peut en effet permettre de savoir si telle propriété est dans tel ou tel cas un *bienfait* réel. Burke affirme ainsi :

> Quoi qu'en dise certains, ce sont les circonstances qui donnent à tout principe de politique sa couleur distinctive et son effet caractéristique. Ce sont les circonstances qui font qu'un système civil et politique est utile ou nuisible au genre humain. Si l'on reste dans l'abstrait, l'on peut dire aussi bien du gouvernement que de la liberté que c'est une bonne chose[3].

Cette ouverture nécessaire au particulier et aux « circonstances » qui rend *insuffisante* (et non pas totalement impropre) sur le plan politique la considération abstraite des *principes*, s'explique par la multiplicité

1 *Reflections*, *W.*, III, p. 241.

2 *Reflections*, *W.*, III, p. 242. Le titre même du chapitre 22 (deuxième partie) du Don Quichotte où se trouve narré cet épisode est significatif : « De la liberté que donna Don Quichotte à plusieurs malheureux que l'on menait malgré eux où ils n'auraient pas voulu aller ».

3 *Reflections*, *W.*, III p. 241.

essentiellement problématique des *bienfaits* que la société doit apporter à l'individu. Il existe en effet pour Burke une contradiction essentielle entre les principes politiques qui prend sa source dans l'opposition structurante pour toute organisation politique légitime entre liberté et pouvoir ; tension constitutive de ce que Burke nomme « la liberté civile » [*civil freedom*]. L'abstraction parce qu'elle est dans son essence même considération *simple* d'une idée ou d'un principe, et par là refus de considérer les relations qu'il entretient avec d'autres idées ou principes, est par définition incapable de prendre en charge cette multiplicité. La folie métaphysique tient ainsi dans l'absolutisation, conforme à l'essence même de la métaphysique, d'*un* bienfait et d'*une* finalité de la société humaine. Cette folie Burke la voit précisément à l'œuvre dans la volonté de comprendre les droits civils et les principes constitutionnels à l'aune des « droits naturels ». Ces droits sont alors identifiés aux droits prévalant à l'état de nature qui apparaît implicitement sous sa plume comme le produit de l'abstraction au sens où l'évaluation axiologique est alors conduite sans considération de la question de la compatibilité : compatibilité des bienfaits et de la satisfaction des différents besoins, et compatibilité de cette recherche par des individus différents.

Or le « gouvernement », l'existence même d'un « pouvoir hors de soi » qui limite la liberté pour en faire une « liberté civile », est précisément ce qui assure cette double compatibilité. Si la « liberté civile » est pour Burke un bienfait ce n'est pas seulement car elle permet de concilier les besoins individuels de liberté en les limitant grâce à l'existence du « gouvernement », mais c'est aussi parce qu'elle permet aux individus de jouir d'un autre bienfait, en leur permettant de « contenir leurs passions ».

Burke affirme ainsi pour justifier sa critique de la Déclaration française qu'en repoussant les « faux » droits de l'homme qui s'y trouvent, il « ne songe pas à porter atteinte aux vrais », car ceux-ci « sont ainsi faits que les premiers les détruiraient complètement » ; et il précise que si « la société est faite pour l'avantage de l'homme, chaque homme a droit à tous les avantages pour lesquels elle est faite ». Le droit à jouir de tous les droits est ainsi le fondement moral qui permet de récuser la perspective abstraite de la métaphysique politique à la source de la Déclaration de 1789. Burke peut ainsi conclure que :

> Le gouvernement n'est pas fabriqué [*made*] en vertu des droits naturels, qui peuvent exister et existent en effet indépendamment de lui, et qui existent avec une bien plus grande clarté et un bien plus haut degré de perfection abstraite. Mais cette perfection abstraite constitue leur défaillance pratique [*practical defect*][1].

Cette inversion de valeur par laquelle on passe de la métaphysique à la pratique, où la « liberté extrême » qui constitue la perfection abstraite se trouve en réalité dans le champ de la pratique être un « défaut » et une « faute[2] », permet d'expliciter la différence existant aux yeux de Burke entre vérité métaphysique et vérité politique. La « liberté sociale et civile » parce qu'elle est le produit complexe de la conciliation de différents *principes* abstraits est susceptible de degré et de variations qualitatives contrairement aux vérités d'ordre mathématique et métaphysique. Le produit d'une telle combinaison qui doit précisément être l'objet de la recherche du politique est pour Burke toujours dépendant des circonstances particulières, et particulièrement du « caractère [*temper*] des différentes communautés ». En effet la vérité politique, c'est-à-dire la manière dont il convient d'exercer le pouvoir pour permettre de concilier *au mieux* les différents bienfaits que les individus sont en droit d'attendre de la société, n'est pas déterminable *a priori*. L'écart entre spéculation et politique ne réside pas ainsi dans la nécessité de dégager les moyens à mettre en œuvre pour obtenir ce qui constitue le bien absolu du gouvernement, mais dans la nécessité de répondre à l'impossibilité *pratique* d'atteindre cet absolu. Dès 1770, entendant préciser ce qui fait la difficulté de l'« art du gouvernement » [*art of government*], Burke affirme ainsi :

> [...] la question ne concerne pas le mécontentement *absolu* ou la *parfaite* satisfaction dans le gouvernement ; aucun des deux ne peut jamais et dans aucun système exister de manière pure et non mêlée. Le débat concerne le degré d'assentiment [*good-humor*] du peuple, qui pourrait être atteint, et qui doit alors certainement être recherché[3].

S'explique ainsi l'incapacité du raisonnement *a priori* quand il s'agit d'évaluer et d'agir en politique, et le statut de connaissance

1 *Reflections*, W., III, p. 310.

2 *Letter to John Farr and John Harris on the Affairs of America*, (1777), W., II, p. 229.

3 *Thoughts on the cause of Present Discontents*, (1770), W., I, p. 476.

expérimentale réservé à la politique. La conciliation totale des fins essentiellement contradictoires de toute société étant impossible, le but de la politique consistera à trouver l'« équilibre » entre les principes, toujours singulier et contingent, qui satisfasse au mieux les membres d'une société particulière. Telle est précisément la raison pour laquelle la politique doit s'ouvrir à une casuistique. En effet, le contentement de chaque peuple ne saurait se déduire de manière *a priori* puisqu'il dépend en grande partie de conditions particulières. C'est par exemple le cas des mœurs et des préjugés que l'esprit des Lumières s'entend à déraciner selon Burke. Leur raison d'être risque toujours d'échapper à la raison métaphysique qui se contentant de considérer abstraitement les conséquences d'un principe pur ne peut comprendre leur rôle pourtant essentiel.

Le rapport proprement *politique* aux principes moraux qui doivent déterminer l'action politique doit ainsi selon Burke se constituer à rebours de la pratique d'« anatomiste » par laquelle la métaphysique politique pense abstraitement et donc séparément chaque principe[1] et détermine *a priori*, par l'usage d'une raison opérant métaphysiquement sur les définitions de ces principes les plus exactes et purs possibles, les systèmes de gouvernement les plus conformes à chacun de ces principes. La considération proprement politique de ces principes impose au contraire de prendre en compte la possibilité qu'un bienfait apparent puisse empêcher les hommes de trouver les autres bienfaits qu'ils sont en droit d'attendre de la société.

De manière particulièrement significative Burke reconnaît dans l'*Appel* que la défense qu'il propose du caractère mixte de la constitution anglaise peut apparaître inconséquente et contradictoire. Chaque élément de cette constitution (en particulier ses dimensions monarchique, aristocratique et démocratique) repose sur des principes propres et apparemment inconciliables avec ceux sur lesquels se fondent les autres éléments. Mais cette apparente inconséquence théorique ne saurait pour autant amener à méconnaître le fait que la constitution anglaise, et c'est là la raison de son excellence, parvient « pratiquement » à constituer ces éléments contradictoires en un « corps harmonieux[2] ». Or, comme en témoignent déjà les *Réflexions*, cette harmonie est l'effet d'éléments en

1 *Letter to John Farr and John Harris on the Affairs of America* (3 avril 1777), W., II, p. 228.
2 *Appeal*, *W.*, IV, p. 92.

partie affectifs (la crainte de Dieu, le respect pour les rois, l'affection pour les parlements, la soumission aux magistrats, la révérence pour les prêtres, la déférence envers la noblesse) qui ne sont pas en eux-mêmes rationnellement déductibles des principes politiques abstraits. Ils permettent cependant de répondre aux devoirs qui encadrent l'action du politique et de maintenir dans le temps l'équilibre entre ces principes contradictoires, c'est-à-dire de donner naissance à des institutions et d'assurer leur préservation. La vérité politique, parce qu'elle doit prendre pour horizon la durée et la dimension collective qu'appelle l'institution, ne peut ainsi aux yeux de Burke qu'échapper au régime de vérité propre à la métaphysique.

Jauffrey BERTHIER
Université de Bordeaux-Montaigne

LES *LETTRES IV ET V* À SERENA DE JOHN TOLAND

Une réforme métaphysique de l'éthique spinoziste ?

DE LA CRITIQUE DU FONDEMENT AU MOUVEMENT ESSENTIEL À LA MATIÈRE

LES LETTRES DE TSCHIRNHAUS À SPINOZA ET LA REPRISE DE TOLAND

Les critiques adressées par Toland à la philosophie de Spinoza dans les *Lettres à Serena* IV (« écrite à un gentilhomme hollandais pour prouver que le système philosophique de Spinoza n'a ni principe ni fondement ») et V (« pour prouver que le mouvement est essentiel à la matière, écrite à un ami illustre pour répondre à quelques remarques qu'il avait faites sur la réfutation de Spinoza ») peuvent sembler dans un premier temps rejoindre voire doubler celles déjà adressées par Tschirnhaus dans sa correspondance avec Spinoza. En effet, Toland reproche à Spinoza, dans le § 12 de la *Lettre* IV, de n'avoir « point montré comment la matière a pu entrer en mouvement » et de n'être dès lors « absolument point en état de montrer comment la diversité des corps particuliers se pouvait concilier avec l'unité de la substance ou l'identité de la matière dans l'univers[1] ». Ces remarques ne peuvent manquer de nous faire penser aux questions inlassablement posées par Tschirnhaus à Spinoza, de janvier 1675 (« puisque l'étendue, en tant qu'on la conçoit par soi, est indivisible et immuable, etc., par quel raisonnement pouvons-nous en déduire qu'il puisse naître tant de

1 *Lettre IV à Serena*, § 12, traduction du manuscrit anonyme de Helsinki Cö I, 20, éd. Tristan Dagron, Paris, Honoré Champion, 2004, p. 155. Tous les passages des *Lettres IV et IV à Serena* de John Toland seront cités dans cette édition.

variétés si différentes, et, en particulier, l'existence de figures dans les parties d'un corps quelconque[1] » ?) à la fin de leur échange épistolaire en juin 1676 (« je voudrais que vous me fassiez le plaisir de m'indiquer comment, à partir d'un concept d'étendue fidèle à vos méditations, on peut montrer *a priori* la variété des choses[2] »).

Toutefois, en relevant que Spinoza avait été « averti de sa faute et des difficultés qui s'ensuivent », mais qu'il n'avait point voulu y « suppléer, ni résoudre ces difficultés par ce qu'il a déjà établi, sans pourtant reconnaître sa bévue[3] », Toland fait un pas de plus en regard de Tschirnhaus. Il considère en effet que, faute de répondre à ces questions, c'est tout l'édifice de Spinoza qui risque de se trouver « renvers[é] de fond en comble » : refusant le principe cartésien selon lequel « au commencement Dieu avait donné une secousse à la matière », et n'ayant pas explicitement établi d'autre principe pour expliquer la variété des corps particuliers (comme en témoigne son absence de réponse aux questions de Tschirnhaus), Spinoza « bâtit [sa philosophie] sur des suppositions précaires, dont il déduit ce que lui et ses sectateurs ont appelé des définitions[4] ». Dès lors, cela signifie que, pour Toland, établir une médiation entre l'unicité de la matière prise en général et la diversité des corps particuliers ne consiste pas en un simple complément à un système philosophique par ailleurs bien établi. Au contraire, faute de répondre à cette question, selon le § 4 de la *Lettre IV*, « le système de Spinoza est non seulement tout à fait faux, mais encore précaire, [en ce]

---

1 *Lettre 59 de Tschirnhaus à Spinoza*, datée du 5 janvier 1675, trad. Maxime Rovere, Paris, GF Flammarion, 2010, p. 322. Tous les extraits de la Correspondance de Spinoza seront cités dans cette édition.

2 *Lettre 82 de Tschirnhaus à Spinoza*, datée du 23 juin 1676, p. 386.

3 *Lettre IV à Serena*, § 6, p. 149. Nous retrouvons la même remarque dans le § 12 de la même lettre, liée cette fois-ci à la supposée volonté de Spinoza de « faire système », et donc au refus d'en modifier l'une de ses parties – cela justifie d'ailleurs l'assertion suivante de Toland selon laquelle faute de ce fondement, c'est en réalité tout le système de Spinoza qui vient à s'effondrer – : « Il fait plaisir à voir par combien de délais, d'échappatoires et d'excuses, il évite de résoudre les objections qu'on lui avait faites sur cet article ; ce qui me confirme d'autant dans l'opinion qu'il n'a pu se résoudre d'abandonner son système » (p. 156). Par délais, échappatoires et excuses, Toland peut faire référence aux réponses de Spinoza selon lesquelles, pour les questions concernant le mouvement, « comme rien n'est mis en ordre par écrit, [il] les garde pour une autre occasion » (*Lettre 60 à Tschirnhaus*, datée de janvier 1675, p. 325), et « je parlerai plus clairement avec toi de cela une autre fois peut-être, s'il me reste assez à vivre » (*Lettre 83 à Tschirnhaus*, dernière de leur échange épistolaire, datée du 15 juillet 1676, p. 388).

4 *Lettre IV à Serena*, § 13, p. 156 et 158.

qu'il n'a aucun fondement[1] ». La différence entre les questionnements de Tschirnhaus et les réflexions de Toland tient donc à ce qu'il fait de la question de l'action de la matière une question de fondement du système spinoziste, en la reliant de façon architectonique à celle de la pluralité, de la variété, des modifications et des mouvements locaux des corps. La question que je souhaiterais poser dans cette contribution est donc la suivante : ce faisant, Toland met-il en place une réforme métaphysique et architectonique de la philosophie et de l'éthique spinozistes ?

LA RÉPONSE DE TOLAND À UN QUESTIONNEMENT ARCHITECTONIQUE

Avant d'aborder directement cette question, il nous faut d'abord étudier quelle réponse Toland propose au problème de l'origine du mouvement de la matière, ainsi que du lien de ce dernier avec les mouvements locaux des corps. En effet – et c'est la raison qui me fait m'interroger sur la possibilité de parler d'une « réforme » par Toland de la philosophie spinoziste, et non seulement d'une critique sans formulation en retour de propositions positives –, Toland ne se contente pas, comme Tschirnhaus l'avait fait, de poser des questions au système spinoziste. Il se propose de *répondre* lui-même à ces questions, ce qui est selon lui faire preuve d'un certain courage, tant sa réponse entrera en conflit avec l'opinion communément reçue sur ce point. Il écrit ainsi dans le § 16 qu'il « est toujours plus aisé de découvrir les défauts d'autrui que d'y suppléer, et [que] tout homme qui donne son sentiment (particulièrement lorsqu'il est tout à fait nouveau) sans y ajouter des preuves et des éclaircissements, risque furieusement d'être mal compris[2] ». D'où l'importance de rédiger cette *Lettre IV* puis surtout la longue *Lettre V*, afin de présenter les preuves montrant que le mouvement est bien essentiel à la matière, et que c'est là le fondement manquant à la philosophie de Spinoza pour qu'elle puisse effectivement faire système. Une façon, d'une certaine manière, de ne pas prêter le flanc en philosophie et en métaphysique au reproche formulé par l'Électrice Sophie en matière de politique, elle qui a écrit en 1702 dans une lettre à Leibniz que Toland « hasarde tout et ne se soucie point du qu'en dira-t-on », à tel point que « sa langue

1 *Ibid.*, § 4, p. 147.
2 *Ibid.*, § 16, p. 162.

le rend odieux en tout lieu. Je ne vois ni morale ni politique à parler comme il le fait, et cela le rend haï partout[1] ».

Dès lors, Toland résume dès le premier paragraphe de la *Lettre V* ce qui était sa thèse dans la *Lettre IV*, à savoir que « la matière est aussi nécessairement agissante qu'elle est étendue », ce qu'il présente de nouveau comme « une doctrine qui contredit la croyance commune », croyance qui plus est « conservée depuis longtemps et [...] universellement reçue[2] ». Ainsi, selon Toland, le mouvement[3] appartient tout autant à l'*essence* de la matière que l'étendue et la solidité. Ce qui est explicitement formulé dans le paragraphe suivant : « si l'activité doit entrer dans la définition de la matière, elle en doit aussi exprimer l'essence ». D'où le jugement selon lequel « on n'a défini jusqu'ici [Spinoza compris] la matière qu'à demi, par l'étendue, puisque de la seule étendue plusieurs de ses modifications ne peuvent s'ensuivre en aucune manière[4] ». La dernière partie de cet extrait est très importante, puisqu'elle met clairement au jour le lien que Toland établit (à la différence de Tschirnhaus) entre mouvement de la matière et modification des corps. Ainsi, si Toland en vient à interroger le mouvement, ce n'est pas pour lui-même, ni dans la perspective d'une définition strictement physique : c'est bien plutôt dans la perspective d'en rendre raison à un niveau métaphysique, en dépassant le plan des causes physiques immédiates que l'on peut identifier. C'est la raison pour laquelle il estime qu'on n'a en rien répondu aux questions qu'il soulève en expliquant d'un point de vue exclusivement physique les mouvements locaux des corps[5].

---

1 *Lettres à Leibniz* datées du 7 et du 20 octobre 1702, *Die Werke von Leibniz*, éd. D. Klopp, Hanovre, 1864-1884, VIII, p. 278 et 281.

2 *Lettre V à Serena*, § 1, p. 165 et 166.

3 Ou l'action, ou la force : nous verrons que Toland utilise ces deux derniers termes assez indifféremment l'un de l'autre dans ses *Lettres à Serena*.

4 *Lettre V à Serena*, § 2, p. 166. Si on applique au propos de Toland les distinctions opérées par Spinoza, on peut noter que, par ces affirmations, Toland se place du côté des définitions « qui ser[ven]t à expliquer une chose dont seule l'essence [...] est en question » (et donc qui doivent être vraies, dans la mesure où elles ont un objet déterminé), par distinctions avec les définitions « qui [sont] seulement proposée[s] pour qu'on [les] examine » (Spinoza, *Lettre 9 à Simon de Vries*, datée de mars 1663, p. 85).

5 Le fait de rendre raison des mouvements des corps au-delà de leur cause immédiate sera par la suite intégré à la physique, ce qui est rendu possible par la matérialité des principes auxquels on fait appel. Toutefois, l'insistance de Toland à *dépasser* le plan des mouvements locaux, et surtout le fait qu'il limite alors explicitement la physique à l'étude des lois du mouvement local (l'élargissement de la physique est postérieur à ses textes) justifient selon

En reliant les modifications affectant les corps à l'activité[1] de la matière, il permet de rendre raison des mouvements locaux (fondement qui manquait selon lui au système spinoziste), mais sans jamais faire intervenir une cause extérieure à la matière (comme le faisaient inversement Descartes et Malebranche[2]). C'est en ce sens que ses remarques et sa réponse prennent une dimension métaphysique (il sort de l'explication strictement physique des mouvements locaux) et architectonique (en reliant des mouvements physiques à une cause métaphysique, et en mettant en place un fondement au système philosophique par cette articulation entre les différents plans). En cela, Toland dépasse le cadre des questions que Tschirnhaus posait à Spinoza et déplace le questionnement spinoziste sur un terrain qui n'était manifestement pas le sien. D'où la question d'une correction du système spinoziste, voire comme il a été dit parfois, d'un anti-spinozisme.

UNE APPROCHE MÉTAPHYSIQUE QUI SE DÉMARQUE DES ENJEUX ÉTHIQUES

LA DISTINCTION ENTRE LES MOUVEMENTS LOCAUX ET LA FORCE DE LA MATIÈRE

Ainsi, le point nodal de la réponse de Toland à la question de la médiation entre l'unicité de la matière et la diversité des corps particuliers tient dans la distinction entre le mouvement local d'une part, et l'action ou la force mouvante d'autre part. On lit par exemple dans le paragraphe 8 de la *Lettre IV* que « le mouvement local n'est qu'un changement de situation ou une application successive d'un corps aux parties respectives

nous de parler d'une perspective *métaphysique* de Toland, bien qu'il se réfère également à un principe d'ordre matériel.

1 Terme systématique utilisé au singulier lorsqu'il est question de la matière, ce qui le rapproche du terme de « force » également utilisé au singulier et dans une même acception.

2 Nous retrouvons ici les considérations du paragraphe 13 de la *Lettre IV*. D'un côté, à l'instar de Spinoza, il ne suit pas le « roman philosophique assez ingénieux » de Descartes en dérivant la disposition de l'univers entier et la variété des corps d'une mise en mouvement par Dieu. Mais d'un autre côté, contrairement à Spinoza, il propose un *autre* principe pour expliquer la variété des corps particuliers ; ce faisant, il met en place les fondements certains qui manquaient, selon lui, au système spinoziste.

de plusieurs autres corps », et qu'il n'est que « l'effet d'une force ou action[1] ». Tout tient dans cette distinction selon Toland, qui relève dans le même paragraphe qu'en « confondant l'effet [le mouvement local] avec la cause [la force mouvante], on est tombé dans une infinité d'embarras et d'absurdités » tandis que, « cette cause étant une fois éclaircie, on peut facilement rendre raison du mouvement local qui en est l'effet[2] ». Il serait donc primordial de distinguer (pour mieux les articuler par la suite) deux plans : le plan physique du mouvement local des corps et le plan métaphysique de la force mouvante causant ces mouvements locaux. Tandis que la physique se limite, selon Toland toujours, à l'explication des effets perceptibles dans les corps particuliers, il convient de rechercher le principe (non perceptible en lui-même, bien que d'ordre matériel) dont les mouvements locaux ne sont que les effets. Le tort de Spinoza serait alors de s'être cantonné au plan physique, sans remonter à un plan que l'on pourrait qualifier dans ce cadre de métaphysique. Ce faisant, il ne pouvait prétendre, selon Toland, avoir fondé un système philosophique.

Dès lors, pour ne pas faire appel à une cause extérieure à la matière, Toland en vient naturellement à considérer que le « mouvement est essentiel à la matière, c'est-à-dire qu'il est aussi inséparable de sa nature que l'impénétrabilité et l'extension le sont, et qu'il doit entrer dans sa définition[3] ». Ainsi, la matière n'a jamais été une masse inerte, et la question de ce qui vient la mettre en mouvement ne se pose plus ; et dans le même temps, la mise en mouvement des corps particuliers se trouve expliquée par cette force mouvante de la matière[4]. Toland propose d'ailleurs immédiatement, dans l'idée de lever la confusion précédemment énoncée entre la cause et les effets, d'appeler le mouvement du tout *action*, et de nommer le mouvement local et ses variétés (droit, circulaire, rapide,

1 *Lettre à Serena IV*, § 8, p. 150.

2 *Ibid.*, p. 151.

3 *Lettre IV à Serena*, § 16, p. 162.

4 Si nous reprenons le parallèle avec la correspondance entre Tschirnhaus et Spinoza que nous avons précédemment mentionnée, nous pouvons relever que Toland garde l'acquis spinoziste (ne pas considérer la matière comme une masse inerte) tout en répondant à la question laissée par Spinoza en suspens (comment expliquer alors la variété des corps particuliers ?). En effet, dans sa dernière lettre adressée à Tschirnhaus, Spinoza tendait vers une conception dynamique de la matière (« Descartes a tort de définir la matière par l'étendue, car elle doit être nécessairement expliquée par un attribut qui exprime une essence infinie », *Lettre 83*, p. 388), mais sans jamais franchir le cap en affirmant que le mouvement entrait dans la définition de la matière.

lent, simple, composé, etc.) *motion*. Dans le paragraphe 10 de la *Lettre V*, Toland reprend et réaffirme cette thèse fondamentale ; nous y lisons en effet que « l'action est naturelle, essentielle et intrinsèque à la matière[1] ». Cette affirmation est alors censée résoudre toutes les difficultés auxquelles on est confronté lorsqu'on suppose inversement un repos absolu et donc une nécessaire génération du mouvement, telles les questions autour des « poissons sur le point de se remuer dans l'eau[2] ». Spinoza ne se les posait pas en ne concevant pas la matière comme une masse inerte ; mais il ne se donnait toutefois pas les moyens de fonder cette sortie de diverses apories en n'affirmant pas l'action comme essentielle à la matière, comme entrant nécessairement et intrinsèquement en sa définition[3].

Là où la réponse de Toland prend une dimension architectonique, plus explicitement et de façon plus développée dans la *Lettre V* que dans la *Lettre IV*, c'est dans la mesure où il entend, par l'appel à ces propriétés essentielles de la matière, expliquer les phénomènes physiques eux-mêmes. Il entend donc lier les différents niveaux les uns aux autres, et non seulement développer une approche métaphysique de la pensée spinoziste. C'est la raison pour laquelle on a pu parler, me semble-t-il, d'une *réforme* métaphysique du *système* spinoziste – l'idée étant de formuler le fondement qui lui faisait défaut –, et non seulement d'un *complément* métaphysique de l'*anthropologie* et de l'*éthique* spinozistes. Ainsi, Toland affirme à la fin de la *Lettre V*, dans le paragraphe 29, que « si l'on considère conjointement et comme il faut ces trois propriétés [étendue, solidité,

1 *Lettre V à Serena*, § 10, p. 174. L'ajout de l'adjectif « intrinsèque » insiste sur l'immanence du principe d'activité, qui n'est pas à concevoir comme une mise en mouvement extérieure (ce qui constituerait un retour en arrière en regard de la philosophie spinoziste). Telle est l'ambiguïté de la « métaphysique » de Toland : l'appel à une étude « plus que physique » du mouvement, en dépassant l'explication des effets perceptibles par la référence à un principe autre, mais l'inscription de cet autre plan dans le champ de la matière, bien qu'il ne soit pas perceptible. Une forme de « métaphysique immanente », en quelque sorte.

2 *Ibid.*

3 La question de l'entrée de la force ou action dans la *définition* de la matière – au-delà du fait de considérer que la matière n'est pas une masse inerte – ne peut que faire mouche si on la met en regard de la conception spinoziste de la définition telle qu'elle est justement énoncée dans sa correspondance avec Tschirnhaus : la « définition de la chose doit exprimer sa cause efficiente. Par exemple, pour mettre à jour les propriétés du cercle, je cherche si l'idée du cercle qui ressort de l'infinité des rectangles me permet d'en déduire toutes ses propriétés » (*Lettre 60 à Tschirnhaus* datée de janvier 1675, p. 324). De la même façon, la définition de la matière doit permettre de déduire la manière dont elle est principe des mouvements locaux et de la variété des corps particuliers – ce que ne permet pas, en l'état, la caractérisation spinoziste.

action], une infinité de phénomènes se pourront mieux expliquer qu'on a fait jusqu'ici », et qu'inversement, « la physique ne se peut attendre qu'à fort peu de découvertes de la part de ceux qui veulent abstraire une seule propriété, ou ceux qui en donnent une séparément pour l'essence complète de la matière ; car il est certain que dans la matière ces attributs ne sont divisés entre eux que mentalement[1] ». Avant de donner, toujours dans ce même paragraphe, un exemple de la manière dont ces trois propriétés sont indissociables dans la matière et concourent pour produire les modes propres à chacune d'elles :

> L'étendue est le sujet immédiat de toutes les divisions, figures et parcelles de la matière, mais c'est l'action qui cause ses changements, et sans la solidité, elles ne pourraient pas être distinctes. L'activité est la cause immédiate de tous les mouvements locaux, changements et variétés dans la matière, mais l'étendue est le sujet et la mesure de leurs distances, et quoique la résistance, l'impulsion et la protrusion des corps dépendent de la solidité, c'est pourtant l'action qui les produit dans l'étendue. Ainsi la solidité, l'étendue et l'action sont trois idées différentes, mais non pas trois choses différentes. Ce ne sont qu'autant de considérations différentes d'une et de la même matière[2].

ACTION DE LA MATIÈRE EN GÉNÉRAL *VS* CAUSE IMMANENTE ET PROCHAINE

C'est là que se joue, plus explicite encore dans la *Lettre V* que dans la *Lettre IV*[3], une différence majeure de perspective entre la philosophie de Spinoza et la relecture qu'en propose Toland. Ce dernier formule clairement dans le paragraphe 9 de la *Lettre V* la différence qu'il y a entre ceux qui se concentrent sur les lois physiques du mouvement (parmi lesquels on peut incontestablement compter Spinoza) et ceux qui adoptent sa propre perspective :

---

1 *Lettre V à Serena*, § 29, p. 207. C'est donc la physique elle-même qui doit attendre d'intéressants résultats de la prise en considération (à un niveau que nous qualifions de métaphysique et d'architectonique) des différents attributs de la matière elle-même.

2 *Ibid.*, p. 208. La dernière remarque de ce passage peut nous faire songer à la conception spinoziste du corps et de l'esprit : « l'esprit et le corps, c'est une seule et même chose, qui se conçoit sous l'attribut tantôt de la pensée, tantôt de l'étendue » (*Éthique*, III, prop. 2, scolie, trad. B. Pautrat, Paris, Éditions du Seuil, 1999, p. 207. Toutes les références à l'*Éthique* seront citées dans cette édition). Le corps et l'esprit diffèrent en ce qu'ils sont des modes de deux attributs différents, mais l'un et l'autre sont indissociables en l'homme en raison de l'unité de la substance divine.

3 Dans la mesure où la *Lettre V* développe une thèse qui était encore présentée comme un « sentiment » dans la lettre précédente.

> Dans tous les traités sur les lois ordinaires du mouvement [sous-entendu : du mouvement local ou motion], vous trouverez à la vérité les différents degrés du mouvement qu'un corps acquiert ou perd [autrement dit : une approche strictement physique du mouvement]. Mais ces lois regardent la quantité de l'action des corps particuliers sur les autres, et nullement *l'action de la matière en général* [soit la force mouvante dont ces motions sont les effets en dernière instance] : de même que par de moindres quantités, on peut mesurer les quantités particulières de la matière, mais non pas l'extension de toute la matière[1].

La différence est en effet très manifeste entre cette perspective de Toland, et celle résolument immanentiste développée par Spinoza, par exemple dans la proposition 28 d'*Éthique* I, dans laquelle il écrit :

> Tout singulier, autrement dit toute chose qui est finie, et a une existence déterminée, ne peut exister, ni être déterminée à opérer, à moins d'être déterminée à exister et à opérer par une autre chose, qui elle aussi est finie et a une existence déterminée : et à son tour cette cause ne peut pas non plus exister, ni être déterminée à opérer, à moins d'y être déterminée par une autre qui elle aussi est finie et a une existence déterminée, et ainsi à l'infini[2].

À aucun moment, dans ce cadre, nous ne quittons le plan des causes physiques immédiates des mouvements des corps. Or, ce n'est pas là une omission, encore moins une inconséquence de la philosophie de Spinoza : cela s'explique par la perspective qui est la sienne, à savoir d'expliquer, parmi tout ce qui a dû suivre de l'essence de Dieu, seulement ce qui peut « nous conduire, comme par la main, à la connaissance de l'esprit humain et de sa suprême béatitude[3] », selon le texte introductif de la deuxième partie de l'*Éthique*. Autrement dit, contrairement à ce qu'affirme Toland, la perspective de Spinoza n'est pas systématique, au sens où il n'est pas question pour lui de déduire *a priori* ce qui peut suivre de la substance divine et de quelle manière cela s'ensuit. Elle est plutôt de mettre en place ce que j'ai appelé dans un autre cadre une « anthropologie éthique[4] », c'est-à-dire de construire une éthique (et une politique d'ailleurs) fondée sur la manière dont les hommes

1 *Lettre V à Serena*, § 9, p. 173. Nous soulignons.

2 *Éthique*, I, prop. 28, p. 63.

3 *Ibid.*, II, texte introductif, p. 93. Nous reconnaissons ici la visée fondamentalement éthique de la pensée spinoziste.

4 Je me permets de renvoyer à ce sujet à mon ouvrage *Spinoza : une anthropologie éthique. Variations affectives et historicité de l'existence*, Paris, Classiques Garnier, 2015.

agissent ici-bas, au quotidien, déterminés par des causes immédiates sur lesquelles on tentera de leur donner les moyens d'agir. Dans ce cadre, la perspective métaphysique et architectonique de Toland ne semble ni requise, ni prendre réellement sens ; au contraire, elle se révèlerait contre-productive en référant les hommes à un principe sur lequel ils n'ont pas prise, donc en prenant le risque de les inviter au fatalisme ou à la superstition. Cela nous mène alors plus vers un changement de perspective en regard de l'éthique élaborée par Spinoza que vers une réelle réforme d'un supposé système spinoziste.

Il est d'ailleurs assez savoureux que Toland relève lui-même que ce qu'il développe n'était pas l'objet de Spinoza, bien qu'il le fasse simplement dans une parenthèse qui se veut une nouvelle pique[1], et donc sans en tirer d'enseignements quant aux enjeux et attendus de la philosophie de ce dernier. Il écrit ainsi dans le paragraphe 11 de la *Lettre IV* que « l'*Éthique* (titre auquel [Spinoza] a réduit toute sa philosophie) est son véritable système, et qu'on ne trouve ses vrais sentiments, en fait de philosophie, que dans ce livre-là et dans ses lettres[2] ». Si Spinoza a intitulé cet ouvrage « éthique » et si c'est dans ce livre qu'on trouve le cœur de sa philosophie, c'est peut-être justement que c'est là sa principale visée, et qu'il ne cherche pas tant à « faire système » qu'à rendre possible une éthique physique, affective, immanente et anthropologique… Donc que sa pensée se tient en elle-même, indépendamment de la *réforme* qu'en propose Toland et qui ne saurait être son fondement.

1 Aux côtés de celle selon laquelle Spinoza a mis en place une « méthode raffinée » consistant à « prouver par de faux raisonnements ce que l'expérience contredit » (*Lettre IV à Serena*, § 7, p. 150). Nous reconnaissons là la plume acerbe de Toland à laquelle l'Électrice Sophie faisait référence dans sa correspondance avec Leibniz.

2 *Lettre IV à Serena*, § 11, p. 154. Ces mêmes lettres dans lesquelles Spinoza remet à plus tard la réponse à la question réitérée de Tschirnhaus, donc dans lesquelles il lui fait d'une certaine manière savoir que ce n'est pas là son objet ni sa priorité.

UNE CERTAINE CONVENANCE DANS LE DYNAMISME ET LE MODE DE DÉCLINAISONS

LA PUISSANCE EN ACTE SELON SPINOZA

Il y a cependant une idée commune à Spinoza et Toland, celle selon laquelle la matière ne consiste pas en une masse inerte[1]. Il est vrai que Spinoza ne développe à aucun moment l'idée selon laquelle le mouvement serait essentiel à la matière, inhérent à sa définition – et encore moins, nous le verrons, l'idée selon laquelle cette force mouvante serait cause *in fine* des mouvements particuliers des corps. Toutefois, dans la *Lettre 81 à Tschirnhaus*, Spinoza récuse très clairement l'idée de concevoir l'étendue comme une « masse au repos » à la manière de Descartes, affirmant que « la matière au repos persévèrera, autant qu'il est en elle, dans son repos, et qu'elle ne se mettra pas en mouvement à moins d'une cause extérieure plus forte qu'elle[2] », intervention extérieure que récuse Spinoza, comme on le sait. Il ne développe pas la manière dont devrait alors être conçue l'étendue pour démontrer la possibilité de la variété des corps, mais la conséquence de cette affirmation est nécessairement que l'étendue doit être comprise comme active, en mouvement. D'ailleurs, dans la *Lettre 64 à Schuller* (qui servait alors d'intermédiaire entre Tschirnhaus et Spinoza), datée de juillet 1675, Spinoza plaçait le mouvement parmi les choses produites *immédiatement* par Dieu, et non moyennant une certaine modification : le mouvement caractérise donc bien pour Spinoza l'attribut de l'étendue lui-même, il ne consiste pas en une propriété seconde des corps singuliers. Ce point n'est pas développé, l'argumentation n'est pas mise en place et on peut même considérer que la thèse elle-même n'est pas explicitement formulée. Il n'en reste pas moins que Spinoza et Toland partagent cette conception d'une nature

1 Bayle a été l'un des premiers à relever cette spécificité spinoziste, affirmant dans son *Dictionnaire historique et critique* que « la substance unique que [Spinoza] admet agit toujours [pour ce qui est de l'attribut de l'étendue], pense toujours [pour ce qui est de l'attribut de la pensée, penser consistant également en une action] » (article « Spinoza », (B), dans *Écrits sur Spinoza*, textes choisis et présentés par Fr. Charles-Daubert et P.-Fr. Moreau, Paris, Berg International éditeurs, 1984, p. 40).

2 *Lettre 81 à Tschirnhaus*, datée du 5 mai 1676, p. 385. Spinoza excluait ainsi toute question – et donc toute difficulté – liée à la génération du mouvement.

toujours en mouvement quand on la considère en général, bien que les corps particuliers puissent être en un repos relatif.

Dès lors, Spinoza ne peut être compté parmi les philosophes qui croyaient la matière inactive, et il ne peut donc tomber sous la coupe des objections de Toland qui leur sont adressées. Et lorsque ce dernier affirme que « si la matière est essentiellement active en elle-même, on n'a pas besoin de l'aider au mouvement par cette invention, et il n'y a point de génération du mouvement[1] », cela ne peut manquer de nous faire penser à la critique de Descartes par Spinoza dans sa *Lettre 81 à Tschirnhaus.* S'il n'en a pas tiré les conséquences en développant une métaphysique de la force mouvante et une architectonique reliant cette force mouvante aux motions des corps particuliers, à aucun moment Spinoza ne s'est posé la question de la mise en mouvement de l'étendue[2]. Cela ne peut que signifier qu'il l'a toujours conçue comme active. De même, lorsque Toland affirme que, « la matière n'étant pas inactive », elle n'a « pas besoin qu'un agent extérieur lui imprime *sans cesse* un mouvement[3] », cela peut nous faire penser à la proposition 28 d'*Éthique* I que j'ai citée précédemment : le mouvement d'une chose singulière a pour cause le mouvement antécédent d'une autre chose singulière, et ainsi à l'infini, de façon tout immanente et sans jamais passer par une mise en mouvement extérieure à l'attribut de l'étendue. Dès lors, Toland n'écrit pas en réalité une *réfutation* de Spinoza, pas plus qu'il ne met en place un *anti-spinozisme*, puisque ses principes n'entrent pas en contradiction avec la pensée de Spinoza. Par contre, là où Spinoza explique le mouvement des corps par leur cause immédiate (selon cette même proposition 28), dans la mesure où c'est sur leur cause immédiate que nous pouvons être d'une

1 *Lettre V à Serena*, § 12, p. 177. L'« invention » fait référence au fait que les philosophes, devant rendre raison de la génération du mouvement dans une matière qu'ils croyaient inactive, « s'imaginèrent un espace réel, distingué de la matière, et le supposèrent étendu, incorporel, immobile, homogène, indivisible et infini » (*ibid.*, p. 176).

2 Il n'y a ainsi, selon Spinoza, pas de puissance qui soit en latence d'être actualisée : toute puissance est toujours déjà en acte. Cela s'applique tout aussi bien aux hommes qu'à la matière : il n'y a de même pas besoin d'une mise en mouvement par un décret de l'esprit ou par un acte de ma volonté (alors considérés comme extérieurs au corps) pour que ce dernier se meuve effectivement.

3 *Lettre V à Serena*, § 24, p. 196. Nous soulignons. Il ne peut être question, dans la philosophie spinoziste, de création continuée ou bien encore de causalité transitive de Dieu (qui serait alors la véritable cause, l'impulsion réelle des mouvements locaux) aux corps particuliers.

certaine efficace, Toland s'attache à construire un système métaphysique permettant de rendre raison, d'un point de vue architectonique, de ces phénomènes particuliers au niveau de la matière prise en général. Telle est la dimension métaphysique à laquelle Spinoza ne remontait pas, à laquelle il n'avait aucune raison de remonter en raison de l'éthique foncièrement humaine, de l'éthique immanente qu'il avait pour visée. Spinoza n'était pas opposé à l'idée que la matière ait toujours été en mouvement, mais ce n'était pas là son point focal, sauf pour discréditer l'idée d'une mise en mouvement par un Dieu transcendant qui éloignait les hommes de ce sur quoi ils pouvaient avoir prise en leur vie.

DE LA *POTENTIA* AUX DIFFÉRENTS *POTESTAS AGENDI*

Cette communauté de point de vue doublée d'une différence manifeste de perspective se retrouve dans une autre thématique : celle de la déclinaison d'un élément unique en divers possibles. Ainsi, selon Tristan Dagron, dans une note au § 16 de la *Lettre IV*, la différence établie par Toland entre mouvement et action est « calquée tout à la fois sur la distinction spinoziste entre le mode et l'attribut et sur celle, newtonienne, entre la force entendue comme cause, et le mouvement conçu comme effet[1] ». Or, cette manière de décliner une force unique en divers mouvements peut faire penser au lien établi par Spinoza entre la *potentia agendi*, la puissance d'agir propre à chaque chose, et les différentes *potestas*, à savoir les divers pouvoirs de faire quelque chose en particulier, en lesquelles cette puissance d'agir se décline[2]. On retrouve en effet, dans l'un et l'autre cas, une forme de pluralisation, de diversification, et

---

1 Note 1, p. 163. Du côté de la distinction spinoziste, il me semble que le parallèle joue plus au niveau de l'attribution du mouvement et de l'action (l'étendue est d'elle-même active en tant qu'attribut de la substance, les mouvements locaux concernent les modes singuliers) que du lien entre les deux (l'activité intrinsèque à l'étendue ne pouvant être considérée comme cause dont les mouvements locaux des corps ne seraient que les effets, puisque Spinoza rapporte ces mouvements à la puissance d'agir des corps singuliers). La filiation newtonienne est peut-être à ce niveau plus convaincante et plus fidèle.

2 Le pouvoir est ainsi second en regard de la puissance (il n'en est, en quelque sorte, que l'expression lorsque nous entrons dans des rapports de force avec les choses extérieures). Le terme de *potentia* est utilisé sans gérondif dans la cinquième partie de l'*Éthique*, c'est-à-dire plus encore distincte du « pouvoir *de faire quelque chose* », lorsqu'il est question de la puissance du sage. Dans le cadre d'un cheminement éthique, la *potentia* se distingue ainsi progressivement d'une *potestas* particularisée et engagée dans des rapports de force avec les choses extérieures.

un lien originel établi de l'une aux autres. De même l'idée que les effets de la force selon Toland ou de la puissance selon Spinoza rendent visible (les mouvements locaux, les divers pouvoirs d'agir sur les choses) ce qui n'est pas en soi directement perceptible (la force de la matière, la puissance des choses singulières). Une fois encore, la conception d'ensemble présente donc des points communs manifestes, et Toland peut sembler prolonger la pensée spinoziste plus que la réformer ou la contredire.

Toutefois, il y a de nouveau une différence dans la mise en œuvre de ce principe pouvant sembler commun, et une différence qui sera cette fois-ci de taille. En effet, dans le cas de Spinoza, la puissance d'agir initiale se déclinant en divers pouvoirs de faire une chose ou une autre est celle de l'individu lui-même, et non celle de la matière prise comme un tout. Il y a donc une immanence manifeste dans la déclinaison d'une puissance de l'individu en pouvoirs de ce même individu, là où Toland rend raison des mouvements locaux des corps par une force mouvante qui excède leur plan. Et la différence entre les statuts accordés aux phénomènes physiques par Spinoza et par Toland devient manifeste me semble-t-il dans le paragraphe 4 de la *Lettre V.* On y lit ainsi que :

> La chaleur et le froid, les sons, les odeurs et les couleurs, ne sont pas seulement des manières ou des postures des choses, mais des noms que nous donnons à la manière dont elles agissent sur nos imaginations. Car nous concevons la plupart des choses selon le rapport qu'elles ont à notre corps, et non selon leur véritable nature. C'est pourquoi ce qui paraît doux à l'un paraît aigre à l'autre ; ce qui est rude pour moi, est doux pour vous ; ce qui fait plaisir à un homme qui se porte bien, fait de la peine à un malade. Quoique la plupart de nos organes soient formés d'une manière assez uniforme, et que par conséquent ils devraient être frappés presque tous de la même façon, on trouve pourtant toujours quelque degré de différence[1].

La thèse n'est pas originale, et une lecture un peu rapide pourrait nous faire rapprocher ce passage du corollaire 2 d'*Éthique* II, 16, dans lequel Spinoza écrit que « les idées que nous avons des corps extérieurs indiquent plus l'état de notre corps que la nature des corps extérieurs[2] ». Je dis une

1 *Lettre V à Serena*, § 4, p. 169.

2 *Éthique* II, prop. 16, corollaire 2, p. 133. Ce corollaire est, pour bien en comprendre l'enjeu, à lire à la lumière du corollaire d'*Éthique* II, prop. 13, dans lequel Spinoza affirme que « le corps humain existe *tel que* nous le sentons » (p. 117, nous soulignons). Cela ne signifie pas que nous avons toujours et par nature une connaissance adéquate de notre

lecture *un peu rapide* car en réalité, si on replace ce corollaire dans son contexte, on se rend compte que Spinoza n'en tire absolument pas comme conclusion qu'il y a plus de réalité dans les choses et dans leur lien avec l'action de la matière (dont ces modifications ne sont que des effets) que dans ce que nous en percevons. Bien au contraire, l'enseignement qu'il en tire est que c'est sur ces effets *tels que nous les percevons* que nous devons porter notre attention, dans la mesure où ce sont eux qui nous déterminent à agir en un sens ou en un autre, dans la mesure où c'est *ce que nous percevons* des choses (et non les choses elles-mêmes) qui a une efficace sur notre action.

Ainsi, dans cette déclinaison de la *potentia agendi* aux *potestas*, il ne s'agit pas pour Spinoza de faire référence au lien entre « l'action essentielle de la matière », d'une part, et « le mouvement local extérieur », d'autre part, comme le fait Toland dans le paragraphe 17 de la *Lettre V* : à aucun moment Spinoza ne quitte en réalité le plan des modes. Et s'il ne quitte pas ce plan, c'est que c'est à ce niveau, de façon pleinement immanente, que se jouera la possibilité d'un cheminement éthique pour les hommes, cheminement éthique dont il fait le cœur et la visée principale de sa philosophie comme l'a lui-même reconnu Toland. Là où ce dernier se tourne vers une approche métaphysique et architectonique du mouvement, Spinoza se plaçait délibérément sur le plan d'efficace de l'action humaine, éthique ou politique. Nous sommes bien en présence de thématiques et de principes proches, mais de perspectives et de visées résolument différentes.

CONCLUSION : UN AUTRE SPINOZISME (MÉTAPHYSIQUE) PLUS QU'UNE RÉFORME MÉTAPHYSIQUE DU SPINOZISME (ANTHROPOLOGIQUE ET ÉTHIQUE)

En conclusion, je dirais que, dans les *Lettres IV et V à Serena*, Toland ne construit pas une forme d'anti-spinozisme, dans la mesure où les grandes thématiques développées (matière ne constituant pas une masse inerte,

corps (elle est bien plutôt confuse et partielle), mais que la manière dont notre corps est affecté – qu'elle convienne ou non avec la nature réelle de la chose extérieure – s'impose à nous, et a des effets tout à fait concrets et réels à la fois sur notre perception de nous-mêmes et des autres choses, et sur notre action au sein de ces autres choses.

corps en perpétuelle variation, déclinaison d'une force en divers mouvements, etc.) ne sont pas opposées à celles présentes de façon explicite ou sous-jacente dans la philosophie de Spinoza. On ne peut pas non plus, me semble-t-il, voir dans ces *Lettres* une réforme ou une correction du spinozisme, en ce que mettre en place une métaphysique du mouvement ou établir un lien architectonique entre la matière prise en général et les phénomènes physiques pris en particulier n'étaient pas l'objet de Spinoza dans son *Éthique*. Plus encore, non seulement ce n'était pas requis en fonction de la visée fondamentalement éthique qui était la sienne, mais cela risquait même d'induire une ambivalence dans la mise en œuvre d'une éthique immanente, en devenir, anthropologique. Je dirais donc plutôt que ces *Lettres* constituent une autre forme de spinozisme (on a parfois employé l'expression de « néo-spinozisme[1] »), qui en reprend les grandes lignes tout en lui donnant une autre visée et une autre perspective.

Cette perspective autre est double. D'une part, l'accent mis sur le dynamisme essentiel à la matière. Cet aspect prend forme chez Toland dans le cadre d'une discussion avec Leibniz, et se confronte à la fin de la *Lettre V* à une question laissée en suspens[2] :

> Où pouvez-vous vous imaginer que l'action et la réaction des corps et de toutes les parcelles de la matière les unes sur les autres auraient jamais pu avoir l'esprit de faire une seule de ces admirables machines animales ou végétales ? Tout le savoir dans la mécanique que vous possédez vous y servira aussi peu qu'à Descartes pour trouver des règles ou des instruments par lesquels il pût produire un homme ou même une souris. Tous les mélanges des atomes, toutes les rencontres que vous pouvez supposer ne pourraient avoir arrangé les parties de l'univers dans l'ordre où nous les voyons, ni les y avoir conservées, ni causé l'organisation d'une fleur ou d'une mouche [...]. Pour ce qui est de l'infinité de la matière, elle exclut seulement ce que tout homme sage et raisonnable doit exclure, un Dieu étendu et corporel, mais non pas un esprit pur ou un être immatériel[3].

1 Voir à ce sujet notamment Tristan Dagron, *Toland et Leibniz. L'invention du néo-spinozisme*, Paris, Vrin, 2009.

2 Cette question sera reprise dans le *Pantheisticon*, dans lequel Toland réaffirme sa critique de la thèse selon laquelle le hasard pourrait avoir donné lieu aux choses telles que nous les connaissons en ce monde.

3 *Lettre V à Serena*, § 30, p. 210-211. Selon Tristan Dagron, dans une note à ce même paragraphe, l'argument « est utilisé par Toland pour se défendre contre l'accusation d'athéisme : la thèse de l'activité est "neutre", et laisse la place à un recteur divin de l'univers » (note 1, p. 211).

Où l'on voit poindre de nouveau l'idée d'un être immatériel venant donner de l'ordre[1] à cette matière en mouvement.

D'autre part, une perspective architectonique se donnant pour ambition d'expliquer les phénomènes physiques en les reliant à un principe métaphysique, que Toland nomme action ou force mouvante. De même, cette manière de réintroduire une forme de causalité venue d'un autre plan était étrangère à la philosophie de Spinoza, tout comme le fait de se référer à un principe moteur extérieur à la physique des corps. Ainsi, lorsque Spinoza dit que Dieu est cause du mouvement d'un corps particulier, il précise immédiatement qu'il l'est en tant que mode singulier de l'attribut étendue (donc c'est bien un autre corps particulier qui est cause de ce mouvement) et non en tant que substance infinie. À aucun moment on ne quitte le plan des modes pour expliquer les mouvements de ces mêmes modes.

La perspective de Spinoza était celle d'une éthique immanente, physique, temporelle ; celle de Toland ne la réforme pas ni ne la corrige : Toland en construit bien plutôt une autre, à partir des mêmes principes mais dans un contexte nouveau et avec une visée divergente.

Julie HENRY
Centre régional de lutte contre
le cancer Léon Bérard (Lyon)
ENS de Lyon (UMR 5317 IHRIM)

1 C'est là la dernière raison expliquant que nous évoquions une dimension *métaphysique* du « néo-spinozisme » mis en place par Toland. En butant sur cette question d'un ordre ne pouvant résulter des mouvements des corps (et donc ne pouvant relever d'une explication d'ordre physique au sens strict), Toland en vient finalement à faire appel à un principe extérieur d'ordonnancement qui agit depuis un autre plan (il passe donc à un niveau que nous qualifions de méta-physique).

MENDELSSOHN, WACHTER ET LES ORIGINES DU SPINOZA IDÉALISTE

INTRODUCTION

Les textes dont il s'agit ici font partie de la préhistoire du *Pantheismusstreit*, à savoir la fameuse controverse, absolument centrale pour toute compréhension de la philosophie allemande de la dernière moitié du XVIIIe siècle, entre Mendelssohn et Jacobi à propos du prétendu « spinozisme » de Lessing, qui est déclenchée par la publication par Jacobi en 1785 du livre *Über die Lehre des Spinoza in Briefen an den Herrn Moses Mendelssohn*. Le rôle de Spinoza dans la pensée de l'*Aufklärung* est un sujet largement étudié. Je voudrais toutefois y rajouter un petit élément généralement ignoré dans la littérature secondaire. Je m'intéresse pour l'essentiel à la première publication où Mendelssohn entreprend une lecture approfondie de la philosophie de Spinoza, à savoir les *Philosophische Gespräche*, rédigés en 1755 près de trente ans avant le début « officiel » du *Pantheismusstreit.* Il ne s'agit pas là d'un texte ignoré par les critiques. Alexander Altman a consacré un article aujourd'hui classique sur la lecture de Spinoza et de Leibniz développé par Mendelssohn dans ce texte[1]. Plus récemment, Detlev Pätzold l'a étudié en profondeur en le mettant en relation avec les autres textes que Mendelssohn consacre à Spinoza[2]. Pour ma part, je m'interroge plus spécifiquement sur le rapport entre l'interprétation de Spinoza que Mendelssohn propose dans ce texte et celle qu'un certain Johann Georg Wachter (1673-1757)

1 Voir A. Altmann, « Moses Mendelssohn on Leibniz and Spinoza », in R. Loewe (dir.), *Studies in Rationalism, Judaism and Universalism*, Routledge and Keagan, London, 1966, p. 13-45.

2 Voir D. Pätzold, « Moses Mendelssohn on Spinoza », in R. Munk (dir.), *Moses Mendelssohn's Metaphysics and Aesthetics*, Dordrecht, Springer, 2011, p. 107-130.

développa dans deux livres écrits environ un demi-siècle plus tôt, à savoir *Der Spinozismus im Jüdenthumb oder die von dem heutigen Jüdenthumb und dessen geheimen Kabbala vergötterte Welt* de 1699 et l'*Elucidarius cabalisticus, sive reconditae Hebraeorum philosophiae brevis et succincta recensio* publié en 1706[1]. Je voudrais montrer que Wachter, dans l'*Elucidarius cabalisticus* notamment, est le premier à proposer l'interprétation idéaliste de Spinoza qui, par l'intermédiaire des *Philosophische Gespräche* de Mendelssohn, sera déterminante pour le *Spinozabild* en Allemagne qui domine dès le *Pantheismusstreit* et qui culmine au siècle suivant dans l'idéalisme allemand avec la lecture « acosmiste » de Spinoza par Hegel dans les *Vorlesungen über die Geschichte der philosophie* de 1825-1826.

LES TRAVAUX DE WACHTER ET LEUR RÉCEPTION

Les deux livres de Wachter soutiennent la thèse commune selon laquelle la philosophie de Spinoza prolonge et donne une voix philosophique à la filière de la mystique juive connue sous le nom de la cabale. Dans le premier livre, *Der Spinozismus im Jüdenthumb*, Wachter répond à un certain Moses Germanus, « le Moïse allemand » en réalité dénommé Johann Peter Spaeth, un ancien collaborateur du Baron Christian Knorr von Rosenroth, rosicrucien allemand, grand érudit et éditeur du monumental recueil cabalistique intitulé *Kabbala Denudata* (1677-1684). À force de se frotter au judaïsme, Spaeth, un chrétien tourmenté qui avait changé plusieurs fois de confession, avait fini par s'y convertir. Wachter voulait alors démontrer à Spaeth que la cabale des Hébreux était incompatible avec toute forme de religion car elle était en réalité une forme de spinozisme, une philosophie qu'il considérait à l'époque comme indiscutablement athée. En revanche, dans le deuxième livre, l'*Elucidarius*

1 Pour les textes de Wachter, voir J. G. Wachter, *Der Spinozismus im Jüdenthumb oder die von dem heutigen Jüdenthumb und dessen geheimen Kabbala Vergötterte Welt*, Amsterdam, 1699, réédition dans W. Schröder (éd.), *Freidenker der europäischen Aufklärung*, vol. I-1, Frommann-Holzboog, Stuttgart-Bad Cannstatt, 1994 ; J. G. Wachter, *Elucidarius cabalisticus, sive reconditae Hebraeorum philosophiae brevis et succincta recensio*, Rome [en réalité imprimé à Halle], 1706, réédition dans W. Schröder (éd.), *Freidenker der europäischen Aufklärung*, vol. I-2, Frommann-Holzboog, Stuttgart-Bad Cannstatt, 1995.

cabalisticus, Wachter répondait à l'orientaliste allemand Johann Franz Buddeus qui, dans sa *Defensio cabbalae Ebraeorum* de 1700, avait défendu la cabale contre l'accusation de spinozisme faite par Wachter en faisant valoir que la cabale dénoncée par Wachter n'était pas la cabale authentique mais la *pseudo-cabbala* plus récente d'Isaac Luria et de ses disciples. Entre ces deux livres, l'approche de Wachter change donc : dans le premier, il propose une réflexion sur l'accord entre la cabale et le spinozisme ; dans le deuxième, il s'agit plutôt d'une réflexion sur la forme particulière de la cabale qui s'accorde avec le spinozisme et sur l'authenticité de cette forme de la cabale. Cette différence d'approche n'est pourtant pas le changement le plus remarquable entre les deux livres. Wachter avait également effectué une volte-face complète par rapport à la question de l'orthodoxie religieuse du spinozisme, en soutenant à présent que Spinoza « a reconnu la divinité du Christ et la vérité de toute la religion chrétienne[1] ». Dans les trois premières parties de l'*Elucidarius*, consacrées respectivement à l'origine, à la propagation et à la doctrine de la cabale, il s'efforce ainsi de démontrer l'accord entre la cabale et la théologie chrétienne pour ensuite, dans la quatrième partie, intitulée *De consensus cabalae et spinoza*, montrer au moyen de nombreux exemples comment le spinozisme « élucide » la cabale en lui donnant la philosophie qui lui correspond.

Wachter est aujourd'hui assez connu par l'histoire intellectuelle. Mais il est rarement cité comme une autorité sur le système de Spinoza. Or, ses travaux étaient considérés autrement au XVIIIe siècle. Après avoir rencontré Wachter à la Cour de Berlin, John Toland faisait ainsi remarquer dans ses *Lettres à Serena* que Wachter y passait pour un grand connaisseur de la philosophie de Spinoza[2]. Leibniz avait également discuté avec Wachter à Berlin et connaissait plusieurs de ses ouvrages. Il rédigea même un commentaire détaillé de l'*Elucidarius cabalisticus* – il s'agit du texte que Louis Alexandre Foucher de Careil publie pour la première fois en 1852 sous le titre décidément inexact de *Réfutation inédite de Spinoza*[3].

1 Wachter, *Elucidarius cabalisticus*, p. 7.

2 Voir J. Toland, *Letters to Serena*, London, Bernard Lintot, 1704, Preface, sect. 14. Toland parle d'un « *excessive admirer of Spinoza, one wholly addicted to his principles, and reputed the best of any to understand his System* ». Pour l'identification de Wachter comme l'admirateur de Spinoza, voir T. Dagron, *Toland et Leibniz. L'invention du néo-spinozisme*, Paris, Vrin, 2002, p. 131-239.

3 Leibniz, *Réfutation inédite de Spinoza par Leibniz, précédée d'un mémoire par A. Foucher de Careil*, Paris, É. Brière, 1854. Pour une récente édition critique du texte, voir Leibniz,

En outre, Leibniz mentionne les débats entre Spaeth et Wachter dans le « Discours préliminaire » des *Essais de théodicée*[1] et, plus tard dans l'ouvrage, il souscrit lui-même à l'hypothèse selon laquelle « Spinoza [...] était versé dans la Cabale des auteurs de sa nation[2] ». Ces quelques remarques de Leibniz ne sont pas sans importance car les *Essais de théodicée* figurent parmi les textes de philosophie les plus lus de la première moitié du XVIIIe siècle. Leibniz contribuait ainsi de façon importante à la diffusion de la thèse de Wachter. Mais Leibniz n'était pas le seul à reprendre cette thèse. On la retrouve chez des auteurs aussi divers que Jacques Basnage, dans son *Histoire des Juifs* de 1706-1711, chez Don Gabriel Àlvarez de Toledo y Pellicier dans l'*Historia de la Iglesia y del Mundo* de 1713, chez Jacob Friedrich Reimmann dans le *Versuch einer Einleitung in die Historie der Theologie insgeheim der Jüdischen Theologie ins besondere* de 1707, chez Andrew Michael Ramsey dans un article étrange intitulé « Le psychomètre » publié en 1735, dans l'*Histoire critique de la philosophie* publiée en 1737 par André-François Boureau-Deslandes, ou encore dans l'*Historia critica philosophiae* de Johann Jacob Brucker, parue en 1742-1744[3]. C'est dire que, tout au long de la première moitié du XVIIIe siècle, les travaux de Wachter n'avaient rien de marginal. Rien de surprenant, donc, à ce qu'on trouve *Der Spinozismus in Judenthumb* aussi bien que l'*Elucidarius cabalisticus* dans l'inventaire de la bibliothèque personnelle de Mendelssohn[4] et que Wachter et sa thèse cabalistico-spinoziste soient mentionnés à plusieurs reprises dans ses textes, comme c'est d'ailleurs aussi le cas dans les textes de Lessing, de Jacobi, de Herder, de Hamann, de Kant, de Schlegel, et bien d'autres encore. Ainsi, quand Jacobi, dans *Über die Lehre des Spinoza in Briefen an den Herrn Moses Mendelssohn* déclare, comme une de ses thèses fondamentales sur le spinozisme et ses origines, que la cabale n'est que du « spinozisme sous-développé », c'est bien l'*Elucidarius cabalisticus* de Wachter auquel il

---

« J.-G. Wachteri de recondita Hebraeorum philosophia (1706) », éd. P. Beeley, in *The Leibniz Review* 12 (2002), p. 1-14.

1 Voir Leibniz, *Essais de théodicée*, « Discours préliminaire », § 9, in *Die philosophischen Schriften von G. W. Leibniz*, éd. C. I. Gerhardt, Berlin, Weidmannsche Buchhandlung, 1875-1890, vol. VI, p. 55.

2 *Ibid.*, § 372, vol. VI, p. 336.

3 Sur l'ensemble de ces ouvrages, voir aussi Lærke, *Leibniz lecteur de Spinoza. La genèse d'une opposition complexe*, Paris, Champion, 2008, p. 925-926.

4 Voir H. Meyer (éd.), *Verzeichniss der auserlesenen Büchersammlung des seeligen Herrn Moses Mendelssohn*, Berlin, 1786, entrée n° 500, p. 44, et entrée n° 651, p. 52.

fait référence pour soutenir cette hypothèse tout en soulignant que, pour lui et contrairement à ce que soutient Wachter, la doctrine en question est de l'athéisme pur[1]. La thèse de Wachter ne laissait d'ailleurs pas indifférent mais suscitait des sentiments forts. Hamann, par exemple, en s'adressant à Jacobi qualifie l'*Elucidarius cabalisticus* de « livre dégoûtant » (*ein eckles Buch*)[2]. Il est également significatif que Johann Gottfried Herder, en rédigeant son *Gott. Einige Gespräche* (1787, 2e éd. 1800), estime nécessaire de passer plusieurs pages à discuter et à réfuter l'hypothèse de Wachter qui, à ce moment-là, datait de presque un siècle – Bayle et Leibniz sont les seuls parmi les premiers commentateurs de Spinoza qui bénéficient du même privilège. Finalement, il faut noter que, si l'évaluation des mérites philosophiques et théologiques du cabalistico-spinozisme varie considérablement, les protagonistes du *Pantheismusstreit* sont quasi-unanimes sur la pertinence d'une association : Herder seul conteste l'assimilation du spinozisme à la cabale[3].

Malgré tout cela, l'apport de Wachter à l'interprétation de Spinoza en Allemagne a été systématiquement minimisé, voire tourné en dérision. Par exemple, dans un accès d'aversion théorique particulièrement virulent, David Bell, dans le cadre d'une évaluation générale assez défavorable des premiers commentaires sur Spinoza, écrit les lignes suivantes :

> L'exemple le plus extrême de ce type de distorsion grossière se trouve dans *Der Spinozismus im Jüdenthumb, oder, die von dem heutigen Jüdenthumb, und dessen Geheimen Kabbala Vergötterte Welt* (1699) de Johann Georg Wachter qui cherche à démontrer la dépendance de Spinoza à la cabale et à exposer l'absurdité de leur identification de Dieu et de la Nature. Il vaut la peine de citer *in extenso* l'ouvrage car il illustre admirablement l'image incroyablement inexacte de Spinoza qui fut créée à l'époque[4].

Bell poursuit en citant longuement un passage tiré de *Der Spinozismus in Jüdenthumb* où Wachter propose une critique de Spinoza qui ressemble

1 Voir F. H. Jacobi, *Über die Lehre des Spinoza in Briefen an den Herrn Moses Mendelssohn*, Hamburg, Felix Mener, 2000, p. 119-120.

2 Voir Hamann à Jacobi, 27 avril 1787, in J. G. Hamann, *Briefwechsel*, éd. A. Henkel, Frankfurt am Main, Insel, 1955-1979, vol. VII, p. 169.

3 Voir J. G. Herder, *Gott. Eigene Gespräche über Spinoza's System, nebst Shaftesburi's Naturhymnus, Zweite verkürzte und vermehrte Ausgabe*, Gotha, bei Karl Wilhelm Oettinger, 1800, « Vierte Gespräch », p. 95.

4 D. Bell, *Spinoza in Germany from 1670 to the Age of Goethe*, London, Institute of Germanic Studies, 1984, p. 5 (nous traduisons).

singulièrement à celle de Bayle – une critique qui, soit dit en passant, est loin d'être « grossière » mais constitue un véritable défi pour les spinozistes encore aujourd'hui ! – pour enfin conclure ceci :

> Comme réfutation de Spinoza, tout cela est parfaitement absurde. [L'ouvrage] montre une image qui est moralement contestable, qui est complètement émotive et faite pour choquer uniquement ; il ne montre pas le moindre signe de compréhension de Spinoza, ou même une tentative de saisir ce qu'il voulait dire[1].

Le commentaire est extraordinaire : tout ce que Bell dit de la lecture que Wachter propose de Spinoza pourrait être dit à plus forte raison de la lecture que Bell propose de Wachter – le passage donne une bonne impression de l'exorcisme curieux dont Wachter a été victime dans les commentaires sur le *Pantheismusstreit* et sur le spinozisme en Allemagne au XVIIIe siècle. Pour Bell, l'apport de Wachter, si tant est qu'il y en ait un, n'est que négatif : ses travaux n'ont servi qu'à défigurer la pensée de Spinoza, ce qui explique peut-être pourquoi, dans les commentaires d'aujourd'hui, Wachter disparaît le plus souvent de l'histoire de la philosophie allemande du XVIIIe siècle. Même le plus grand spécialiste de l'œuvre de Wachter, Winfried Schröder, rejette l'idée d'un rôle significatif de Wachter dans la formation de l'image de Spinoza pendant le *Pantheismusstreit*[2].

Pour notre part, nous pensons qu'il faut accorder une place plus importante à Wachter dans la genèse du *Spinozabild* allemand. Nous n'avons pas l'intention de nier que le spinozisme de Wachter représente une version bien particulière de la doctrine de Spinoza et une transformation du spinozisme, assurément, dans laquelle Spinoza lui-même aurait du mal à se reconnaître. Malgré tout, Spinoza ne mentionne la cabale qu'une seule fois dans l'ensemble de son œuvre et cela seulement pour l'écarter comme folie pure[3] ! Nonobstant, Wachter opère le premier une transformation dans la perception du spinozisme qui sera déterminante pour sa réception en Allemagne et cela pour plus d'un siècle. En effet, comme nous allons essayer de le montrer dans les

1 *Ibid.*

2 Voir W. Schröder, *Spinoza in der deutschen Frühaufklärung*, Würzburg, Köngshausen & Neumann, 1987, p. 114-115.

3 B. Spinoza, *Tractatus theologico-politicus*, éd. F. Akkerman, trad. P.-F. Moreau et J. Lagrée, Paris, PUF, 1999, chap. IX, p. 370-371.

lignes qui suivent, il y a de bonnes raisons de croire que les travaux de Wachter sont à l'origine du changement profond de l'évaluation de Spinoza qui s'opère en Allemagne vers 1750, laquelle passe de l'image du matérialiste athée qui domine à la fin du XVIIe siècle à l'image d'un Spinoza idéaliste ou acosmiste qui émerge graduellement en Allemagne au cours de la deuxième moitié du siècle, largement dans le contexte du *Pantheismusstreit*. Un lecteur attentif aura peut-être déjà pris note du sous-titre de la première publication de Wachter sur *Der Spinozismus im Jüdenthumb*, à savoir « sur le judaïsme contemporain et sur le monde déifié de sa cabale secrète ». Cette notion générale d'un « monde déifié » suggère en effet déjà que, chez Wachter comme chez Hegel plus tard, il s'agit chez Spinoza de réduire le monde à Dieu plutôt que le contraire. Toutefois, pour comprendre plus précisément le rôle que jouent les travaux de Wachter dans l'élaboration du « Spinoza idéaliste » et dans quelle mesure l'interprétation de Wachter entre plus précisément dans les débats allemands, il faut plutôt nous tourner vers son deuxième livre, l'*Elucidarius cabalisticus*, et comparer cet ouvrage avec le texte où Spinoza bénéficie pour la première fois d'une interprétation favorable chez un des protagonistes du *Pantheismusstreit*, à savoir chez Mendelssohn, dans les *Philosophische Gespräche* de 1755.

MENDELSSOHN, SPINOZA ET L'*URBILD* DU MONDE

Commençons donc par les *Philosophische Gespräche*. Nous allons nous concentrer sur le deuxième dialogue où, ce qui était déjà le cas dans le premier dialogue, il est question de Leibniz et de Spinoza et du rapport entre leurs doctrines, notamment par rapport aux doctrines leibniziennes de l'harmonie préétablie et du choix divin du meilleur des mondes. Le but de Mendelssohn était de rendre le spinozisme plus respectable en l'attachant au leibnizio-wolffianisme. Les analyses que Mendelssohn propose seront débattues en Allemagne tout au long de la deuxième moitié du XVIIIe siècle. Lessing, par exemple, critiquera l'analyse de Mendelssohn comme un peu « sophistique » dans un texte célèbre de 1763, intitulé *Durch Spinoza ist Leibniz nur auf die Spur der vorherbestimmten Harmonie gekommen* auquel répond Mendelssohn dans une lettre à Lessing écrite au début de l'été de la même année sur laquelle nous aurons l'occasion de revenir plus bas. Jacobi, pour sa part, reprendra les analyses de Mendelssohn dans un but strictement contraire à celui-ci, en cherchant à discréditer Leibniz, et l'*Aufklärung* avec lui, en les attachant à Spinoza. Mendelssohn reprendra enfin à nouveaux frais ses propres analyses dans *Morgenstunden* de 1785 et dans *An der Freunde Lessings* de 1786, mais cette fois pour rejeter Spinoza plutôt que le contraire. Tout cela pour dire que la lecture des rapports entre Leibniz et de Spinoza proposée par Mendelssohn dans les *Philosophische Gespräche* aura des effets considérables, et constitue une référence commune pour les protagonistes du *Pantheismusstreit* : le texte n'est pas seulement une source importante pour connaître le spinozisme ; c'est également un texte face auquel tous se situent à tour de rôle, leur permettant du même coup de se situer les uns par rapport aux autres.

Dans le deuxième dialogue, celui qui nous intéresse ici, Mendelssohn s'interroge sur le statut du « monde » chez Spinoza et sur le rapport que ce monde entretient avec celui de Leibniz. Comme chacun le sait, selon la théorie que Leibniz développe dans les *Essais de théodicée* et dans la *Monadologie*, Dieu choisit le meilleur des mondes possibles. Avant de créer le monde, Dieu conçoit donc dans son entendement une infinité de mondes possibles qu'il compare ensuite entre eux afin de déterminer lequel est le plus parfait. Entre ces mondes possibles, il en choisit un seul, à savoir le meilleur, et par sa volonté qui est coextensive avec sa puissance, il fait en sorte que ce monde parvienne à l'existence réelle. Ce monde voulu par Dieu est celui, unique, dans lequel nous vivons actuellement. D'après cette théorie, la *réalité* du monde actuel consiste dans le fait que la série des événements dont il consiste est contenue et exprimée par une infinité de substances individuelles créées, nommées également « monades » par Leibniz. Or, pour lui, les mondes seulement possibles ont aussi une forme d'existence, à savoir, justement, une existence possible que Leibniz identifie également comme une existence *idéale* dans la mesure où cette existence dérive du fait que ces mondes possibles sont contenus et exprimés dans l'entendement de Dieu en tant que vérités éternelles ou essentiellement[1].

1 Voir par exemple Leibniz, *Essais de théodicée*, § 184 et § 189, in *Philosophische Schriften*, éd. C. I. Gerhardt, Berlin, Weidmannsche Buchhandlung, 1875-1890, vol. VI, p. 226-227 et p. 229.

Mendelssohn reformule cette doctrine célèbre en disant qu'il existe, pour Leibniz, un *Urbild* et un *Nachbild* du monde. Ainsi, il y a un *Urbild* du monde, une sorte de plan détaillé du monde en tant qu'il est représenté dans l'entendement de Dieu comme une création possible parmi d'autres créations possibles. Et puis, il y a un *Nachbild* du monde, à savoir le monde actuel et existant, dans la mesure où il est réalisé par une infinité de substances individuelles créées. Afin que le monde en tant que *Urbild* puisse entrer dans l'existence, il faut donc un « complément à la possibilité », comme le dit Mendelssohn suivant une notion provenant de la *Philosophia prima, sive Ontologia* dans laquelle Wolff définit l'existence actuelle comme *complementum possibilitatis*[1]. Afin de soutenir son analyse, Mendelssohn préfère toutefois renvoyer à la *Theologia naturalis*, II, § 92, dans laquelle Wolff maintient que « Dieu délimite tous les modes possibles des premières possibilités et en même temps il connaît très distinctement ces mêmes limitations[2] ». C'est la seule référence que Mendelssohn apporte pour justifier son interprétation de Leibniz. Mais la manière dont Mendelssohn poursuit en reformulant la position de Wolff n'est pas sans intérêt dans le contexte de la cabale. Il écrit : « Dieu s'est proposé la possibilité de choses contingentes, dans la mesure où il a pu penser sa propre perfection à côté d'un certain degré de contraction [*einem gewissen Grade der Einschränkung*][3]. » Nous remarquons ici comment Mendelssohn introduit dans le raisonnement wolffien cette notion d'une « contraction » en Dieu – c'est une reformulation qui suggère déjà un apport de la cabale, car elle évoque vivement la doctrine du *TsimTsum* dans la cabale d'Isaac Luria, centrale aussi pour la lecture de la cabale que Johann Georg Wachter propose dans l'*Elucidarius cabalisticus*[4].

Mais quel est le rapport au spinozisme ? La stratégie argumentative de Mendelssohn qui vise à intégrer, pour ainsi dire, le spinozisme dans le leibnizianisme, consiste alors à soutenir que le monde que Spinoza

---

1 Voir C. Wolff, *Philosophia prima, sive Ontologia*, editio nova priori emendatior, Francofurti et Lipsiæ, Prostat in Officina Libraia Rengeriana, 1736, Pars I, Sectio II, Cap. 3, § 174, p. 143.

2 C. Wolff, *Theologia naturalis*, Editio secunda priori emendatior, Francofurti & Lipsiæ, prostat in officina libraria Rengeriana, 1741, II, ii, § 92, p. 62-63.

3 M. Mendelssohn, *Philosophische Gespräche*, II, in *Gesammelte Schriften*, vol. I, Stuttgart / Bad Cannstatt, Fromman Holzboog, 1972-, vol. I, p. 16.

4 Sur ce point, voir Wachter, *Elucidarius cabalisticus*, III, vii, p. 31-32, et le passage de l'*Archeologia philosophiae* de Thomas Burnett cité dans l'*Elucidarius cabalisticus*, III, iv, p. 27, qui résume la doctrine du TsimTsum.

décrit dans la première partie de l'*Éthique* est pour ainsi dire la moitié de celui du leibnizianisme, autrement dit que le monde de Spinoza est comparable à l'ensemble des mondes possibles envisagés par Dieu et entre lesquels se trouve aussi l'*Urbild* du monde réel. En effet, Spinoza fait comme si les *Urbilde* de tous les mondes possibles constituaient l'existant, sans besoin d'un « complément à la possibilité ». Pour Spinoza, et contrairement à Leibniz, il n'y a donc pas de différence entre existence possible et existence réelle et le monde n'a pas besoin de création mais existe déjà en tant que conçu dans l'entendement divin :

> Comme vous le savez, les leibniziens donnent au monde une existence double, pour ainsi dire. Pour parler avec eux, il existait avant le décret de Dieu parmi les mondes possibles dans l'entendement divin. Puisqu'il est le meilleur, Dieu l'a préféré entre tous les mondes possibles et il l'a fait exister en dehors de lui-même. Or Spinoza est resté avec la première existence. Il croyait qu'aucun monde n'a jamais été réel en dehors de Dieu et que toutes les choses visibles se rencontrent uniquement dans l'entendement humain, maintenant comme pour toujours [...]. Le monde de Spinoza, comme nous l'avons vu, est un monde idéaliste ; il est, selon le système de Leibniz, ce qu'était l'archétype [*Urbild*] du monde réel avant le décret[1].

L'interprétation est plutôt élégante. Elle s'accorde à la fois de façon systématique avec la philosophie modale leibnizienne et répond bien au rejet spinoziste du possible comme catégorie ontologique distincte du réel. Ce qui ne semble pas très spinoziste à une époque où Spinoza était de façon routinière assimilé à l'athéisme et au matérialisme, c'est bien entendu l'idée que « le monde de Spinoza [...] est un monde idéaliste » qui n'existe qu'en tant que plan dans l'entendement de Dieu, comme *Urbild.* L'interprétation de Mendelssohn, et la manière dont il assimile Spinoza à Leibniz, a en effet pour condition préalable de considérer le spinozisme comme une forme d'idéalisme ; d'établir que Spinoza n'est point athée, mais bien plutôt engagé dans une vaste *Vergötterung der Welt* pour reprendre l'expression de Wachter.

Or, les critiques antérieures de Spinoza, celles qui l'accablent du nom de matérialiste athée, s'étaient accrochées notamment à la proposition 2 de la deuxième partie de l'*Éthique* : « *Extensio attributum est, sive Deus est res extensa.* » Comment décrire comme « idéaliste » une philosophie

1 Mendelssohn, *Philosophische Gespräche*, *op. cit.*, II, p. 16 (nous traduisons).

qui déclare que Dieu est « une chose étendue » ? L'interprétation de Mendelssohn exige qu'on conçoive l'attribut de l'étendue d'une telle manière qu'il se réduise à l'idéal, ou encore que la distinction entre l'attribut de la pensée et celui de l'étendue soit, d'une manière ou d'une autre, reconceptualisée comme une distinction au sein de la pensée elle-même, comme une distinction intra-cogitative qui s'opère à l'intérieur du domaine des « idées » que constituent la pensée et l'entendement de Dieu.

Mendelsssohn n'aborde pas la question dans les *Philosophische Gespräche* mais nous pouvons trouver des éléments de réponse dans la réplique qu'il envoie à Lessing suite aux critiques contenues dans *Durch Spinoza ist Leibniz nur auf die Spur der vorherbestimmten Harmonie gekommen*. Sans forcément s'opposer à l'idée de penser le monde spinoziste comme un monde idéal, Lessing considère le rapprochement avec Leibniz comme un sophisme parce que, conceptuellement, le monde du parallélisme âme-corps chez Spinoza n'a que très peu de choses en commun avec l'harmonie leibnizienne car il s'agit chez Spinoza en fin de compte d'une identité : ce que Spinoza entendait dire dans la proposition paralléliste était que « l'ordre et la connexion de concepts dans l'âme correspond à l'ordre et la connexion des corps simplement parce que le corps est l'objet de l'âme ; car l'âme n'est rien que le corps en se pensant et le corps rien que l'âme étendue[1] ». Dans *Über die Wirklichkeit der Dinge ausser Gott*, également écrit en 1763, Lessing objecte en outre concernant la nouvelle position leibniziano-spinoziste conçue par Mendelssohn qu'il ne pouvait « former aucun concept d'une réalité en dehors de Dieu » ; que penser que les choses devraient exister en dehors de Dieu était une « réduplication de l'*Urbild* à la fois sans nécessité et extravagante[2] ». En répliquant, Mendelssohn propose alors une analyse phénoménaliste selon laquelle, pour Spinoza, en effet, le corps n'est rien d'autre que l'objet de l'âme comme le disait Lessing, mais que, pour cette raison même, le corps est uni avec l'âme de la même façon que l'âme est unie avec ses propres représentations :

1 G. E. Lessing, *Durch Spinoza ist Leibniz nur auf die Spur der vorherbestimmten Harmonie gekommen (An Moses Mendelssohn)*, in *Werke*, éd. H. G. Göpfert, München, Hanser 1970-1979, vol. VIII, p. 518 (nous traduisons).

2 G. E. Lessing, *Über die Wirklichkeit der Dinge ausser Gott*, in *Werke*, *op. cit.*, vol. VIII, p. 515-516 (nous traduisons).

> Selon lui [Spinoza], les idées et les représentations ne sont que les changements des choses simples *comme elles sont*, et les mouvements ne sont que les changements des choses simples *comme elles apparaissent*. Les mêmes modifications des choses simples constituent la pensée quand elles sont considérées comme des réalités, et, quand elles sont considérées comme des phénomènes, l'étendue et le mouvement. Puisque l'âme représente le monde (ou tous les changements qui arrivent dans les choses simples) en suivant la position de son corps dans celui-ci (ce qui veut dire chez Spinoza : puisque le corps est l'objet de l'âme et que le corps lui-même n'est rien que la totalité des changements qui arrivent dans certaines choses simples et que je perçois comme des phénomènes), dans ce cas, il est inévitable que la série des phénomènes soit en harmonie avec la série de réalités, c'est-à-dire, que les mouvements du corps s'harmonisent avec les idées dans l'âme[1].

Nous voyons maintenant mieux comment Mendelssohn construit son Spinoza idéaliste, car cette lecture phénoménaliste du corps spinoziste permet justement de réduire la distinction entre les attributs, la pensée et l'étendue, à une distinction non pas entre la pensée et quelque chose d'autre, mais plutôt à une distinction à l'intérieur de la pensée elle-même. À partir de là, rien n'empêche de penser que toutes les modifications de tous les attributs pris ensemble, y compris l'étendue, forment un monde purement « idéal » ou qu'ils constituent quelque chose de comparable à l'*Urbild* du monde donné dans l'entendement de Dieu selon Leibniz.

Que faut-il penser de cette interprétation de Spinoza ? À suivre Alexander Altmann, elle est tout simplement fausse, au point qu'il la déclare même « difficilement justifiable[2] ». David Bell et Sylvain Zac font des remarques similaires sur le Spinoza « imaginaire » ou « erroné » de Mendelssohn[3]. Or cela nous semble être une approche historiquement peu pertinente. Tout d'abord, peu importe de savoir si pour les commentateurs d'aujourd'hui, il s'agit d'une interprétation de Spinoza inacceptable, il s'agit d'une interprétation qui fut, à l'époque, largement acceptée ou, du moins, acceptable. Même dans le cas d'un désaccord, il n'y avait personne au XVIIIe siècle pour dénoncer l'interprétation

1 Mendelssohn à Lessing, mai-juillet (?) 1763, in M. Mendelssohn, *Gesammelte Schriften*, V. F. H. Brockhaus, Leipzig, 1844, p. 174 (nous traduisons). Voir sur ce point aussi S. Zac, *Spinoza en Allemagne. Mendelssohn, Lessing et Jacobi*, Paris, Méridiens Klincksieck, Paris, 1989, p. 62-63.

2 Voir Altmann, « Moses Mendelssohn on Leibniz and Spinoza », *op. cit.*, p. 17-19.

3 Voir Zac, *Spinoza en Allemagne*, *op. cit.*, p. 54-62, p. 89. Pour Bell, voir *Spinoza in Germany*, *op. cit.*, p. 26.

comme une aberration. Ensuite, il faut tenir compte du fait que, de leur propre aveu, aucun des protagonistes du *Pantheismusstreit* ne cherchait à proposer des interprétations historiquement exactes ; ils cherchaient à s'approprier le spinozisme pour leurs propres fins, à retrouver « l'esprit de Spinoza » comme ils disaient parfois, au point où quelqu'un comme Johann Gottfried Herder, dans *Gott*, allait jusqu'à soutenir que « Spinoza ne s'était pas compris lui-même[1] » ! Dans ces conditions, mettre en doute l'exactitude de leurs interprétations n'a de sens historique qu'à condition que l'on s'interroge ensuite sur les raisons pour lesquelles elles dérogent au spinozisme selon Spinoza lui-même. En l'occurrence, nous devons chercher à savoir quelles transformations dans le paysage intellectuel ont rendu possible la lecture que propose Mendelssohn. Autrement dit : que s'est-il passé entre 1700 et 1750 pour rendre acceptable une lecture idéaliste de Spinoza comme celle proposée par Mendelssohn ? Il faut s'interroger sur les transformations de l'image du spinozisme qui ont rendu cet écart à la fois possible et, dans une certaine mesure, acceptable. Et il nous semble que Wachter a contribué de manière significative à une telle transformation.

WACHTER, LA CABALE ET LA SPIRITUALISATION DE L'ÉTENDUE

Considérons maintenant d'un peu plus près la manière avec laquelle Johann Georg Wachter assimile Spinoza à la cabale. Pour ce faire, nous nous concentrons sur le deuxième livre de Wachter, à savoir l'*Elucidarius cabalisticus* où il défend l'orthodoxie chrétienne du cabalistico-spinozisme. Wachter adopte deux stratégies argumentatives principales, dont l'une, la dernière, doit retenir tout particulièrement notre attention. La première stratégie est celle qui est le plus souvent mise de l'avant, en commençant par l'analyse proposée par Johann Jacob Brucker dans l'*Historia critica philosophiae* : Wachter transforme Spinoza en néo-platonicien en reformulant la notion d'*immanence* en termes d'*émanation* et en traduisant la

1 Voir le commentaire averti de M. Bienenstock, « Présentation », in Herder, *Dieu. Quelques entretiens*, *op. cit.*, p. 5.

notion d'*affect* en celle d'*effet*, ce qui va ensuite lui permettre de soutenir que ce que Spinoza désigne comme des « modifications » de Dieu ne sont pas des propriétés ou des prédicats de Dieu, mais des suites ou des effets[1]. Wachter tente ainsi d'éviter l'accusation de panthéisme en créant davantage de distance ontologique entre Dieu et le monde créé (tout en évitant une doctrine traditionnelle de la création car il rejette la *creatio ex nihilo*). Cette manière de saisir l'immanence en termes d'émanation repose, de façon très intéressante, sur une distinction entre l'essence cachée de Dieu et l'exercice manifeste de sa puissance, donc sur une séparation tacite de l'essence de Dieu et de la puissance de Dieu qui reflète une distinction semblable dans la cabale lurianique. Ainsi, selon la cosmologie lurianique, la création propre est précédée par une « contraction » de Dieu, le *TsimTsum*, un acte divin où Dieu se contracte et se retire d'un espace primordial en lui-même qui sera ensuite celui dans lequel se déploient les créatures[2].

Or, si l'on aborde Wachter uniquement par le biais de cette thèse, on voit mal quelle importance il aurait pu avoir pour les protagonistes du *Pantheismusstreit.* Comme Winfried Schröder le fait remarquer, pour ces derniers, la question n'était pas de savoir si l'on pouvait soustraire le spinozisme et la cabale de l'accusation de panthéisme mais plutôt de savoir si le panthéisme n'était pas lui-même une option philosophique compatible avec la religion[3]. Les réponses de Lessing à Mendelssohn dans *Durch Spinoza ist Leibniz nur auf die Spur der vorherbestimmten Harmonie gekommen* ainsi que dans *Über die Wirklichkeit der Dinge ausser Gott*, citées plus haut, mettent assez bien en évidence ce déplacement de la question. On peut dire la même chose de la manière avec laquelle Mendelssohn aborde lui-même la question ultérieurement dans *Morgenstunden* où il ne s'agit pas de savoir si l'on doit lire le spinozisme comme une forme de panthéisme, mais de savoir si le panthéisme spinoziste peut être rendu conforme à la religion éclairée que défend Mendelssohn lui-même (une question à laquelle, cette fois, il répond par la négative).

Toutefois, Wachter poursuit également une autre stratégie argumentative, à bien des égards plus intéressante, qui vise à disculper Spinoza de

1 Voir J. J. Brucker, *Historia critica philosophiae*, vol. IV, 2, Breitkopf, Leipzig, 1744, p. 695, note f.

2 Voir Wachter, *Elucidarius cabalisticus*, IV, xiv-xv, p. 53-55.

3 Voir Schröder, *Spinoza in der deutsche Frühaufklärung*, *op. cit.*, p. 103-104.

l'accusation possible de matérialisme et à repenser la doctrine spinoziste des attributs divins selon l'ontologie néoplatonicienne que Wachter, en suivant Henry More, attribue aux cabalistes[1]. Voici le passage en question :

> VII. *Quatrième exemple.* Les cabalistes tirent différentes conséquences de ce principe, par exemple que la MATIÈRE ne saurait être créée ni exister par soi en raison de l'imperfection de son essence. Par conséquent, ou bien il n'y a pas de matière dans l'univers, ou bien l'esprit et la matière sont une seule et même chose. Voyez sur cela les *Thèses cabalistiques* de H. MORE. Ces conclusions s'accordent admirablement en tout avec SPINOZA, qui nie qu'*aucune masse corporelle et matérielle ne puisse être créée par DIEU en tant que sujet de ce monde* et avance comme preuve [u] que ces contradicteurs ignorent (dit-il) quelle puissance divine a pu la créer. [46]
>
> VIII. *Cinquième exemple.* Toutefois, contrairement à ce qu'il pourrait sembler au premier abord, il n'accorde aucunement qu'une chose inférieure ait existé éternellement au côté de Dieu, ni qu'elle ait été ensuite le sujet de ce monde. Car, en même temps il nie qu'il y ait de la matière en Dieu et il détruit l'existence de la matière toute entière, mais non pas de façon qu'absolument aucune matière n'existe, mais uniquement pour dire que la MATIERE AU SENS COMMUN, définie et expliquée comme une nature très imparfaite, n'existe pas. C'est pourquoi il fait souvent observer [w] que *DESCARTES définit mal la matière par l'extension*, et [x] *que l'extension est mal expliquée par une nature inférieure qui doit être dans le lieu, finie, divisible, etc.*, alors que la matière doit être expliquée *par un attribut qui exprime l'essence éternelle et infinie.* Faut-il en conclure que DIEU ne consiste pas en matière ? Certainement pas ! Mais il a clairement nié que ce soit la matière comme vous le voyez, et il n'a retenu que le mot, tout en le purgeant de sa signification commune. En cela, toutefois, nous aurions préféré qu'il soit plus secret et prudent dans sa manière de procéder, comme il se doit pour un cabaliste, car peu de gens le saisit, alors que la plupart, qui ne le saisit pas, l'incrimine.
>
> IX. *Sixième exemple.* Il n'y a donc, pour SPINOZA, aucune matière dans l'univers : tout ce qui est, est éminemment excellent, c'est-à-dire, comme l'appelle les cabalistes, est ESPRIT. Et, afin que l'on comprenne que SPINOZA se réfère en cela aussi aux cabalistes, il enseigne expressément que [y] *aucune substance, même corporelle, en tant qu'elle est substance, n'est divisible.* Par conséquent, pour SPINOZA, la substance de toutes choses est esprit, car tout le monde conçoit qu'une chose immatérielle [47] et indivisible est ESPRIT. Il dit cela très ouvertement, si nous faisons attention à ce que nous devons constamment nous souvenir, à savoir, [zz] *que l'esprit et le corps sont une seule et même chose,*

1 Sur ce point, voir la réfutation que, dans l'*Elucidarius cabalisticus* (III, sect. vii, p. 31-32), Wachter propose du texte anti-cabalistique de Henry More intitulé *Fundamenta philosophiae sive Cabbalae aëto-paedo-melissaeae* (in Knorr von Rosenroth (éd.), *Kabbala denudata*, vol. I.2, p. 293-312.

seulement elle est exprimée de deux manières différentes, et [aa] *que la substance pensante et la substance étendue sont une seule et même substance, que nous comprenons ou bien sous l'attribut de la pensée, ou bien sous celui de l'étendue.* Ici, de manière significative, il mentionne les Hébreux. Il écrit en effet ceci [bb] : *c'est ce que certains Hébreux paraissent avoir vu comme à travers un nuage : je veux dire ceux qui admettent que DIEU, l'intellect de DIEU et les choses qu'il comprend sont une seule et même chose.* Et comment comprendre que la pensée et l'étendue sont deux attributs d'une unique substance, si la pensée et l'étendue ne conviennent pas en une nature commune, c'est-à-dire dans la nature SPIRITUELLE ? Pour SPINOZA, l'esprit est la substance de toutes choses, et la pensée et l'étendue sont deux attributs de cet esprit, attributs dont l'âme et le corps sont les deux modes. Et ceci est la raison pour sa double objection, que DESCARTES *n'a pas expliqué la matière correctement, et que l'étendue ne peut être divisée en parties, ou être composée par des parties*, car, bien entendu, ainsi conçu par l'esprit, l'étendue est une chose aussi spirituelle que la pensée.

X. *Septième exemple.* Nous pouvons donc affirmer avec plus d'assurance que, selon la philosophie des cabalistes, l'Entité dans laquelle tout existe doit s'expliquer par une nature immatérielle et éminemment excellente, à savoir, un ESPRIT dont les attributs sont la pensée et l'étendue infinis immatériels et spirituels, alors que cette nature imparfaite que le commun des hommes imagine comme étant la matière [48], n'est créée ni n'existe par soi, mais qu'elle implique toute sorte de choses qui répugnent à l'existence.
[u] *Éthique*, I. prop. 15, scol.

[w] Lettre 73[1].

[x] *Traité de la réforme de l'entendement*, p. 385[2].

[y] *Éthique*, I, prop. 13, corol. et prop. 15, scol.

[z] *Éthique*, III, prop. 2, scol.

[aa] *Éthique*, II, prop. 7, scol.

[bb] Voir texte cité plus haut[3].

Le passage concerne le statut de la matière et de l'étendue dans la philosophie de Spinoza. Nous devons prêter attention, d'une part, au fait que Wachter cherche à démontrer que, pour Spinoza, tout ce qui

1 La référence est corrompue. Il s'agit en réalité de la lettre 72 dans les *Opera posthuma*, c'est-à-dire la lettre 85 dans la plupart des éditions modernes.

2 Selon la division en paragraphes introduite par Bruder, il s'agit de la § 87 du *Tractatus de intellectus emendatione.* La citation n'est pas tout à fait exacte : Spinoza n'y parle pas de « nature inférieure ».

3 J. G. Wachter, *Elucidarius cabalisticus*, *op. cit.*, IV, p. 45-48. Nous reprenons en partie les traductions proposées par Tristan Dagron dans *Toland et Leibniz*, p. 244-247.

est, est esprit, et que la matière n'est rien. D'autre part, nous devons noter comment il parvient à contourner le problème de la substantialité de l'étendue en soutenant que, pour Spinoza, « l'étendue est une chose aussi spirituelle que la pensée » car « pour Spinoza, l'esprit est la substance de toutes choses, et la pensée et l'étendue sont deux attributs de cet esprit ». Wachter s'appuie sur deux textes : d'une part, une lettre de Spinoza à Tschirnhaus où il affirme que Descartes a mal expliqué la matière et, de l'autre, le développement que Spinoza propose dans *Éthique*, I, prop. 15, scolie, selon lequel on peut concevoir la substance corporelle de deux manières distinctes : d'une part, de façon imaginaire comme quelque chose de divisible, d'autre part, avec l'intellect, comme quelque chose d'infini et d'indivisible.

Ce qui nous semble significatif dans le passage est bien évidemment la spiritualisation ou dématérialisation de l'étendue que Wachter opère chez Spinoza. Certes, il y des ambiguïtés terminologiques parce que Wachter parle parfois de Henry More qui fait de la *matière* une chose spirituelle dans ses « thèses cabalistiques », et parfois de Spinoza qui, selon Wachter, conçoit *l'étendue* comme spirituelle et immatérielle. Mais peu importe : son intention est relativement claire. Wachter se fonde sur deux prémisses : d'une part, Spinoza ne prenait pas l'« étendue » pour la chose inférieure, *i. e.* la masse passive et divisible, pour laquelle la prennent Descartes et le vulgaire ; d'autre part, Wachter affirme que le concept auquel Spinoza fait référence avec le terme « étendue » implique des propriétés nobles qui ne peuvent appartenir qu'à une chose spirituelle, telles que l'indivisibilité et l'infinité. Par conséquent, ce que Spinoza entend par le terme « étendue » est une chose tout aussi spirituelle que la pensée et la distinction entre les attributs de la pensée et l'attribut de l'étendue est une distinction purement intra-cogitative.

CONCLUSION

En faisant de l'*Éthique* la « philosophie des Hébreux » et en assimilant Spinoza aux cabalistes, Johann Georg Wachter est un des premiers, sinon le premier, à proposer de repenser le spinozisme dans un cadre néo-platonicien. Du même coup, il propose la première interprétation idéaliste de Spinoza. C'est cette même lecture idéaliste que nous pensons retrouver en creux dans les *Philosophische Gespräche* de Mendelssohn. Cela ne revient pas à dire que Mendelssohn reprend telle quelle l'interprétation de Wachter. Il s'agit plutôt de dire que l'interprétation de Mendelssohn a pour condition celle de Wachter ou que l'interprétation du premier ne serait pas possible, ou plutôt acceptable, sans celle du dernier. Mendelssohn reprend très explicitement, dans une lettre à Elise Reimarus, la thèse wachterienne selon laquelle « le spinozisme est bâti sur des bases kabbalistiques et il a poussé sur un tronc kabbalistique[1] ». Mais il est également vrai que c'est là une affirmation trop générale pour en tirer des conclusions précises. Mendelssohn ne parle jamais de spiritualisation de l'étendue dans le sens néo-platonicien de Wachter. Ce qu'il fait, en revanche, c'est proposer une interprétation idéaliste du monde spinoziste, en assimilant son statut ontologique à celui du monde de Leibniz *antecedenter ad decretum*. En outre, quand il répond aux objections de Lessing en 1763, il insiste sur le fait que le corps pour Spinoza n'est rien d'autre que sa représentation dans l'esprit, justement pour réduire la distinction entre pensée et étendue à une distinction intra-cogitative, exactement comme chez Wachter. Cette phénoménalisation du corps renforce donc l'impression d'un apport de Wachter car on ne voit pas qui aurait bien pu lui suggérer cette possibilité sinon l'auteur de l'*Elucidarius cabalisticus*. Quand Alexander Altman discute les *Philosophische Gespräche*, il se contente de noter que Mendelssohn se trompe sur Spinoza parce que, pour Spinoza, l'étendue est une essence éternelle et infinie de Dieu et non un simple phénomène, ou objet de l'entendement. Nous accordons en effet qu'il s'agit d'une interprétation de Spinoza qui ne peut pas passer pour véritable sans un remaniement ou même une déformation de la doctrine spinoziste originale. Très précisément, c'est une lecture qui présuppose déjà la possibilité d'une conception spiritualisante de l'attribut de l'étendue, manifestement contraire aux intentions de Spinoza lui-même. Nous accordons également que Mendelssohn lui-même n'offre pas grand-chose à son lecteur pour justifier sa démarche interprétative. Il faut alors penser que, si la

1 Mendelssohn à Elise Reimarus, 16 août 1783, *Gesammelte Schriften*, *op. cit.*, vol. XIII, Stuttgart / Bad Cannstatt, Fromman Holzboog, 1972-, vol. XIII, p. 264 (nous traduisons).

lecture de Mendelssohn pouvait quand même à l'époque passer pour acceptable, c'était parce que quelqu'un d'autre avait déblayé le terrain au préalable. Ce que nous avons voulu démontrer ici est que ce « quelqu'un » était sans doute Johann Georg Wachter dont les travaux allaient donc être à l'origine du Spinoza idéaliste dans l'histoire de la philosophie allemande.

Mogens LÆRKE
CNRS-UMR 5317 IHRIM
ENS de Lyon

L'ORDRE NATUREL SELON NEEDHAM

Métaphysique et philosophie expérimentale

Surtout connu comme naturaliste observateur des zoophytes et des infusoires, l'abbé John Turberville Needham (1713-1781) collabora avec Buffon à l'époque où l'auteur de l'*Histoire naturelle générale et particulière* réexaminait les fondements de la théorie de la génération[1]. Restaurateur de l'épigenèse contre la préformation, comme Buffon et Maupertuis, Needham développa des vues originales sur la façon d'expliquer la formation des êtres organisés et des vivants. Bien qu'il adhérât à une simple méthode empiriste basée sur l'observation et les inductions contrôlées, il se fixa l'objectif de produire une harmonieuse synthèse entre ce qu'il tenait pour des lois empiriques de la génération et un ensemble intégré de principes théoriques. Ses *Nouvelles Observations microscopiques* (1750)[2] et les notes dont il assortit l'édition des *Nouvelles Recherches sur les découvertes microscopiques, et la génération des corps organisés* de Lazzaro Spallanzani (1769)[3] eurent comme visée de proposer et de justifier un système de la nature qui exploitait et transposait des concepts découlant pour une bonne part de la théorie leibnizienne des monades. Ce système se caractérise par la volonté de concilier les formes de vie émergeant de pouvoirs corporels avec la présupposition d'un ordre téléologique de la nature. Ainsi accéderait-on à des raisons suffisantes d'harmonie immanente et celles-ci prévaudraient dans l'explication des phénomènes reliés à la sensibilité animale et à l'intelligence humaine.

1 Sur John Turberville Needham, observateur et philosophe de la nature, voir Stefani, Marta, *Corruzione e generazione. John T. Needham e l'origine del vivente*, Firenze, Olschki, 2002.

2 Needham, John Turberville, *Nouvelles Observations microscopiques, avec des découvertes sur la composition et la décomposition des corps organisés*, Paris, Chez Louis-Étienne Ganeau, 1750 (abréviation : NO).

3 Needham, John Turberville, *Notes* in : Spallanzani, Lazzaro et Needham, John Turberville, *Nouvelles Recherches sur les découvertes microscopiques, et la génération des corps organisés*, Londres et Paris, Chez Lacombe, 1769 (abréviation : NR).

Mon objectif est de montrer comment Needham s'est servi de notions monadologiques qu'il a transformées en vue d'édifier une philosophie de la nature. Les composantes de cette théorie ont souvent été jugées par les contemporains comme d'abstruses et vaines spéculations « métaphysiques », mais il convient surtout d'y voir l'esquisse d'une théorie proto-biologique de l'organisation vitale.

L'APPROCHE MÉTHODOLOGIQUE

Les *Nouvelles Observations microscopiques* de Needham prennent le relais de travaux qui, depuis 1743, avaient établi sa réputation comme observateur d'organismes sujets à des transformations analogues à celles que présentaient les polypes de Trembley[1]. Ses recherches avaient notamment porté sur les anguillules du blé niellé, les calmars et les étoiles de mer. Ces organismes semblaient présenter des propriétés similaires aux modes de reproduction et de régénération des polypes et subir ce que l'on pouvait tenir pour une « végétation véritable[2] ». Une autre part importante de ses travaux antérieurs, intégrés à l'ouvrage de synthèse de 1750, avait porté sur les animalcules spermatiques et sur les infusoires qui semblaient issus de la décomposition d'organismes végétaux ou animaux. Résultant d'investigations microscopiques entreprises pour une part de concert avec Buffon, ces observations n'étaient pas censées présupposer de postulation théorique. « Je voulais faire observer au Public, déclarait Needham, que je n'ai pas dirigé mes expériences, suivant des principes conçus auparavant, mais que j'ai déduit les principes d'après des expériences faites dans un temps où je n'avais aucune théorie en vue[3] ».

Dans les *Nouvelles Observations*, en relation avec les nouvelles recherches entreprises depuis sa collaboration avec Buffon[4], il souligne néanmoins son

1 Trembley, Abraham, *Mémoires pour servir à l'histoire d'un genre de polypes d'eau douce*, Leyde, Jean et Herman Verbeek, 1744. Voir Dawson, Virginia P., *Nature's Enigma : The Problem of the Polyp in the Letters of Bonnet, Trembley and Réaumur*, Philadelphia, American Philosophical Society, 1987.

2 NO, p. 7.

3 NO, p. 63 note.

4 Voir NO, p. 145 *sq.*

intention de tirer de constats expérimentalement fondés des conséquences probables constituant des principes rationnels dont la « connexion » à des « vérités [empiriques] manifestes[1] » pourrait être corroborée de façon aussi régulière que possible.

Un tel système se constitue autour de la notion d'un « principe de vie » qui « commence, croît et finit dans la végétation[2] ». Ce principe est présumé sous-tendre la production et la transformation de tous les corps organisés, quels que soient leurs degrés de complexité. L'agent déterminant la génération et la croissance des corps animaux est assimilé à celui qui cause la reproduction, les transformations structurales et les processus vitaux des organismes végétaux. Il est identifié à un sujet corporel, substrat de l'ensemble des propriétés morphogénétiques et dynamiques qui se traduisent en « opérations vitales » au sein des corps organiques. Ces corps sont susceptibles de végétation, de vitalité et d'animation suivant une hiérarchie ascendante de complexité structurale et fonctionnelle. De plus, il ne saurait y avoir de rupture totale, de discontinuité radicale de modes d'organisation, entre les animalcules les plus élémentaires et les organismes animaux les plus complexes. L'animation proprement dite se grefferait donc sur les actes vitaux qui découlent de la simple végétation. Cela signifie-t-il cependant qu'elle en dépende ? De cette première formulation du modèle, il ressort simplement que les principes de vie sont non seulement multiples, mais peuvent être considérés comme relativement hétérogènes en raison des modes de composition et d'intégration diversifiés des corps organiques, suivant une échelle ascendante menant de la vitalisation à l'animation.

LA FORCE VITALE DE VÉGÉTATION

Needham est partisan de l'épigenèse en matière de génération. La diversité des modes de génération, tels que les naturalistes les découvrent à cette époque, retient particulièrement son attention, qu'il s'agisse de la reproduction et de la reconstitution des polypes selon Trembley, de

1 NO, p. 146.
2 NO, p. 109 note.

la génération hermaphrodite des aphides selon Bonnet, ou de toutes les formes de reproduction après division chez des animaux inférieurs qu'il a lui-même étudiés. Parmi les observations qu'il a réalisées, figurent celles qui portent sur les corps organisés issus des infusions de substances végétales et animales[1]. Dans les premières infusions observées, notamment celles de germes d'amande, Needham note en premier lieu la dissolution des matières en infusion, puis après un délai d'un quinzaine de jours, l'apparition d'une multitude d'« atomes mouvants » fort actifs et provenant de l'intérieur des particules de germe : chez ces atomes actifs, les mouvements, bien qu'ils ne se réduisent pas aux effets résultant de la fermentation, semblent dénués de spontanéité – caractéristique typique du mouvement animal[2]. Après son séjour auprès de Buffon, Needham a entrepris une nouvelle série d'expériences pour établir le mode d'émergence de ces microstructures qui seraient engendrées sous le seuil de l'animalité. Un trait de cette recherche tient au fait que le modèle explicatif qu'elle instaure diffère de celui que favorisait Buffon[3]. Certes, ils font dériver, l'un comme l'autre, la formation de ces microstructures des puissances de la matière indépendamment de tout principe psychique d'animation, mais Buffon envisage un processus de formation par « coalition de parties organiques », alors que Needham tient au concept d'« une végétation réelle intérieure[4] » : celle-ci constituerait un principe de vitalisation *sui generis*, interne à toute partie de structure matérielle et s'exerçant de façon différente suivant les dispositifs corporels dans lesquels elle intervient. Chez Buffon, la capacité organogénétique était en quelque sorte dépendante de facteurs matériels externes agissant sur la combinaison des molécules organiques et symbolisés par la notion de

1 NO § 17, p. 182 et note. Needham signale, comme point de départ de ses observations, celles qu'il avait menées sur une infusion de semences chez son ami John Hill. La première hypothèse qui se serait alors fait jour était liée au projet de ramener les animalcules spermatiques à diverses classes. Les corps organisés apparaissant dans l'infusion semblaient se situer sous le niveau des animaux sujets à mouvements spontanés. Le fourmillement de ces corps et leur extrême mobilité semblaient dus à leur état de machines animées de quelque principe intérieur relevant de l'ordre physique.

2 Voir NO, § 20, p. 193.

3 Sur la théorie de la génération de Buffon, voir Roger, Jacques, *Les Sciences de la vie dans la pensée française du XVIII*[e] *siècle*, 2e édition, Paris, Armand Colin, 1971, p. 527-584 ; Hoquet, Thierry, *Buffon. Histoire naturelle et philosophie*, Paris, Honoré Champion, 2005, p. 395-449 ; Duchesneau, François, *La Physiologie des Lumières. Empirisme, modèles et théories*. Paris, Classiques Garnier, 2012, p. 376-403.

4 NO, § 24, p. 214.

« moule intérieur », alors que, selon Needham, la puissance formatrice serait immanente à tout point de matière en vertu d'une disposition dynamique propre, quitte à ce que ce pouvoir de végétation s'exerce différemment suivant les combinaisons de parties en interaction.

Au temps de sa collaboration avec Buffon, Needham avait observé des animalcules spermatiques dont il croyait que la naissance et les transformations étaient analogues à celles des animalcules des infusions. Les deux naturalistes s'accordaient pour soutenir la stricte similitude des corps organiques impliqués dans ces semences aux productions organiques issues des infusions : « Je reconnus, affirme Needham, que tous les animalcules microscopiques communs, sans en excepter les spermatiques, devaient être rangés dans la même classe, et que leur génération était fort différente de celle de tous les autres Êtres animés[1] ». De fait, Needham rapporte à son association avec Buffon le partage d'une distinction cruciale entre les corps animés et les corps purement végétants. En 1748, il distinguait d'une part les corpuscules et les animaux spermatiques qui émergeraient dans leurs fluides respectifs par coalescence de principes matériels actifs, d'autre part les animalcules microscopiques ordinaires qui seraient doués d'un véritable principe d'animation, exerceraient des mouvements spontanés et se reproduiraient à l'intérieur d'organismes de même espèce. La correction qu'apporte Needham à cette distinction dans les *Nouvelles Observations* s'appuie sur les séries d'expériences réalisées après 1748 et aboutit à deux considérations spécifiques. En premier lieu, tous les animalcules ordinaires se trouvent désormais assimilés aux corps organisés élémentaires quant à leur mode de formation et aux propriétés dynamiques qui les caractérisent. Réalisant l'expérience des fioles fermées contenant du jus de viande, expérience dont Spallanzani contestera bientôt les conclusions, Needham rejette précisément le principe de la distinction de types parmi les animalcules microscopiques[2]. Par ailleurs, si les corps organisés considérés semblent privés de sensibilité, ils participent à des modes immanents de vitalité et d'animation : ceux-ci déterminent la formation et l'action de tous les corps organisés, à quelque degré de l'échelle de complexité fonctionnelle qu'ils se situent.

1 NO, § 20, p. 196.
2 Voir NO, § 21, p. 196-200.

> Mais la force des machines naturelles, même des moins composées, qui vient d'une activité intime, qui pénètre leur propre substance, est bien supérieure au mécanisme commun. Et si on remonte à sa source, on trouvera qu'elle est indépendante de la configuration, ou de toutes autres causes matérielles, quoiqu'elles puissent l'exciter, la diriger et la distribuer. Si donc nous voulons avoir une juste idée de ces Êtres, nous devons considérer le principe qui leur donne l'activité, comme un principe vital et un degré d'animation [...][1].

L'inférence peut-être la plus importante qui se tire de cette généralisation analogique du principe de vitalité réside dans l'hypothèse selon laquelle la formation de ces corps organisés sans génération véritable permettrait d'éclairer la génération reproductive des organismes plus complexes[2]. On peut sans doute supposer ici que Needham recourt à un principe univoque de génération, quelles que soient les modalités particulières suivant lesquelles il s'exerce et quel que soit le degré de complexité des structures corporelles qu'il élabore et anime[3].

Il s'agit donc pour Needham d'établir que tous les corps organisés résultent du même principe d'organisation et de développement et que ce principe a droit de cité dans le système de la nature le plus conforme aux exigences de l'*experimental philosophy*. « Car je n'ai, professe-t-il, que deux vérités générales à établir dans cet essai d'après l'observation : la première est, qu'il y a une force productrice dans la Nature ; la seconde que tout corps organisé, depuis le plus composé jusqu'au plus simple, est formé par végétation[4] ». La tâche qu'il s'assigne est de déterminer les paramètres généraux identifiant cette force dans le système naturel, et de décrire son rôle dans la formation des divers corps organisés – formation alors conçue comme une épigenèse et non plus comme un simple développement de structures préformées.

1 NO, § 20, note, p. 194.

2 Voir NO, § 21, p. 199 : « [...] une classe d'Êtres qui, quoiqu'ils ne soient pas engendrés, et qu'ils n'engendrent pas à la manière ordinaire, nous donnent cependant une clef pour conduire à la génération de tous les autres ».

3 Voir NO, § 27, note, p. 224 : « Je raisonnai ainsi en moi-même ; il paraît évident par toutes les observations que j'ai faites jusqu'ici, que dans l'échelle de la Nature il n'y a qu'un degré de distance entre la dernière espèce de *vitalité* animale et la première de *vitalité* végétale. Les mêmes, ou à peu près les mêmes principes différemment combinés, avec plus ou moins de liberté, et par conséquent quelque différence dans les puissances organiques, peuvent être ou le véhicule rapide d'une *vitalité* libre, ou les instruments lents de la végétation ordinaire des plantes ».

4 NO, § 22, note, p. 200.

La force de végétation s'analyse suivant le degré d'exaltation ou d'activité qui l'exprime empiriquement, ce qu'illustre l'intensité variable des mouvements des globules des infusions selon leurs dimensions et leurs séquences de transformation. Needham précise qu'il semble y avoir un rapport de proportion inverse entre la composition et la dimension des structures organiques d'une part, et les effets dynamiques produits d'autre part. La décomposition des corps organisés peut ainsi libérer des structures plus élémentaires dont le dynamisme serait plus intense. Pour comprendre le rapport des structures constituées à leur degré d'exaltation, représentons-nous que les processus de végétation et donc de formation organique sont régis par des relations entre forces expansives et forces résistantes : l'organisation des corps et leurs propriétés en dépendraient. « La force végétative, affirme Needham, est plus ou moins prompte, selon que varient les proportions entre les forces résistantes et expansives en lesquelles elles se résolvent, et par là les effets sont différents, sans passer la ligne de végétation[1] ». L'analyse souligne la corrélation étroite entre les effets antagonistes auxquels la force de végétation donne lieu et les processus de décomposition et de composition des corps considérés, comme le révèle notamment l'observation des animalcules des infusions. L'idée ici sous-jacente est celle de cycles réguliers de composition et de décomposition organiques, objets possibles d'énoncés de lois empiriques. La végétation dans son expression dynamique semble se rattacher à des degrés plus ou moins élevés d'exaltation et ceux-ci renverraient à des proportions diverses de forces expansives et résistantes, sous-tendant la transformation des structures organiques : « et ainsi je suppose, ajoute Needham, la matière continuellement susceptible d'exaltation, toujours dans le même ordre, tandis qu'elle tend à se décomposer. En sorte que les proportions de résistance et d'expansion varient suivant que les corps organisés se composent ou se décomposent, et que l'une ou l'autre de ces forces prédomine[2] ».

La comparaison des animalcules des diverses infusions permet de décrire de considérables variétés de tels corps organisés : ceux-ci représentent des structures émergentes reflétant des stades et des degrés distincts dans l'antagonisme des forces expansives et résistantes au fondement de la végétation organisante. Les distinctions proposées par

1 NO, § 23, note, p. 209.
2 NO, § 24, note, p. 210.

Needham évoquent un modèle néo-leibnizien de forces dérivatives actives et passives suivant lesquelles se coordonnerait l'expression phénoménale des forces vives rattachables aux éléments fondamentaux des corps organiques. Afin de rendre plus concrète cette représentation des principes antagonistes sous-tendant les divers degrés d'organisation, Needham suggère que certains corps chimiques : sels, esprits, etc. serviraient à fixer dans une structure particulière la force de végétation dont l'action sans frein produirait une décomposition plus poussée des formes organiques. Il reste certes à découvrir si, dans cette perspective, les relations phénoménales entre de telles forces dérivatives actives et passives requièrent que l'on ait recours à des raisons d'être métaphysiques analogues aux forces primitives actives et passives de la dynamique leibnizienne[1].

Needham rapporte volontiers les forces expansives et résistantes à l'ordre des composés corporels, dont il conçoit qu'ils puissent s'analyser en structures de plus en plus élémentaires, mais toujours dotées de principes constituants antagonistes à la fois actifs et passifs. Et il incline à concevoir que ces parties intégrantes, de décomposition en décomposition, se réduiraient en quelque sorte à des points dynamiques, animés d'activité motrice intense pour une résistance minimale. Dans le même temps, Needham reconnaît que les échelles inverses de degrés d'activité végétative et de résistance se trouvent distribuées sur des ordres différenciés de substances matérielles, impliquant toutes une certaine complexité interne : corrélativement, cela implique que les substances corporelles seraient formées de combinaison de parties et de combinaison de combinaisons en une séquence qui se déploierait au-delà de toute limite empiriquement assignable. La nature des corps implique leur dépendance de principes actifs de mouvement, présents dans les moindres éléments et présumés combiner leurs effets de façon à produire des actions reflétant l'organisation résultante[2].

Nos pouvoirs d'intellection se limitent à saisir, suivant la constitution de notre propre corps, l'effet sensible des actions et réactions qui sous-tendent le rapport des diverses réalités physiques entre elles. Nous ne pouvons analyser le système des relations entre les corps de l'univers

1 Nous pensons ici à la typologie des forces primitives et dérivatives, actives et passives que Leibniz avait développée dans le *Specimen dynamicum* (1695). Voir à ce sujet Duchesneau, François, *La Dynamique de Leibniz*, Paris, Vrin, 1994, p. 211-244.

2 Voir NO, § 37, p. 320-321.

physique que par les correspondances conceptuelles qui s'induisent du système de nos connaissances sensibles. Dans cette perspective : « la nature de l'agent primitif et sa force innée telle qu'elle est en elle-même nous sont entièrement cachées, et les premières causes physiques dont nous pouvons avoir quelque idée ne sont que les premiers effets des principes actifs sur nous[1] ». Certes, la raison peut s'exercer sur ces données relatives inférées de l'expérience et en schématiser l'explication en évoquant quelque raison suffisante métaphysique. Or, en ce genre, Needham récuse la thèse selon laquelle la réalité matérielle se réduirait à un continu extensif composé de parties à l'infini, thèse qui, sur la base de ce seul contenu intelligible, viserait à rendre compte de l'impénétrabilité des corps et à fournir un principe fondateur de leur substantialité. Cette hypothèse interprétative comporte le paradoxe de postuler l'autosuffisance d'un « composé substantiel infiniment complexe, existant sans une seule substance individuelle[2] ». Par contre, l'aporie peut se résoudre si l'on recourt à un argument inspiré d'une approche monadologique. Needham le développe ainsi :

> Je dis donc, si la matière est essentiellement un composé, comme nous savons qu'elle l'est en effet, la seule manière de nous exprimer intelligiblement et conformément à la vérité, est de la résoudre en principes simples : ces principes ne sont pas de la matière, parce qu'ils ne sont pas eux-mêmes composés, ils ne sont pas non plus étendus ni divisibles, parce qu'ils n'ont point de parties ; ce sont des substances dans lesquelles l'essence, l'existence et l'action se terminent en dernière raison, par conséquent ils sont absolument individuels. Ils se combinent pour former des composés physiques, qui par leurs forces réunies produisent des impressions sensibles ; il y a donc une alternative continuelle d'action & de réaction ; l'étendue, l'impénétrabilité, la cohésion, etc. sont des idées conséquentes à des impressions physiques produites sur ce système que nous appelons notre corps, et par conséquent relatives à la quantité et à la qualité de l'action extérieure qui les engendre, aussi bien qu'aux forces du système qui les reçoit. Tout composé physique est donc une combinaison d'agents simples d'une nature différente et même opposée[3].

Ainsi, les effets que produisent les réalités corporelles externes suivant leurs compositions respectives et leurs interactions dynamiques nous sont connus, de façon relative mais régulière, par les

1 NO, § 37, p. 322.
2 NO, § 38, p. 333.
3 NO, § 39, p. 334-335.

représentations issues de la constitution et du pouvoir de réactivité sensible de notre propre composé organique[1]. Ce caractère doublement relatif des notions en jeu et de leur pouvoir de représentation objective, s'il ne nous permet pas d'identifier les causes réelles des phénomènes observés et de leurs relations constantes, nous autorise cependant à poser des agents véritables de type monadique comme condition d'intelligibilité de l'ordre naturel réalisé. Comme le soulignent les dernières analyses figurant dans les *Nouvelles Observations*[2], derrière les agents physiques, moteurs et résistants, dont l'identification ne repose que sur la comparaison et l'analyse des phénomènes, se profile l'exigence de substances simples, fondements premiers des forces en jeu dans la formation des corps et dans le déploiement des processus moteurs qui s'y déroulent. À un degré plus élevé d'expression, c'est à des agents du même ordre qu'il convient de rattacher les effets identifiés à la sensibilité et à la pensée. Mais point essentiel : les actions attribuables à ces agents simples, par-delà leur expression phénoménale, supposent la combinaison organique, l'organisation des corps correspondants, ainsi que le concours et l'intégration des processus impliqués – ce que Needham désigne par le terme de « coefficience » (en anglais : *coagency*) :

> [...] toute combinaison physique peut se réduire en dernière raison, à un certain nombre d'agents simples, la différente causalité produit ces différents effets que nous appelons *résistance*, *mouvement*, *sensation* ou *pensée*, suivant leurs différentes combinaisons ; [...] la nature et les forces de ces agents simples sont essentiellement opposées l'une à l'autre, quoique par-là même elles concourent à s'unir intimement, et qu'elles deviennent causes productrices de l'action et réaction mutuelles, d'où résulte nécessairement l'union, la coefficience, la variété des combinaisons, ainsi qu'une alternation perpétuelle de causalité innée, qui serait comme assoupie et tomberait en quelque sorte dans l'inertie sans cette opposition naturelle [...][3].

1 Voir NO, § 31, p. 265 : « Car quoique la connaissance des objets extérieurs soit entièrement au-dedans de nous, qu'elle ne soit que relative, et un simple effet, elle est cependant l'effet inaltérable d'une certaine cause extérieure, et en atteste la présence indubitable. C'est un rapport qui ne dépend pas de nous, la mesure est au-dedans de nous et invariable, et on trouve qu'il est exactement commensurable avec l'action extérieure qui le produit, et avec cette puissance qu'a un objet extérieur d'exciter quelque idée particulière dans un agent individuel ».

2 Voir notamment NO, § 61, p. 478-481.

3 NO, § 31, p. 267.

Needham postule donc des « agents simples » sous-tendant, par leurs concours réciproques, les relations constitutives des corps organisés et leur dynamique de formation et de transformation à tous les paliers de complexité.

LE MODÈLE MONADOLOGIQUE

Cette prévalence d'une monadologie se trouve confirmée dans les écrits ultérieurs. Ainsi en est-il en 1769 dans les Notes ajoutées aux *Nouvelles Recherches sur les découvertes microscopiques et la génération des corps organisés* de Spallanzani. Alors en effet, Needham n'hésite pas à relier son propre système à certaines thèses fondamentales de philosophie naturelle leibnizienne, telles la conception des éléments monadiques comme de véritables substances actives, l'analyse des réalités phénoménales rapportées à nos capacités cognitives et la corrélation de celles-ci au mode d'organisation de nos corps organiques complexes. Ainsi professe-t-il :

> Que l'on examine bien ce système, on lui trouvera de la conformité avec la bonne métaphysique ; j'entends celle de *Leibnitz*, qui traite l'essence primitive de la matière, et la nature de ses principes. Selon ce Philosophe, ces principes simples et inétendus, comme causes, sont actifs par essence, et produisent par leur action et réaction combinées, les phénomènes de l'étendue solide, du mouvement, de la figure et de la divisibilité ; phénomènes que nous n'apercevons que dans nous-mêmes par les effets qu'ils produisent intérieurement, et qui ne sont que relatifs à notre système organisé et à la nature de nos connaissances[1].

Dans ce contexte, Needham fait référence aux *Institutions leibnitiennes, ou Précis de la monadologie* (1767) de Pierre Sigorgne[2] comme à un exposé exemplaire des thèses métaphysiques de Leibniz, susceptible notamment de contrer les arguments des sceptiques, tel Berkeley, au sujet des fondements de la réalité matérielle et de la constitution réelle des divers corps de la nature, compte tenu de ce que peuvent nous en révéler nos pouvoirs

1 Spallanzani, Lazzaro et Needham, John Turberville, *Nouvelles Recherches sur les découvertes microscopiques et la génération des corps organisés*, I, p. 146.

2 Sigorgne, Pierre, *Institutions leibnitiennes ou Précis de la monadologie*, Lyon, Chez les Frères Périsse et à Paris, Chez Saillant, 1767.

de connaissance[1]. Sous bénéfice d'inventaire plus précis, retenons que les *Institutions leibnitiennes* représentaient une version du leibnizianisme particulièrement propice aux rapprochements scientifiques auxquels des naturalistes comme Bonnet[2] et Needham rattachaient l'exposition de leurs vues sur le système de la nature.

Dans ce même contexte, Needham confirme qu'une référence leibnizienne prévaut dans sa conception des agents réels à l'arrière-plan des réalités phénoménales que sont les corps organisés. La monade leibnizienne, selon Needham, est un principe simple et inétendu, actif par essence et dont l'activité se déploie en actions et réactions combinées. À ce titre, la monade apparaît apte à rendre compte causalement des propriétés phénoménales des corps : étendue, solidité, figure, mouvement et divisibilité. Ces propriétés phénoménales se présentent en effet comme des effets des principes actifs de l'ordre naturel : ces effets sont perçus suivant la réceptivité qui nous est propre en raison de l'organisation physiologique de notre corps. Il n'est pas jusqu'à l'interprétation que Needham formule concernant la différence des monades brutes par rapport aux sujets dotés de sensation et d'intellection qui n'implique une prise de position caractéristique par rapport au modèle leibnizien :

> Si dans mon essai sur la génération, j'avance, en raisonnant d'après *Leibnitz* & bien d'autres Philosophes, que toute matière quelconque, même la plus exaltée, est essentiellement composée, quoique les premiers principes qui la composent soient des êtres simples, je refuse en même temps à ces mêmes principes toute sensation, et à plus forte raison toute intelligence ; et je la refuse avec d'autant plus de fondement que leur essence, comme principes de la matière, est de se combiner toujours pour produire par leur action multipliée et coordonnée les phénomènes de l'étendue, de la figure, du mouvement et de

1 Voir NR, I, p. 147 : « Ceux qui peut-être ne connaissent pas encore assez la Philosophie de Leibnitz peuvent jeter les yeux sur les *Institutions leibnitiennes, ou Précis de la monadologie.* C'est l'ouvrage d'un Philosophe célèbre et profond, M. l'Abbé *Sigorgne.* Je pense qu'il est impossible à celui qui aura la force d'esprit nécessaire pour saisir cette Métaphysique sublime, de refuser de s'y rendre : c'est la solution de toutes les difficultés épineuses du fameux Berkeley, contre l'existence de la matière et de toutes les contradictions apparentes qui naissent de la divisibilité ; enfin ce livre est de la plus grande utilité pour combattre le Scepticisme ».

2 On sait par ailleurs que cette publication avait précisément outré Bonnet qui soutenait qu'il y retrouvait, non l'expression des thèses du Leibniz historique, mais les siennes propres relatives aux corps organisés. Voir Savioz, Raymond, *Mémoires autobiographiques de Charles Bonnet de Genève*, Paris, Vrin, 1948, p. 309-324.

> la solidité ; or on ne conçoit pas que la sensation puisse exister, sinon dans un être en quelque façon isolé, distingué du corps qu'il habite, et dont l'activité est comme concentrée en lui-même[1].

Il y a là confirmation de l'emprunt par Needham d'une thèse fondamentale relative à la composition du continu extensif, rattachant le fondement et l'unification des propriétés des corps aux monades comme principes actifs ; mais la divergence d'avec Leibniz s'affirme par la distinction tranchée entre le statut des monades physiques et celui d'agents simples capables d'une forme de conscience identifiable à la sensation qui représente la condition animale. On est alors dans l'ordre de ce que Leibniz identifiait à la perception suivant le mode des consécutions empiriques entre représentations sensibles. Selon Needham, ce qui caractérise l'activité animale, c'est précisément un pouvoir de synthèse du divers des représentations et des actions corrélatives : ce pouvoir nous ferait accéder à une unité supérieure des actes physiologiques. Il suffit pour le constater de comparer les processus caractéristiques de l'animalité véritable à ceux de corps dotés d'un simple pouvoir de végétation vitale. Un statut analogue, mais supérieur, peut et doit être revendiqué pour les sujets doués d'intellection. Le modèle monadologique leibnizien lui-même favorisait la conception de tels stades supérieurs d'intégration des actions propres. Le canevas de base que constituent les corps organiques unis à des monades se diversifie suivant que l'organisation vitale et les propriétés fonctionnelles du corps organique traduisent des degrés divers de synthèse. Bien qu'il semble y avoir une différence radicale entre les monades purement physiques et celles qui sont douées de sensation et de cognition intellectuelle – différence parallèle à celle que Christian Wolff établissait entre éléments et âmes – l'état des choses selon Needham paraît impliquer qu'à tout composé organique correspond un degré de pouvoir qui en permet l'actualisation à quelque niveau de perfection que ce soit. Et ce degré de pouvoir ferait de l'exaltation et de la force végétative une propriété dynamique susceptible de lier potentiellement les principes substantiels des corps les moins organisés à ceux des animaux possédant l'organisation la plus complexe. Comme chez Maupertuis[2], chez Needham, la monade physique serait plus adéquatement définie

---

1 MR, I, p. 232-233.

2 Voir Duchesneau, François, « Critique et usage du concept de monade par Maupertuis », *Studia Leibnitiana*, vol. 45, 2013, p. 170-190.

comme « monade physiologique », puisqu'elle correspond toujours à un corps organique, qu'elle fournit la raison suffisante spécifique de phénomènes que l'on peut qualifier de « vitaux » et qu'elle fonde des opérations fonctionnelles plus complexes par combinaisons de structures organiques.

Ainsi Needham indique-t-il son allégeance à un « système leibnizien » qui serait apte à conforter les principes qu'il a inférés de ses observations microscopiques en les intégrant à une théorie métaphysique englobante :

> Dans le traité que j'ai publié il y a dix-huit ans [les *Nouvelles Observations*], j'ai estimé absolument nécessaire d'élever les principes physiques inférés des observations microscopiques jusqu'à la nature métaphysique de la matière, et d'embrasser le système leibnizien, comme le seul qui s'accordât avec la nature et la raison. De même, nous pourrons en nous appuyant sur ces seuls principes assez adéquatement concevoir et semblablement expliquer beaucoup d'autres phénomènes pris des corps organiques, que les Philosophes aujourd'hui préfèrent simplement laisser de côté[1].

Toutefois, le système leibnizien dont il s'agit ne saurait être qu'un système remodelé pour servir de cadre à des hypothèses physiologiques induites des données empiriques. Le remodelage entraîne une interprétation originale que Needham revendique comme sienne lorsqu'il évoque « les principes Métaphysiques que nous avons établis sur les premiers éléments de la matière d'après Leibnitz[2] ». Bonnet témoigne à sa façon du type de révision auquel Needham a procédé en soulignant la contradiction apparente entre la thèse needhamienne d'une « force végétatrice » qui organise et produit des organismes par épigenèse, et l'adhésion connue de Leibniz à une théorie de la préformation des germes emboîtés. Le 8 avril 1769, Bonnet écrit à Needham : « Je ne saurais me faire aucune Idée d'une *Force végétatrice* qui *organise.* Vos *Feux d'artifice* m'amusent et ne m'éclairent pas. Leibnitz dont vous vous étayez, posait en Principe les Germes, et même l'Emboîtement, Et vous traitez de *monstrueuse* une telle Physique [celle qui suppose la préformation et la

---

1 MR, I, 290-291 : « *Propterea in tractatu, quem dedi octodecim abhinc annis, necessarium omnino duxi principia Physica ex observatiomibus microscopicis eruta usque ad Metaphysicam materiæ naturam elevare, & leibnitianum systema amplecti, ut unice consonum naturæ & rationi. Alia multa similiter phenomena, quæ in corporibus organicis deprehenduntur, his solis principiis innixi satis pate concipere, & explicare similiter poterimus, quæ Philosophis pro præsenti derelinquere plane libet* ».

2 MR, II, 35.

préexistence des germes][1] ». Sans connaître la réponse de Needham sur ce point, puisqu'elle n'a pu être retracée, nous supposerons qu'il aurait résolu l'aporie en rattachant l'immanence des structures organiques, non à une préexistence d'organismes miniaturisés dans les germes, mais au potentiel d'effets embryonnés compris dans la *vis insita* qu'il attribue aux éléments monadiques sous-tendant les changements observables des corps organiques. Du moins serait-ce là une lecture de la génération des organismes selon Leibniz plus ouverte au perfectionnement des formes vitales suivant des modes épigénétiques que ne le supposent en général des lectures plus traditionnelles, axées sur le préformationnisme structural. Après tout, le passage des Notes de Needham intégrées aux *Nouvelles Recherches* qui avait suscité le commentaire critique de Bonnet et dans lequel l'« Anguillard » – pour reprendre le sobriquet que lui avait donné Voltaire – s'était servi métaphoriquement d'expressions leibniziennes pour désigner les effets embryonnés des forces impliquées dans l'épigenèse, se lisait comme suit :

> [...] et nous concevrons sans difficulté qu'une force végétatrice, exactement distribuée, intérieure et déterminée en elle-même spécifiquement, doit donner par ces moyens, quand elle pousse au dehors, une figure toujours déterminée, comme une force projectile quelconque déterminée, et combinée avec la gravitation, décrit nécessairement une certaine portion parabolique d'une forme déterminée, et s'arrête à un point mathématiquement fixé, ou comme un feu d'artifice dont les forces sont combinées avant que l'on applique le feu, se répand au dehors, et produit une figure déterminée d'avance par la volonté de l'Artificier[2].

En ce sens, l'épigenèse apparaît comme une sorte de préformation, une préformation dynamique qui développe ses effets en structurant des corps organiques à partir d'une matière organique. Réitérant plusieurs observations majeures réalisées par les naturalistes de son temps, incluant les siennes propres, Needham a tiré de ces arguments, valides comme non valides, en faveur de l'épigenèse, une doctrine originale. Sans craindre le paradoxe, il a rattaché cette théorie à une philosophie naturelle inspirée de la doctrine leibnizienne des monades et des corps

1 Lettre de Bonnet à Needham du 8 avril 1769, in : Roe, Shirley & Mazzolini, Renato, *Science against the Unbelievers : The Correspondence of Bonnet and Needham, 1760-1780*, Oxford, Voltaire Foundation, 1986, p. 268-269. L'allusion porte sur MR, I, p. 229.

2 MR, I, p. 229.

organiques, en dépit de la connexion bien attestée de celle-ci à la préformation. Or Needham l'a fait en fondant sa conception de la force vitale sur une théorie quasi leibnizienne des entités physiques comme machines organiques et de la préformation comme l'effet potentiellement prédéterminé d'un système de forces immanentes (*vires insitæ*). Corrélativement toutefois, cette déformation marquée du patron monadique illustrait le potentiel d'adaptation des notions leibniziennes et le rôle qu'elles pouvaient jouer en suscitant de nouvelles conceptions en philosophie naturelle. C'est un point que j'ai été amené à souligner en analysant les idées « biologiques » de Leibniz et qu'à mon avis toute investigation relative aux transpositions scientifiques de notions monadiques dans l'histoire naturelle des Lumières confirmera. D'où l'interrogation que je soulevais à la fin de *Leibniz. Le Vivant et l'organisme* :

> Apparaîtrait-il paradoxal de soutenir que la conception leibnizienne du vivant et de l'organisme, assimilant des modèles théoriques et méthodologiques divers, riches en implications contrastées, comportait, dans sa constitution propre, des zones d'ombre, de cohérence à construire, de synthèse inachevée ? Ne serait-ce pas là d'ailleurs l'un des facteurs expliquant son appropriation, au siècle des Lumières et même au-delà, par une postérité diverse, voire hétérogène, mais importante et œuvrant de façon inventive, à la frontière entre philosophie et science, à l'établissement de la biologie comme discipline fondamentale ? Un témoignage probant à cet égard nous vient de John Turberville Needham [...], brillant observateur et théoricien fort controversé de l'épigenèse organique[1].

François Duchesneau
Université de Montréal

1 Voir Duchesneau, François, *Leibniz. Le Vivant et l'organisme*, Paris, Vrin, 2010, p. 306.

JOHANN GEORG SULZER

La psychologie comme « physique de l'âme »

Dans le cadre d'une réflexion sur les métaphysiques des Lumières, il n'est pas inutile d'attirer l'attention sur les activités de la Classe de philosophie spéculative de l'Académie des sciences et des belles-lettres de Berlin[1], durant la période charnière que constituent les années 1745-1780. Les débats de l'Académie, qui se déroulent en français et font l'objet d'une publication assez rapide, sont au cœur des enjeux de la philosophie du XVIIIe siècle et reflètent les discussions qui opposent à l'école leibnizienne et wolffienne les courants de pensée issus de Newton, de Locke et de Condillac. Je m'intéresserai ici uniquement aux débats qui relèvent de la psychologie, ou à ce qu'on pourrait appeler la métaphysique de l'esprit. Les philosophes les plus dignes de mention, parmi les membres de l'Académie qui lisent des Mémoires sur ces questions, sont manifestement Jean Bernard Mérian, qui appartient au courant disons anti-wolffien au sein de la Classe de philosophie spéculative, et Johann Georg Sulzer, dont la pensée, bien qu'elle révèle la trace de nombreuses influences, et notamment celle de David Hume, restera jusqu'à la fin dans l'orbite de la pensée de Wolff. Pour les fins de cet article, je me concentre sur la psychologie de Sulzer[2].

---

1 Rappelons que cette académie est la seule de l'époque à posséder une classe de philosophie spéculative. Sulzer, qui y est nommé membre en 1750, en deviendra secrétaire en 1775, jusqu'à son décès en 1779.

2 Né à Winterthur, près de Zürich, en 1720, formé en mathématiques et en philosophie, très influencé par la pensée de Christian Wolff, Johann Georg Sulzer présentera devant l'Académie de nombreux Mémoires de philosophie expérimentale et de philosophie spéculative.

L'OBJET DE LA PSYCHOLOGIE

Le nom de Johann Georg Sulzer reste attaché à l'essor de l'esthétique philosophique en Allemagne et en Europe, principalement par le truchement de son œuvre majeure, la *Théorie générale des beaux-arts*, qui prend la forme d'un dictionnaire publié d'abord entre 1771 et 1774, puis augmenté et réédité jusqu'à la fin du siècle[1]. Sulzer a également joué un rôle non négligeable dans la diffusion européenne de la nouvelle science forgée par Baumgarten en 1750, ainsi que dans l'introduction du terme « esthétique » dans la langue française, notamment par le biais de la traduction de l'article « Esthétique » de son dictionnaire, en 1776, dans le *Supplément* à l'*Encyclopédie* de Panckoucke[2]. Mais cette œuvre tardive, qui couronne un projet lancé dans les années 1750 et opère la synthèse de nombreuses années de recherche sur les fondements psychologiques des sentiments et sur les formes et les effets des beaux-arts[3], ne doit pas faire oublier que Sulzer est d'abord et avant tout l'un des membres les plus actifs de la Classe de philosophie spéculative de l'Académie des sciences et des belles-lettres de Berlin. Même s'il présente des Mémoires sur des sujets variés, qui s'étendent de la philosophie naturelle à l'esthétique, en passant par la théologie naturelle, la morale et la métaphysique, ses contributions essentielles restent concentrées dans cette partie de la métaphysique qu'il convient d'appeler, dans la foulée de Wolff, la psychologie empirique[4]. Dans une série de Mémoires lus à l'Académie entre 1751 et

1 *Allgemeine Theorie der schönen Künste*, 4 tomes, d'après la seconde édition augmentée, parue à Leipzig en 1792, Hildesheim, Georg Olms, 1970.

2 *Suppléments à l'Encyclopédie*, publiés Charles-Joseph Panckoucke, Jean-Baptiste Robinet, Pierre Mouchon, Amsterdam, Marc-Michel Rey, 1776 (tomes I et II) – 1777 (tomes III-IV). Sur l'influence de Sulzer dans l'espace francophone, on me permettra de renvoyer aux travaux d'Élisabeth Décultot, notamment à son article « L'esthétique de Sulzer entre l'Allemagne et la France au XVIIIe siècle », in : Deloche, B. (dir.), *L'esthétique de Johann Georg Sulzer (1720-1779)*, Lyon, Presses de l'Université Jean-Moulin-Lyon 3, 2005, p. 11-37.

3 Sur les rapports entre la psychologie et l'esthétique chez Sulzer, voir mon article : « Entre métaphysique et esthétique. Sentiment et beauté dans les Mémoires de Johann Georg Sulzer », in : Dumouchel, D. et Leduc, C. (dir.), « La philosophie à l'Académie de Berlin au XVIIIe siècle », *Philosophiques*, printemps 2015, vol. 42, n° 1, p. 51-72.

4 Je passe sur l'histoire assez complexe du terme de « psychologie ». Même s'il est employé depuis le XVIe siècle, essentiellement dans le prolongement de l'aristotélisme, les historiens s'accordent généralement pour reconnaître à Wolff le mérite d'avoir donné, en

1778, qui le placent dans le courant allemand de la recherche empirique, voire expérimentale, sur la *Seelenlehre* et qui conduira au développement de l'anthropologie et de la psychologie expérimentale, Sulzer consacre ses efforts à l'amélioration, à l'extension et à l'approfondissement de la psychologie empirique. Même s'il se réclame au départ de la théorie de l'âme de Leibniz et de Wolff, Sulzer s'engage dans la voie d'une sorte d'autonomisation de la psychologie empirique. Toutefois, c'est toujours dans l'horizon d'un approfondissement de la théorie métaphysique de l'âme, c'est-à-dire dans un mouvement d'aller-retour entre les observations particulières et l'essence de l'âme, que cette entreprise est conduite. Bien qu'il remette en cause, par exemple, l'explication wolffienne du plaisir – comme perception confuse de perfection – et de la genèse du désir, il n'abandonne jamais l'idée de réaliser une *psychologie explicative*, qui correspond chez lui à la *psychologia rationalis* de Wolff.

La pensée de Sulzer a connu récemment un regain d'intérêt[1]. Précédemment, comme j'ai eu l'occasion de le mentionner, les interprètes soulignaient surtout son importance dans la genèse de l'esthétique philosophique. On lui prêtait également une influence sur la genèse de la tripartition kantienne des facultés (connaissance, sentiment, désir). Cette hypothèse a été fortement remise en cause par la recherche plus récente, notamment par Marion Heinz[2]. Tout comme on a également remis en cause l'affranchissement supposé de Sulzer par rapport au cadre métaphysique explicatif de Wolff. La philosophie de Sulzer est le lieu d'une tension théorique entre la métaphysique et une *Experimental-Seelenlehre*[3] qui est alors en plein développement ; mais Sulzer, comme Mendelssohn d'ailleurs, ne s'émancipe jamais totalement de l'horizon métaphysique d'explication des phénomènes de l'esprit.

1720, une dignité philosophique à la psychologie comme théorie de l'âme comprise de façon résolument moderne, désormais séparée de toute fonction d'animation du corps. Sur l'histoire de la psychologie du XVIe au XVIIIe siècle, on se référera au riche ouvrage de F. Vidal, *Les sciences de l'âme. XVIe-XVIIIe siècles*, Paris, Champion, 2006.

1 Témoin, l'ouvrage désormais incontournable de Gideon Stiening et Frank Grubert (dir.) : *Johann Georg Sulzer (1720-1779) : Aufklärung zwischen Christian Wolff und David Hume*, Akademie Verlag, 2011.

2 Marion Heinz, « J. G. Sulzer und die Anfänge der Dreivermögenslehre bei Kant », in : Grunert, F. et Stiening, G. (dir.), *op. cit.*, p. 83-99.

3 Pour reprendre le titre de l'ouvrage du médecin de Halle, Johann Gottlob Krüger : *Versuch einer Experimentalseelenlehre*, Halle und Helmstadt, Karl Hermann Hemmerde, 1756.

La prédilection de Sulzer pour les objets qui relèvent de la psychologie empirique, c'est-à-dire pour l'explication des phénomènes de l'âme tels qu'ils se donnent à voir dans leurs manifestations, ne l'empêche pas d'emprunter à la psychologie rationnelle une certaine compréhension de « l'essence de l'âme », qu'il conçoit, à la suite de Wolff, comme une « substance active », dont « l'action naturelle » est « celle de produire, ou si l'on veut de recevoir, des idées, et de les comparer, c'est-à-dire de penser[1] ». J'aurai l'occasion de revenir sur cette hésitation entre *produire* et *recevoir*, qui pèse sur la compréhension du soi-disant « principe actif dans l'âme, qui est la source de toutes nos actions [et par lequel] toutes nos affections se réduisent à la même origine[2] ». Mais je veux d'abord m'arrêter brièvement sur les rapports que la psychologie dite empirique entretient avec sa partie « rationnelle » ou – pour reprendre les termes de Sulzer – *explicative*. Il convient de citer *in extenso* un passage d'un ouvrage de 1759 qui éclaire cette question[3] :

> La psychologie est la science de l'âme humaine. Elle examine sa nature, son essence, ses forces et ses facultés, ses particularités et ses modifications [...]. Elle consiste en deux parties principales, que Wolff a distinguées sous le nom de *Psychologia empirica* et *Psychologia rationalis*. La psychologie empirique contient une définition précise et distincte de tout ce que nous connaissons de l'âme au moyen de l'expérience. Les différents effets de l'âme sont décrits de la manière la plus précise et pour ainsi dire démembrés ; ensuite, sur la base de l'observation la plus précise, les explications les plus distinctes des effets, des facultés et des propriétés de l'âme sont proposées ; on procède ici comme pour les choses corporelles en physique, que l'on apprend à connaître par le moyen d'expériences et d'essais. On pourrait donc appeler cette partie de la psychologie la physique expérimentale de l'âme [...].

1 *Recherche sur l'origine de nos sentiments agréables et désagréables*, I, 1751, p. 20 [abrégé : *Recherches*]. Les mémoires visés par le présent article sont regroupés dans deux séries de publications de l'Académie : *Histoire de l'Académie Royale des Sciences et des Belles-lettres de Berlin* [abrégé : *Histoire*], Berlin, Haude et Spener (pour les mémoires lus entre 1745 et 1769) et *Nouveaux mémoires de l'Académie Royale des Sciences et Belles-lettres* [abrégé : *Nouveaux mémoires*], Berlin, Voss (pour les mémoires présentés entre 1770 et 1786).

2 *Ibid.*, p. 63.

3 *Kurzer Begriff der Wissenschaften und andern Theile der Gelehrsamkeit* [*Abrégé des sciences et des autres parties du savoir*], Leipzig, Johann Christian Langenheim, 1759 [cité désormais : *Kurzer Begriff*]. La première version de ce texte date de 1745, mais elle a été fortement remaniée en 1759. *Cf.* la récente édition scientifique de ce texte : *Gesammelte Schriften. Kommentierte Ausgabe, Band 1 : Kurzer Begriff aller Wissenschaften*, herausgegeben von Adler, Hans und Décultot, Élisabeth, Zürich, Schwabe, 2014.

À la psychologie empirique basée sur l'observation fait suite la psychologie *explicative* (*erklärende*) (*Psychologia rationalis*). Elle vise, au moyen de la résolution (*Auflösung*) des événements constatés dans la première partie, à découvrir l'essence et les propriétés fondamentales de l'âme, et ensuite, à partir de celles-ci, par un chemin inverse, à expliquer les autres propriétés et modifications de l'âme[1].

Dans la compréhension sulzerienne de la psychologie, la partie empirique semble venir clairement en premier, de sorte que l'observation, l'examen des faits, l'analyse des cas complexes et de leurs causes superposées, parfois profondément cachées, permettent de remonter aux propriétés fondamentales de l'âme, lesquelles sont en mesure d'éclairer en retour les phénomènes plus particuliers de l'âme. Dans les faits, toutefois, les deux modes d'explication sont constamment entrelacés, et les considérations sur « l'essence de l'âme », largement inspirées de la théorie leibnizienne et surtout wolffienne de l'âme comme force représentative[2], semblent posséder aux yeux de Sulzer un caractère inattaquable. Dans les mémoires de 1751 et 1752 sur les sentiments agréables et désagréables, qui pratiquent une approche pour ainsi dire « déductive » (c'est-à-dire « du haut vers le bas »), « l'essence de l'âme » est posée comme une « conjecture[3] » non problématique, qui vient guider ensuite l'observation et l'analyse empiriques lesquelles, en retour, la confirment. Il en ira toutefois autrement dans les autres mémoires que Sulzer rédige à partir de 1756, qui font une part plus grande à la démarche « analytique », dans la mesure où il s'agit le plus souvent de partir d'états exceptionnels de l'âme – que l'on pourrait qualifier d'*extrêmes*, voire de pathologiques –, pour découvrir une dimension mal connue du fonctionnement de l'âme humaine. Sulzer manifeste un intérêt soutenu pour les états exceptionnels de l'âme, comme les cas d'aperception de soi-même faible (comme le rêve, la méditation intense), la perte de conscience (l'évanouissement, les traumatismes crâniens, la « défaillance » corporelle temporaire), les passions violentes, les cas de « faiblesse de la volonté[4] », les délires temporaires, l'insensibilité physique

1 *Kurzer Begriff*, § 203 et 208, p. 156-157 et p. 160 [je traduis].

2 *Recherches*, I, 61.

3 *Ibid.*, I, 60.

4 À laquelle est consacré le Mémoire de 1759 : *Explication d'un paradoxe psychologique : que non seulement l'homme agit et juge quelquefois sans motifs et sans raisons apparentes, mais même*

des individus absorbés dans l'attention intellectuelle ou dominés par une passion unique (dont témoigneraient la sérénité des Martyrs ou la tolérance à la torture des Sauvages Américains), etc.

On peut relever dans les § 205-207 du *Kurzer Begriff*, qui font suite à ceux que je viens de citer, la volonté de Sulzer d'apporter trois extensions, trois amplifications à la psychologie empirique[1], en éclairant des zones de l'âme humaine qui nous conduisent au-delà de la connaissance claire et distincte de la *gnoseologia superior*. Il s'agit d'abord d'étendre la psychologie au domaine des représentations obscures et aux « profondeurs de l'âme[2] ». L'enquête psychologique se porte également vers les cas extraordinaires, qui ne se laissent pas encore expliquer à partir des propriétés connues de l'âme, et vers le domaine des dysfonctionnements pathologiques[3] ; elle s'intéresse enfin aux manifestations de « l'harmonie entre l'état du corps et de l'âme[4] ». Le premier élargissement prolonge le projet baumgartenien d'une *gnoséologie inférieure*, tel qu'il est proposé dans sa *Metaphysica* (1739) et dans son *Æsthetica* (1750) ; le second, en s'attaquant aux pathologies de l'âme, préfigure la psychopathologie que développera bientôt l'*Erfahrungsseelenkunde* – c'est-à-dire la *Psychologie expérimentale* – de Karl Philipp Moritz[5] ; le troisième place Sulzer sur le terrain de la théorie de l'unité psychophysiologique de l'être humain, qui était l'objet privilégié des « médecins raisonnables » de Halle, autour de Krüger, et qui caractérisera l'anthropologie au sens de Ernst Platner, dans son *Anthropologie pour les médecins et les philosophes* de 1772[6].

---

malgré des motifs pressants et des raisons convaincantes [abrégé : *Paradoxe*], *Histoire*, 1766.

1 À ce sujet, voir Carsten Zelle, « Experiment, Experience and Observation in Eighteenth-Century Anthropology and Psychology – the Examples of Krüger's Experimentalseelenlehre and Moritz' Erfahrungsseelenkunde », in : *Orbis Litterarum*, 2001/56, p. 96.

2 *Kurzer Begriff*, § 205. Il s'agit de rejoindre ce que Baumgarten appelait le *fundus animae*.

3 *Ibid.*, § 207.

4 *Id.* Voir également Carsten Zelle, « *Commercium mentis et corporis*. La contribution de Johann Gottlob Krüger à l'anthropologie littéraire autour de 1750 », in : *Revue germanique internationale*, 2009/10, p. 11-29.

5 Pensons à son *Magazin zur Erfahrungsseelenkunde*, publié à partir de 1783 (http://telota.bbaw.de/mze/). Sur ce point : Carsten Zelle, « Experiment, Experience and Observation in Eighteenth-Century Anthropology and Psychology – the Examples of Krüger's Experimentalseelenlehre and Moritz' Erfahrungsseelenkunde », *op. cit.*, p. 101 *sq.*

6 Voir Krüger, *op. cit.*, et Ernst Platner, *Anthropologie für Ärtzte und Weltweise*, 1772, Hildesheim, Olms, 1998 (reprint).

LA « PHYSIQUE DE L'ÂME »

Dans les études de psychologie empirique, il s'agit pour Sulzer de « répandre quelques nouvelles lumières sur la physique de l'âme[1] ». Cette idée, qui apparaissait au § 204 du *Kurzer Begriff* sous l'expression de « physique expérimentale de l'âme », est omniprésente dans les mémoires psychologiques de Sulzer. Il faut toutefois se garder de la conclusion rapide que le projet métaphysique de Sulzer résiderait, en dernière analyse, dans une démarche réductionniste visant à justifier une approche matérialiste des phénomènes de l'âme[2].

La référence explicite à une « physique de l'âme », absente des quatre importants Mémoires de 1751-1752 sur les sentiments agréables et désagréables, est un véritable leitmotiv des Mémoires ultérieurs. On la retrouve dans le Mémoire de 1756, *Sur l'apperception et son influence sur nos jugements*, dans l'*Analyse du génie*, de 1757, dans l'*Analyse de la raison*, de 1758, dans l'*Explication d'un paradoxe psychologique* de 1759, dans les *Observations sur les divers états où l'âme se trouve en exerçant ses facultés primitives, celle d'apercevoir et celle de sentir*, de 1763, dans les *Considérations psychologiques sur l'homme moral*, de 1769, dans les *Observations sur quelques propriétés de l'âme comparées à celles de la matière*, de 1771, qui sont consacrées à l'examen de l'hypothèse matérialiste, et enfin, dans la série de cinq Mémoires portant sur *L'immortalité de l'âme, considérée physiquement*, dont la rédaction s'étend de 1775 à 1777.

Toutefois, il n'est pas simple de comprendre pourquoi Sulzer tient à cette expression. Un survol de ses usages permet de remarquer que trois significations principales de la « physique de l'âme » se superposent. Tout d'abord, l'expression semble parfois désigner une analogie entre la physique et la psychologie *en tant que sciences*[3] : tout comme la physique,

---

1 *Paradoxe*, p. 434.

2 Sur cette question, voir notamment Falk Wunderlich, « Johann Georg Sulzers Widerlegung des Materialismus und die Materientheorien der Zeit », in : Grunert, F. et Stiening, G. (dir.), *op. cit.*, p. 37-55, et Gideon Stiening, in : Grunert, F. et Stiening, G. (dir.), *op. cit.*, p. 57-82.

3 Rappelons que Voltaire, dans la treizième de ses *Lettres philosophiques*, après avoir opposé le « roman de l'âme » que font les « raisonneurs » à « l'histoire de l'âme » proposée par Locke, compare ce dernier à un anatomiste qui « s'éclaire partout du flambeau de la

pour être rationnellement fondée, doit remonter de sa partie empirique – basée sur l'observation et l'expérience – vers une partie « rationnelle », le but véritable de la psychologie est sa partie *rationnelle*, qui peut seule en faire une science complète et explicative. Il arrive également à Sulzer de prendre pour point de comparaison la médecine, qui ne peut se satisfaire de la pure observation empirique, mais doit devenir une médecine « raisonnée » : « [c]es deux sciences [c'est-à-dire la psychologie entièrement empirique et la "physique de l'âme" comme "théorie métaphysique de l'homme"] ont entre elles le même rapport que celui qui a lieu entre médecine empirique et médecine raisonnée[1] ». L'*Analyse du génie* prend plutôt comme élément de comparaison la chimie, revendiquant une « sorte d'analyse physique » de l'âme, « semblable à ces analyses que les chimistes donnent des parties constituantes des minéraux[2] ». En second lieu, et de manière sans doute philosophiquement plus déterminante, la « physique de l'âme » réfère à l'imbrication entre l'âme et le corps et au soubassement corporel de l'appareil perceptuel humain sans lequel l'activité de l'âme resterait indéterminée ; comme force de représentation, l'âme est irréductible à son support corporel, mais ce sont les mouvements corporels qui lui servent pour ainsi dire de véhicule et lui donnent accès à un contenu de pensée. Enfin, les phénomènes physiques servent

---

physique » (*Lettres philosophiques*, Paris, GF-Flammarion, 1964, p. 83-84). Dans le *Discours préliminaire de l'Encyclopédie* (1751), d'Alembert soutient que Locke aurait réduit la métaphysique « à ce qu'elle doit être en effet, la physique expérimentale de l'âme ». Ainsi, « [l]a Métaphysique raisonnable ne peut consister, comme la physique expérimentale, qu'à rassembler avec soin tous ces faits, à les réduire en un corps, à expliquer les uns par les autres, en distinguant ceux qui doivent tenir le premier rang et servir comme de base » (Paris, Vrin, 2000, p. 132). Par ailleurs, en 1755, Guillaume-Lambert Godart publie à Berlin une *Physique de l'âme humaine*. « Ce qui m'a paru principalement autoriser ce nom, dit Godart, c'est la manière dont je considère mon objet : mon traité n'est ni pneumatologique, ni moral ; mais physique. Il s'y agit, il est vrai, d'un esprit, mais on ne le considère pas tant dans sa substance, que dans la relation physique qu'il a avec le corps [...] » (Avant-propos, p. V-VI). Godart souligne l'analogie méthodologique dans l'approche de l'objet de la physique – la matière – et de la psychologie – l'âme : « voilà donc deux êtres – l'âme et la matière – dont nous ne pouvons connaître la nature, et dans la contemplation desquels il faut se borner aux propriétés » (p. 8).

1 *Sur l'apperception et son influence sur nos jugements* [abrégé : *Sur l'apperception*], *Histoire*, 1766, p. 415. Il règne une ambiguïté sur la date de rédaction de ce Mémoire. Publié en 1766 avec les Mémoires lus en 1764, une note de l'auteur indique qu'il a cependant été lu à l'Académie « il y a dix ans », et que sa rédaction précède celle du Mémoire sur l'*Analyse de la raison*, présenté en 1758 et publié en 1765.

2 *Analyse du génie*, 1757, p. 392.

fréquemment d'analogies explicatives pour les phénomènes psychiques. Sulzer élabore par exemple les caractéristiques de la « vision » de l'âme – celle qui est produite par la faculté d'apercevoir – à partir de celles de la vision physique[1]. Mais l'analogie la plus récurrente est celle qu'il emprunte à la distinction des forces mortes et des forces vives des corps, qui permet d'expliciter partiellement la nature même du rapport que la force active qui caractérise l'âme entretient avec le corps. Dans tous les cas, le recours à la physique comme science ou la référence au support corporel de l'âme laissent voir les difficultés propres à la psychologie, dont les « matériaux » ne peuvent guère être décrits et expliqués que de manière indirecte.

C'est évidemment le deuxième sens qui est le plus crucial. Lorsque Sulzer affirme, dans le Mémoire *Sur l'apperception*, que la théorie philosophique de l'Homme n'est pas complète, puisqu'il y manque encore la théorie métaphysique de l'Homme, « ou ce que quelques philosophes appellent la physique de l'âme », il pointe à la fois vers les insuffisances de la pure description empirique de l'esprit humain, qui doit être complétée par une dimension explicative, et vers la nécessité d'investiguer la structure physique et corporelle des phénomènes psychiques. L'anatomie et la physiologie, d'une part, et l'observation précise et pénétrante des « opérations les plus secrètes de l'âme », d'autre part, constituent des sources d'accès essentielles à ce que Sulzer appelle « la physique de l'âme », « l'explication physique », la « raison physique » ou la « constitution physique » d'un cas, ou encore « *le* physique » ou « l'origine physique » d'un phénomène. Mais conformément à la méthodologie de Krüger[2], Sulzer est également convaincu que les états extraordinaires de l'âme et les états pathologiques du corps, tels que les relèvent les histoires médicales de cas, et tels qu'ils seront bientôt documentés par la psychopathologie naissante, fournissent l'équivalent en psychologie des expérimentations que l'on ne pourrait autrement pratiquer qu'en intervenant, de façon fort problématique, sur le corps des individus.

---

1 *Observations sur les divers états où l'âme se trouve en exerçant ses facultés primitives, celle d'apercevoir et celle de sentir* [abrégé : *Observations*], *Histoire*, 1770, p. 408 *sq*.

2 Krüger, *op. cit.*, § 7, p. 20 : « [...] les observations que les médecins de toutes les époques nous fournissent sur les situations qui placent l'âme dans des états extraordinaires et inhabituels en raison de modifications exceptionnelles du corps, peuvent être considérées commodément comme des expérimentations (*Experimente*) que l'on opère sur l'âme » (ma traduction). Sur ce point, voir Zelle, *op. cit.*, p. 100.

La question du commerce entre l'âme et le corps joue un rôle considérable dans la réflexion psychologique de Sulzer, même s'il affecte généralement de ne pas vouloir se prononcer sur la nature « métaphysique » de ce rapport. Cela correspond au récent tournant anthropologique de la psychologie empirique en Allemagne, qui s'attarde moins à l'union du corps et de l'âme comme telle, qu'à la description de ses manifestations concrètes. S'agissant du rapport entre les impressions sensibles et la production des idées, Sulzer estime qu'il peut être pensé en termes de *cause* (c'est le système de la production *réelle*, qu'il prête à Aristote), d'*occasion* (c'est ici Descartes qui serait le héraut de cette production *occasionnelle* !) ou d'*analogie*. C'est cette dernière possibilité qui semble obtenir sa préférence, l'âme n'ayant point de sensations (c'est-à-dire d'idées) sans un mouvement analogue dans les nerfs de nos sens[1]. La force active de l'âme est étroitement dépendante d'une certaine organisation du corps[2]. La recherche récente considère généralement que Sulzer adhère, au moins implicitement, à la théorie de l'*influxus physicus*, c'est-à-dire à l'influence causale réelle entre le corps et l'esprit[3]. La contradiction n'est pourtant ici qu'apparente, car si Sulzer soutient officiellement que c'est l'âme qui agit dans la production des idées – autrement dit, qui en est la *cause* –, il n'en reste pas moins que pour lui « sans le monde matériel, l'âme ne serait [...] qu'une force morte [...] Pour la faire agir, il faut absolument qu'elle soit irritée du dehors[4] ».

Il n'est pas inutile de revenir sur cette comparaison récurrente de l'activité de l'âme avec les forces mortes et les forces vives en physique. Le Mémoire *Sur l'apperception* nous dit que :

> Sans le monde matériel, l'âme ne serait donc qu'une force morte, qui resterait dans une inaction éternelle. Pour la faire agir, il faut absolument qu'elle soit irritée par dehors. Il y a en cela une grande analogie entre l'âme et la matière. Dans chaque masse de matière résident des forces absolument mortes jusqu'à ce qu'une autre masse vienne agir sur elle. C'est alors que la matière se montre active par sa résistance, et par le changement qu'elle produit dans l'autre masse. L'action du dehors cesse-t-elle : voilà d'abord la masse, qui

---

1 *Recherches*, III, p. 353.

2 *Analyse de la raison*, p. 416. Sulzer ajoute que les idées que nous avons seraient très différentes de ce qu'elles sont actuellement si nos sens étaient autrement organisés (p. 418).

3 *Cf.* Wunderlich, *op. cit.*, et Stiening, G., « Zur physischen Anthropologie einer "Unsterblichkeit der Seele" », in : Grunert, F. et Stiening, G. (dir.), *op. cit.*, p. 57-82.

4 *Analyse de la raison*, p. 418.

> tantôt se montrait si active, retombée dans un état où toute activité paraît absolument anéantie[1].

Sulzer insiste sur la nécessité de saisir exactement cette analogie, pour éviter de tomber dans une erreur grave : l'analogie s'établit entre la force de l'âme et les forces permanentes de la matière, « qui ne sont l'effet d'aucun arrangement des parties, subsistent en entier et ne s'usent jamais[2] ». Sulzer précise alors, en s'appuyant sur cette analogie, que « quant à leur existence, elles [c'est-à-dire les forces de l'âme] ne dépendent d'aucun mécanisme, d'aucun arrangement des parties, qu'elles sont indestructibles, et ne peuvent être ôtées à la substance où elles résident que par la destruction ou l'anéantissement de cette substance[3] ».

QUATRE THÈSES SUR LA NATURE DE L'ÂME

En tant que « physique de l'âme », la psychologie empirique de Sulzer me semble revendiquer quatre thèses centrales sur la nature de l'âme. 1° L'âme est une force de représentation dont chacun peut *sentir* les effets en soi-même, mais dont l'activité ne peut se manifester que par le truchement d'un corps possédant une certaine organisation, tout en étant irréductible à ce corps. 2° Sans corps, notre âme serait incapable de perceptions *claires*, c'est-à-dire qu'elle ne pourrait avoir ni aperception des choses à travers les idées, ni aperception d'elle-même, conformément à la double polarité de l'aperception chez Sulzer, comme représentation de quelque chose de distinct de moi-même et comme conscience de moi-même. Ce qui ne veut pas dire que, privée de l'action du corps, elle cesserait d'exister, puisque l'âme semble pouvoir agir sans avoir aucune perception claire, comme l'attestent certains cas « d'anéantissement apparent de nos forces qu'on appelle défaillance[4] ». C'est le cas aussi dans l'évanouissement (voire dans le sommeil profond – c'est-à-dire

1 *Sur l'apperception*, p. 418-419.

2 *Ibid.*, p. 419.

3 *Ibid.*, p. 418-419.

4 *Observations sur quelques propriétés de l'âme comparées à celles de la matière* [abrégé : *Observations sur quelques propriétés de l'âme*], 1771, p. 405. Sous le terme de défaillance Sulzer vise certains

sans rêve). 3° Malgré sa dépendance par rapport aux mouvements des organes corporels, l'activité de l'âme ne se limite ni à l'état présent du corps ni à l'aperception comme telle. Elle couvre un vaste champ qui s'enracine dans les perceptions, les sentiments et les volitions *obscures*, qui englobent un « inconscient » non seulement perceptuel mais aussi temporel, dans la mesure où l'ensemble de nos expériences passées agit en nous de façon obscure. 4° Enfin, les propriétés indubitables de l'âme[1], en tant que « force qui travaille sur ses perceptions [...] indépendamment de l'organisation du corps[2] », nous permettent de remettre en cause « le système du matérialiste[3] » et nous autorisent à conclure à son immatérialité ; ces propriétés, considérées dans leurs rapports avec les corps organisés auxquels elles sont unies, nous permettent même d'échafauder, avec un certain degré de probabilité, l'hypothèse d'une palingénésie des âmes qui serait entièrement conforme aux lois de la nature[4]. La « physique de l'âme » est donc compatible avec la réfutation de l'hypothèse matérialiste de l'explication des phénomènes psychiques.

RETOUR SUR LA « FORCE DE L'ÂME »

Je me permets de revenir brièvement sur quelques problèmes ponctuels soulevés par la psychologie sulzerienne. On peut d'abord se demander en quoi consiste précisément la *force de l'âme*. Dès le Mémoire de 1751 portant sur les sentiments agréables et désagréables, Sulzer comprend « l'essence de l'âme », à la suite de Wolff, comme une « substance active », dont l'action naturelle est celle « de produire, ou si l'on veut, de recevoir les idées, et de les comparer, c'est-à-dire de penser[5] ». J'ai remarqué plus haut que cette hésitation entre *produire* et *recevoir* n'est

états corporels exceptionnels qui se caractérisent par l'arrêt temporaire des mouvements vitaux et par la suspension momentanée des fonctions corporelles.

1 *Observations sur quelques propriétés de l'âme*, 1771, p. 391.

2 *Ibid.*, p. 395.

3 *Ibid.*, p. 405.

4 *Sur l'immortalité de l'âme, considérée physiquement*, mémoires I et II, 1775 ; III, 1776 ; IV et V, 1777. Je ne pourrai pas traiter de cette dernière problématique dans le cadre du présent article.

5 *Recherches*, I, p. 60.

pas banale. On la retrouve plus loin : « [...] l'essence de notre âme, le principe d'où naissent tous nos désirs constants, est une détermination puissante à produire ou à recevoir des idées[1] ». Même hésitation dans *l'Analyse du génie* : toutes les facultés de l'âme tirent leur origine de cette force primitive qui, selon Leibniz, fait l'essence de toute substance et particulièrement celle de l'âme. « C'est cette force active, qu'il est plus facile de sentir au-dedans de soi-même que de définir, qui produit toutes les idées, ou qui *du moins* nous engage continuellement à les développer et à les multiplier[2] ». Tout homme qui « fait attention à soi-même, sent en soi-même quelque chose qui l'engage continuellement à penser[3] ». *L'Analyse de la raison* définit la principale propriété de l'âme, toujours en référant l'origine de cette conception à Leibniz et à Wolff, comme une *force représentative*, ou comme un « principe d'activité qui nous porte, et nous force en quelque façon, à nous prêter aux impressions excitées en nous par les sens[4] ». C'est cette force qui « paraît *produire tous les changements qui arrivent dans l'intérieur des substances*[5] ». Nous savons que cette force est gênée dans son action « par l'état actuel des organes du corps, en sorte qu'elle ne se développe que proportionnellement à cet état[6] ».

Il semble donc clair que pour Sulzer l'activité de l'âme ne produit pas les idées, mais qu'elle est responsable de la modification de nos perceptions. Les sensations, issues du jeu des organes, produisent dans l'âme des perceptions et des changements dont le corps est affecté. Mais, comme Sulzer le précise dans le Mémoire de 1771 sur les *Propriétés de l'âme comparées à celles de la matière*, si l'activité de l'âme se bornait à *prendre acte* de ces changements, on pourrait croire qu'ils ne sont rien d'autre que l'effet de l'action des organes corporels. Mais l'âme va beaucoup plus loin : elle manifeste un *effort* qui est irréductible à la simple modification des organes corporels. Elle « s'intéresse aux impressions qu'elle reçoit, soit pour en jouir, soit pour s'opposer aux suites qu'elles pourraient avoir[7] ». Les efforts de l'âme, par lesquels elle modifie nos perceptions, semblent guidés par ce qu'on appellerait aujourd'hui une

1 *Id.*
2 *Analyse du génie*, p. 394 [je souligne].
3 *Id.*
4 *Analyse de la raison*, 1758, p. 416.
5 *Id.* [Je souligne]
6 *Id.*
7 *Observations sur les propriétés de l'âme*, p. 393.

valence hédonique, qui adapte constamment les perceptions à notre usage. Par conséquent, « ce ne sont pas les impressions extérieures qui expliquent les efforts de l'âme [...]. Il y a en nous une force antérieure et indépendante de l'action des organes, vu qu'elle tend à modifier ce qui est produit par cette action des organes[1] ». L'âme n'est pas passive dans la réception des impressions, dans la mesure où elle « jouit de quelques unes et s'oppose à d'autres[2] ». L'âme possède un principe interne, une force propre de modification de son état, et donc de ses perceptions, tout en dépendant du corps pour la production des perceptions. On le voit, Sulzer se place sur le terrain du matérialisme, en acceptant une forme de dépendance des états psychiques par rapport à l'organisation corporelle, tout en rejetant ce qu'il appelle « l'hypothèse du système du matérialisme », qui est rendue suspecte par le principe de non indifférence de l'âme à la qualité des impressions qu'elle reçoit.

ACTION DU CORPS / ACTIVITÉ DE L'ÂME : LA QUESTION DE L'APERCEPTION

Pourtant, cette activité peut cesser de s'exercer lorsque l'action du corps cesse, faute de matière première, pour ainsi dire. La destruction du corps plonge le principe actif dans une sorte de léthargie mortelle, sans pour autant qu'il cesse d'exister – c'est toute la question de ce qu'il advient de l'âme après la dissolution du corps organisé auquel elle est unie. Mais il y a de nombreux cas de cessation de l'aperception de soi-même, sans qu'il y ait destruction du corps organisé. De nombreux faits laissent croire que « l'activité de notre être est indépendante de l'aperception[3] », et que « l'âme peut conserver son énergie même lorsqu'elle ne sent rien du tout[4] ». C'est le cas de l'assoupissement des organes du corps, comme dans le sommeil profond. C'est le cas aussi dans certains états extraordinaires du corps, comme l'évanouissement

1 *Id.*
2 *Ibid.*, p. 395.
3 *Observations sur quelques propriétés de l'âme*, p. 392.
4 *Id.*

ou comme la défaillance, qui se caractérise par un arrêt temporaire de toutes les fonctions vitales ; ces états prouvent que l'âme ne sent, et ne *se* sent, « que par le moyen du corps, et d'un certain effet que produisent d'autres corps sur le système des nerfs[1] ». Dans tous ces cas, les forces de l'âme sont étouffées et l'aperception est effacée, sans que le corps soit détruit. Je ne peux pas entrer dans le détail de ce que Sulzer appelle l'explication « physique » de ce phénomène ; dans le cas de l'évanouissement, l'explication passerait par le principe selon lequel la vivacité de nos sensations est proportionnelle à la grossièreté des organes de perception et à la quantité d'idées confuses que l'âme tente de percevoir en même temps. Lorsque l'âme est sous l'effet d'une grande joie, d'une grande douleur, ou de quelque passion violente, elle est attaquée simultanément par un très grand nombre d'idées confuses et obscures ; elle fait des efforts inutiles pour saisir l'objet qui la provoque et qui outrepasse ses forces, avant d'y succomber[2].

L'APERCEPTION ET LES ÉTATS DE L'ÂME

La plupart de nos états psychiques habituels sont accompagnés d'aperception à un niveau variable : il y a en effet des degrés d'aperception des choses et des degrés d'aperception de soi-même. Nos perceptions accompagnées d'aperception oscillent entre deux états extrêmes, celui de la représentation focalisée sur une idée précise – que Sulzer appelle l'état de *méditation* – et l'état de repli intégral sur soi-même – qui correspond à l'état de *sentiment*, où nous ne sommes occupés que de nous-mêmes. C'est l'objet de l'important Mémoire de 1763 sur *Les divers états où l'âme se trouve en exerçant ses facultés primitives, celle d'apercevoir et celle de sentir*. La plupart du temps, nous sommes à la fois dans l'un et dans l'autre de ces états, ou plutôt dans le passage de l'un à l'autre.

1 *Sur l'apperception*, p. 418. Soulignons au passage que pour Sulzer, l'âme « n'a point d'idée absolue d'elle-même, puisqu'elle ne peut se sentir qu'en se comparant avec d'autres objets » (*id.*). La conscience de soi-même, pour Sulzer, n'est pas le résultat d'un acte de perception spontanée de l'âme, mais elle est toujours médiatisée par l'aperception d'autres objets que nous-mêmes, par le truchement du corps.

2 *Ibid.*, p. 420.

Sulzer est ainsi amené à reconnaître un troisième état de l'âme ; cet état intermédiaire ou « médiocre », qu'il appelle parfois *contemplation*, résulte d'une succession continuelle et rapide de la méditation au sentiment[1]. En schématisant un peu, on peut soutenir que Sulzer pense la *méditation* comme l'aperception d'idées ou d'objets extérieurs, sans aperception de notre existence ; et le *sentiment*, comme la conscience de l'effet subjectif de la représentation, sans conscience d'objet. Mais il est clair qu'il s'agit là pour Sulzer, en tant qu'états de l'activité de l'âme, de situations extrêmes, temporaires, voire même potentiellement dangereuses – la méditation entraîne la distraction et l'incapacité à la décision, tandis que le sentiment, au moment où il se manifeste, encourt le risque d'irrationalité. Normalement, l'activité de notre âme nous fait alterner entre les deux. Sulzer reconnaît donc *l'unité* de l'activité de l'âme, d'où se dégagent *deux facultés primitives* – celles de se représenter les choses et de sentir – et *trois états* de l'âme dans l'exercice de ses facultés. On voit donc que la position de Sulzer n'entraîne pas vraiment de rupture avec la théorie wolffienne, et qu'elle ne peut pas non plus vraiment être assimilée à la « tripartition des facultés » au sens kantien.

Le sentiment suppose toujours des représentations confuses. Plus les perceptions sont confuses – voire obscures, mais ce point mériterait d'être minutieusement clarifié chez Sulzer – et multiples, plus elles agissent avec rapidité sur l'âme et plus elles forcent l'âme à se replier sur son propre état (ce qui est précisément la nature du sentiment).

1 *Observations*, p. 416. Ce troisième « état » de l'âme, dont Sulzer ne sait pas toujours s'il est un état spécifique, ou le résultat de l'alternance entre les deux états extrêmes, soulève quelques questions fascinantes, que je ne peux qu'effleurer ici. D'une part, Sulzer tend à faire de la contemplation un état spécifique d'activité « médiocre », « sans effort », où l'attention est légère et où les choses ne nous frappent que superficiellement (seul le *sentiment* pouvant susciter une prise de conscience aiguë de nous-mêmes). Cet état moyen semble alors caractérisé par le réinvestissement constant dans une attention diffuse de la valence hédonique produite par l'activité attentionnelle de l'âme (p. 416). Nous sommes alors dans une sorte d'expérience « esthétique », et c'est la raison pour laquelle certains des exemples de Sulzer concernent la perception du beau. On pourrait même suggérer que, dans cette activité spécifique qui caractérise la contemplation, l'âme se trouve placée dans un état proche de la rêverie spontanée, induite par le mouvements des flots, que Rousseau décrira dans la cinquième Promenade des *Rêveries du promeneur solitaire* (*Œuvres complètes*, I, Paris, Gallimard (« Bibliothèque de la Pléiade »), 1959, p. 1046-1048) D'autre part, lorsqu'il décrit la contemplation comme un état de passage et d'alternance, Sulzer semble vouloir la penser comme une disposition à la « souplesse » cognitive et affective, qui serait l'état de l'âme qui convient le mieux aux affaires, aux décisions, et à l'activité de ceux qu'on appelle les génies.

S'agissant de l'analyse des sentiments et de la force qu'ils exercent sur l'âme, nous sommes devant un exemple frappant de la façon dont, chez Sulzer, l'analyse des phénomènes psychologiques peut passer d'un plan immanent au donné psychologique à un plan psychophysique. Ce n'est pas l'état de méditation, c'est « l'attention médiocre » qui ouvre l'espace de réflexion sur nous-mêmes, c'est-à-dire qui permet à l'âme de sentir l'effet d'une vérité sur elle. Pour agir, il faut sentir – pour le dire autrement, il faut voir les choses « en soi ». Plus une connaissance est distincte, moins elle agit sur la volonté, moins elle a de force pour émouvoir. Sulzer utilise une analogie physique pour dire que la méditation est comme un rayon lumineux qui ne frappe qu'un point nerveux à la fois, tandis que le sentiment ressemble à un éblouissement qui nous fait sentir l'organe visuel lui-même[1]. Le texte de 1759 sur les paradoxes de la volonté[2] prétend en donner la « raison physique ». Sulzer souligne d'abord *l'analogie* entre ce qui se passe dans l'âme et les mouvements du système des nerfs. Dans la perception simple – et particulièrement dans la perception claire et distincte –, seuls les nerfs du cerveau agissent. Mais plus la perception est composée, plus le nombre de nerfs concernés est grand. Le passage de la perception au sentiment – c'est le plan de l'aperception psychique – correspond par « analogie » à la liaison « sympathique », dont on peut prendre acte expérimentalement, qui s'établit entre les nerfs du cerveau – qui est le siège de la pensée – et les nerfs de la poitrine, c'est-à-dire le diaphragme – qui est le siège du sentiment et des « forces exécutrices » que sont le désir et l'aversion. La perception confuse permet le passage du cerveau à la poitrine. La distraction du méditant vient du fait que son attention est focalisée sur une idée à la fois. Plus le nombre de nerfs ébranlés est grand, plus la communication avec le diaphragme est forte et spontanée.

---

1 Dans le cas de l'éblouissement visuel, « [l]'éclat de la lumière frappe tellement les nerfs de l'œil, que la vision se change en tact » (*Observations*, p. 412). De manière analogue, « [...] toutes les fois que l'âme sort de l'état de méditation pour entrer dans celui du sentiment [...] c'est toujours quelque chose qui ressemble à de l'éblouissement, qui produit ce passage. La cause de ce changement est ordinairement une idée, qui en se présentant, en réveille subitement un grande nombre d'autres ; cela nous confond, et alors nous faisons attention à notre état [...] » (*id.*).

2 *Paradoxe*, p. 443. Cette explication prolonge celle que proposait déjà le Mémoire de 1752 sur les plaisirs sensibles.

L'EMPRISE DU SENTIMENT ET DES PERCEPTIONS OBSCURES

Les Mémoires de 1759 et de 1763 permettent de comprendre certaines des caractéristiques du sentiment et son empire sur l'âme, de même que l'inefficacité du raisonnement pour lutter directement contre les sentiments et les passions. Il faut souligner d'abord la *rapidité* d'action du sentiment, qui s'oppose à la lenteur de la pensée ; le sentiment est le résultat de l'action d'un grand nombre de perceptions confuses simultanées, qui nous affectent *avant* que nous puissions les analyser[1]. De sorte que plus le sentiment est vif, comme c'est le cas dans les émotions ou les passions fortes, moins nous sommes en mesure de percevoir les causes des effets que nous ressentons ; c'est donc en vertu de sa nature même que l'état de sentiment oppose une « résistance » au raisonnement et à l'analyse des causes. Cela autorisera Sulzer à parler des sentiments en termes d'*actes involontaires* de l'âme, ce qui explique pourquoi on a pu les confondre, justement, avec des *passions* de l'âme.

Il y a une autre application intéressante de cette « analyse physique » des sentiments, et cette fois elle exige de faire intervenir les perceptions

1 Ce facteur « vitesse » est important pour Mendelssohn également dans la *Rhapsodie sur les sentiments* (1761). Mendelssohn a bien vu que les connaissances composées d'idées distinctes sont d'ordinaire *moins actives* que les connaissances formées par les sens. Pour lui, l'aptitude d'une connaissance à engendrer la détermination volontaire est le résultat du degré de perfection objective qui est représentée, du degré de perfection perçue lors de la représentation et de la *vitesse* de perception. La connaissance sensible (c'est-à-dire la perception confuse) implique un plus grand nombre de caractères distinctifs dans une représentation, et par conséquent une plus grande *vivacité* ; ses caractères sont *plus présents* à l'âme et finalement, il faut *moins de temps* pour les parcourir. Dans un effort de formalisation de ce phénomène, Mendelssohn explique que le degré d'activité d'une connaissance sera : (1) en raison directe du degré de la perfection objective représentée ; (2) en raison directe du degré de notre connaissance de cette perfection (plus elle est distincte et vraie, plus notre désir de cette perfection sera actif) ; (3) en raison inverse du degré de vitesse requise pour nous forger une connaissance de cette perfection (plus ce temps est court, plus notre connaissance intuitive en est agréable et plus le désir d'en jouir est fort). Sur ce point, voir mon article : « La raison des sentiments. Beauté et moralité chez Moses Mendelssohn », in : S. Malinowski-Charles (dir.), *Figures du sentiment : morale, politique et esthétique à l'époque moderne*, Québec, Presses de l'Université Laval (collection « République des Lettres »), 2003, p. 125-140. On trouve la *Rhapsodie über die Empfindungen* dans les *Gesammelte Schriften. Jubiläumsausgabe*. Schriften zur Philosophie und Ästhetik I (1929), Stuttgart, Friedrich Frommann Verlag, 1971.

obscures. Il n'est jamais clair, chez Sulzer, si les perceptions *obscures* – donc résolument en deçà du seuil de l'aperception – peuvent motiver *directement* des sentiments, des désirs ou des actions. Mais elles interviennent au moins « globalement » dans cette motivation. Sulzer s'est intéressé au paradoxe ancien de la faiblesse de la volonté. Son analyse est assez complexe et une analyse détaillée exigerait de redoubler le paradoxe pour le faire porter à la fois sur les jugements et sur les actions. La solution nouvelle que Sulzer entend apporter à ces questions se réclame explicitement de l'influence de Leibniz et de ses successeurs, entendons principalement Wolff. Une partie de l'explication du soi-disant paradoxe de la volonté était déjà donnée par l'analyse de la nature et de la force du sentiment. Mais il convient d'y ajouter la référence à la dimension « cachée », à la « face obscure » de l'âme humaine. L'activité de l'âme accompagnée d'aperception est compatible avec un grand nombre de représentations plus ou moins obscures. Cet enracinement dans les représentations obscures ne concerne pas seulement la perception des idées, mais également les jugements, les sentiments, les désirs (et les aversions), c'est-à-dire l'ensemble des facultés de l'âme. Il y a donc, pour Sulzer, des jugements (on devrait alors plutôt parler de *pré*-jugés), des sentiments, des passions, des désirs et des aversions dont nous ne sommes pas – ou dont nous ne sommes *plus* – conscients, mais qui restent actifs dans nos croyances, nos sentiments et nos décisions, sans que nous soyons conscients de leurs causes[1]. Ces motivations obscures peuvent aussi tenir à des faits éloignés dans le passé de l'individu : le souvenir d'une chose ou d'un évènement ramène avec lui des évaluations, des croyances, qui se sont pour ainsi dire « incorporées » à l'histoire de l'individu ; nous ne sommes pas loin de la mise en place de la « causalité biographique » qui sera exploitée par la psychopathologie et par le roman[2].

1 Comme l'attestent plusieurs passages des Mémoires, cette affirmation du caractère « inconscient » des motivations de la plupart de nos sentiments et de nos actions est contrastée par la confiance de Sulzer dans l'observation, voire l'auto-observation, comme méthode philosophique permettant d'accéder à de tels effets inconscients. Il n'est pas rare qu'il cite alors Montaigne à l'appui de cette entreprise (par exemple : *Paradoxe*, p. 436). Une semblable confiance se manifeste durant la même période chez Rousseau (on la trouve dans *La Nouvelle Héloïse*, puis dans les *Confessions* et dans les *Rêveries du promeneur solitaire*), et bientôt chez Moritz (voir le *Magazin zur Erfahrungsseelenkunde* cité plus haut).

2 Les deux préoccupations se rejoignent chez Karl Philip Moritz, auteur, en 1785, de la célèbre autobiographie romanesque *Anton Reiser*.

Cette première série de considérations permet de répondre à la première question que soulevait le paradoxe de l'acrasie, celle qui consistait à savoir d'où nous viennent ces forces imperceptibles qui agissent comme à notre insu sur nos jugements et sur nos actions, en concurrence à des jugements et des décisions rationnels. La deuxième question que pose Sulzer est celle de savoir pourquoi ces forces *l'emportent pratiquement toujours* sur les effets de la volonté ? C'est ici que l'analyse des perceptions obscures et des causes « cachées au fond de l'âme » complète l'analyse de l'effet des sentiments. Tout d'abord, lorsque deux perceptions se présentent simultanément, celle qui est obscure, en raison de la lenteur du raisonnement rationnel, conduit immédiatement au sentiment (c'est l'obscur au sens de ce qui est « *infra*-conscient ») ; la perception obscure s'empare de l'âme et produit plus rapidement l'action. Ensuite, chaque situation nouvelle, en mobilisant involontairement des jugements, des sentiments, des désirs qui sont pour ainsi dire « incorporés » dans la mémoire – ou plutôt l'histoire – de l'individu (c'est l'obscur ou sens de « l'*in*-conscient »), s'expose à susciter une réponse qui est contraire aux efforts conscients de l'âme et qui prévient la réflexion.

Faut-il s'arrêter à ces constats descriptifs ? La riposte sulzerienne à cette incorporation de l'erreur (notamment des croyances fausses et des préjugés) fait apparaître la dimension pratique de sa psychologie et son articulation possible avec la morale. Il s'agit pour lui de mettre en branle un travail rationnel visant à produire l'habituation ou l'incorporation des vérités rationnelles. En changeant les connaissances issues de l'entendement en connaissances intuitives et confuses, c'est-à-dire en les faisant passer dans cette région de l'âme où s'enracine l'action humaine, on leur confère un surcroît de force impulsive et la capacité de se substituer aux « passions » et aux « actes involontaires » de l'âme.

Daniel DUMOUCHEL
Université de Montréal

DEUX PÉRIODES ET MÉTAPHYSIQUES DE L'*AUFKLÄRUNG*

Herder et sa critique de Wolff[1]

Il est difficile de savoir si Johann Gottfried Herder (1744-1803) s'est senti obligé de s'engager dans une critique des écrits de Christian Wolff (1679-1754). Les deux hommes appartiennent à deux périodes différentes de l'*Aufklärung*, séparées par une génération de penseurs qui essayait soit d'améliorer, soit de dépasser la philosophie de Wolff. Dans le premier groupe, on retrouve notamment Alexander Gottlieb Baumgarten (1714-1762), dont la *Metaphysica* et l'*Ethica philosophica* servaient de manuels d'enseignement à l'université et grâce auxquels Herder fut probablement exposé pour la première fois à la pensée wolffienne. Dans le deuxième groupe se trouve Emmanuel Kant (1724-1804), professeur de Herder à l'Université de Königsberg, qui utilisait ces manuels dans ses cours de philosophie. Les notes de Herder prises dans ces cours (1762-1764) dévoilent l'origine d'importants aspects de sa critique ultérieure de Wolff[2]. De plus, il existe un écart assez grand entre ces deux penseurs sur le plan philosophique : comme nous le verrons, les fondements de leur philosophie et même leur conception de la philosophie en général diffèrent. C'est peut-être pour cette raison qu'il n'existe qu'une seule tentative de Herder, assez brève, – figurant parmi ses premiers écrits philosophiques – d'examiner directement les idées de Wolff (et non à travers celles de Baumgarten). Cependant, une analyse de ce texte de 1768, intitulé *Ueber Christian Wolfs Schriften* se révèle utile, sachant par ailleurs qu'il n'en existe aucune dans la littérature secondaire. Elle

1 J'aimerais remercier Christian Leduc pour son aide précieuse à la rédaction en français et à la traduction française des citations allemandes.

2 Kant, *Gesammelte Schriften*, hrsg. von der Königlich preußischen Akademie der Wissenschaften, Berlin, 1900ff. : "Metaphysik Herder", vol. 28.1, p. 1-166 ; "Metaphysik Herder, 2. Hälfte", vol. 28.2.1, p. 839-946 ; "Praktische Philosophie Herder", vol. 27.1, p. 1-89.

permettra de démontrer précisément les éléments de la philosophie de Wolff par rapport auxquels Herder considère la sienne comme supérieure, un jugement qui est en fin de compte enraciné dans une conception différente de la métaphysique et de son rapport au théologique ; ce dernier point témoigne toutefois du fait que Herder, comme Wolff, reste fidèle au projet de l'*Aufklärung*.

Ueber Christian Wolfs Schriften comprend trois « observations » (*Betrachtungen*) concernant le *Discours préliminaire sur la philosophie en général*, que Wolff écrivit en latin, après avoir achevé sa série d'œuvres allemandes et débutant une série latine beaucoup plus élargie. Le *Discours* fut publié en 1728 avec la logique latine, la *Philosophia rationalis sive Logica*, et il comprend une dédicace, une préface, et six chapitres ; Herder commenta surtout la préface ainsi que les premiers et derniers chapitres. Ce discours, on le sait, fut le texte le plus diffusé et le plus lu de l'abondante production de Wolff. La plus grande partie du texte est consacrée à la philosophie, en particulier à sa méthode, à son style, et à ses différentes parties que Wolff examinera séparément dans les volumes suivants : la logique, la métaphysique (qui comprend l'ontologie, la cosmologie, les psychologies empirique et rationnelle et la théologie naturelle), la philosophie pratique, la physique, la philosophie des arts et la philosophie du droit.

Le rôle central que joue la philosophie est clair dès la préface, dans laquelle Wolff commence de la façon suivante : « [i]l est principalement jusqu'ici deux [choses] qui manquent dans toute la philosophie. Il manque l'évidence, qui seule produit un assentiment certain et immuable, et les [choses] que l'on y enseigne ne correspondent pas à l'usage de la vie[1] ». Or, Herder, à l'instar de Wolff, considère que l'utilité est le but principal de la philosophie – deux ans auparavant il avait dédié un court traité à la question de savoir « comment la philosophie peut devenir plus utile au peuple[2] ». Cependant, en raison d'une conception différente de la philosophie, l'idée qu'Herder a de l'utilité se distingue de celle que Wolff s'en fait, ce qui l'amène à remettre directement en question

1 Christian Wolff, *Discours préliminaire sur la philosophie en général*, trad. Th. Arnaud, W. Feuerhahn, J. F. Goubet et J.-M Rohrbasser, Paris, Vrin, 2006, p. 63.

2 Johann Gottfried Herder, *Wie die Philosophie zum Besten des Volks allgemeiner und nützlicher werden kann*, dans Herder, *Frühe Schriften*, Ulrich Gaier (éd.), vol. 1, in Herder, *Werke in zehn Bänden*, Günter Arnold et al. (éd.), Frankfurt am Main, Deutscher Klassiker Verlag, 1985, p. 101-134.

la nature de « l'évidence » qui joue un rôle si important chez Wolff. Herder débute son texte, dans la première observation, en soulignant que Wolff, plus qu'aucun autre philosophe, « a littéralement transformé sa philosophie en *science* [Wissenschaft], ou plutôt pourquoi ne pas dire préférablement en *art* [Kunst][1] ». Le sens de cette remarque est ambigu : certes, Herder soumet à une critique la conception wolffienne de la philosophie comme « science des possibles[2] », y compris plusieurs de ses outils comme la notion de l'évidence et les définitions nominales ; à cet égard son commentaire ne cache pas un certain sarcasme. Toutefois, dans un texte presque contemporain, Herder vante l'utilité et la rigueur de la méthode d'analyse conceptuelle de la philosophie wolffienne et il l'exploite même afin de démontrer la confusion conceptuelle chez son contemporain Friedrich Just Riedel[3]. Reflétant cette même ambiguïté, la remarque suivante, selon laquelle Wolff a transformé sa discipline en un « art », vise l'aspect méthodologique de la pratique de la philosophie qui lui est si important.

Après avoir désigné l'évidence et l'usage de la vie comme les deux choses qui font défaut à la philosophie, Wolff fournit immédiatement une explication : « les notions et les propositions déterminées sont bannies, sans lesquelles pourtant on ne peut ni assez comprendre, ni suffisamment prouver, ni appliquer adroitement aux cas rencontrés dans la vie les [choses] alléguées[4] ». La solution, selon Wolff, est donc claire, et il est persuadé de l'avoir trouvée en faisant ce qui semblait lui convenir, c'est-à-dire : « que je n'aille rien admettre sinon ce qui a été assez expliqué et suffisamment prouvé, que je réduise les vocables de notions confuses à notions distinctes et de signification vague à signification fixe, et que j'instaure des propositions déterminées que, jusqu'ici, aucun de ceux qui philosophent n'ont sues[5] ». Et cela a finalement permis à Wolff de « séparer le vrai du faux, auquel il est couramment mêlé, et de ramener les vérités reliées entre elles en un système harmonique[6] ».

1 Herder, *Ueber Christian Wolfs Schriften*, in Herder, *Werke*, Wolfgang Proß (éd.), München, Hanser Verlag, 1987, p. 9.
2 Voir Wolff, *Discours préliminaire*, *op. cit.*, § 29, p. 89.
3 Herder, *Viertes Kritisches Wäldchen*, in Herder, *Schriften zur Ästhetik und Literatur*, Gunter E. Grimm (éd.), vol. 2, in Herder, *Werke in zehn Bänden*, 1993, p. 251.
4 Wolff, *Discours préliminaire*, *op. cit.*, p. 63.
5 *Ibid.*
6 *Ibid.*

Or, en arrière-plan se dessine une conception de l'ordre métaphysique, sur laquelle repose la conception de la philosophie comme pratique, qu'il faut au moins esquisser si on veut correctement comprendre la critique de Herder. Pour Wolff, le monde qui existe, l'existant (*ens*), dérive d'un ordre ontologique antérieur de l'être, c'est-à-dire de tous les êtres possibles avec leurs essences, dont seul Dieu, comme origine, a une connaissance parfaite. Étant donné notre faculté de connaissance limitée, nous sommes privés d'une telle connaissance adéquate de la possibilité *a priori* de tout être, par le biais d'une définition réelle, si ce n'est dans le domaine des mathématiques. Toutefois, en faisant usage de nos capacités rationnelles et avec l'aide de l'expérience ainsi que des principes métaphysiques de non-contradiction et de raison suffisante, nous pouvons construire des définitions nominales qui peuvent ensuite nous servir à construire des définitions réelles *a posteriori*. Munis de ces définitions, de l'usage d'une méthode géométrique et du raisonnement syllogistique qui forment ensemble une sorte de logique naturelle de l'esprit humain, nous arrivons à une compréhension philosophique de l'« *universitas ordinata* » de tout l'existant, de sa structure en genres et en espèces, laquelle nous fournit une source féconde de connaissances certaines et utiles. Étant donné ce modèle métaphysique et le but assigné à la philosophie, on peut comprendre l'exigence de Wolff à établir des concepts et des propositions certaines et démontrées par l'évidence ainsi que leur possibilité même, garantie par un enracinement dans l'ordre métaphysique.

Herder connaissait très bien ce modèle et cette méthode. Après avoir cité le tout début de la préface du *Discours*, où Wolff nomme les deux choses (l'évidence et l'usage de la vie) qui font défaut à la philosophie, il remarque avec sarcasme que ces deux choses manquent encore toujours, sinon davantage *à la suite* de Wolff[1]. Afin de justifier sa remarque, il se tourne vers la notion wolffienne d'évidence : « Wolff chercha l'évidence : il l'a littéralement trouvée, voire exagérée : mais qu'est-ce que c'est qu'une simple évidence en quelques mots seulement ? Elle a trop souvent uniquement comme conséquence des définitions arbitraires et des démonstrations répétées d'une manière répugnante[2] ». Herder attaque ici la haute opinion qu'avait Wolff des définitions nominales, qu'il

1 Herder, *Ueber Christian Wolfs Schriften*, p. 9.

2 *Ibid.*

recommandait comme prémisses pour tirer des conclusions et pour construire des définitions réelles. Herder n'est pas le seul à critiquer la notion de définition nominale chez Wolff à la même période. Quelques années plus tard, et d'une manière similaire, Johann Heinrich Lambert accusera Wolff d'avoir « caché dans les définitions le doute et les difficultés qu'on retrouvait auparavant dans la métaphysique, subrepticement et sans s'en rendre compte, ou [d'avoir] ainsi défini les concepts afin de pouvoir en tirer des principes certains, qu'il tenait pour vrais[1] ». Herder développe sa critique dans un autre texte de la même époque, *Von Baumgartens Denkart in seinen Schriften*, où il traite les philosophies de Baumgarten et de Wolff de manière identique. Il y oppose la langue des dieux à celle des êtres humains : « Une langue complètement philosophique devait être à la manière du discours des dieux, lesquels regardaient comment les choses (*Dinge*) du monde se formaient, observaient les créatures dans leur état de *devenir (Werden)* et d'origine (*Entstehen*) et ainsi créaient chaque nom de chose (*Sache*) *génétiquement* et *matériellement*[2] ». Cette langue, qu'« aucune oreille humaine ne peut entendre » se distingue de la nôtre qui est « la langue des êtres humains terrestres regardant en direction de la terre. Ces derniers désignent les choses non pas comme elles se *produisent*, mais plutôt comme elles leur apparaissent ; non pas selon leur essence, mais plutôt selon leur forme[3] ». Le risque, d'après Herder, c'est que ces représentations peuvent nous tromper : les premières peuvent donner des « *substances apparentes* », les deuxièmes des « *noms vides* ». Il conclut : « C'est donc pourquoi les définitions nominales sont si souvent soit l'apparence de leur objet, soit vides dans leur explication (*Erklärung*) et que la langue des érudits est parfois maladroite[4] ». À l'aide de cette distinction entre la langue des dieux et la langue des êtres humains, Herder fait manifestement référence aux notions des définitions réelles et définitions nominales chez Wolff et met en doute la valeur de ces dernières.

---

1 Johann Heinrich Lambert, *Anlage zur Architectonic*, vol. 1, Riga, 1771, § 11, cité in Hans Werner Arndt, « Zum Wahrheitsanspruch der Nominaldefinition in der Erkenntnislehre und Metaphysik Christian Wolffs », in *De Christian Wolff à Louis Lavelle : métaphysique et histoire de la philosophie*, Robert Theis et Claude Weber (éd.), Zürich, Hildesheim, 1995, p. 34.

2 Johann Gottfried Herder, *Von Baumgartens Denkart in seinen Schriften*, in Herder, *Frühe Schriften*, p. 655.

3 *Ibid.*

4 *Ibid.*

Il faut bien comprendre la portée de ce doute. Herder ne remet jamais en question le rôle des définitions nominales dans les domaines scientifiques et techniques. Il est plutôt préoccupé par leur rôle dans le domaine anthropologique, et aussi, en l'occurrence, dans la métaphysique. La motivation principale des recherches philosophiques de Herder vise à une compréhension approfondie de l'être humain qui s'étend au niveau ontologique et qui sert de fondement à ses idées relatives à la culture et à la *Bildung*. Un aspect central de sa théorie de la nature humaine, qui alimente par ailleurs sa critique de Wolff, est l'idée que la connaissance philosophique se fonde toujours sur des concepts *donnés*. C'est une idée que Herder a apprise de Kant, son professeur. Dans son mémoire intitulé *Recherche sur l'évidence des principes de la théologie naturelle et de la morale* (1763), Kant s'engage justement dans une critique du rationalisme wolffien et de son modèle de la certitude au moyen d'un examen des différentes méthodes mathématiques et philosophiques et d'une critique de l'usage des mathématiques en philosophie. Dans la première section, qui s'intitule « Les mathématiques parviennent à toutes leurs définitions synthétiquement, la philosophie, au contraire, parvient aux siennes analytiquement », Kant explique que dans les mathématiques « [l]e concept que j'explique n'est pas donné avant la définition, mais c'est d'elle qu'il provient en premier lieu », tandis que dans la philosophie, « [c]e qui est ici déjà donné, c'est le concept d'une chose, mais d'une manière confuse ou insuffisamment déterminée ». La méthode de la philosophie, continue-t-il, consiste donc en une analyse des concepts donnés : « Je dois en faire l'analyse, comparer ensemble, dans toutes sortes de cas, les caractères abstraits avec le concept donné, et rendre cette idée abstraite déterminée dans toutes ses parties[1] ».

Si on revient à la critique de Wolff par Herder dans le dernier paragraphe, on voit l'analogie existant entre l'opposition mathématiques-philosophie chez Kant et l'opposition divin-humain chez Herder. La philosophie, Herder tire cette idée de sa lecture de Kant, peut distinguer les réquisits ou marques (*Merkmale*) des concepts donnés qui sont d'abord confus (par exemple de l'espace ou du temps) et ensuite arriver à une définition nominale. Mais, pour Herder, comme la philosophie n'a pas produit elle-même les concepts, elle tombe dans l'erreur quand elle traite

---

1 Kant, *Recherche sur l'évidence des principes de la théologie naturelle et de la morale*, in Kant, *Œuvres philosophiques*, vol. 1, Ferdinand Alquié (éd.), Paris, Gallimard, 1980, p. 216-217.

ces définitions nominales comme si elles fournissaient une compréhension que seul Dieu peut avoir de l'essence des substances, que lui seul pense et crée. Dans les notes des cours de logique et de métaphysique de Herder, on voit, à cet égard, que Kant avait critiqué Wolff pour avoir voulu tout démontrer et avoir cru qu'il en était complètement capable[1]. Certes, Wolff ne réclamait jamais pour la philosophie une connaissance parfaite dont seul Dieu (comme « *philosophus absolute summus*[2] ») était capable, mais, comme nous l'avons vu précédemment, l'ancrage de la connaissance philosophique dans un ordre métaphysique de l'être et des essences impliquait que cette connaissance, selon l'idéal de certitude et d'une structure en genres et espèces, soit fondée sur cet ordre[3]. Or, Herder ne souscrit pas à cette conception. Pour bien comprendre sa critique, il faut maintenant esquisser sa propre conception de la philosophie et de la métaphysique, comme on l'a fait pour Wolff. En réalité, Herder *progresse* d'une certaine manière dans *sa* critique, car le point de départ de sa philosophie et de son épistémologie prend sa source dans un type particulier de concept donné. Il s'agit des concepts inanalysables que Wolff, selon Kant, ignore à son détriment[4]. Herder connaissait donc également ce type de concept par l'enseignement de Kant, mais Kant lui-même le tenait de Crusius, qui avait alors corrigé Wolff[5]. Ces concepts inanalysables sont des concepts de base ou *Grundbegriffe* comme le sont l'être, l'espace, le temps, et la force ; l'être, selon Herder, est le « plus inanalysable », comme il l'explique dans un court traité de 1763, *Versuch über das Sein*[6]. Est étroitement lié à leur statut d'« inanalysable » leur caractère « donné ». Il s'ensuit nécessairement que notre mode d'accès

1 Kant, AA 24, p. 4 ; AA 28.1, p. 5, 10.

2 Wolff, *Theologia naturalis*, § 268, cité in Werner Schneiders, « Deus est philosophus absolute summus. Über Christian Wolffs Philosophie und Philosophiebegriff », in *Christian Wolff 1679-1754*, Werner Schneiders (éd.), Hamburg, Felix Meiner Verlag, 1983, p. 26.

3 Cela s'étend, chez Wolff, aux concepts métaphysiques eux-mêmes, comme l'explique Hans Werner Arndt : « Für die Begriffe der Metaphysik selbst, wie den des *ens*, der *essentia*, des *possibile*, usw. [...] muß [...] die Begriffsbestimmung und die aus ihr resultierende Nominaldefinition auf einem Ordnungszummenhang beruhen, der gleichsam auf einer formalen, ontologischen Metaebene dem Gefüge inhaltlich bestimmter Gattungen und Arten [...] als Bedingung vorausliegt. », in H. W. Arndt, « Zum Wahrheitsanspruch der Nominaldefinition », *op. cit.*, p. 37.

4 Kant AA, 28.1, p. 156. On peut certainement contester cette revendication ou au moins faut-il la clarifier, étant donné que Wolff a un concept de notion intuitive.

5 Kant, AA, 28.1, p. 10, 157.

6 Herder, *Versuch über das Sein*, in Herder, *Frühe Schriften*, p. 13, 20.

épistémologique à ces concepts est avant tout sensible, de sorte que nous ne pouvons jamais les démontrer objectivement[1] et en avoir une connaissance philosophique claire et distincte. Mais cela ne veut pas dire que notre connaissance de ces concepts est incertaine. Au contraire, la certitude dont nous sommes capables, en tant que créatures incarnées, plus animales que spirituelles, est une certitude sensible et subjective. Néanmoins, on pourrait dire qu'elle est en quelque sorte objective parce que nous en sommes tous capables et qu'elle est la même pour chacun d'entre nous[2]. À l'arrière-plan se trouve ici, tout comme c'est le cas chez Wolff, une conception de l'ordre métaphysique qui dérive de Dieu. En somme, Dieu créa le monde existant en extériorisant sa pensée divine de l'être dans l'espace, le temps, et à travers la force. Pour notre part, en revanche, nous arrivons à une connaissance du monde et de nous-même en nous réalisant à travers l'extériorisation de notre propre « pensée », qui est notre âme, dans la forme que prend notre corps, qui a une existence spatio-temporelle. De cette manière, les sens correspondent à cette structure du monde existant : la vision à l'espace, l'ouïe au temps, le toucher à la force[3]. Au fondement de ce monde et même de notre propre nature se trouve la force, ou plutôt des forces : la force de penser ou de représenter, mais aussi les forces d'attraction et de répulsion, les forces de la vie comme l'expansion et la contraction ainsi que l'irritabilité et la sensation, etc.[4]. Tout cela aboutit à une conception fondamentalement *dynamique* de l'existence – du monde, de la nature, des êtres humains, de l'histoire – qui est éloignée de la conception d'un ordre métaphysique statique de l'être et des essences, et d'une conception correspondante de la connaissance philosophique et de son modèle de la certitude objective.

Or, le corrolaire fondamental de la métaphysique herderienne est une conception propre de la philosophie et de ses tâches. D'après lui, la

1 Le *Versuch über das Sein* est composé d'une série de critiques des tentatives de Wolff, de Baumgarten, et de Kant de prouver l'existence de Dieu.

2 Voir Herder, *Versuch über das Sein*.

3 Voir Herder, *Plato sagte, daß unser Lernen bloß Erinnerung sei*, in Marion Heinz, *Sensualistischer Idealismus : Untersuchungen zur Erkenntnislehre und Metaphysik des jungen Herder (1763-1778)*, Hamburg, Felix Meiner Verlag, 1994, p. 175-182.

4 Un élément central de cette ontologie des forces, et qui fonde l'épistémologie qui en ressort, est la croyance résolue de Herder dans l'intéraction entre l'âme et le corps. Voir Nigel DeSouza, « Leibniz in the eighteenth century : Herder's critical reflections on the *Principes de la nature de la grace* », *British Journal for the History of Philosophy*, July 2012 : vol. 20, n°4, p. 773-795.

philosophie n'est pas une « science des possibles en tant qu'ils peuvent être » qui donne les raisons ou les causes des choses dans *tous* les domaines concevables[1]. La philosophie doit plutôt s'orienter vers les êtres humains et s'occuper de leur ontologie, de la psychologie, de l'histoire, de la culture, etc. Herder déclare même, dans un autre texte de la même époque que : « Toute philosophie qui prétend être du peuple doit faire du peuple son centre d'attention, et quand on change le point de vue de la philosophie de telle façon, comme le système copernicien se développa depuis le système ptoléméen, on voit combien de développements nouveaux et fructueux doivent ici se révéler quand notre philosophie devient une anthropologie[2]. » C'est du point de vue de sa définition de la philosophie comme philosophie humaine (*menschliche Philosophie)* que la critique de Wolff par Herder dans *Ueber Christian Wolfs Schriften* doit principalement être comprise. Cette idée de la philosophie implique également une nouvelle conception de la connaissance humaine, comme on l'a déjà vu, qui met en relief l'importance de la connaissance sensible. Pour en revenir à ce texte, cela rend possible la critique de la notion wolffienne d'évidence ainsi que du désir qu'avait Wolff de « s'efforce[r] d'obtenir moins l'évidence que la fertilité externe, la richesse dans les pensées, les preuves, les principes ». Herder continue en soutenant que : « en évaluant seulement la forme, on perd trop la matière[3] ». Herder évoque ici Baumgarten dont le projet esthétique le passionnait. Dans l'exploration de la région inférieure de l'âme, Baumgarten parle du type de clarté dont cette région est capable et qui est l'analogue de la clarté dans la région supérieure. Il qualifie la première de clarté intensive, laquelle est logique et correspond à la plus grande clarté des réquisits ; quant à la deuxième, il la nomme clarté extensive, puisqu'elle est esthétique et correspond à un plus grand nombre de réquisits[4]. Il s'agit de la « matière » que perd Wolff dans ses définitions et ses démonstrations. Pour Herder, le type d'évidence qui peut vraiment convaincre et espérer avoir « un usage dans la vie » est celui qui ne laisse pas tomber cette « fertilité » et cette « richesse », c'est-à-dire la clarté extensive. L'approche

1 Wolff, *Discours*, *op. cit.*, § 29, p. 31.

2 Herder, *Wie die Philosophie*, *op. cit.*, p. 134.

3 Herder, *Ueber Christian Wolfs Schriften*, *op. cit.*, p. 9.

4 Alexander Gottlieb Baumgarten, *Méditations philosophiques sur quelques sujets se rapportant à l'essence du poème*, § 16, 17 ; *Métaphysique*, § 531, in Baumgarten, *Esthétique*, Jean-Yves Pranchère (éd.), Paris, Éditions de l'Herne, 1988, p. 35-36, p. 87-88.

de Wolff, dit explicitement Herder, est devenue obsolète. « La plupart de ses principes et démonstrations sont des fées qui dansent dans l'espace, et chacun vient trop souvent des apparences. Elles ne sont en réalité pas des filles nées sur terre et donc citoyennes de la terre ; et les fantômes de l'espace règnent déjà depuis trop longtemps sur la terre[1] ». Il faut encore une fois bien comprendre la portée de cette critique. Herder ne vise pas ici les définitions nominales dont les sciences font usage. En conservant sa propre définition de la philosophie comme philosophie humaine, il vise ici la réification des concepts dans le domaine anthropologique. Par exemple, dans une lettre au philosophe leibniziano-wolffien Moses Mendelssohn, Herder déclare que : « Rien dans le monde, je crois, n'a causé plus d'opinions, voire plus d'erreurs que le fait qu'on ait considéré et réifié les concepts abstraits en tant qu'existences individuelles[2] ». Herder pense ici au concept de vertu que la philosophie morale essaie toujours de définir une fois pour toutes. Au contraire, Herder pense qu'un tel concept n'est pas susceptible d'une définition universelle et éternelle que « l'âme amasse comme des pièces de monnaie[3] ». Ce qui est plutôt important pour la philosophie, c'est de « revenir à l'origine des mots [abstraits] par l'analyse des concepts[4] », de les comprendre dans leur réalité historico-culturelle, et, enfin, de retrouver l'origine de ce qu'ils représentent dans l'âme humaine. Mais la philosophie de Wolff n'est pas en mesure de produire une telle analyse, car lui fait défaut la conscience des aspects dynamique, évolutif et historique du domaine propre à l'homme. Et ce manque, à son tour, est lié à une théorie inadéquate de l'âme humaine. Dans la préface du *Discours*, parmi les conséquences utiles de la certitude et de l'évidence apportées par sa philosophie, Wolff vante aussi l'ouverture de la philosophie de « l'école », jadis trop obscure et scolastique, pour les « inventeurs[5] ». Herder remet en question ce point et demande si « *sa philosophie* est suffisamment organisée qu'elle puisse ouvrir les trésors inventifs de notre âme[6] ». Herder répond d'ailleurs que : « [l]es régions les plus obscures de l'âme, depuis lesquelles naissent la

1 Herder, *Ueber Christian Wolfs Schriften*, *op. cit.*, p. 9.
2 Herder, *Briefe*, vol. I, Wilhelm Dobbek et Günter Arnold (éd.), Weimar, Hermann Böhlaus Nachfolger, 1984, p. 179.
3 *Ibid.*, p. 179-180.
4 *Ibid.*, p. 180.
5 Wolff, *Discours préliminaire*, *op. cit.*, p. 63-64.
6 Herder, *Ueber Christian Wolfs Schriften*, *op. cit.*, p. 10.

plupart des inventions, demeurent chez Wolff sans lumière. Il parle des forces inférieures de l'âme comme d'un esprit isolé de son propre corps[1] ». L'importance des régions inférieures de la connaissance sensible n'est pas du tout limitée à l'invention. Elles constituent aussi le fondement de la connaissance humaine, de la culture, de l'histoire ; par le fait même, en les négligeant, Wolff portait un coup fatal à l'utilité de sa philosophie.

La deuxième « observation » de *Ueber Christian Wolfs Schriften* s'intitule « Sur les trois types de connaissance humaine » et porte sur le premier chapitre du *Discours préliminaire* dans lequel Wolff expose sa célèbre tripartition de la connaissance humaine : historique, philosophique, et mathématique[2]. La connaissance historique, considérée comme le fondement de toutes les autres connaissances et obtenue « à l'aide de nos sens », est « la connaissance des [choses] qui sont et se produisent [...] dans le monde matériel ou dans les substances immatérielles[3] ». La connaissance philosophique dépasse la connaissance historique, qui ne consiste qu'en « la connaissance nue du fait », et « dévoile la raison du fait, de sorte que l'on comprend pourquoi quelque [chose] de cette sorte peut se produire ». Elle est donc « la connaissance de la raison des [choses] qui sont ou se produisent[4] ». En dernier lieu, « la connaissance de la quantité des choses » correspond à la connaissance mathématique[5].

Herder fait d'abord remarquer qu'il lui semble : « que les trois types ne sont pas juxtaposés sur le même niveau[6] ». Cela pourrait sembler une interprétation erronée de la position de Wolff, car celui-ci dit à l'évidence que la connaissance historique constitue le fondement de toutes les autres connaissances[7]. La connaissance commence ainsi par l'expérience. Herder, toutefois, ne le nie pas. Le problème de la théorie de Wolff, d'après Herder, c'est que la distinction entre les trois types de connaissances réside dans l'*objet* au lieu de se fonder sur la *manière* de connaître[8]. Enfin, Herder fait la distinction entre trois types d'acte de connaître, et non trois types de connaissance. D'abord, il y a un certain chevauchement entre les types

1 *Ibid.*
2 *Ibid.*
3 Wolff, *Discours préliminaire*, *op. cit.*, § 1, 3.
4 *Ibid.*, § 7, 6.
5 *Ibid.*, § 14.
6 Herder, *Ueber Christian Wolfs Schriften*, *op. cit.*, p. 10.
7 Wolff, *Discours préliminaire*, *op. cit.*, § 11.
8 Herder, *Ueber Christian Wolfs Schriften*, *op. cit.*, p. 11.

de connaître : Herder explique que connaître philosophiquement est effectivement un *Etwas*, c'est-à-dire un fait historique, car la cause se produit et existe. Il est également possible de mesurer la quantité des choses et des causes[1]. Ce dont Herder parle ici diffère donc pareillement des rapports possibles entre les trois types wolffiens de connaissance mentionnés : par exemple, la connaissance historique de la connaissance philosophique ou la connaissance historique de la connaissance mathématique[2]. Pour Herder, il est plutôt question de ce qu'il appelle « les diverses applications principales et subordonnées de ma force ou pouvoir de connaître[3] ». Il n'y a donc pas trois objets possibles de la connaissance humaine, mais plutôt des manières différentes de connaître (qui sont en nombre plus grand que trois, selon Herder) et qui participent toutes du même pouvoir ou de la même force. Pour Wolff, ces trois types de connaissance, d'après leurs objets distincts que sont les faits, les raisons, et les quantités, se réunissent toutes dans un objet partagé qu'est l'étant et, plus fondamentalement, l'ordre métaphysique. En fin de compte, bien entendu, les connaissances historiques et mathématiques sont au service de la connaissance philosophique fondamentale qui seule nous met en relation avec l'ordre métaphysique de l'étant, plus précisément avec l'ordre tout court. Herder, par contre, essaie ici de concevoir génétiquement la connaissance à partir de la perspective du sujet, qui commence toujours par ce qui lui est donné, par la connaissance historique. C'est pour cette raison qu'il contredit Wolff selon lequel il existe trois types de connaissance : « La philosophique se trouve sous l'historique, et la mathématique est un genre de la connaissance philosophique[4] ». Herder fournit un exemple de base (probablement tiré du premier paragraphe du *Discours*)[5] : « De manière sensible, je deviens conscient que quelque chose se produit – le même. Intérieurement, je prends conscience que je suis – l'autre. Pour cette raison, j'en *conclus* la cause, et la mesure de la cause à l'effet et de l'effet à la cause est déjà une conclusion très composée

1 *Ibid.*, p. 10-11.

2 Wolff, *Discours préliminaire*, *op. cit.*, § 8, 19.

3 Herder, *Ueber Christian Wolfs Schriften*, *op. cit.*, p. 11.

4 *Ibid.*, p. 10.

5 Voir Wolff, *Discours préliminaire*, *op. cit.*, § 1 : « Fondement de la connaissance historique. Nous connaissons à l'aide de nos sens [les choses] qui sont et se produisent dans le monde matériel, et *l'esprit est conscient des changements qui surviennent en lui*. Personne n'ignore ces [choses] pour peu qu'il prête attention à lui-même » (c'est moi qui souligne).

de la comparaison : aucunement une simple perception[1] ». Herder veut montrer comment les différentes manières de connaître émergent de l'âme comme des capacités successives ; non seulement la connaissance philosophique, mais même la *capacité* de connaître philosophiquement dépend de la capacité de connaître historiquement. En montrant la relation intime entre les différentes manières de connaître, il maintient que : « le sensible que je connais, je le ressens dans toute sa lumière : autrement dit je connais seulement le même en lui, comment je me sens. Celui-là est la connaissance poétique, celui-ci la connaissance intellectuelle[2] ». Tandis que Wolff, d'après Herder, « induit ses trois types de connaissance selon les trois sciences principales » (c'est-à-dire, l'histoire, la philosophie, et les mathématiques), Herder affirme que c'est la psychologie qui doit servir de cadre pour concevoir les nombreuses manières de connaître – si l'intégralité des manières de connaître était circonscrite, nous aurions, déclare-t-il, « une carte de l'âme humaine[3] ». Herder semble considérer évident que le fondement de toute connaissance est « la connaissance historique », non pas telle que définie par Wolff, mais plutôt selon les précisions qu'il a apportées. Il remarque : « à quel point il est humiliant de devoir démontrer que la connaissance historique n'apporte aucune honte à un philosophe. C'est même comme si des excuses étaient nécessaires, à cet égard, pour qu'on puisse réellement (*würklich*) être quand l'on doit penser[4] ».

Cette dernière exigence trouve une application intéressante dans la troisième observation de *Ueber Christian Wolfs Schriften.* Herder se tourne ici vers le tout dernier chapitre du *Discours préliminaire* de Wolff, qui s'intitule *De la liberté de philosopher* (Herder garde ce titre pour sa troisième observation). Dans le *Discours*, Wolff exige, de la part de tout philosophe, « la permission de présenter publiquement sa pensée sur les choses philosophiques » c'est-à-dire, de « défini[r], [de] juge[r] et [de] prouve[r] les assertions dans la mesure où cela lui semble bon [selon] les règles de la Logique authentique[5] ». Wolff affirme qu'un philosophe

1 Herder, *Ueber Christian Wolfs Schriften*, *op. cit.*, p. 11.

2 *Ibid.*

3 *Ibid.*

4 *Ibid.*

5 Wolff, *Discours préliminaire*, *op. cit.*, § 151. Le cas de Wolff, qu'on lui ait refusé la liberté de philosopher et qu'il ait été contraint de s'exiler de Halle, est mentionné dans le § 153 et discuté en détail dans la préface.

qui suit la méthode philosophique exposée dans le quatrième chapitre de son *Discours*, selon laquelle tous les termes doivent être précisément définis, tous les principes prouvés, toute proposition déduite de principes suffisamment prouvés et conformément aux principes d'identité et de contradiction[1], ne peut pas arriver à une doctrine qui contredirait la religion, la vertu ou l'État (c'est-à-dire la vie publique). La critique de Herder est ici une conséquence des précédentes analyses. Celui-ci reprend la distinction de la première observation entre la matière et la forme de la pensée ainsi que la critique de la méthode philosophique de Wolff, trop préoccupée par la seule forme logique. Les philosophes qui suivent cette méthode, selon Herder, pensent qu'ils font de la philosophie, alors qu'en réalité ils se limitent à de simples démonstrations et contre-démonstrations selon une manière qui est « seulement formelle et méthodique » si bien que « toute la série de conclusions n'est qu'hypothétique[2] ». La seule façon par laquelle la philosophie pourrait arriver à ne pas contredire la religion, la vertu, ou l'État serait de suivre les conditions suivantes : « la Bible doit être correctement interprétée dans son entièreté et même écrite depuis les concepts philosophiques, la vertu ne doit comprendre aucun concept hypothétique, et l'État aucune constitution arbitraire et qu'on privilégierait[3] ». En d'autres termes, ces institutions auraient dû être produites selon les seuls principes de la raison. En l'occurrence, l'application de la conception de la philosophie comme science des possibles qui a pour condition un ordre métaphysique de l'être et des essences échoue complètement dans des domaines comme la morale, la politique, et (ce qui peut étonner), la religion.

En revanche, Herder propose que la philosophie adopte une « méthode externe » qui soit en même temps « l'esprit interne », commençant avec les « principes qui sont réellement vrais », qui « doivent être matériels et non pas simplement formels et méthodiques[4] ». Ce type de philosophie ne pourrait pas contredire la religion, la vertu, ou l'État parce qu'il commencerait avec la reconnaissance de la nature de la religion, de la vertu, et de l'État comme étant eux-mêmes des produits contingents de l'histoire. Herder se demande : « la Bible n'est-elle pas dans toute

1 *Ibid.*, § 115 *sq.*
2 Herder, *Ueber Christian Wolfs Schriften*, *op. cit.*, p. 12.
3 *Ibid.*
4 *Ibid.*

sa vérité interne écrite hypothétiquement, issue d'une époque et de l'ignorance et des erreurs de l'auteur de cette même époque[1] ? » De façon similaire, l'ancrage de la vertu et de la moralité dans les sentiments et les forces de la région inférieure de l'âme, dont elles émergent comme phénomène concret, historique et culturel, est caché par le concept wolffien de vertu qui se réduit à un « concept abstrait, collectif, et complet, qui ne comprend aucun sentiment, mais plutôt une série de principes, conséquences, conclusions, preuves[2]… ».

Par conséquent, la philosophie qui, pour Herder, se réduirait à l'anthropologie étudierait l'origine des concepts dans l'âme humaine, et, en particulier, dans la région inférieure où se trouvent les racines de la culture et de la morale dans sa connaissance sensible. De plus, à ces institutions culturelles et morales ne correspond aucun ordre métaphysique de concepts universels et éternels. Elles sont plutôt des produits contingents de l'interaction historique des forces (surtout entre les êtres humains) que les individus assimilent et changent à leur tour. En somme, tout en cautionnant une relation classique de l'*Aufklärung* entre la métaphysique et la théologie, Herder imagine le remplacement d'une philosophie comme science des possibles qui repose sur une métaphysique statique des essences, d'une philosophie du haut vers le bas, à la manière du wolffisme, par une philosophie anthropologique qui commence par une métaphysique dynamique des forces, une philosophie de bas en haut.

Nigel DESOUZA
Université d'Ottawa

1 *Ibid.*
2 *Ibid.*, p. 12-13.

MÉTAPHYSIQUE ET MATHÉMATIQUE CHEZ LAMBERT

Une réponse à la *Preisfrage* de 1763

Le concours de 1763 de l'Académie de Berlin portant sur l'évidence et la certitude des vérités mathématiques et métaphysiques est l'un des plus connus de l'institution, notamment en raison des participants à qui l'on attribua le premier prix et l'accessit, soit respectivement Mendelssohn et Kant[1]. L'importance de la question dans la philosophie kantienne est d'autant plus grande qu'elle sera reprise à d'autres occasions, et non les moindres, soit dans la *Dissertation inaugurale* de 1770, mais surtout dans la deuxième partie de la *Critique de la raison pure* concernant la théorie transcendantale de la méthode[2]. Déjà dans la *Preisschrift* de 1763, Kant tente de différencier la méthode employée en mathématique, de nature synthétique, de celle qu'on doit utiliser en métaphysique, procédant davantage par l'analyse[3]. On le sait, la distinction sera encore plus marquée dans la première *Critique* sur la base de la différenciation entre la synthèse de l'intuition et l'analyse discursive de l'entendement. Mais l'idée d'une séparation par les outils d'analyse et de synthèse demeure, du moins dans la forme qu'ils possèdent désormais au sein de la philosophie transcendantale. La réponse de Mendelssohn est toute autre : d'après lui, les vérités mathématiques et métaphysiques peuvent atteindre le même niveau de certitude, bien que le cheminement démonstratif soit plus court pour les premières et

---

1 Un numéro de la revue *Astérion* a été consacré au concours : *La Preisfrage de 1763 de l'Académie de Berlin : certitude mathématique, certitude métaphysique, certitude morale*, 9, 2011. Voir également : Prunea-Bretonnet, Tinca, « La méthode philosophique en question. L'Académie de Berlin et le concours pour l'année 1763 », in *Philosophiques*, 42/1, 2015, p. 107-130.

2 Kant, *Dissertatio*, *Gesammelte Schriften*, hrsg. von der Königlich preußischen Akademie der Wissenschaften, Berlin, G. Reimer, 1902, (Abrév. AA) II, p. 410-419 ; KrV A712/B740-A738/B766.

3 AA II, p. 276.

plus long ou moins facilement saisissable pour les deuxièmes[1]. Ainsi, il ne s'agit pas, comme chez Kant, d'une différence de méthodes, les deux utilisant d'une certaine manière l'analyse, mais plutôt d'évidence ou de simplicité d'accès cognitif. Il est vrai que Mendelssohn insiste sur quelques divergences qu'on trouve aussi chez Kant, par exemple que la métaphysique doit prouver, contrairement aux mathématiques qui en restent aux idéalités, que ses principes théoriques valent pour les choses réelles ou actuelles ; aussi, que la métaphysique porte sur les abstraits, tandis que les mathématiques se rapportent au concret grâce aux modalités, discrètes ou continues, des grandeurs extensives[2]. Pour les deux, même le Kant précritique, il ne saurait ainsi s'agir de dévaluer la métaphysique[3], mais plutôt d'ajuster ses objets à la manière dont on peut se les représenter et dont on en tire des démonstrations et des vérités. Par exemple, Kant reprend une partie des arguments qu'il avait proposés à l'occasion de son opuscule sur la monadologie physique quant à la possibilité de déterminer la force des monades et le caractère infiniment divisible de l'espace[4]. On reconnaît une tentative de distinguer les objets respectifs des mathématiques et de la métaphysique, mais aussi d'établir une méthodologie différenciée et adaptée à leur représentation dans l'esprit humain.

Une vingtaine de réponses, dont celles de Mendelssohn et Kant, auraient été soumises pour le concours de 1763 selon les archives de l'Académie de Berlin[5]. Il existe cependant un texte qui n'a pas été

---

1 Mendelssohn, *Abhandlung über die Evidenz in metaphysichen Wissenschaften*, Berlin, Haude und Spener, 1764, p. 6.

2 *Abhandlung*, p. 16-17 et p. 27-28.

3 Dans une lettre à Mendelssohn, Kant insiste justement sur l'importance de la métaphysique et du questionnement méthodologique qui la précède : « Je suis si éloigné de tenir la métaphysique elle-même, considérée objectivement, pour peu considérable ou superflue que, depuis quelques temps particulièrement, depuis que je crois comprendre sa nature et la place qui lui est propre parmi les connaissances humaines, je suis convaincu que le bien véritable et durable de l'espèce humaine dépend d'elle – éloge qui paraîtra à tout autre que vous fantastique et téméraire [...] Car la simplicité d'un entendement sain, mais point sous-informé, n'a besoin pour parvenir à l'intelligence, que d'un organon ; tandis que l'intelligence apparente d'une tête gâtée a besoin avant tout d'un catarticon » Lettre à Mendelssohn du 8 avril 1766, AA 10, p. 70, trad. in *Correspondance*, Paris, Gallimard, 1991.

4 Kant, *Metaphysicae cum geometria iunctae usus in philosophia naturali, cuius specimen I. continet monadologiam physicam*, AA I, 475-476.

5 *Bestand Preussiche Akademie der Wissenschaften (1700-1811)*, Archiv der Berlin-Brandenburgischen Akademie der Wissenschaften, AI, I.2, VI.

envoyé, mais qui fut rédigé par une autre figure majeure de l'époque, et de surcroît membre influent de l'institution berlinoise dans les années qui suivent le concours. Johann Heinrich Lambert écrivit une réponse à la question, restée incomplète, mais dont on possède le manuscrit publié pour la première fois par Karl Bopp en 1918[1]. Le texte, désigné sous le titre de *Über die Methode die Metaphysik, Theologie und Moral richtiger zu beweisen*, est inachevé, mais sa structure et son contenu sont suffisamment développés pour qu'on puisse en tirer des éléments d'interprétation. Le manuscrit est accessible depuis près d'un siècle, mais il appert que peu de commentateurs s'y sont jusqu'ici vraiment attardés, ce que je propose de faire dans la présente contribution[2]. Sur le plan strictement théorique, les positions de Lambert sont par moments plutôt originales et diffèrent en bonne partie des solutions envisagées par Mendelssohn et Kant. Même si la thèse principale se rapproche de celle de Mendelssohn et de Kant, c'est-à-dire que la certitude à laquelle peuvent parvenir les mathématiques et la métaphysique sont de même nature, deux aspects de la réponse de Lambert me paraissent particulièrement dignes d'étude : 1) d'une part, la métaphysique a pour source la perception interne, c'est-à-dire le domaine des pensées à partir desquelles on tire l'ensemble des principes ontologiques fondamentaux. Le point de départ de la démarche, comme le suggérait déjà Wolff dans la *Deutsche Metaphysik* en 1719[3], est résolument cartésien, en ce que la réflexion donne accès aux premières vérités de la métaphysique. Or, la particularité de l'approche de Lambert est de s'en tenir à un positionnement idéaliste pour déterminer ce type de propositions. Nul besoin sur le plan des principes d'appliquer le modèle métaphysique à la réalité actuelle autre que mentale, ce qui différencie sa réponse de celles de Mendelssohn et de Kant. 2) D'autre part, le fondement de la métaphysique dans la perception interne implique d'en restreindre la portée au seul domaine des vérités éternelles et nécessaires

1 *Über die Methode die Metaphysik, Theologie und Moral richtiger zu beweisen*, hrsg. von K. Bopp, Berlin, Reuther und Reichard, 1918. Nous citerons toutefois la version récemment éditée : *Philosophische Schriften* (abrév. PS), hrsg. von A Emmel und A Spree, Hildesheim, Olms, 2008, X.2, p. 493-529.

2 À l'exception de Paola Basso qui y fait allusion : « *Deutlichkeit*, évidence et certitude dans les réponses anonymes », in *Astérion*, 9, 2011.

3 Wolff, *Vernünftige Gedancken von Gott, der Welt und der Seele des Menschen* (abrév. *Deutsche Metaphysik*), § 1-9, in *Gesammelte Werke*, hrsg. von J. École *u.a.*, Olms, Hildesheim, 1965 – (abrév. : GW), I, 2.1, p. 1-5.

conçues précisément dans la réflexion. L'idéalisme n'est pas seulement pour Lambert l'origine de la certitude métaphysique, mais aussi son point d'aboutissement. Autrement dit, au-delà des jugements portant sur les vérités éternelles et nécessaires dans la perception interne, suivant une exactitude qui la rapproche de la géométrie, la métaphysique doit en quelque sorte poser les limites de son propre domaine de connaissance. De sorte que Lambert pourrait ici être considéré, encore une fois, comme étant cartésien, en ce la sphère réflexive constitue la seule source de certitude métaphysique possible, le reste devant se contenter d'une certitude de type moral. Cette idée l'opposerait ainsi à son prédécesseur plus contemporain qu'est Wolff. Par exemple, Lambert remet en question la portée du principe de raison suffisante, tel que proposé dans la *Deutsche Metaphysik* et repris plus tard par Wolff dans l'*Ontologia* de 1730[1]. D'après Lambert, on peut effectivement donner une preuve du principe de raison suffisante, mais celle-ci n'en établirait que la légitimité *de jure*, jamais la certitude entière dans l'explication des choses actuelles de la nature. Évidemment, remettre en question la validité métaphysique du principe de raison suffisante, que ses contemporains, notamment Mendelssohn, récupérèrent, représente sans conteste un élément hétérodoxe et particulier à la conception de Lambert au sein des Lumières allemandes.

La réponse de Lambert est finalement intéressante pour mieux comprendre l'évolution et le contexte de conceptualisation de sa métaphysique à la même époque : la rédaction du manuscrit précède en effet de peu la publication du *Neues Organon* de 1764, mais également les travaux qui mèneront à l'*Anlage zur Architektonic* de 1771, laquelle est considérée par Lambert lui-même comme étant une nouvelle recherche sur les fondements de la métaphysique[2]. Le manuscrit de 1763 est en quelque sorte un travail préliminaire expliquant les conditions épistémologiques nécessaires à l'établissement de la métaphysique, domaine que Lambert a longuement étudié dans les années ultérieures. D'ailleurs, la question du rapport entre métaphysique et méthode formelle, comme c'est le cas dans ce texte, sera un lieu privilégié de discussion dans les ouvrages publiés par la suite.

1 *Deutsche Metaphysik*, § 29-31, GW I, 2.1, p. 15-18 ; *Ontologia*, § 56-78, GW II, 3, p. 39-61.

2 « Man kann das ganze Werk als seine durchgang aufs neue vorgenommene Untersuchung der metaphysichen Grundlehren ansehen, dergleichen wohl und künftig noch von anderen werden angestellt werden » *Anlage*, PS III, p. III. Plusieurs travaux manuscrits de Lambert préparatoires à sa métaphysique ont également été publiés dans les *Philosophische Schriften*, dont les *Anmerkungen über die Metaphysik und Ontologie überhaupt* : PS X.2, p. 751-836.

CERTITUDES MATHÉMATIQUE ET MÉTAPHYSIQUE

L'occasion qui permit à Lambert de travailler sur cette question fut ainsi, rappelons-le, la mise au concours d'une question portant sur les rapports entre l'évidence et la certitude dans les méthodes mathématique et métaphysique[1]. L'intention première de l'Académie de Berlin était bien entendu d'opposer les réponses selon qu'elles défendent davantage de similarités ou de différences entre les méthodes employées dans l'une et l'autre des disciplines. On se souvient que Mendelssohn soutient que les deux domaines parviennent au même type de certitude, mais par des voies démonstratives quelque peu différentes. La thèse principale de Mendelssohn est de dire que mathématique et métaphysique permettent certes d'accéder aux premiers principes ou évidences propres à leurs objets, mais ne procèdent cependant pas de la même compréhensibilité, de la même *Fasslichkeit* :

> Je soutiens avec confiance que les vérités métaphysiques ont certes la même certitude que les vérités géométriques, mais pas la même compréhensibilité (*Fasslichkeit*). Ce qui signifie qu'on peut retrouver les vérités métaphysiques les plus remarquables, grâce à des inférences reliées, jusqu'à de tels principes, qui par nature sont ainsi indubitables, à la manière des premiers fondements et postulats de la géométrie ; toutefois, on ne peut rendre compréhensible la chaine des inférences de façon aussi éclairante qu'on le fait avec les vérités géométriques. Pour le démontrer, je rechercherai la nature de chacune des vérités mathématiques et métaphysiques plus particulièrement et ainsi les comparerai les unes aux autres[2].

La démonstration de Mendelssohn opère sur la base d'un ensemble théorique qui le fait appartenir d'une certaine manière à la tradition leibnizienne et wolffienne : en particulier, il maintient une forme

1 Paola Basso a étudié les différences dans les formulations française et allemande de la question, la première utilisant le terme évidence, tandis que la deuxième insiste sur la distinction démonstration (*deutliche Beweisen*). Bien entendu, la nature des réponses est teintée de cette différenciation d'énonciation linguistique : *Asterion*, 2011, 9. Pour sa part, Lambert parle à la fois de *Evidenz* et de *Gewissheit* dans son texte et semble employer ces termes à la façon de Descartes, l'évidence renvoyant aux premiers principes, la certitude à la démonstration : *Regulae ad directionem ingenii*, AT X, p. 368-369.

2 *Abhandlung*, p. 6. Les traductions sont les miennes.

d'innéisme qui permet, dans le cas plus précis de la géométrie, de rendre distincts les contenus confus de la sensation ainsi qu'une théorie de la représentation expressive héritée directement des écrits de Leibniz[1]. Néanmoins, l'essentiel de l'argumentation consiste à dégager une forme commune aux méthodes mathématiques et métaphysiques à l'aide d'une ressemblance de structure démonstrative : d'une part, autant les mathématiques que la métaphysique ont pour principe premier ou axiome le principe de non-contradiction. Qu'il soit employé pour déterminer les quantités extensives ou les qualités ou propriétés inhérentes aux choses, le principe de non-contradiction sert de fondement analytique dans la découverte de vérités[2]. D'autre part, bien qu'elles aient des objets différents, respectivement la quantité et la qualité, les mathématiques et la métaphysique déterminent les doctrines dans un ordre de connexion nécessaire. Qu'il s'agisse d'une démonstration du calcul des angles d'une figure ou des propriétés ontologiques des corps, les vérités sont établies dans les deux occurrences dans une connexion nécessaire, et ce à partir du principe de non-contradiction. Même le principe de raison suffisante est généré depuis le principe de non-contradiction, ce que Wolff semblait également proposer dès sa métaphysique allemande, point sur lequel j'aurai l'occasion de revenir par la suite[3]. Pour Mendelssohn, la principale différence épistémologique entre les deux domaines de vérités est, à nouveau, la compréhensibilité menant à cette certitude : la démonstration métaphysique est, pour le dire autrement, moins facilement accessible que celle pratiquée en mathématique. En particulier, la métaphysique doit non seulement exprimer un ordre de vérités propre à un objet, mais aussi les rapports de dépendance de l'objet avec les autres[4]. La géométrie, au contraire, opère par des segmentations démonstratives qui ne l'égarent nullement de la certitude. Également, la métaphysique ne peut en rester à un ordre purement idéel dont le lien est assuré par des déterminations *in*

1 *Abhandlung*, p. 10-11. Pour des détails quant à la théorie de la connaissance de Mendelssohn, en particulier dans son rapport à celle de Kant, voir : Guyer, Paul, « Mendelssohn and Kant : One Source of the Critical Philosophy », *Philosophical Topics*, 19/1, 1991, p. 119-153 ; Tomasoni, Francesco, « Mendelssohn and Kant : a singular alliance in the name of reason », *History of European Ideas*, 30, 2004, p. 267-294.

2 *Abhandlung*, p. 7.

3 *Ibid.*, p. 39.

4 *Ibid.*, p. 26-27.

concreto, à la manière de la géométrie, mais doit rapporter ses concepts, représentés *in abstracto*, aux choses actuelles :

> Le mathématicien ne s'occupe jamais de l'existence véritable des choses. Il démontre soit la connexion entre les idées, soit la connexion entre les apparences. Or le métaphysicien veut découvrir si ces apparences se rapportent ou non à une chose (*Gegenstand*) réelle et externe. Car le mathématicien peut quand même valider sa démonstration : sa doctrine ne peut ni gagner ni perdre avec la détermination de cette subtilité qui lui est négligeable[1].

La métaphysique possède certes des outils *a priori* pour exprimer un ordre actuel de vérités, mais la détermination de la réalité des choses à laquelle renvoient les idées ou les apparences ajoute à la difficulté de sa tâche et rend ainsi sa compréhensibilité plus ardue. Cette obligation théorique étant absente de la démonstration mathématique, celle-ci gagne somme toute en efficacité.

De manière générale, en tout cas par rapport aux raisons plus strictement épistémologiques, Lambert serait plutôt d'accord avec la réponse de Mendelssohn. D'après lui, géométrie et métaphysique atteignent le même type de certitude. Celle-ci est garantie par l'application des règles de la logique ou doctrine de la raison (*Vernunftlehre*) dont la forme première est le syllogisme. Lambert présuppose essentiellement deux choses qu'on trouvait également chez Mendelssohn : premièrement, établir des premiers principes et concepts à partir desquels la démonstration pourra procéder[2]. Pour en rester aux principes, il est nécessaire de débuter le syllogisme avec des prémisses posées de manière catégorique ou simplement *ex hypothesi*. Lambert reviendra abondamment sur l'établissement des principes dans le *Neues Organon* pour tenter de fonder les principes sur les concepts simples et premiers[3]. Mais l'idée est déjà présente dans l'*Über die Methode*. Deuxièmement, tirer des conclusions ou conséquences de ces prémisses qui donneront des vérités tout aussi nécessaires. La certitude de la géométrie vient dans un premier temps de sa forme, laquelle est également accessible à la démonstration métaphysique[4]. Par conséquent, l'important est de pouvoir procéder formellement par l'application de la

---

1 *Ibid.*, p. 28.

2 *Über die Methode*, PS X, p. 496.

3 *Neues Organon*, PS I, p. 453-497.

4 *Über die Methode*, PS X, p. 494.

logique syllogistique et l'obtention de vérités et connexions nécessaires. Lambert emploie à quelques reprises la célèbre formule de Cicéron pour caractériser à la fois la géométrie et la métaphysique : *si dederis, danda sunt omnia*[1], si l'on admet les premiers principes, alors il faut également admettre toutes les vérités qui s'ensuivent[2]. Puisqu'elle emploie la forme logique, la démonstration métaphysique aura par conséquent la même exactitude ou précision que la géométrie. Lambert avance d'ailleurs une comparaison avec l'art de la découverte qu'on trouve dans les *Éléments* d'Euclide et qui constitue selon lui un modèle de démonstration conforme à la doctrine de la raison :

> Aussi loin pourra-t-on suivre cette méthode dans la métaphysique, aussi loin aura-t-elle une précision et une certitude géométrique. Le début ou partie la plus pure des concepts fondamentaux est déjà disponible et il est possible d'en trouver encore plus et de les mettre en relations les uns avec les autres. Jusqu'où peut-on faire des progrès à chaque fois en géométrie, cela dépend manifestement de l'inventeur. Dans ceux-ci, il est souhaitable que le début soit rapporté à un ordre et qu'ils en aient autant que la géométrie du premier livre d'Euclide[3].

La possibilité de découvrir de nouvelles vérités est ouverte tant en géométrie qu'en métaphysique, et il est donc difficile de déterminer jusqu'à quel point elles seront épuisées. Il importe surtout de respecter les deux conditions énoncées précédemment, poser des prémisses évidentes et conclure selon l'ordre logique ; de cette manière la certitude des vérités sera assurée. La métaphysique, comme c'est le cas des autres savoirs *a priori*, telles la géométrie ou la chronométrie, est d'ailleurs hypothétique, car sa certitude ne porte que sur la possibilité, et non, dans un premier temps, sur la réalité actuelle et déterminée des choses[4]. On reviendra sur les modalités des vérités métaphysiques, mais il est clair que du point de vue de la forme, géométrie et métaphysique opèrent à partir d'un même cadre méthodologique : pourvu que les règles du

1 Cicéron, *De finibus bonorum et malorum*, V, 38 : « In geometria prima si dederis, danda sunt omnia ».

2 *Über die Methode*, PS X, p. 495 et 506.

3 *Ibid.*, PS X, p. 506-507.

4 « Die Wissenschaften *a priori* sind hypothetisch, weil man dabei nur auf die Möglichkeit der ersten Begriffe sieht. Z. E. Euklid fordert die Möglichkeit jeder geraden Linie und der Zirkel, und aus diesen leitet er die Möglichkeit jeder Figuren her », *Ibid.*, PS X, p. 520.

raisonnement logique soient respectées, Lambert maintient qu'un même type de certitude sera atteint et que l'un et l'autre de ces domaines pourront démontrer des vérités nécessaires et éternelles.

UNE MÉTAPHYSIQUE IDÉALISTE

Jusqu'à présent, la position de Lambert est peu originale ; non seulement Mendelssohn la défend à la même époque, mais elle est par ailleurs assez comparable à l'interprétation qu'en a donné Wolff auparavant : dans le *Discursus praeliminaris* à la logique latine, celui-ci affirme justement la thèse selon laquelle les connaissances mathématiques et philosophiques se rejoignent en ce qu'elles accèdent à la même certitude par leur conformité avec la forme démonstrative[1]. L'origine de la thèse pourrait remonter au siècle précédent, dans les philosophies cartésienne ou leibnizienne, peut-être même antérieurement, par exemple dans la tradition platonicienne et néo-platonicienne. Par exemple, Proclus, dans son commentaire aux *Éléments* d'Euclide, maintient que les sciences mathématiques, principalement l'arithmétique et la géométrie, se ressemblent sur le plan du raisonnement, même si leurs principes et objets sont distincts et qu'elles mobilisent différemment les facultés de l'esprit[2]. Lambert concède également qu'il existe des différences entre les deux disciplines. Ne pas les constater relèverait d'une grande ignorance à leurs égards. La géométrie permet depuis des siècles de constituer des démonstrations entières, alors que la métaphysique demeure encore et toujours incomplète et parsemée de lacunes. D'ailleurs, on remarque une grande variabilité dans l'histoire de la métaphysique selon l'émergence contingente des doctrines et avancées théoriques ; par exemple, Lambert émet l'hypothèse qu'en l'absence des contributions fondamentales de Newton et Leibniz, le XVIIIe siècle serait peut-être encore et toujours sous l'influence dominante de Descartes[3]. Or, Lambert maintient, de la même manière que Kant le fait à cette

1 Wolff, *Discursus praeliminaris*, § 28, GW II, I.I, p. 13.

2 Proclus, *Commentaires sur le premier livre des « Éléments » d'Euclide*, Prologue II, chap. II.

3 *Über die Methode*, PS X, p. 498.

période[1], qu'on pourra remédier à l'inconstance et aux défauts de la métaphysique en s'inspirant de la certitude géométrique. Puisque l'ordre et l'harmonie des vérités métaphysiques sont comparables à celles des mathématiques, il s'agit alors d'en valider la méthode générale dans une logique ou doctrine de la raison. Le passage par la méthodologie est ainsi nécessaire pour redonner à la métaphysique sa pleine valeur et légitimité. Le *Neues Organon* aura précisément pour tâche d'établir une telle logique de la pensée générale pour ensuite l'appliquer, comme il le fait dans l'*Anlage zur Architektonic*, aux différents domaines du savoir, géométrique, métaphysique, physique ou autre[2].

Ce qui est davantage intéressant concerne plutôt la source cognitive menant à la démonstration métaphysique. Dans les faits, Lambert situe la métaphysique au sein de la seule réflexion ou perception interne. Il est possible dans un premier temps de la rapprocher de la logique, puisque les deux portent sur le domaine des possibilités et conduisent à des vérités nécessaires et éternelles. Vérité et possibilité ont ainsi la même portée et sont l'objet de toute discipline qui procède suivant les conditions établies précédemment. La métaphysique a pourtant son domaine propre en ce qu'elle valide les vérités dans la perception :

> Lorsque nous porterons davantage notre attention sur ces concepts logiques de l'expérience, alors nous verrons facilement que nous pouvons en trouver encore plus de la même sorte, lesquels n'appartiennent pas à la logique, mais à la métaphysique. En l'occurrence, la règle suivante est utile : les concepts que nous pouvons déduire de nos propres pensées ne doivent toutefois pas être pris des choses extérieures. Car ainsi nous avons de manière plus rapprochée et en nous-même la preuve de leur analyse, de leur possibilité et de leur exactitude[3].

La forme du raisonnement reste identique pour toute discipline qui prétend à une certitude entière, logique, géométrie, métaphysique, etc. Dans un geste qui le rapproche de la tradition cartésienne, Lambert confère toutefois à cette dernière une portée plus grande en tant qu'elle conçoit les vérités dans la seule perception immédiate de la pensée, sans

1 Lettre de Kant à Herder du 9 mai 1768, AA X, p. 74. Dans l'histoire des méthodologies, Lambert affirme cependant que c'est Wolff, malgré les lacunes de son approche, qui détermina les véritables fondements d'un organon nécessaire à la recherche de la vérité métaphysique : *Anlage*, PS III, p. 8.

2 *Neues Organon*, PS I, p. V-VI.

3 *Über die Methode*, PS X, p. 505.

recours à d'autres sources cognitives. Les concepts d'ordre, d'harmonie, de complétude ou de perfection sont ainsi proprement métaphysiques parce que découverts et confirmés dans la perception interne. Il en est de même de plusieurs vérités, dont le *cogito* est l'exemple paradigmatique. De cette manière, on distingue plus précisément la métaphysique de la géométrie : 1) la perception immédiate dans le sens interne permet de constater l'actualité des concepts et principes métaphysiques, alors que la logique et la géométrie restent des sciences idéelles[1]. Par exemple, l'harmonie métaphysique se distingue des simples rapports d'identité et de différence logique en ce qu'elle est perçue en acte dans la pensée. Il en est de même des vérités, tel le *cogito* qui sert bien entendu à prouver mon existence, mais aussi de fondement à tous les autres principes métaphysiques. La méthode syllogistique doit s'accompagner en métaphysique d'une méthode d'analyse ou de la genèse actuelle pour découvrir les concepts simples métaphysiques sur lesquels se fondent toutes nos connaissances[2]. 2) On peut faire en métaphysique comme si tout n'était qu'apparence. D'emblée se pose la question de savoir si les vérités métaphysiques ne concernent que la seule réalité spirituelle, propre à la réflexion, ou si elles expriment l'ordre des choses extérieures ou corporelles – interrogation qui n'avait pas lieu d'être dans les sciences idéelles. L'important est toutefois ce qu'affirme Lambert à la suite de cette différenciation : la métaphysique, dans sa certitude absolue, peut procéder comme si les vérités n'étaient relatives qu'aux apparences, énonçant seulement un ordre de perceptions. Autrement dit, le fondement des vérités métaphysiques s'élabore à l'aune d'une hypothèse de type idéaliste ou égoïste[3]. La source de la métaphysique se trouve en somme dans la seule perception interne propre à chacun, indépendamment de toute preuve quant à l'existence du monde extérieur. On constate en l'occurrence que la position de Lambert diffère de celle de Mendelssohn : quand pour ce dernier la métaphysique avait pour tâche de rapporter toutes les vérités métaphysiques à un ordre de réalité, spirituel ou matériel, Lambert réduit le domaine de l'ontologique à la seule sphère de la pensée. 3) Finalement, l'indépendance des premières

1 *Idem*.

2 Cet aspect n'est pas développé dans le manuscrit de 1763, mais fait partie intégrante du projet épistémologique de Lambert : *Anlage*, PS III, p. 58.

3 *Über die Methode*, PS X, p. 505.

vérités de la métaphysique est telle qu'elle se valide non seulement avant une preuve de l'existence du monde extérieur, c'est-à-dire en contexte idéaliste, mais même préalablement à une démonstration de l'existence de Dieu. La question de l'Académie de Berlin portait plus particulièrement sur l'évidence et la certitude en théologie naturelle et en morale, parties jugées essentielles de la métaphysique. Or, Lambert y voit une manière de positionner la métaphysique générale par rapport à la théologie naturelle et de marquer la primauté épistémologique de la première sur la deuxième. Au problème du célèbre cercle cartésien posé par Arnauld quant au rapport entre existence de Dieu et validité des critères de connaissance[1], Lambert a ici une réponse toute prête : il attribuerait sans hésitations une validité aux principes métaphysiques indépendamment d'une preuve théologique de l'existence de Dieu :

> Je remarque d'ailleurs que la nécessité et l'éternité de ces vérités nous forcent d'une certaine manière à n'avoir besoin pour approbation rien de plus que leur conception et avec laquelle nous trouvons une parfaite assurance. D'où je crois pouvoir conclure que même si le monde et Dieu, pour un moment, n'existaient pas, ces vérités existeraient cependant[2].

Ainsi, même sans l'existence de Dieu, tout autant que celle du monde, les vérités éternelles et nécessaires de la métaphysique conserveraient leur exactitude[3]. Mieux, elles constituent sans aucun doute les conditions d'établissement de démonstration concernant Dieu et le monde, de sorte que leur validité doit nécessairement les précéder. La certitude à laquelle conduit la réflexion dans la perception est donc épistémologiquement première et indépendante des autres existences. Tout être spirituel, dans l'exercice de sa seule pensée, parvient à une perception certaine des vérités métaphysiques. Celles-ci garderaient de cette façon leur validité même avec une conjecture de type purement solipsiste.

---

1 *Quatrièmes objections*, AT IX, p. 166.

2 *Über die Methode*, PS X, p. 512.

3 Malgré les nombreuses similarités entre les positions de Descartes et de Lambert quant aux objets et limites de la métaphysique, dont il sera plus abondamment question par la suite, notons que la thèse d'une indépendance épistémologique des vérités éternelles s'oppose bien entendu à la doctrine cartésienne et à l'idée d'une création des vérités éternelles : Lettre de Descartes à Mersenne du 15 avril 1630, AT I, p. 143-147.

LIMITES DE LA MÉTAPHYSIQUE

On s'aperçoit dès lors que la particularité des vérités de la métaphysique par rapport aux autres vérités éternelles n'est pas de nature formelle ; elles remplissent toutes les mêmes conditions méthodologiques et revêtent un caractère nécessaire et éternel. Le propre de la vérité métaphysique est plutôt sa capacité à représenter la réalité actuelle dans la réflexion. Par exemple, l'expression du *cogito* est nécessaire, de la même manière qu'un axiome de la géométrie, mais celui-là constate en outre l'existence en acte du sujet pensant. Il semble qu'il en soit ainsi chez Lambert de tous les principes métaphysiques d'ordre, d'harmonie ou de perfection : il est possible d'en valider l'évidence et la connexion nécessaire depuis la seule perception interne. Un tel critère mène pourtant à une deuxième interrogation : quels objets et principes peuvent prétendre respecter une telle exigence épistémologique ? Dans l'ensemble des doctrines métaphysiques de la tradition, relatives à Dieu, à l'âme ou au monde, Lambert se pose alors la question de savoir lesquelles peuvent se conformer à une certitude entière, fondée sur des vérités nécessaires et exprimant des déterminations actuelles.

Outre les parties de la métaphysique cartésienne concernant le *cogito*, une partie de la métaphysique d'inspiration leibnizienne et wolffienne doit, d'après Lambert, être admise comme étant fondée. Les principes d'ordre, d'harmonie et de perfection discutés dans les *Essais de Théodicée* de Leibniz ou dans l'*Ontologia* de Wolff peuvent être considérés, tel qu'indiqué précédemment, dans une certitude métaphysique, puisqu'ils sont établis dans la sphère des pensées, au sein de la réflexion[1]. Par exemple, il s'agit de déduire l'ordre et l'harmonie depuis l'unité de la conscience et l'organisation interne des pensées. Lambert insistera d'ailleurs longuement sur ces concepts dans le *Neues Organon* pour en tirer des conséquences épistémologiques quant aux connexions systématiques entre les vérités[2]. On remarque que l'évidence ultime d'une vérité

1 Leibniz, *Essais de Théodicée*, § 7-9 ; Wolff, *Ontologia*, § 503-509, GW II, 3, p. 390-397.

2 L'ensemble des vérités structuré depuis les règles du syllogisme, mais également unifié dans une doctrine forme ce que Lambert appelle un système de vérités. La méthode de type euclidienne doit par conséquent déboucher d'après lui vers une organisation

métaphysique est à trouver, d'après la *Vernunftlehre*, dans la connaissance *a priori* qui s'effectue au sein de la perception interne. En est-il cependant de même pour tous les principes des métaphysiques leibnizienne ou wolffienne ? Si le critère de démarcation repose sur la possibilité d'une perception immédiate et nécessaire dans la pensée, on peut se demander si plusieurs principes jugés métaphysiquement certains par Leibniz et Wolff le seraient également pour Lambert.

L'*Über die Methode* donne une réponse à cette question et vient en réalité grandement limiter la portée de la métaphysique. L'essentiel du propos de Lambert porte plus précisément sur le principe de raison suffisante et sur le type de certitude qu'on peut lui attribuer. Se pencher sur ce principe n'est évidemment pas anodin parce que la raison suffisante est à la base de toute une partie de la métaphysique quant aux fins de la nature et pour lesquelles Leibniz et Wolff ont consacré d'importants écrits[1]. Lambert se réfère plus précisément aux arguments qu'on trouve dans le deuxième chapitre de la *Deutsche Metaphysik*. Pour déterminer le principe de raison, Wolff propose plus précisément deux arguments : 1) le premier s'élabore sur la base d'une comparaison entre cause et raison pour montrer que toute chose A – qui sert à expliquer pourquoi une deuxième chose B existe – peut être considérée comme étant la raison de B. Au final, puisqu'on peut concevoir en tout être B une raison suffisante qui explique de manière téléologique son existence, celui-ci se fonde nécessairement sur une raison A quelconque[2]. La raison suffisante semble donc tout aussi nécessaire que la causalité dans l'explication de l'ordre des choses. 2) Le deuxième argument repose sur la différenciation entre les propositions identiques et les propositions existentielles ; pour le résumer, Wolff maintient que ces dernières ne peuvent être comprises sans une raison suffisante, alors que la proposition identique exprime un possible qui se conçoit sans rapport téléologique[3]. Donc un être sans raison suffisante est soit un possible, soit rien, ce qui implique selon Wolff que tout être contingent s'établit sur un principe de raison

architectonique : *Neues Organon*, PS I, p. 538. À ce propos, voir : Leduc, Christian, « Harmonie et dissonance : Lambert et le système des vérités », *Les cahiers philosophiques de Strasbourg*, à paraître.

1 La téléologie est notamment l'objet d'un ouvrage entier de Wolff : *Vernunftige Gedancken von den Absichten der natürlichen Dinge*, GW I, 7.

2 *Deutsche Metaphysik*, § 29, GW I, 2.1, p. 15.

3 *Ibid.*, § 31, GW I, 2.1, p. 17-18.

finalisée. Wolff résume le fondement commun aux deux preuves de la manière suivante :

> Puisqu'il est ainsi impossible que quelque chose vienne du néant, alors tout ce qui est doit avoir sa raison suffisante expliquant pourquoi cette chose existe, c'est-à-dire qu'il doit toujours y avoir quelque chose depuis lequel on peut comprendre pourquoi il peut en être véritablement ainsi. Nous voulons nommer ce principe le principe de raison suffisante[1].

Dans les deux arguments de Wolff, il s'agit en réalité de démontrer la nécessité d'une raison suffisante de tout être et de faire du principe une vérité métaphysique certaine et première à la manière du principe de non-contradiction. On peut même affirmer que Wolff déduit le principe de raison suffisante de vérités nécessaires obtenues sur la base du principe de contradictoire. Rappelons d'ailleurs que Mendelssohn, dans l'*Abhandlung*, interprète aussi ce lien entre les deux principes de manière axiomatique, par nécessité absolue, en affirmant que la raison suffisante se déduit de la non-contradiction. Pour ces deux auteurs, la raison suffisante de toute chose est en somme, sur le plan modal, logiquement nécessaire.

À partir des conditions d'établissement de la certitude métaphysique adoptées par Lambert, il faut dès lors se poser la question de savoir si une telle déduction est praticable et si elle exprime l'ordre non seulement possible, mais encore actuel des choses, ce que prétend Wolff. Peut-on démontrer le principe de raison suffisante en employant la forme générale du raisonnement propre aux vérités nécessaires tout en s'appuyant sur la perception actuelle de la réflexion ? Il faut rappeler que Lambert soutient, à la manière de Mendelssohn, mais aussi du Kant de la *Nova Dilucidatio* qui s'inspirait alors de Crusius[2], que la certitude métaphysique ne porte pas sur des idéalités, mais doit référer à des déterminations existentielles. La nécessité de ses vérités n'est pas exclusivement idéelle, à la manière de celles de la logique et de la géométrie ; il faut qu'elle soit également réelle, c'est-à-dire la représentation d'un ordre actuel des choses. Or, Lambert en déduit qu'on ne peut accepter les arguments de Wolff pour faire du principe de raison suffisante une certitude métaphysique. La raison suffisante ne saurait par conséquent posséder le même niveau

1 *Ibid.*, § 30, GW I, 2.1, p. 16-17.

2 *Nova Dilucidatio*, AA I, p. 397.

d'évidence que le *cogito* ou l'harmonie des pensées. Il vaut la peine de citer le passage en entier :

> Il semble que Wolff ait déjà aperçu une telle chose. La première partie de sa métaphysique allemande en contient une preuve parce le *cogito ergo sum* cartésien y est développé et différents concepts et principes déduits. Il en va également de même dans la section suivante jusqu'à ce qu'on parvienne au principe de raison suffisante qui est organisé autour de nombreuses contradictions. Cela n'est en partie pas sans cause. Plusieurs lecteurs ont pu remarquer à un moment donné que la clarté et la force de la démonstration commençaient alors à manquer. Il était toutefois difficile de déterminer la nature des erreurs. Je ne crois pas qu'à l'endroit où Wolff nous présente [le principe de raison suffisante] on ne puisse davantage accorder que le droit, selon ce que nous dit l'entendement, de ne pas donner notre approbation sans qu'il y ait une raison suffisante ; et à partir de tout principe, dont la vérité n'est pas forcée dans le sensation immédiate, de procéder à une démonstration ou à une liaison avec de telles sensations[1].

Au départ, Lambert convient que la certitude métaphysique accompagne les premières démonstrations de la *Deutsche Metaphysik*, puisque Wolff débute avec le *cogito* et en déduit une série de propositions nécessaires fondées dans la perception interne actuelle, en particulier quant à l'identité et la différence ou au semblable et dissemblable. Wolff valide même le principe de non-contradiction sur la base des rapports entre contenus de la conscience[2]. Lambert serait donc prêt à confirmer les premiers principes auxquels parvient Wolff, en particulier la démonstration de la nécessité réelle de la non-contradiction et des principes généraux qui en dérivent. Mais rapidement, Wolff s'éloigne de l'exactitude des premières preuves et introduit des erreurs ou des lacunes dans le raisonnement. Sur le plan formel, il semble que les arguments qui visent à fonder le principe de raison suffisante soient incomplets. Dans l'*Über die Methode*, Lambert fait remarquer cette incomplétude, mais ne fournit pas le détail d'une objection qui invaliderait la portée ontologique du principe de raison. On trouve par contre des explications supplémentaires dans le *Neues Organon* dans lequel quelques paragraphes sont consacrés au concept de raison : dans le contexte d'une *Vernunftlehre*, le concept de raison n'est compris que de manière logique, c'est-à-dire en tant que

1 *Über die Methode*, PS X, p. 507.
2 *Deutsche Metaphysik*, § 10-13, GW I, 2.1, p. 6-8.

raison formelle d'une conclusion s'expliquant comme prémisse d'un syllogisme[1]. Il faut en rester à cette acception du concept de raison, sinon on sort du domaine de l'*a priori* et de la nécessité scientifique. Le principe de raison suffisante, par sa prétention à déterminer l'ordre réel des choses, s'écarterait ainsi des exigences de la connaissance certaine et ne pourrait trouver de fondement dans la démonstration purement formelle[2].

C'est pourquoi Lambert en conclut que la preuve wolffienne n'énonce que la possibilité *de jure* de la raison suffisante, mais pas sa nécessité métaphysique, donc réelle. Pour ce faire, il faudrait recourir à la sensation, qui est en l'occurrence le seul moyen d'expression de l'ordre réel externe des choses ; ce qui signifie cependant qu'on s'éloigne d'un ancrage dans la réflexion et ainsi de la seule source possible de connaissance métaphysique. Dit autrement, le principe n'a pas la certitude métaphysique que possèdent le *cogito* ou les lois de l'ordre et de l'harmonie. Les arguments fondant la raison suffisante ne lui confèrent qu'une possibilité logique ou idéale, et non métaphysique. Pour Lambert, il paraît impossible, du moins depuis la cognition humaine, de déterminer *a priori* si tout être tient son existence d'une raison téléologique. On pourra le démontrer pour les êtres conçus dans la réflexion, notamment l'âme ou Dieu, mais pas de façon exhaustive, à tous les êtres de la nature, puisqu'il faudrait recourir encore une fois à la sensation externe.

Par cette critique, c'est bien entendu la portée générale de la métaphysique qui est alors limitée par Lambert, mais aussi la possibilité d'y intégrer un discours téléologique sur les fins de la nature. Puisqu'il n'est pas envisageable de déduire les causes ou raisons finales en leur conférant une nécessité ontologique, c'est-à-dire qui respecte l'exactitude géométrique et qui se fonde sur la perception interne, il semblerait qu'on doive les écarter comme premiers fondements de la métaphysique. Même dans la théologie naturelle, Lambert refuse de s'engager dans une voie, celle de Leibniz et de Wolff, qui questionne la volonté divine et l'ordre des contingents qui en découlent selon la détermination du meilleur[3]. La question métaphysique par excellence, celle qui cherche la première raison de toute chose, comme l'affirme Leibniz dans les *Principes de la*

1 *Neues Organon*, PS I, p. 567.

2 *Ibid.*, I, A, § 223, p. 440.

3 *Über die Methode*, PS X, p. 515.

nature et de la grâce[1], ne fait au final pas partie selon Lambert du domaine de la réflexion fondamentale en métaphysique parce qu'elle n'est pas accessible à l'entendement humain.

En conclusion, on constate qu'une réponse positive à la question de l'Académie de Berlin sur la similarité des évidences et certitudes mathématiques et métaphysiques a pour importante implication, chez Lambert, de réduire considérablement le champ des vérités métaphysiques. En métaphysique, dans son sens absolu, il faut pouvoir faire comme si nous étions dans la position d'un idéaliste et confirmer les vérités par la perception immédiate interne. Il sera certes possible de sortir de cette situation solipsiste, notamment à l'aide d'une preuve de type ontologique de l'existence de Dieu, mais jamais de s'interroger sur les fins de sa volonté, car il ne s'agirait plus de considérer les choses à l'aide de vérités nécessaires et réelles dans la réflexion. Pour cette raison, je me risquerai à soutenir que la conception que se fait Lambert de la métaphysique n'est donc pas tant dans le sillage du leibnizianisme et du wolffisme, même si elle s'y raccorde à bien des endroits, que dans celui du cartésianisme. Autrement dit, Lambert reproche principalement à la métaphysique de Wolff de ne pas se restreindre au domaine de la connaissance certaine, tel que Descartes le défend dans ses travaux en philosophie première. Prenons-en pour preuve un autre exemple tiré de la dernière partie de l'*Über die Methode*, celle-ci encore à l'état d'ébauche, quant à la certitude morale. Pour Lambert, une certitude qui ne remplit pas les conditions de l'exactitude géométrique, qui est par conséquent *a posteriori* et incomplète, est appelée une certitude morale. L'histoire, l'herméneutique, mais aussi des questions téléologiques et cosmologiques appartiennent à la certitude morale, et non à la certitude proprement métaphysique[2]. On comprend dès lors que la téléologie a une place dans le champ des connaissances humaines ; non en tant que principes évidents fondés dans la perception réflexive, mais seulement comme probabilité sensible dont on ne saurait avoir de certitude entière. On le sait, c'est la manière, à peu de choses près, dont Descartes discute de la détermination actuelle des choses de la nature. La certitude à laquelle on parvient en cette matière n'est pas absolue ou métaphysique, mais probable et en partie fondée sur

1 *Principes de la nature et de la grâce fondés en raison*, § 7.

2 *Über die Methode*, PS X, 523.

l'expérience[1]. La question est bien entendu de savoir s'il s'agirait toujours d'une interrogation de nature métaphysique, ce que la réponse de Lambert ne dit pas. Si, par exemple, les parties de la cosmologie fondée sur l'expérience constituent des réflexions proprement ontologiques[2] ? Les fonctions respectives des connaissances *a posteriori* resteraient encore à éclairer. Par contre, l'appartenance de la position de Lambert à une conception d'inspiration cartésienne de l'objet et des limites de la métaphysique me semble des plus crédibles. Au-delà de la sphère de la pensée nécessaire et réflexive, la métaphysique a peut-être quelque chose à dire, mais elle quitte très certainement le domaine de l'évidence et des vérités absolument certaines.

Christian LEDUC
Université de Montréal

1 *Discours de la méthode*, AT VI, p. 37-38 ; *Principia philosophiae*, VIII, p. 327-328.

2 La cosmologie ou systématologie a bien une partie *a priori* ou transcendantale, comme c'est le cas de la géométrie ou de la chronométrie : *Über die Methode*, PS X, p. 519-520 ; l'*Anlage* en fait d'ailleurs l'un de ses principaux objets d'étude : PS III, p. 49-50. La question est plutôt de savoir si la connaissance de l'ordre cosmologique actuel relève également du discours métaphysique, sachant qu'elle est aussi redevable à des savoirs *a posteriori* : PS X, p. 523.

L'ANTHROPOLOGIE, FILLE DE LA PSYCHOLOGIE RATIONNELLE OU DE LA PSYCHOLOGIE EMPIRIQUE DE L'*AUFKLÄRUNG* ?

Herbart lecteur de Kant et de Wolff

POINT DE DÉPART DE L'ENQUÊTE : LA PRÉFACE DE HERBART À LA QUATRIÈME ÉDITION DE L'*ANTHROPOLOGIE* DE KANT

Un court propos n'a été repris dans aucune des deux éditions complètes de Herbart. Il s'agit pourtant d'une préface à une œuvre célèbre, à savoir l'*Anthropologie* de Kant. Portons donc le regard sur cet avant-propos à la quatrième édition de l'œuvre kantienne, parue en 1833, alors que Herbart officiait encore à Königsberg puisqu'il y occupait la chaire du philosophe défunt.

De manière assez étonnante au premier abord, il est assez peu question de l'œuvre elle-même, publiée pour la première fois en 1798. La plus grande partie du bref propos est en effet consacrée à polémiquer contre Schelling, Hegel et leur prétendu spinozisme exacerbé. À quoi bon alors republier une œuvre dont il est dit de suite qu'on pourrait aisément la compléter au moyen d'extraits d'autres écrits de Kant ou grâce à des considérations plus actuelles ? C'est ce que Herbart ne tarde pas à nous signifier :

> L'anthropologie de Kant devait être selon sa propre expression un écrit populaire ; en tant que telle, elle a trouvé depuis plus de trente ans un large cercle de lecteurs ; et, même aujourd'hui, elle peut encore être utile à un fort grand nombre ; en partie comme préparation aux œuvres strictement scientifiques de Kant, en partie en vue d'introduire à la physiologie et à la

> psychologie dans la mesure où ces deux disciplines se rencontrent dans la connaissance de l'homme[1].

Cette œuvre de Kant a donc une vertu propédeutique, elle sert tant à l'étude de la philosophie en général qu'à celle d'une discipline particulière dérivée, composée de psychologie et de physiologie, à savoir l'anthropologie. Que Herbart fasse mention de la physiologie ne laisse pas d'étonner : dès le prologue, le vieux philosophe de Königsberg n'avait-il pas en conscience opté pour une anthropologie pragmatique plutôt que physiologique[2] ? Herbart n'aurait-il donc pas lu l'œuvre qu'il préface, ou du moins ne l'aurait-il pas comprise ?

Le jeune philosophe de Königsberg sait fort bien que l'anthropologie est utile à qui veut être un homme parmi les hommes, à qui veut jouir d'une culture libérale, humaniste[3]. Il faut toutefois se garder de surévaluer ce que peut apporter réellement la connaissance de l'homme. On doit en effet éviter de parler de l'homme « comme si, en lui, le concept de la liaison de la vie corporelle avec la [vie] spirituelle était exposé et donné dans une expérience complète[4] ». Une anthropologie à la Kant demeurerait ainsi bien trop empirique pour pousser jusqu'à l'épineuse question des relations réelles existant entre l'âme, les séries et les masses de représentations d'un côté, les fibres et les faisceaux corporels de l'autre.

Dans ce qui suit, nous allons creuser cette première caractérisation de l'anthropologie kantienne comme fille de la psychologie empirique professée par la métaphysique universitaire allemande du dix-huitième siècle. L'esprit lié au corps, dans la variété de ses apparitions, notamment de ses facultés, se serait glissé dans une doctrine ayant changé de nom plus que de fonds. Une anthropologie scientifique, selon Herbart, devrait pourtant se poser la question plus profonde du rapport de la psychologie et de la physiologie. Or cela ne peut être fait qu'en les assoyant en raison dans une métaphysique véritable. Nous verrons donc, en fin de

1 *Vorwort zur Kants Anthropologie in pragmatischer Hinsicht*, Leipzig, Immanuel Müller, 1833, p. III-XVI, ici p. III. Ici et après, lorsqu'aucune indication n'est donnée, c'est nous qui traduisons.

2 *Cf.* I. Kant, *Gesammelte Schriften*, Hrsg. : Bd. I-XXII Preussische Akademie der Wissenschaften, Bd. XXIII Deutsche Akademie der Wissenschaften zu Berlin, ab Bd. XXIV Akademie der Wissenschaften zu Göttingen. Berlin 1900ff [édition citée AA], ici AA VII, p. 119.

3 *Cf. Vorwort zur Kants Anthropologie*, p. IV.

4 *Idem.*

propos, que Herbart dessine contre un courant dominant à son époque une autre conception de l'anthropologie, dans une confrontation critique avec Wolff. À cet égard, nous tenterons de montrer que l'anthropologie véritable qu'il a en vue est bien davantage la fille de la psychologie rationnelle mise sur pied par son lointain devancier.

Herbart, lecteur de deux grands représentants des Lumières allemandes, apparaît ainsi *in fine* comme le continuateur d'un projet métaphysique inauguré bien avant lui. La psychologie empirique, partie de la métaphysique wolffienne, continue d'exister dans sa doctrine en tant qu'anthropologie populaire, *via* le moment kantien (ce qui, notons-le, la fait exister comme discipline non métaphysique, émancipée donc); la psychologie rationnelle, pour avoir été critiquée par Kant, n'y est pas abolie mais continue d'y exister sous une forme propre, dans une métaphysique repensée à nouveaux frais.

L'ANTHROPOLOGIE KANTIENNE, UNE PSYCHOLOGIE EMPIRIQUE À PROPREMENT PARLER

Il suffit de regarder la première œuvre psychologique signée par Herbart pour apercevoir qu'il a tôt dans sa carrière académique considéré l'anthropologie kantienne comme il ferait encore en 1833 dans la préface à sa quatrième réimpression.

L'*ANTHROPOLOGIE* KANTIENNE DANS LA PREMIÈRE VERSION DU *MANUEL DE PSYCHOLOGIE* (1816)

Dans l'avant-propos à la première édition de son *Manuel de psychologie*, voici ce qu'on trouve à propos de Kant. Il serait bon que les étudiants, déclare Herbart en 1816, en plus de prendre des cours de logique et d'introduction à la philosophie, prennent des leçons privées de psychologie empirique pour s'assurer des phénomènes avant que de pousser plus loin pour enquêter « sur la vraie nature de ce qui se tient à leur fondement[1] ». Une connaissance de la psychologie empirique telle qu'elle est constituée

1 *Cf. Sämmtliche Werke*, édition de G. Hartenstein, Leipzig, Voss, 1850-1852 [édition citée SW], SW V, p. 3.

à l'époque serait donc bonne, et elle constituerait un marchepied pour se hisser jusqu'à des considérations plus métaphysiques. On voit ici au passage que Herbart historicise lui aussi, comme beaucoup d'autres au dix-neuvième siècle, l'introduction à la philosophie[1] : si des auteurs comme Wolff, Maass, Hoffbauer ne sont certes pas présentés *in extenso* et dans l'ordre dans cette œuvre, c'est bien depuis un état de la science dans un domaine particulier que Herbart procède, tant pour s'assurer d'un contenu de culture que pour préparer sa critique. Parmi les bonnes introductions à la psychologie, un auteur se recommande particulièrement à notre attention : « L'anthropologie de *Kant* ne doit pas effrayer à cause du respect que le grand nom de son auteur mérite ; elle fournit une lecture facile et enjouée[2] ». Que trouve-t-on au juste dans cet ouvrage ? Des renvois explicites, pour sûr, comme dans le cas de la doctrine des affects ou de celle des passions[3], mais également des emprunts, dans la structure d'ensemble. Hartenstein, dans son édition de 1850, reproduit la table des matières de la première version du *Manuel de Psychologie*. Ce qui apparaît, c'est que le plan de la première partie de l'ouvrage semble dicté par celui de l'*Anthropologie* du philosophe critique : l'examen herbartien des « phénomènes psychologiques ordonnés selon l'hypothèse des facultés de l'esprit[4] » répond à la didactique anthropologique kantienne, scandée par la mise en avant de trois facultés, tandis que l'enquête herbartienne sur les états mentaux fait pendant à la caractéristique anthropologique kantienne, avec des questionnements précis sur les tempéraments, les différences entre les âges et les sexes, les races, nations et classes humaines.

Malgré ce parallélisme assez complet, deux différences sont tout de même notables. Chez Herbart, la destination de l'homme sera traitée bien plus loin, en toute fin d'ouvrage et sur un mode uniquement individuel, psychologie oblige. Car l'idée de devenir collectif ressortit pour lui avant tout à la philosophie pratique universelle, « science esthétique[5] », c'est-à-dire axiologique (cette opposition franche entre individuel et collectif, psychologie et philosophie pratique universelle,

1 Sur l'historisation de la discipline universitaire « philosophie » au dix-neuvième siècle, *cf.* U. J. Schneider, *Philosophie und Universität. Historisierung der Vernunft im 19. Jahrhundert*, Hamburg, Meiner, 1999.
2 SW V, p. 4.
3 *Cf.* SW V, § 105 et 113, p. 76 et 81.
4 SW V, p. VII.
5 SW V, § 245, p. 187.

ne sera pas conservée dans la seconde version). En outre, en lieu et place des caractérisations kantiennes sur les destinées historiques du genre humain, ce sont plutôt des propos en liaison avec la physiologie que l'on trouve, où les auteurs de référence sont davantage Maass, Reil et Pinel que son auguste devancier à Königsberg. Herbart accentue ainsi l'ancrage physiologique de l'*Anthropologie* kantienne, du moins il le rend plus visible en disposant à la fin de son propre propos, et en le déployant de manière bien plus ample, ce qu'on pouvait par exemple trouver dans la didactique anthropologique sur les maladies de l'âme aux § 47-50[1]. L'introduction à la physiologie prodiguée par l'anthropologie dont parlera Herbart en 1833 se comprend dès lors mieux : l'aspect pragmatique, relevant de la philosophie pratique, n'est pas tant ce qui l'intéresse que les emprunts à la science médicale de son temps, lesquels obligent à creuser par après des questions épineuses de métaphysique.

L'ANTHROPOLOGIE KANTIENNE, PARTIE ANALYTIQUE DE LA PSYCHOLOGIE, DANS LES ÉCRITS HERBARTIENS DES ANNÉES 1820

Les années 1820 coïncident pour Herbart avec une poursuite de la doctrine personnelle, notamment au travers de la rédaction de la seconde partie de la *Psychologie comme science* (1825) ou le renforcement induit de la démarcation d'avec les prétentions de la physiologie à embrasser l'homme entier. Psychologie et philosophie de la nature étant deux branches contemporaines, plus que parallèles, de la métaphysique, le philosophe de Königsberg affine son propos à leur endroit alors qu'il élabore plus précisément sa pensée et qu'il s'ouvre également plus explicitement de ses désaccords avec des concurrents sur la scène universitaire allemande (par exemple Rudolphi)[2].

On retrouve dans le gros ouvrage de psychologie des renvois à l'anthropologie kantienne qui sont congruents avec ceux qui avaient été faits au préalable. Herbart sait gré à Kant d'avoir séparé affects et passions, ce que Wolff ne faisait pas[3]. Plus loin, on trouve le rappel d'une expression heureuse de Kant, qui, dans son *Anthropologie*, déclarait que beaucoup d'hommes y voyaient en fait comme dans un

1 *Cf.* I. Kant, AA VII, p. 206s.
2 *Cf.* SW VI, p. 215.
3 *Cf.* SW VI, § 107, p. 102.

miroir dépoli[1]. Enfin, Herbart prend ses distances avec le célèbre *incipit* de l'œuvre kantienne, en prenant le fait que le petit enfant parle de lui-même à la troisième personne comme le point de départ d'une analyse le menant à en envisager la genèse dans la vue, le toucher, le sentir du corps propre[2]. L'anthropologie kantienne sert une nouvelle fois à Herbart non seulement de réservoir d'exemples pertinents mais surtout d'introduction à sa propre philosophie.

Malgré un changement d'ordre dans l'exposition, la partie synthétique précédant l'analytique dans la *Psychologie comme science*, Herbart confesse d'ailleurs qu'il aurait été mieux, pour certains lecteurs, d'avoir pu commencer par la seconde partie ; on se serait ainsi d'abord orienté « parmi les applications » avant que de progresser « à rebours vers les fondements[3] ». Herbart, grand connaisseur de didactique, précisera dans le cœur de la première partie que ces appellations sont commodes et qu'elles ne doivent pas être prises au pied de la lettre : dans chaque partie, on commence par en dire moins sur le sujet qu'il ne conviendrait à un exposé complet, on remonte donc à une notion plus complète avant que de la déployer comme on le devait[4]. Restons-en cependant à ces appellations classiques de parties analytique et synthétique pour caractériser son œuvre psychologique.

La seconde mouture de son *Manuel d'introduction à la philosophie*, datée de 1821, nous en apprend plus à ce sujet. La psychologie empirique est clairement identifiée à la partie analytique, et son pendant rationnel, à la partie synthétique. Un aller-retour de l'une à l'autre est déclaré nécessaire pour la raison suivante :

> Si l'expérience se laissait comprendre pour elle-même, elle n'aurait nullement besoin de métaphysique ; a-t-on cependant puisé à cette dernière les fondements explicatifs qu'il faut alors aussitôt comparer de manière impartiale ce qui en procède avec l'expérience pour connaître en elle ce qui devient concevable à partir de ces raisons, et réserver le reste pour de nouveaux examens[5].

Qu'est-ce qui fait que l'*Anthropologie* kantienne, selon ces critères, peut être référée à la doctrine psychologique analytique, empirique ? Le

1 *Cf.* SW VI, § 129, p. 207.
2 *Cf.* SW VI, § 132, p. 230-232.
3 SW V, préface, p. 196.
4 *Cf.* SW V, § 23, p. 264-265.
5 *Lehrbuch zur Einleitung in die Philosophie*, W. Henckmann (Hrsg.), Hamburg, Meiner, 1993, § 157, p. 303.

§ 159 renvoie explicitement aux facultés de l'âme et aux causes physiologiques pouvant être concomitantes, comme dans le cas du sommeil ou de l'idiotie[1] ; plus loin, il rappelle que la « *psychologie empirique, séparée de l'histoire du genre humain, ne donne rien de complet*[2] » puisqu'elle ne renseigne pas sur les langues, les arts ou les institutions sociales[3]. L'*Anthropologie* kantienne, avec ses développements sur les facultés, sur certains états physiologiques et sur l'histoire culturelle du genre humain, relève donc bien de la psychologie empirique aux yeux de Herbart, et elle sert à ce titre d'introduction à une psychologie plus haute, sinon de complément pour des lecteurs plus expérimentés et moins prévenus contre l'innovation.

LA POSTURE CRITIQUE DE HERBART ENVERS LES CONTINUATEURS DE L'ENTREPRISE ANTHROPOLOGIQUE KANTIENNE

Le ton plutôt conciliant envers Kant change toutefois assez vite lorsque Herbart s'exprime au sujet de certains de ses continuateurs. Ce dernier pouvait pardonner au premier une certaine limitation du propos, due à l'époque de sa gestation, mais il ne peut se montrer aussi amène envers ceux qui lui disputent l'héritage du maître. Car, à bien y regarder, lorsque Herbart déclare que l'*Anthropologie* kantienne peut servir d'introduction à la philosophie de Kant lui-même, il le fait avec une certaine arrière-pensée subversive : les facultés de l'esprit que l'*Aufklärung* présentait comme toutes faites sont réellement des produits historiques, des formations apparues au cours du temps ; commencer par l'anthropologie, c'est en fait récuser d'emblée la philosophie transcendantale et s'engager dans la psychologie véritable. On sait que Herbart se montrait très critique envers les successeurs de la philosophie transcendantale. Cela ne doit pas occulter le fait qu'il ne chérissait pas davantage ceux des successeurs de Kant qui, quoique non idéalistes, faisaient obstacle au développement de la psychologie scientifique, dont Herbart se pensait le fer de lance.

1 *Cf. Id.*, p. 315-316.
2 *Id.* p. 319.
3 *Cf. Id.*, p. 318.

LES DÉSACCORDS AVEC FRIES AU SUJET DE L'ANTHROPOLOGIE

Herbart fut le recenseur d'une œuvre friesienne parue en 1820, le *Manuel d'anthropologie psychique, ou de la doctrine de la nature de l'esprit humain.* À la lecture de son compte rendu, on comprend plus précisément le contentieux quant à l'héritage de Kant.

Que Fries ne sépare pas nettement, comme le Kant de l'*Anthropologie* du reste, le corps de l'esprit, qu'il identifie dès l'abord anthropologie psychique et psychologie est conforme à son orientation foncière : « Du point de vue empirique, il est naturel que l'on tienne pour trop osée la séparation entre l'âme et le corps[1] ». Même si, selon la perspective supérieure de la philosophie ayant poussé jusqu'à la métaphysique, une psychologie, quel que fût son qualificatif, ne traite que de l'esprit, dans le plan d'immanence empirique, il va de soi, faute de réflexion, que le corps, tout comme l'histoire d'ailleurs, s'annonce conjointement au dit esprit. En d'autres termes, qu'une anthropologie descriptive, factuelle, positive soit aussi nommée psychologie empirique ne pose pas problème. Fries aurait bien pu mériter de la psychologie empirique s'il avait, de manière exhaustive, produit les exemples et les faits qui en relèvent. Hélas ! il ne l'a pas fait, et il a, au contraire, fait preuve de beaucoup de légèreté en déclarant que la psychologie telle qu'elle existait à son époque était excellente. Cela, Herbart ne peut le concevoir, lui qui déclare au contraire, les yeux déjà rivés sur l'ancrage métaphysique et mathématique de cette science, que nulle part plus qu'ici ne se fait sentir un besoin d'amélioration[2].

C'est donc une double critique que signe Herbart. D'un côté, Fries n'est pas allé aussi loin qu'il l'aurait pu dans son projet empirique, il n'a pas, pourrions-nous ajouter, œuvré à l'amélioration de l'anthropologie de type kantien à son propre niveau. Après avoir noté que Fries voulait considérer trois points, une anthropologie psychique, une somatique et une comparée, Herbart rappelle en creux qu'il n'a pas dépassé l'œuvre lui ayant servi de modèle, mais a oublié « cependant la chose principale, à savoir l'histoire culturelle du genre humain ». D'un autre côté, Fries a bien senti qu'il fallait séparer « description de la nature et doctrine de la nature[3] », tout comme connaissance du corps et connaissance de

1 SW XII, p. 400.
2 *Cf.* SW XII, p. 401.
3 SW XII, p. 402.

l'esprit, mais il n'a nullement accompli le programme métaphysique qui s'ensuivait.

Au lieu d'avoir investi la métaphysique comme science première, devant aussi nous prémunir contre l'insinuation de notions fausses en psychologie[1], Fries a, comme on le sait, échafaudé un programme de critique anthropologique de la raison, une entreprise de fondation du kantisme dans l'observation de soi[2]. Fichte, du moins, avait pris le problème du Moi au sérieux, et s'il l'avait abordé à l'envers, en idéaliste, il n'en avait pas moins fait preuve d'un authentique esprit de méthode. C'est sans doute ce qui explique que la première partie de la *Psychologie comme science* glisse Fries entre Kant et Fichte, au lieu de le disposer après. Dans ce premier *opus*, dont Herbart dit qu'il fut rédigé en 1814[3], on lit en effet, après un éloge de l'investigation de son contemporain d'Iéna comme critique interne de l'entreprise philosophique kantienne, un blâme net adressé à sa « prétendue anthropologie philosophique » :

> Or s'il ne doit pas être question d'éclairage de la doctrine *kantienne* mais de psychologie, cette dernière a besoin de la métaphysique générale pour la soutenir ; et M. le Professeur *Fries* a mis [les choses] derrière devant en disposant son anthropologie avant la métaphysique[4].

LE REJET VIRULENT DE L'IMPOSTURE DES PHILOSOPHES DE LA NATURE : HERBART CONTRE STEFFENS

Lorsque Herbart renvoie à la nécessité d'un examen métaphysique sérieux, il songe avant tout à son entreprise ontologique personnelle, laquelle se prolonge dans une synéchologie (science de la continuité) et une éidolologie (science de l'apparence). À ses yeux, toute entreprise métaphysique n'est pas à saluer. Les extravagances de l'école idéaliste, en particulier, s'attirent plutôt le blâme et la réprobation. Les deux tomes de l'*Anthropologie* du schellingien Henrik Steffens, parus en 1822, subissent ainsi les foudres du recenseur Herbart, qui ne veut même pas leur laisser le droit de revendiquer une filiation par rapport à l'œuvre

1 *Cf.* SW XII, p. 403.
2 *Cf.* Ch. Bonnet, *L'autre école d'Iéna – Critique, métaphysique et psychologie chez Jakob Friedrich Fries*, Paris, Classiques Garnier, 2013.
3 *Cf.* SW VI, p. 11.
4 SW V, § 21, p. 256.

kantienne du même nom. Suivons les grandes lignes de la critique avant d'aborder ce dernier point, plus particulier.

C'est d'abord sur le plan rationnel, métaphysique, que le réquisitoire herbartien se déploie. Steffens met en avant une unité de l'esprit et de la nature, et son anthropologie, sur ce fond principiel, aurait vocation à embrasser toute l'étendue de la philosophie ; ce ne serait donc que par une convention de langage qu'on ne la ferait porter que sur ce qu'il y a de plus élevé, à savoir la connaissance humaine[1]. Au lieu de laisser libre cours à son imagination et à ses associations arbitraires, il vaudrait mieux, selon Herbart, s'adonner à un examen sérieux des deux réalités séparées qui composent l'homme, et plus que l'homme à bien y songer :

> Pourquoi a-t-on jeté ensemble, dans Une science du nom d'*anthropologie*, la psychologie avec la somatologie de l'homme ? Que l'on n'ait pas été convaincu de l'autonomie de l'âme est une mauvaise raison pour cela ; car, à supposer que l'on en ait douté à bon droit, il n'en demeurait pas moins une hétérogénéité tant des objets que des sources de connaissance [...][2].

La connaissance du corps repose sur l'expérience externe, tandis que celle de l'esprit trouve plutôt son origine dans la perception interne ; si le naturaliste n'est absolument pas en droit de séparer l'homme des animaux qu'il observe, le psychologue ne le peut guère non plus selon sa voie propre, une parenté étant là aussi indéniable. Herbart s'en prend donc au désir d'unification à toute force de ce qui est, comme d'assomption abusive de l'homme, caractérisant le projet de philosophie de la nature idéaliste.

La volonté que montre Steffens d'embrasser dans son anthropologie jusqu'à la géologie lui fait manquer ce que le projet du même nom pouvait avoir d'intéressant chez ses devanciers. Que trouvait-on en effet dans les réalisations de la génération précédente ? Une anthropologie empirique, qui, à ce titre, était en conscience un exposé populaire.

> Et c'est précisément pour cette raison qu'il n'y a pas de science rigoureuse de ce nom mais des mélanges arbitraires, en vue de l'utilité et de l'agrément, que chacun se compose selon les circonstances à partir de la psychologie et de la somatologie[3].

1 *Cf.* SW XII, p. 438-439.
2 SW XII, p. 437.
3 SW XII, p. 439.

Populaire rimait ainsi avec utilitaire et, surtout, lacunaire. Nul n'est en effet à la fois psychologue accompli et physiologiste expert. Herbart se souvient d'avoir apprécié les cours de Loder à Iéna pour l'ouverture à la diversité médicale qu'ils offraient. Il déclare encore avoir retrouvé ce goût pour l'empirie là où Kant lui-même avait officié, c'est-à-dire à Königsberg. L'orientation à une réalité diverse et colorée ne va pas de pair avec les prétentions spéculatives du philosophe de la nature. Steffens n'était dès lors nullement en droit de s'appuyer sur la préface de l'*Anthropologie* de 1798 pour déclarer que Kant s'était écarté de l'anthropologie physiologique, par respect pour elle, plutôt que de l'avoir réfutée. Le vieux philosophe de Königsberg ne s'est en fait pas livré à ce type de recherches parce qu'il estimait que c'était là une entreprise spéculative inutile, et il a préféré s'adonner à « une science utile et atteignable[1] ». Il faudrait donc louer Kant d'avoir donné une anthropologie empirique conforme à ce que l'on est en droit d'en attendre, même si, il est vrai, il conviendrait également de regretter qu'il n'ait pas livré par ailleurs l'examen spéculatif que le sujet réclame.

L'ANTHROPOLOGIE RIGOUREUSE DEVRAIT S'ASSEOIR SUR UNE PSYCHOLOGIE RATIONNELLE BIEN MENÉE
La reprise d'un legs wolffien sous bénéfice d'inventaire

Il est désormais temps d'entrer plus avant dans un point que nous n'avons fait que signifier jusqu'ici. Le fond de la critique herbartienne, lorsque critique de l'anthropologie il y a sous sa plume, est de déplorer l'absence de toute investigation métaphysique sérieuse pour aborder la question du bien-fondé d'une anthropologie comme science véritable. En un mot, Herbart regrette l'inexistence d'une psychologie rationnelle bien menée, qui aurait pu s'adjoindre les services d'une somatologie correctement traitée.

Dans un contexte postkantien, l'expression de psychologie rationnelle peut étonner. Elle est pourtant utilisée par Herbart, et clairement référée, non sans réticences, à son inventeur, Wolff. On trouvera en

1 SW XII, p. 441.

effet, dans la première version du *Manuel de psychologie*, des formules plus contournées au sujet de Wolff que dans la seconde, datée de 1834, qui n'alléguera pas uniquement une « ressemblance éloignée[1] » avec la partition wolffienne en empirique et rationnelle. Mais revenons à Kant. Ce dernier n'aurait conduit la critique de la psychologie rationnelle que de manière bien unilatérale, sans prendre en considération l'âme comme point de l'espace intelligible, sans comprendre non plus que la causalité s'applique aussi aux réels[2]. Une métaphysique après Kant peut dès lors bel et bien subsister. Il faut pourtant se garder de parler, de manière trop facile, d'une retombée dans le dogmatisme précritique ou de ce genre de choses, qui masquent les problèmes de continuité et de rupture historique plus qu'ils ne les révèlent. La mise en avant d'une psychologie rationnelle par Herbart s'accompagne en effet d'un examen sans complaisance de la doctrine wolffienne. Voyons ainsi de plus près comment s'établit, bon gré mal gré, la filiation entre la psychologie rationnelle et une anthropologie qui serait encore à écrire.

LE LEGS DE LA PSYCHOLOGIE RATIONNELLE DANS LA PREMIÈRE PARTIE DE LA *PSYCHOLOGIE COMME SCIENCE* (1814)

Dans la première version de son *Manuel d'introduction à la philosophie*, Herbart annonçait en 1813 la parution prochaine d'une *Fondation de la psychologie spéculative*[3]. Par là, il ne faut pas entendre de projet à la Schelling mais bien plutôt un établissement, depuis un réalisme métaphysique rigoureux, de la science de l'esprit. Selon toute vraisemblance, ce titre, qui n'a pas été conservé, renvoie à la partie synthétique de la *Psychologie comme science*, laquelle contient une brève histoire de cette science depuis Descartes.

Herbart y reproche à Wolff d'avoir montré trop de désinvolture dans la préface à sa *Psychologia rationalis*. Pourquoi avoir déclaré que le commerce de l'âme et du corps était à ses yeux de peu d'importance ? Il est impossible d'écrire des œuvres majeures en métaphysique et en

1 SW V, § 8, p. 13.

2 *Cf.* C. Maigné, « Le réalisme rigoureux de J. F. Herbart », introduction à la traduction de J. F. Herbart, *Les points principaux de la métaphysique*, Paris, Vrin, 2005, p. 7-162, en particulier p. 131s.

3 *Cf. Lehrbuch zur Einleitung*, p. 373n.

psychologie avec tant d'indifférence[1]. Deux enseignements se tirent du présent propos : pour Herbart, la psychologie, même rationnelle, ne fait pas partie des sciences métaphysiques, lesquelles traitent de ce qui se tient au fondement des séries de représentations comme des fibres, les réels ; historiquement, quoi qu'il en soit, c'est bien dans la partie de la métaphysique que Wolff appelait pour son compte psychologie rationnelle qu'il faut chercher le lieu où s'est élaboré le questionnement sur une anthropologie véritable, laquelle a pour objet les relations effectives entre âme et corps.

Ce que Wolff a dès lors légué à la tradition, c'est le titre d'un problème, sans espoir de jamais pouvoir le régler avec les outils qu'il avait apportés. Herbart reproche à son devancier de s'être contenté d'établir un registre des facultés, une liste de définitions nominales, sans s'être posé des questions d'importance, comme celles de savoir comment on passait d'une simple possibilité à la réalité, de l'*ens* à l'*esse*, ou comment une substance simple comme l'âme pouvait contenir en elle, non seulement une force unique, mais bien une multiplicité de facultés[2]. Dans l'exposé de la doctrine d'un tiers se dessinent les linéaments de la philosophie personnelle : c'est depuis un examen psychologique cohérent que l'on expliquera comment le donné métaphysique, avec ses contradictions, peut survenir, être engendré ; c'est depuis l'examen des réels comme substances simples qu'on pourra par ailleurs obtenir un concept satisfaisant de l'âme, comme dépourvue non seulement de facultés mais aussi de force. Pour Herbart, on ne pourra se poser sérieusement la question de l'anthropologie qu'une fois réglées les questions métaphysiques et les questions secondes de la psychologie et de la philosophie de la nature. Et c'est plus précisément en prenant ancrage dans la psychologie spéculative, celle ouverte par Wolff dans la *Psychologia rationalis*, que le philosophe de Königsberg abordera l'anthropologie, reléguant les questions physiologiques à être des annexes de celles que posent les recherches psychologiques.

1 *Cf.* SW V, § 19, p. 245.
2 *Cf.* SW V, § 19, p. 247.

L'ANCRAGE WOLFFIEN DE L'INTERACTION ENTRE CORPS ET ÂME DES ANIMAUX SUPÉRIEURS DANS LA DEUXIÈME ÉDITION DU *MANUEL D'INTRODUCTION À LA PHILOSOPHIE* (1821)

Les maigres paragraphes sur la psychologie et la philosophie de la nature ont laissé place, dès la deuxième version du *Manuel d'introduction à la philosophie*, à des développements plus amples, si bien qu'un sixième chapitre est apparu dans l'ouvrage, qui leur est exclusivement consacré. La fonction de la psychologie par rapport à la métaphysique, tout comme sa position par rapport à ses voisines, doctrines de la nature et de la religion, apparaissent de manière explicite[1]. On apprend ainsi que la psychologie permet de remonter de l'apparence (*Schein*) à l'être (*Sein*), et qu'elle sert de pierre de touche à la métaphysique générale. De même, on commence à voir que pour traiter de l'homme et des animaux les plus nobles, il faudrait adjoindre à la statique et à la mécanique de l'esprit une étude anatomique comparée et une prise en compte de la Providence. Le thème de la destination de l'homme n'est ainsi pas étranger à la philosophie de Herbart, mais il apparaît en fin d'examen, et toujours corrélé à la nature et au devenir des animaux dits les plus nobles, si bien qu'il caractérise davantage une entreprise zoologique globale qu'une anthropologie à proprement parler[2].

L'inclusion des animaux dans ce qu'on restreint trop souvent à l'homme uniquement n'est pas du reste une innovation radicale de Herbart, ni une avancée que son époque devrait faire valoir à la suite des seuls progrès des sciences positives. La remarque du même paragraphe est des plus intéressantes car elle indique comment le propos herbartien s'enracine en fait dans un héritage critique de la doctrine wolffienne. Une fois encore, le philosophe de Königsberg se montre extrêmement sévère avec le traitement par Wolff d'un problème que, cependant, il lui reprend. Voici comment il mentionne brièvement le contenu de la *Psychologia rationalis*, laquelle, comme son pendant empirique, commence par distinguer entre facultés inférieures et supérieures de connaître puis de désirer : « dans la psychologie rationnelle vient encore s'ajouter une considération détaillée de la connexion entre âme et corps ; de même, une extension de la psychologie aux esprits en général et aux âmes

1 *Cf.* § 153, p. 281.
2 *Cf.* SW V, p. 166s.

des bêtes[1] ». Si on laisse de côté l'aspect proprement théologique de l'ouvrage wolffien, celui qui inscrivait encore la psychologie nouvelle dans l'ancienne pneumatologie, on se retrouve avec deux éléments significatifs, fondamentaux pour une anthropologie digne de ce nom selon Herbart : la question des interactions causales entre les réels, dont l'âme, les représentations isolées et les éléments du corps propre font partie, ainsi que celle du comparatisme, en psychologie d'une part, en biologie d'autre part. Resterait uniquement à ajouter à ces deux points les réflexions téléologiques sur lesquelles s'achevaient déjà en 1808 les *Points principaux de la métaphysique*[2] pour dessiner le programme de travail d'une anthropologie scientifique à venir. Et là encore, même si Herbart ne le mentionne pas, il s'inscrit encore dans la mouvance wolffienne, qui, en plus d'avoir forgé le terme de téléologie, avait entrepris d'achever l'exploration de la nature par une doctrine du même nom. Cette reprise d'une difficulté sans acceptation des solutions proposées se condense en une seule formule, assez heureuse au demeurant : « La psychologie rationnelle demeure toujours un besoin[3] ». Cette doctrine reste un desideratum, malgré ce que le dix-huitième siècle y a glissé, et il appartient à la philosophie du siècle suivant de palier ce défaut.

CONCLUSION DE L'INVESTIGATION : UNE PLURALITÉ DES FONCTIONS ET DES TYPES D'ANTHROPOLOGIE

Au terme de ce parcours, nous aimerions tirer quelques conclusions d'ordre général. Qu'est-il apparu eu égard à la fonction d'une anthropologie à la Kant ? Elle a été dite pouvoir servir d'introduction tant à l'œuvre du philosophe lui-même qu'à la philosophie tout court. En l'affaire, il n'est nulle contradiction. Car, à l'époque de Herbart, qu'est-ce qu'on appelle le plus souvent anthropologie, ou encore anthropologie psychique ? Une psychologie empirique, dans laquelle des productions historiques de l'esprit humain viennent à s'annoncer. Dans ce type

1 *Lehrbuch zur Einleitung* § 153Rem, p. 282.
2 *Les points principaux*, § 14, p. 242-245.
3 *Lehrbuch zur Einleitung*, § 153Rem, p. 284.

d'exposé, on fait ainsi connaissance également avec ce que la culture dudit esprit a produit jusqu'ici comme concepts, plus particulièrement comme notions philosophiques. Une psychologie empirique ne peut et ne doit pas consister uniquement en une perception de soi-même, en une connaissance de soi-même. C'est bien au contraire parce que Herbart lui fait prendre en charge l'histoire culturelle du genre humain qu'elle offre un intérêt : présenter des concepts que l'on a bien, de fait, pensés mais qui, en droit, ne sont guère pensables, étant contradictoires.

Les concepts fondamentaux herbartiens, sur lesquels opérera par la suite la métaphysique pour en débrouiller les contradictions, sont ainsi littéralement des « erreurs *trouvées là* », comme le dit dès l'abord la section dévolue à la métaphysique des deuxième, troisième et quatrième éditions du *Manuel d'introduction à la philosophie*[1]. La philosophie, si elle veut commencer, doit prendre pied dans la tradition et se débattre avec les problèmes qu'elle lègue. Le donné herbartien n'est absolument pas à comprendre dans le sens de quelque chose qui serait constitué par un appareil transcendantal, mieux pensé que Kant ne l'avait fait. Il désigne bien plutôt un fait culturel, historiquement et géographiquement déterminé, avec lequel s'expliquer. Les facultés de l'esprit ne sont ainsi pas constitutives de l'esprit humain, elles sont des formations dont il faut comprendre l'apparition. Le Moi, que Fichte avait posé comme réalité première, constitue véritablement un problème, non un point de départ. De même, la question de la proximité entre genre humain et genres animaux proches doit être reprise à nouveaux frais, puisqu'on ne peut plus impunément déclarer, comme l'avait Wolff dans sa métaphysique, que l'âme des bêtes était périssable, contrairement à la nôtre. La *Brève encyclopédie philosophique*, si elle ne cite pas le philosophe de l'*Aufklärung*, ne laisse à cet égard aucun doute[2] : il faudra aller au-delà du wolffianisme par des voies nouvelles.

Y a-t-il pour Herbart une et une seule anthropologie ? Non, comme nous l'avons vu, il peut déjà en exister de diverses sur le plan empirique, plus ou moins psychologiques ou physiologiques. Cette pluralité n'est en rien dommageable puisqu'elle permet d'éviter l'unilatéralité, qu'elle prévient chez l'étudiant l'irruption précoce du dogmatisme. Loder ouvre à une sorte d'observation, Kant met l'accent sur d'autres points,

1 *Id.*, § 116Rem, p. 182.
2 *Cf.* SW II, § 159, p. 215.

et celui qui les écoute tous les deux, plutôt que de vouloir reconstruire à toute force une unité spéculative entre eux, devrait garder en tête les bienfaits de la pluralité dans la formation de sa personnalité intellectuelle. Peut-il maintenant exister différentes anthropologies sur le plan rationnel ? Nulle part sous la plume de Herbart, nous n'avons trouvé d'affirmation allant dans ce sens. On peut penser que le principe de la multiplicité bienfaisante des exécutions aurait été accepté, pourvu qu'elles aient toutes puisé à une et une seule métaphysique bien menée, celle du réalisme herbartien, et qu'elles n'aient pas, faute d'une fondation suffisamment large, fait trop facilement de l'homme une exception par méconnaissance de l'anatomie ou du psychisme des animaux supérieurs.

Les analyses herbartiennes remettent-elles en cause les schémas d'interprétation dominants en matière d'anthropologie ?

Elles confirment d'une part ce que Norbert Hinske avait mis en avant dans son commentaire critique de l'édition des leçons d'anthropologie kantienne réalisées par Reinhard Brandt et Werner Stark ; elles vont en outre dans le même sens, pouvons-nous ajouter, que les dires de ces deux derniers interprètes, qui, pour n'avoir pas mentionné que Kant avait donné ses cours d'anthropologie en suivant la *Metaphysica* de Baumgarten, n'en affirmaient pas moins l'ancrage de sa doctrine de l'homme dans la doctrine métaphysique des Lumières allemandes portant sur les manifestations de l'âme[1]. Le projet anthropologique kantien apparaît bien à son successeur à Königsberg comme la continuation de la psychologie empirique de l'*Aufklärung*, en particulier dans sa conservation d'une doctrine des facultés.

D'autre part, cependant, les propos herbartiens nous obligent à relativiser des oppositions trop tranchées entre anthropologies philosophique, médicale et culturelle. Carsten Zelle, alors qu'il commentait le tournant anthropologique de Halle autour de 1750, avait formulé ce triptyque pour rendre compte des évolutions de la discipline universitaire naissante[2]. Si l'on suit Herbart, il est indifférent que les cours

---

1 *Cf.* respectivement N. Hinske, „Wolffs empirische Psychologie und Kants pragmatische Anthropologie. Zur Diskussion über die Anfänge der Anthropologie im 18. Jahrhundert", *Die Bestimmung des Menschen, Aufklärung* XI/1, 1996, p. 97-107, et R. Brandt & W. Stark (Hrsg.), „Einleitung", AA XXV, en particulier p. VII-IX.

2 *Cf.* „Sinnlichkeit und Therapie. Zur Gleichursprünglichkeit von Ästhetik und Anthropologie um 1750", *Vernünftige Ärzte'. Hallesche Psychomediziner und die Anfänge der Anthropologie in der deutschsprachigen Frühaufklärung*, C. Zelle (Hrsg.), Tübingen, Max Niemeyer, 2001,

d'anthropologie se donnent dans la faculté de médecine ou dans celle de philosophie, puisqu'il s'agit dans l'un et l'autre cas de prodiguer un savoir utile, nécessairement tronqué et déséquilibré. Tant le médecin que le philosophe auraient besoin d'un ancrage rationnel, métaphysique, pour ne pas succomber aux mirages du matérialisme (Reil), prolonger le kantisme en critique empirique de la raison (Fries) ou en « anthropologie empirique » (Beneke)[1]. Aux yeux de Herbart, la véritable opposition est dès lors entre une anthropologie rationnelle, spéculative, qui s'inscrit dans une « *zoologie psychique*[2] » et physique bien fondée, et des anthropologies empiriques, qui, en tant que telles, sont potentiellement aussi variées et partielles que le monde objectif est divers et coloré en ses parties.

Jean-François GOUBET
Université d'Artois/ESPE-LNF
RECIFES, EA 4520

p. 5-24. Voir aussi, du même auteur, une autre partition de l'anthropologie en physique et morale chez des auteurs variés de l'*Aufklärung* dans « *Commercium mentis et corporis.* La contribution de Johann Gottlob Krüger à l'anthropologie littéraire autour de 1750 », trad. fr. G. Darras, *L'anthropologie allemande entre philosophie et sciences, Revue germanique internationale*, O. Agard & C. Trautmann-Waller (dir.), 2009/10, p. 11-29.

1 *Cf.* SW XII, p. 464.

2 Voir la critique de Schulze, promoteur d'une anthropologie psychique, en SW VI, § 108, p. 114.

LA RÉDUCTION MATÉRIALISTE DE LA MÉTAPHYSIQUE DANS LES LUMIÈRES FRANÇAISES (DIDEROT, D'HOLBACH, LA METTRIE)

Le rapport des matérialistes à la métaphysique est une question classique dans les études sur le XVIIIe siècle français. Mais elle est complexe, peut-être même piégée, en raison des difficultés environnant le concept de métaphysique à cette époque. Il est ainsi fréquent que l'on ne parle pas de la même chose, que ce soit chez les auteurs ou chez les commentateurs. En retour, le rapport des matérialistes à la métaphysique est un bon signe des problèmes et ambiguïtés du concept et du vocabulaire environnant la métaphysique au XVIIIe siècle. Mais pour aborder correctement cette question, il est indispensable de ne pas présupposer une ou plusieurs définitions claires et stables de la métaphysique, qui seraient assez facilement prises en défaut chez tel auteur pour tel enjeu. Je propose donc de commencer par une typologie des interprétations possibles du rapport entre les matérialistes et la métaphysique selon quelques grandes déterminations de ce dernier terme.

Tout d'abord, si l'on envisage la métaphysique comme la production de systèmes au sens classique, correspondant globalement à ce que Condillac nomme les « systèmes abstraits » dans le *Traité des systèmes*, elle est unanimement congédiée par les matérialistes. Ceux-ci semblent alors radicaliser une posture empiriste courante, qui critique l'érection d'un système déductif à partir d'un principe abstrait, l'absence de retour assidu à l'expérience, ou la relecture artificielle de cette expérience selon les cadres posés par le système. Dans le contexte des Lumières françaises, le *Traité des systèmes* parait ainsi constituer la matrice d'une critique de la métaphysique que les matérialistes développent, souvent en l'orientant davantage vers la dénonciation de la théologie, des systèmes dualistes et spiritualistes. Cela s'accompagne en général d'un choix dans les critiques qui permet de « sauver » Spinoza, pourtant inclus et visé par Condillac quand il critique des systèmes abstraits, et parfois (en partie) Leibniz (chez Diderot et La Mettrie notamment).

Mais s'il s'agit de ce qu'on peut nommer l'engagement métaphysique, défini comme une prise de position sur le plan ontologique, les matérialistes semblent *a contrario* dépasser la prudence empiriste, notamment telle qu'elle s'exprime dans la tradition anglaise. La question des qualités intimes de la matière, de l'inhérence du mouvement ou de l'énergie dans la matière, parfois celle de son essence, sont ainsi traitées avec plus d'audace par les matérialistes. Par distinction avec un Voltaire, qui vante la sage prudence de Locke, ils interprètent ainsi l'hypothèse lockéenne selon laquelle Dieu aurait pu faire que la matière pense comme une ouverture à creuser, ou comme une manière inadéquate de poser le problème, qu'il faudrait aborder autrement. Il s'agit bien, quitte à en rester, comme Diderot, à un plan largement conjectural, de s'engager dans les questions ontologiques les plus profondes. Cela pose immédiatement la question de la manière dont on peut construire une métaphysique matérialiste autrement que comme un système, ou, pour un auteur comme d'Holbach, en modifiant le sens du terme de système. On en vient alors à considérer que l'engagement matérialiste joue une métaphysique contre une autre.

Enfin, si la métaphysique est regardée comme un lieu philosophique qui dépasse les données de l'expérience, force est de constater que les matérialistes la pratiquent, ce qui prolonge l'idée précédente. Qu'ils l'avouent clairement (Diderot) ou non (cas plus complexe de d'Holbach et La Mettrie), les matérialistes français[1] avancent des thèses ou des hypothèses irréductibles à l'expérience sensible et même à l'expérience concrètement possible. J'entends par là, non l'expérience possible kantienne, qui implique un concept d'intuition *a priori* et conduit à une autre détermination de la métaphysique, que les matérialistes n'envisagent pas, mais l'expérience praticable étant donné les conditions et moyens à disposition. C'est par exemple ce que Diderot dépasse dans la *Lettre sur les aveugles*[2], quand Saunderson demande à ce qu'on se déplace dans

---

1 J'utilise par commodité cette expression, quoique d'Holbach soit d'origine allemande et que La Mettrie soit aussi un artisan des Lumières allemandes par sa position à l'Académie de Berlin.

2 *Lettre sur les aveugles à l'usage de ceux qui voient*, 1749, *Œuvres philosophiques* [*OP*], Paris, Classiques Garnier, 1998, p. 123.

un autre espace temps pour imaginer la genèse d'un monde : ce n'est pas une sortie hors du sensible et de l'intuition kantienne, mais c'est bien évidemment une expérience concrètement impossible, raison pour laquelle elle prend la forme d'une expérience de pensée.

À cet égard, Diderot peut servir de révélateur en raison de son attention constante envers le statut des énoncés : le matérialiste est conscient du fait que son propos, fût-il critique, n'est pas pur métaphysiquement. La réduction de la métaphysique ne peut alors qu'être partielle et prendre la forme d'une réduction d'une métaphysique, qui a pu sembler être la métaphysique, à laquelle on oppose une autre métaphysique, ou du moins une position elle-même (en partie) métaphysique.

Cette typologie et cette conclusion semblent séduisantes. Mais elles sont trop simples et ne prennent pas assez en compte les nouveaux enjeux environnant la métaphysique dans les Lumières françaises. Envisageons donc d'autres déterminations, produites non par les hommes des Lumières, mais par des commentateurs soucieux de saisir certaines de leurs attitudes et positions. C'est en général à propos ou à partir de l'œuvre diderotienne qu'elles ont été proposées.

On a pu dire de Diderot, pour souligner la dimension non systématique et conjecturale de sa philosophie, qu'il était un métaphysicien sans métaphysique[1]. Cette idée d'allure volontairement paradoxale a notamment été élaborée par Jean-Claude Bourdin afin de saisir le mode sous lequel les énoncés métaphysiques de Diderot sont élaborés, notamment à travers une dynamique dialogique qui teste, complique et relativise en permanence les affirmations, même celles apparemment soutenues par l'auteur. Par exemple, la sensibilité universelle de la matière, telle qu'elle est construite dans le *Rêve de d'Alembert*, est une hypothèse qu'il faut à la fois renforcer, notamment contre les solutions alternatives qui n'en sont pas (la création divine, le dualisme et la préformation des germes notamment), et déstabiliser quand elle semble

1 Voir J.-C. Bourdin, *Diderot, le matérialisme*, PUF, 1998, chapitre intitulé « Un métaphysicien matérialiste sans métaphysique ». Voir aussi, dans une perspective un peu distincte, « Diderot métaphysicien. Le possible, le nécessaire et l'aléatoire », *Archives de philosophie, Recherches et documentation*, vol. 71, n° 1, 2008. A. Ibrahim indique que l'expression de « métaphysicien sans métaphysique » se trouve dans les *Observations métaphysiques* de Dom Deschamps (Manuscrit BM de Poitiers, 5e cahier). Critique chez Dom Deschamps, elle « caractériserait bien le vœu de Diderot » (*Le Vocabulaire de Diderot*, Ellipse, Paris, 2002, « Métaphysique », p. 44-45).

se transformer en théorie satisfaisante. La construction de l'hypothèse est même plus prudente qu'on ne le dit parfois, le Diderot du dialogue cherchant davantage à faire prendre « consistance[1] » à son idée qu'à la défendre dogmatiquement.

À cette expression de métaphysicien sans métaphysique, s'associe un usage de l'adjectif métaphysique détaché du nom. J.-C. Bourdin identifie le métaphysique et le spéculatif, en soulignant l'irréductibilité à l'expérience et aux données issues des sciences positives. Dès lors, la réduction de la métaphysique comme doctrine ou comme système d'énoncés s'accompagne de la reconnaissance d'une irréductibilité dans le *niveau* le plus audacieux de la réflexion philosophique.

On peut enfin regarder la métaphysique comme une façon de penser dans le cadre de discussion sur les manières de pratiquer la philosophie. L'essentiel n'est plus alors ce qui est dit ni même le niveau de discours (encore que le niveau d'abstraction le plus élevé, souvent associé à la métaphysique à l'époque, suppose une certaine manière de penser), mais comment cela est dit et selon quelle modalité. Prenons l'exemple de l'idée selon laquelle Diderot aurait développé une métaphysique conjecturale. La dimension conjecturale, associée à une pensée mettant en avant différentes formes d'aléatoires[2], subvertit la représentation traditionnelle de la métaphysique. J.-C. Bourdin[3] a ainsi cherché à préciser l'originalité de l'écriture philosophique diderotienne à partir d'une idée suggestive, qui permet à la fois de saisir la dynamique de l'œuvre et de marquer la spécificité d'un plan spéculatif ou métaphysique. Il y aurait, outre les concepts mobilisés par le philosophe, des « catégories » qui permettent de les déployer, catégories qui ne peuvent être argumentées pour elles-mêmes et seraient, sans l'art diderotien pour les mettre en œuvre[4], des points aveugles. J.-C. Bourdin montre ainsi comment le possible, le nécessaire et l'aléatoire fonctionnent comme des « plans sur lesquels la

1 *Le Rêve de d'Alembert*, rédigé en 1769, *OP*, p. 281.

2 Voir notamment les travaux, déjà cités, de J.-C. Bourdin et A. Ibrahim.

3 Dans « Diderot métaphysicien. Le possible, le nécessaire et l'aléatoire », article cité.

4 Sur l'importance de la dimension littéraire de cette spéculation matérialiste, voir aussi J.-C. Bourdin, « Du *Rêve de d'Alembert* aux *Éléments de physiologie*. Discours scientifique et discours spéculatif dans *Le Rêve de d'Alembert* », *Recherches sur Diderot et l'Encyclopédie*, n° 34, 2003, et, plus largement, O. Bloch, « L'héritage libertin dans le matérialisme des Lumières », *Dix-huitième Siècle*, n° 24.

spéculation de déroule[1] », des opérateurs de la réflexion et des textes diderotiens. La dimension conjecturale s'étend donc à la pratique métaphysique elle-même : non seulement les énoncés sont souvent formulés comme des conjectures, mais la réflexion métaphysique est conjecturale dans son principe.

Ces déterminations ont le grand mérite de déplacer la question de la métaphysique matérialiste vers les *manières* matérialistes de construire et de présenter le savoir. Mais on peut remarquer plusieurs limites. Tout d'abord, cette analyse utilise l'idée de métaphysicien et l'adjectif « métaphysique » en des sens peu avérés à l'époque. Par exemple quand nos auteurs parlent du métaphysicien, c'est presque toujours pour viser celui qui érige, défend ou commente des systèmes métaphysiques. Surtout, cette interprétation comporte des prismes rétrospectifs discutables : une séparation nette entre science et philosophie, un spéculatif qui dépasse l'expérience en un sens qui reste assez kantien. Ajoutons que la conjecture n'est pas forcément une bonne manière de spécifier une pratique métaphysique. Si Diderot en fait manifestement un usage novateur, le vrai enjeu demeure : l'élan philosophique qui voit le philosophe s'élancer, par hypothèse et raisonnements probabilistes, vers les plus hautes questions relève-t-il encore d'une *manière* métaphysique ? Cela suppose, à tout le moins, que cette réflexion soit spécifique, qu'elle ait son régime propre et soit (en partie) autonomisable. Or, chez Diderot, on repère difficilement un tel régime tant les discussions les plus élevées prolongent d'autres types de considérations, en particulier les images, les concepts et les hypothèses venant des sciences. Enfin, ces déterminations ne ciblent pas[2] ce qui me semble l'essentiel chez Diderot : la pluralisation de la métaphysique et sa conversion en théorie d'une pratique – nous y reviendrons.

Je retiendrai donc, de ce premier repérage, que la question ne peut être balisée par des distinctions commodes opposant une métaphysique

1 « Diderot métaphysicien. Le possible, le nécessaire et l'aléatoire », *Archives de philosophie. Recherches et documentation*, vol. 71, n° 1, 2008, p. 24.

2 L'article de J.-C. Bourdin « Diderot métaphysicien. Le possible, le nécessaire et l'aléatoire » aborde cette dimension. Mais il en fait un sens de la métaphysique chez Diderot, réduit à une sorte d'épistémologie ou de philosophie des sciences, qui n'annule pas l'existence d'une spéculation métaphysique. De son côté, A. Ibrahim mentionne l'insistance sur la pratique de chaque art et chaque science, mais en fait immédiatement la condition pour « jeter les bases d'une "métaphysique matérialiste" » (*Diderot, un matérialisme éclectique*, Paris, Vrin, 2010, p. 49).

à une autre ou une conception de la métaphysique à une autre. On doit s'intéresser de plus près aux changements radicaux opérés dans l'usage du terme et dans le rapport au savoir, changements complexes qui impliquent de s'interroger sur la nature encore métaphysique de ce qui est proposé ou pensé. S'il y a dans ces discussions certaines décisions à prendre sur le sens à donner au terme de métaphysique, elles doivent se faire dans un cadre subtil qui articule des repérages nécessaires pour clarifier les débats et une attention précise sur les déplacements opérés et leur portée subversive. Ajoutons que, si, comme beaucoup de commentateurs, j'ai pris pour l'instant Diderot comme révélateur des enjeux nouveaux, ce n'est pas pour occulter l'intérêt des positions de La Mettrie et d'Holbach, qu'il nous faudra examiner pour elles-mêmes.

Pour approfondir ces questions, je commencerai par aborder la réduction la mieux connue et la plus facile à exposer, celle qui prétend dépasser la métaphysique, pour examiner ensuite des réductions plus complexes et plus subtiles.

RÉDUIRE POUR CONGÉDIER

La réduction matérialiste la plus franche donne son congé à la métaphysique. Cette dernière est alors vue comme un obstacle à la saine philosophie, voire comme un mal la contaminant. On trouve ainsi chez La Mettrie une attitude médicale prétendant purger la philosophie d'une tendance mortifère. Sous d'autres formes, d'Holbach prétend aussi faire place à une philosophie plus pertinente en éliminant jusqu'à la tendance métaphysique qui s'empare de l'esprit humain.

Quoiqu'elle soit l'orientation la plus célèbre, il convient de lui donner toute sa force et de lui préserver sa richesse. Ce ne sont pas seulement les systèmes métaphysiques que l'on veut évacuer, mais la tendance dont ils sont les symptômes, c'est-à-dire une mauvaise démarche. Les matérialistes ne critiquent alors pas des doctrines prises en elles-mêmes, ce qui seraient d'ailleurs de mauvaise méthode puisqu'il faudrait se mettre sur le même terrain qu'elles, mais ce qu'elles traduisent : un usage inadéquat du savoir, du langage et de l'abstraction.

LA RÉDUCTION MÉDICALE DE LA MÉTAPHYSIQUE

Dans le « Discours préliminaire » de ses *Œuvres philosophiques*, publiées en 1751, La Mettrie faisait le choix de ne pas subdiviser la philosophie en distinguant des métaphysiciens, des savants, etc. Cela s'articule à une stratégie consistant à opposer, d'une part, la philosophie, éclairée par la raison et l'expérience et soucieuse de la vérité, et, d'autre part, la morale, la politique et la religion, préoccupées d'un ordre social et de l'opinion. Pour justifier l'un de ses principaux arguments contre la censure, à savoir que la philosophie, ainsi entendue, n'est pas connue du peuple et n'a pas d'incidence sociale néfaste, La Mettrie se devait de donner une forme de cohérence à « la philosophie », du moins dans son esprit et ses critères principaux.

Mais il n'en est pas de même dans d'autres textes, qui isolent les métaphysiciens et leur adressent une critique sévère. Le rôle de la médecine prend alors une autre coloration : il s'agit toujours de marquer l'ancrage de la saine philosophie dans l'expérience assidue et précise, mais pour distinguer plusieurs pratiques philosophiques et en congédier certaines. On le sent dès la Dédicace de l'*Homme-machine*, adressée au célèbre médecin Haller : « Le Médecin est le seul Philosophe qui mérite de sa Patrie[1] ». Le ton est donné et, par la suite, La Mettrie dénonce les propos abscons de ceux qui ont préféré des méditations confuses à la reconnaissance, expérience à l'appui, de l'inhérence du mouvement dans la matière. L'un des enjeux est la distinction entre un point que l'on peut dorénavant établir, que la matière se meut elle-même, et un autre que l'on doit délaisser comme question oiseuse, c'est-à-dire la compréhension des procédés par lesquels cette matière produit, dans certains corps organisés, le sentiment et la pensée : « Et pour en venir à bout, Ô bon Dieu, quels efforts n'ont pas faits certains Philosophes ! Et quel galimatias j'ai eu la patience de lire à ce sujet[2] ! » Le médecin philosophe est donc celui qui sait s'arrêter à ce qu'il peut établir et en tirer des conséquences adéquates. La médecine éclaire la philosophie, mais elle en réduit aussi la pratique à sa juste mesure, qui suppose, entre autres, de délaisser les questions d'essences.

---

1 *L'Homme-machine* [*HM*], 1747-1748, *Œuvres philosophiques*, Fayard, 1987 (édition citée pour toutes les œuvres de La Mettrie), I, p. 62.

2 *HM*, p. 108.

Mais cette critique n'est pas simple à thématiser. En effet, si on peut aisément reconnaitre des attitudes et doctrines métaphysiques dans ce que dénonce La Mettrie, on ne peut rabattre toutes ses critiques sur le même groupe d'auteurs ou le même domaine. L'ouvrage s'ouvre sur une dichotomie entre deux systèmes philosophiques sur l'âme : le matérialisme et le dualisme. La suite fait, c'est bien connu, nettement pencher la balance du côté du premier. Et le terme de métaphysiciens, employé sitôt après cette distinction, désigne les Descartes, Malebranche et autres Leibniz qui ont embrouillé la question en prétendant traiter d'un être inconnu et indéfinissable, l'âme spirituelle. Pourtant, il semble que « les métaphysiciens » désigne alors, non directement les dualistes, mais ceux qui s'engagent dans des questions d'essence. Le premier nommé est d'ailleurs Locke, et il est critiqué d'une manière ambiguë : il s'est mal exprimé en suggérant que la matière pourrait avoir la faculté de penser. De même, les leibniziens ont « plutôt spiritualisé la Matière, que matérialisé l'Ame ». Mais ces fautes de méthode ne les rendent pas moins intéressants, comme le montre l'usage que La Mettrie fait de certains de leurs concepts ou pistes. Locke est d'ailleurs mentionné d'une autre manière dans d'autres textes, où il est vanté comme celui qui a reconnu que la connaissance de l'essence des corps supposerait une géométrie « inaccessible même aux plus sublimes Métaphysiciens, celle de la nature[1] ». En tout cas, la présence de Locke au début de l'*Homme-machine* interdit de considérer que les métaphysiciens s'identifient aux dualistes.

Même chose pour le passage précité où La Mettrie congédie le galimatias essentialiste. Ce ne sont pas les dualistes qui sont concernés : ils ne cherchent évidemment pas, vu leurs conceptions, à penser le passage du mouvement au sentiment et à la pensée. Cela suggère que, si les dualistes sont éminemment métaphysiciens, ils ne sont pas les seuls à pécher par métaphysique. L'*Abrégé des systèmes* permet de compléter la nuance. Un dualiste comme Descartes a contribué à la réduction : il a « purgé la Philosophie de toutes ces expressions *Ontologiques*, par lesquelles on s'imagine pouvoir rendre intelligibles les idées abstraites de l'Être[2] ». Il est vrai que Descartes devient dans la suite de cette notice « un adroit Matérialiste[3] », mais cela n'annule

1 *Abrégé des systèmes, pour faciliter l'intelligence du Traité de l'âme* [*AS*], 1751, I, p. 264.
2 *AS*, p. 249.
3 *AS*, p. 252.

pas, au contraire, la complexité des relations entre système dualiste et métaphysique.

On est même frappé d'un paradoxe dont La Mettrie est coutumier : la tentation de tirer la sensibilité et la pensée de la force motrice, et cette dernière de la première propriété essentielle de la matière qu'est l'étendue, a préoccupé La Mettrie lui-même dans le *Traité de l'âme*. Certes, La Mettrie subvertissait déjà la question métaphysique de la dérivation du mouvement à partir de l'étendue, en refusant notamment que l'étendue résume l'essence de la matière. Sa conclusion était en outre aporétique : à défaut de pouvoir penser ce passage, il fallait se donner la force motrice, en la posant comme présente dans la matière organisée, puis la sensibilité. Mais le problème était néanmoins présent dans le texte. Il est possible d'en conclure que, dans l'*Homme-machine*, La Mettrie congédie bien plus fermement une manière inadéquate de poser la question de l'inhérence du mouvement dans la matière et de la sensibilité dans la matière organisée.

LA RÉDUCTION NOMINALISTE

On voit que la réduction matérialiste opérée par La Mettrie s'appuie, dans un cadre empiriste marqué, sur une critique nominaliste, que l'on trouve aussi chez Diderot. Mais il est intéressant de souligner la manière dont d'Holbach la traite, car elle s'accompagne d'une réduction originale des prétentions de l'esprit humain.

Dans une belle étude, Jean-Claude Bourdin[1] a examiné le rôle du langage dans la critique holbachienne de la tendance métaphysicienne de l'homme. Plusieurs traits sont remarquables, comme la dénonciation de l'illusion essentialiste déposée en germe dans les mots, la mise à jour des conditions anthropologiques permettant la mystification théologico-métaphysique, etc. Mais ils sont assez communs – on en trouve les prémisses dans la tradition nominaliste ou dans les écrits clandestins. Un autre est plus original et renvoie à ce que J.-C. Bourdin nomme la « platitude matérialiste ». Renversant les accusations courantes contre le matérialisme, J.-C. Bourdin veut montrer, à partir de celui qui est peut-être le pire d'entre eux (le plus plat et le plus grossier !), que la platitude est moins l'indice d'une faiblesse que « le

1 « La "platitude" matérialiste chez d'Holbach », *Corpus, revue de philosophie*, n° 22-23, 1993.

nom que l'on pourra donner à un style philosophique particulier[1] ». Je laisse ici de côté plusieurs aspects de l'analyse pour me concentrer sur ce qui a un rapport, direct ou indirect, avec la question de la métaphysique.

Un premier élément concerne le statut du matérialisme lui-même, que sa place dans l'économie de l'œuvre du baron conduit à regarder plutôt comme une propédeutique que comme un système en soi. L'affirmation matérialiste se présente comme « une position de pensée qui délimite d'entrée de jeu tout le déploiement et les ressources de la philosophie[2] ». Dit autrement, le matérialisme fonde davantage une pratique de la philosophie, qui sera d'abord soucieuse des limites que lui imposent l'immanence et la finitude, qu'une doctrine. Cela conduit à un second aspect, le recours, par-delà quasiment toute la tradition métaphysique, à une forme d'évidence.

Cette évidence est originale malgré son aspect trivial. D'Holbach en appelle, certes, à une forme de retour à la simplicité des explications matérialistes et il invoque pour cela, dans ses textes les plus polémiques, le recours au bon sens – voir en particulier l'ouvrage du même nom. Mais ces explications ne sont pas simples en soi, elles ne sont en vertu d'un double principe d'économie des hypothèses et de préférence pour l'effectivité des causalités assignables d'un point de vue empirique. C'est donc contre le dualisme et les autres conceptions faisant intervenir des agents immatériels que la simplicité des explications matérialistes est défendue. D'où une rhétorique récurrente qui vante, non une intelligibilité en soi, mais une intelligibilité incomparablement plus grande du régime explicatif matérialiste :

> N'est-il pas plus naturel et plus intelligible de tirer tout ce qui existe du sein de la matière – dont l'existence est démontrée par tous nos sens, dont nous éprouvons les effets à chaque instant, que nous voyons agir, se mouvoir, communiquer le mouvement et générer sans cesse – que d'attribuer la formation des choses à une force inconnue, à un être spirituel, qui ne peut tirer de son fonds ce qu'il n'a pas lui-même, et qui par l'essence spirituelle qu'on lui donne, est incapable et de rien faire et de rien mettre en mouvement[3] ?

1 *Ibid.*, p. 252-253.

2 *Ibid.*, p. 255.

3 *Le Bon sens ou Idées naturelles opposées aux idées surnaturelle* [*BS*], 1772, *Œuvres philosophiques*, Alive (toutes les références à d'Holbach renvoient à cette édition), t. II, 2001, § 22, p. 229.

En outre, cette simplicité est encore relative à un autre niveau : elle vaut pour les principes dans leur nombre et leur statut empiriquement assignable, mais pas pour le détail ni pour le statut épistémique précis. Le meilleur exemple en est le rôle, dans les principes formulés par d'Holbach, de modèles chimiques. Visibles en particulier dans la première partie du *Système de la nature*, les concepts chimiques précisent la matérialité de l'énergie. Le cadre convoqué est celui de la chimie de Rouelle (on repère souvent les quatre éléments et la théorie du mixte revue à partir de Stahl et Becher) et des affinités. Or d'Holbach, traducteur de premier plan des ouvrages de chimie minérale et métallurgique des Allemands[1], et diffuseur de leurs idées dans ses articles encyclopédiques[2], connait bien la complexité de ces éléments essentiels de la chimie de l'époque. Son rôle de traducteur intègre d'ailleurs souvent une mise en perspective critique, qu'il s'agisse de clarifier une difficulté théorique, de soulever un problème ou de pointer un progrès accompli par un autre chimiste. Bref, d'Holbach sait que la chimie n'est pas simple et qu'elle ne simplifie pas notre conception de la matière, bien au contraire puisqu'elle la pluralise et interdit de lui assigner une essence unique. Ainsi, lorsqu'il mobilise la chimie, d'Holbach est conduit à parler comme Diderot *des* matières et de leurs énergies et propriétés spécifiques. Comment comprendre dès lors qu'elle intervienne dans la simplification des explications générales et la réduction de l'ontologie acceptable philosophiquement ?

L'originalité de d'Holbach est ici d'intégrer l'usage de modèles scientifiques, principalement chimiques et physiques, à une réduction des problèmes. J.-C. Bourdin parle d'une manière éclairante d'une « restauration » qui nous ramène à des vérités anciennes, simples car liées au rapport vrai de l'homme avec la nature et avec lui-même[3]. Il s'agit alors de réduire la baudruche métaphysique en en revenant à une logique volontairement déceptive. Car, pour le baron, la simplicité est perdue : nous nous sommes habitués, non seulement à des préjugés, mais à une manière de parler et de penser qui est à la source de ces préjugés et des systèmes métaphysiques dualistes et spiritualistes. Le retour à la

1 Voir F. Pépin, « La science au service du matérialisme. Le syncrétisme épistémologique de d'Holbach », *La Lettre clandestine*, n° 22, 2014.

2 Voir J.-C. Bourdin, « La matière des entrailles de la terre », *Corpus, revue de philosophie*, n° 56, 2009.

3 « La "platitude" matérialiste chez d'Holbach », p. 257.

simplicité n'est pas donc trivial, c'est un combat à mener contre une tendance, non naturelle à l'homme pour d'Holbach, mais inscrite dans ses manières actuelles d'être. La simplicité commence donc toujours par décevoir, et par là d'Holbach semble par avance répondre à tous ceux qui l'ont accusé de simplisme !

Pour le comprendre, il faut se placer dans le cadre d'une théorie critique du langage qui y voit le lieu où se développent et s'inscrivent en nous, non seulement des abstractions dont nous oublions l'origine inductive pour en faire des essences, mais des attitudes. On le voit à la critique holbachienne de l'étonnement. J'ai examiné ailleurs[1] la différence avec Diderot, qui s'inscrit plus nettement dans une filiation baconienne en faisant de la réduction de l'étonnement un enjeu proprement épistémologique, irréductible à la seule question de l'admiration devant ce qui nous semble une force supérieure. D'Holbach semble alors, par contraste, se situer dans une perspective moins riche qui vise d'emblée le rejet du principe d'une ontologie spiritualiste. Mais, sans renoncer à ces analyses, je voudrais ici proposer une autre vue. Il y a bien une dimension épistémologique dans la critique holbachienne de l'étonnement, mais elle n'est pas à rechercher, comme chez Bacon et Diderot, dans une entreprise visant à donner les vrais principes de l'interprétation de la nature. Ce n'est pas une épistémologie de la recherche scientifique ou savante, mais plutôt une épistémologie du fonctionnement de l'esprit humain. La critique holbachienne vise moins à réformer la pratique du savoir, qu'à évacuer de mauvais réflexes anthropologiques. Sous cet angle, le langage est à la fois le véhicule exprimant une (mauvaise) tendance naturelle et le moyen de la réduire. Cette tendance, d'Holbach l'appelle parfois la « pente secrète[2] » du merveilleux.

En dehors du principe selon lequel il faut reconduire toute idée à son origine sensible pour ramener les concepts à leur juste mesure, d'Holbach n'a guère développé de théorie spécifique du langage. Mais sa pratique est autrement intéressante. À partir du moment où les mots sont le véhicule principal de l'illusion, et puisque, corrélativement, l'argumentation ne suffit pas contre eux, il faut les déconstruire. Pour

1 *La Philosophie expérimentale de Diderot et la chimie. Philosophie, sciences et arts*, Paris, Classiques Garnier, 2012, p. 44-51.

2 Je renvoie à la belle étude de J.-C. Bourdin, « D'Holbach, pour "sortir de la philosophie" », en particulier p. 344.

cela, d'Holbach emploie, notamment dans *Le Bon sens*, plusieurs stratégies qui suivent, en gros, le même principe : reprendre les mots de l'autre (le théologien et le métaphysicien abscons) pour, progressivement, en faire sentir le vide. L'exemple typique est le nom de Dieu et tout le vocabulaire censé le décrire.

> À force de métaphysique, on est parvenu à faire de Dieu un *pur esprit* ; mais la théologie moderne a-t-elle fait en cela un pas de plus que la théologie des sauvages ? Les sauvages reconnaissent un *grand esprit* pour le maître du monde. Les sauvages, ainsi que tous les ignorants, attribuent à des *esprits* tous les effets dont l'expérience les empêche de démêler les vraies causes. Demandez à un sauvage ce qui fait marcher votre montre ; il vous répondra : *c'est un esprit*. Demandez à nos docteurs ce qui fait marcher l'univers ; ils vous diront : *c'est un esprit*[1].

On remarque pas moins de quatre réductions complémentaires dans ce passage : i) ramener la théologie des modernes (chrétienne) à celle des sauvages (païens), ii) réduire le sens fondamental de l'expression « pur esprit » dans un cas à ce qu'il est dans un autre, iii) réduire ce sens à n'être finalement rien, iv) exhiber la fonction réelle de cette expression : recouvrir un vide. Par la reprise de l'expression en italiques, les mots de l'autre perdent progressivement leur sens et sont reconduits à leur vraie portée, celle du masque qui croit désigner une réalité et signifier quelque chose. L'enjeu n'est pas vraiment la réfutation argumentée mais la conversion des mots en révélateur de vanité. Les concepts de la métaphysique théologique ne sont au fond « qu'une absence d'idées », c'est-à-dire, dans le cadre empiriste assez commun que mobilise d'Holbach, une « idée sans modèle » (à la fois sans objet réel et sans image mentale possible)[2].

Diderot emploie aussi à l'occasion ce genre de procédé, notamment dans l'apologue[3] qui inscrit l'origine de la religion dans l'invention du mot Dieu par un misanthrope voulant se venger du genre humain. Or ce n'est pas un mot recouvrant une idée, pas même fausse, c'est d'abord une exclamation, exclamation sans objet qui n'existe que par sa reprise : à la suite du misanthrope, les hommes répètent « Dieu ! Dieu !... », croyant dire quelque chose. Mais pour d'Holbach, la réduction doit *ressasser* pour fonctionner : c'est une véritable entreprise visant à administrer le

1 *BS*, § 19, p. 228.
2 *BS*, § 21, p. 228.
3 À la fin de l'*Addition aux Pensées philosophiques*, 1770.

contrepoison[1] du mal métaphysico-théologique. C'est sur ce plan que, me semble-t-il, se révèle la spécificité de la réduction holbachienne de la métaphysique comme mauvaise pratique du savoir.

D'Holbach voit en effet dans la simplicité un remède luttant contre un mal, mais aussi rendu partiellement inopérant par ce mal même. C'est ainsi qu'il tient à la fois que l'homme est naturellement fait pour la vérité, mais qu'il doit s'y ré-habituer, pire, qu'il doit lutter contre certaines de ses tendances pour la démêler. Si l'on trouve des formules vibrantes sur la force de la vérité, l'important n'est pas leur contenu mais leur effet sur le lecteur : parler de force, c'est en donner. D'où une stratégie de répétition, voire de martelage, qui vaut surtout par son efficace (escomptée). Je m'inscris ici dans la lignée des travaux d'Alain Sandrier[2] qui, à la suite de J.-C. Bourdin, a déplacé la sempiternelle question du (mauvais) style du baron : d'Holbach a manifestement choisi, au moins pour la plupart de ses œuvres, une stratégie argumentative répétitive visant une réduction performative de la métaphysique. Puisqu'il s'agit de soigner un mal, que ce mal ne peut être aisément détruit mais doit être expurgé patiemment, la réduction n'est plus un problème théorique, elle devient une question de stratégie de publication. Dans ces œuvres polémiques, il ne faut ainsi pas évaluer la force logique des réponses de d'Holbach à ce qu'il considère être la voie royale de la métaphysique, ni même la pertinence de sa critique de la pratique métaphysique. Car d'Holbach ne *répond* pas, ce qui supposerait qu'il y ait une théorie à contrer sur un terrain commun. Il opère la réduction en ramenant la métaphysique à ce qu'elle est : un effort vain pour être quelque chose. D'où un autre procédé : l'invention de néologismes ou de formules originales dont la fonction n'est pas de signifier quelque chose, mais au contraire de représenter une chimère ou une absurdité : « Que résulte-t-il de cette combinaison de l'homme avec Dieu, ou de cette *théanthropie*[3] ? » « La foi, suivant les théologiens, est un *consentement inévident*[4] ». Dans le même ordre d'idées, d'Holbach utilise des noms et figures étrangers,

1 Voir l'*Essai sur les préjugés ou De l'influence des Opinions sur les Mœurs et sur le Bonheur des Hommes* [*EP*], 1770, chap. 3.

2 *Le Style philosophique du baron d'Holbach. Conditions et contraintes du prosélytisme athée en France dans la seconde moitié du* XVIII*e siècle*, Paris, Champion, 2004.

3 *BS*, § 47, p. 239. D'Holbach traite dans ce paragraphe des qualités anthropomorphiques qu'on prête à Dieu.

4 *BS*, § 135, p. 290.

non par exotisme, mais pour marquer le lien entre ce qui nous semble familier et ce qui nous déroute chez les autres.

Mais il faut préciser que, si d'Holbach distingue alors entre la philosophie et cette mauvaise pratique qu'il déconstruit, le terme de métaphysique n'a pas un statut très net. Il est présent par occasion, et on sent assez souvent à quelle tradition d'Holbach peut penser, mais l'ennemi réel demeure la théologie. D'Holbach confond-il alors métaphysique et théologie ? Il est difficile d'accepter cette conclusion car le baron parle plutôt des « arguments métaphysiques de la théologie[1] » ou de « métaphysique sacrée[2] », indication d'un lien et non d'une identité, peut-être même signe qu'un autre usage de la métaphysique est envisageable. Il suggère aussi, dans les mêmes textes, que des philosophes comme Descartes, Malebranche ou Leibniz ont dû composer avec la religion[3]. Idée proche dans l'*Essai sur les préjugés* : le « levain théologique » a, dès l'Antiquité, contraint les philosophes à « prendre un langage énigmatique ou peu sincère[4] ». De même, alors que l'*Essai sur les préjugés* fustige la métaphysique, science des mots vides, au profit de la physique[5], le *Système de la nature* infléchit la formulation : l'erreur n'est plus d'avoir fait de la métaphysique au lieu faire de la physique, c'est d'avoir voulu « être métaphysicien avant d'être physicien[6] ».

RÉDUIRE POUR CONVERTIR

VERS UNE AUTRE MÉTAPHYSIQUE ?

Cette dernière formule pourrait suggérer une refonte de la métaphysique à partir de la physique, inversant en quelque sorte l'ordre cartésien du savoir. Pourtant, la fonction des sciences n'est pas aisée à

1 *BS*, § 195, p. 332.
2 *EP*, p. 113.
3 *BS*, § 203.
4 *EP*, p. 112.
5 À propos de la philosophie ancienne, qui fut rapidement dominée par la superstition : « On substitua les mots aux choses, on disputa toujours et l'on ne put rien éclaircir. La saine physique fut négligée pour une métaphysique imaginaire ; la nature entière fut scène d'illusions mue par un pouvoir magique dont on n'eut point d'idées. » (*EP*, p. 112-113).
6 *SN*, Préface, p. 165.

circonscrire : viennent-elles à l'appui d'une autre métaphysique, qui ne quitte plus la nature matérielle et ne se paie plus de mots vides, ou bien se substituent-elles à toute métaphysique ?

La médecine souligne le problème. D'une part, la médecine permet de dépasser le dualisme substantiel et d'esquisser les lignes d'une épistémologie antimétaphysique. Mais, d'autre part, la référence à la médecine, très présente dans l'empirisme anglo-saxon, ne saurait signaler une réduction proprement matérialiste et pourrait même suggérer une conversion de la métaphysique vers une nouvelle voie. Ainsi, La Mettrie valorise le changement opéré par Locke en métaphysique dans des termes qui rappellent clairement ceux qu'il utilise lorsqu'il invoque une démarche empirique empreinte d'épistémologie médicale :

> Il est donc vrai que M. Locke a le premier débrouïllé le cahos de la Métaphysique, et nous en a le premier donné les vrais principes, en rappellant les choses à leur première origine. La connaissance des égaremens d'autrui l'a mis dans la bonne voie. Comme il a pensé que les observations sensibles sont les seules qui méritent la confiance d'un bon esprit, il en a fait la baze de ses méditations ; par tout il se sert du compas de la justesse, ou du flambeau de l'expérience[1].

Dans l'article « Locke » de l'*Encyclopédie*, Diderot remarque plus explicitement le rôle de la médecine dans le changement opéré par le philosophe anglais. Forçant le trait, il présente un passage du cartésianisme à la médecine qui renouvèle la métaphysique en la ramenant à une étude de la machine humaine par ses dérèglements :

> Il passa de l'étude du Cartésianisme à celle de la Médecine, c'est-à-dire qu'il prit des connoissances d'Anatomie, d'Histoire naturelle & de Chimie, & qu'il considéra l'homme sous une infinité de points de vûe intéressans. Il n'appartient qu'à celui qui a pratique la Médecine pendant long-tems d'écrire de la Métaphysique ; c'est lui seul qui a vû les phénomènes, la machine tranquille ou furieuse, foible ou vigoureuse, saine ou brisée, délirante ou réglée, successivement imbécille, éclairée, stupide, bruyante, muette, léthargique, agissante, vivante & morte[2].

Il n'est pas aisé de savoir, dans ce passage, si « traiter de la métaphysique » signifie faire de la métaphysique autrement ou traiter par la

1 *AS*, p. 266.

2 « Locke, philosophie de (Histoire de la philosophie moderne) », *Encyclopédie*, t. IX, p. 625.

médecine les questions métaphysiques. À tout le moins, une réduction médicale de la métaphysique est mise en avant, qui revient, ici formulée d'une manière incisive (c'est le début d'un article publié dans l'*Encyclopédie* et portant sur un sujet visible...), à une réduction de l'âme au rapport du physique et du moral. Faut-il conclure que nos matérialistes radicalisent seulement des démarches et critiques devenues courantes dans la tradition empiriste anglo-saxonne ? Cherchent-ils alors à prolonger en matérialistes la réorientation empiriste de la métaphysique ?

De fait, La Mettrie et Diderot insistent davantage sur la réduction d'une mauvaise démarche, associée au nom de métaphysique, que sur son renouvèlement par une nouvelle voie. Locke a traité par la médecine de la métaphysique, il n'a pas refondé sur d'autres bases cette science. La différence peut sembler subtile, mais elle est d'importance : nos matérialistes soulignent le mouvement de nécessaire restriction des ambitions de la métaphysique, allant jusqu'à l'élimination (tendancielle) des mauvaises questions et démarches. Ils ne cherchent pas véritablement, comme Condillac le fera, à reformuler à la suite de Locke une analyse suivie de l'esprit humain pouvant prendre le nom de métaphysique, cette dernière étant alors rabattue sur l'étude de la genèse des connaissances et facultés de l'esprit humain. Le mouvement de réduction, avec sa complexité, ne prépare pas l'essor d'une nouvelle métaphysique : la purger de ses errements n'est pas la condition d'une nouvelle émergence.

LA DISTRIBUTION DE LA MÉTAPHYSIQUE

À cet égard, l'article « Métaphysique » de l'*Encyclopédie*, non signé mais rédigé par Diderot, est remarquable. Sa taille attire l'attention : l'article « Métaphysique » est d'abord, comme l'a bien souligné Jean-Christophe Bardout[1], une réduction du thème encyclopédique de la métaphysique à quelques lignes ! Certes, cela s'accompagne d'une remarque sur la dignité incontestable de la métaphysique bien comprise. Mais qu'on ne puisse en rendre compte dans un article sur la métaphysique en général montre, sans doute possible, que le domaine de la métaphysique explose en se particularisant. En un sens, Diderot radicalise ici le principe de l'article « Locke » : il ne faut plus seulement traiter la métaphysique en

1 « Diderot et la métaphysique », dans J.-C. Bardout et V. Carraud (dir.), *Diderot et la philosophie*, à paraître. Cet article offre par ailleurs une belle analyse de la question.

médecin, ni même en spécialiste d'autres domaines, il faut distribuer la métaphysique selon différents champs :

> MÉTAPHYSIQUE, s. f. c'est la science des raisons des choses. Tout a sa *métaphysique* & sa pratique : la pratique, sans la raison de la pratique, & la raison sans l'exercice, ne forment qu'une science imparfaite. Interrogez un peintre, un poete, un musicien, un géometre, & vous le forcerez à rendre compte de ses opérations, c'est-à-dire à en venir à la *métaphysique* de son art. Quand on borne l'objet de la *métaphysique* à des considerations vuides & abstraites sur le tems, l'espace, la matiere, l'esprit, c'est une science méprisable ; mais quand on la considere sous son vrai point de vûe, c'est autre chose. Il n'y a guere que ceux qui n'ont pas assez de pénetration qui en disent du mal[1].

La subversion est de toute première force et semble conduire à la fin de la métaphysique comme domaine et objet uniques : de science de la raison des choses en général, elle devient science de la raison des choses dans tel domaine, se réduisant à être la mise en réflexion des principes d'une pratique. Cette réflexion peut être profonde et les exemples de Diderot (tous des domaines qui lui sont chers) confirment sa haute valeur. Néanmoins, elle ne constitue plus *un* champ et demande d'interroger, non le métaphysicien, mais le spécialiste. On pourra considérer que le philosophe qui interroge est une nouvelle forme de métaphysicien. Pourtant, non seulement son travail sera second, *a posteriori* et non fondationnel, mais il ne pourra prétendre viser une universalité que son ancrage particulier lui refuse par principe. À bien lire le texte, force est de constater que la valorisation finale de la métaphysique lui interdit en fait toute existence autonome : le vrai point de vue est un ensemble de points de vue.

Je me suis efforcé de montrer ailleurs[2] que cette subversion avait un sens très profond chez Diderot et qu'on ne pouvait aussi facilement qu'on l'a parfois cru formuler ce qui serait les principes d'une métaphysique diderotienne synthétisant ces différents points de vue. L'un des meilleurs exemples des tensions qui résistent à ce genre de synthèse est l'opposition entre la métaphysique de la chimie et celle de la physique (mathématisée). L'originalité de Diderot étant de se rendre sensible aux différences profondes entre les pratiques et les théories de ces deux

1 Diderot, « Métaphysique », *Encyclopédie*, t. X, p. 440. La citation comprend l'ensemble de l'article.

2 *La Philosophie expérimentale de Diderot et la chimie*, *op. cit.*, partie III.

sciences, à leurs esprits largement incompatibles, notamment en ce qui regarde le statut de la matière et du mouvement, il faut accepter qu'*une* métaphysique matérialiste tirant les leçons (ou extrapolant à partir) des sciences n'est pas ce que propose Diderot. Certes, le philosophe ne s'arrête pas à l'opposition entre la chimie et la physique, il montre aussi les convergences entre la chimie et les sciences du vivant bien comprises. Il défend aussi que la portée ontologique de la chimie est plus grande que celle de la physique, au sens où la chimie prend les corps pourvus de leurs qualités réelles, y compris des tendances au mouvement et des interactions multiples, alors que la physique les réduit à des quantités abstraites. D'où le fait que la métaphysique de la chimie est, selon Diderot, tendanciellement plus matérialiste que celle de la physique (mécaniste et mathématisée). On pourra alors souligner que Diderot établit sa conception de la matière davantage sur la chimie, accompagnée des sciences du vivant. Mais étant donné l'attention constante de l'épistémologue envers les différences et les tensions entre les savoirs dont se nourrit sa réflexion, il convient, me semble-t-il, de ne pas aller trop vite vers les bilans.

Une innovation conceptuelle d'importance le confirme. Loin de construire, avec la chimie et les sciences du vivant, une nouvelle métaphysique de la matière, Diderot[1] pluralise cette dernière selon divers ordres : plusieurs déterminations, parfois incompatibles, comme entre la chimie et la physique, mais surtout plusieurs *états* (vivantes ou mortes, sensibilité active ou potentiel) et plusieurs types (les matières des chimistes). Le dernier point est probablement le plus radical : la matière devient un concept nominal qui regroupe les points communs et les interactions entre les matières. Comme le montrent les chimistes de la tradition de Rouelle, la matière n'existe pas, c'est une construction philosophique et physique. Ce qui existe, ce sont des substances particulières définies par des qualités, au premier chef desquelles des propriétés manifestées par les interactions entre ces substances. Diderot continue de parler de la matière, notamment dans les discussions abordant les sujets sensibles relatifs à l'origine du mouvement, de la sensibilité et de la pensée. Il confère aussi, dans la ligne de ce qu'il nomme le néo-spinozisme[2], une

1 Notamment dans les *Principes philosophiques sur la matière et le mouvement*, 1770, et *Le Rêve de d'Alembert*.

2 Dans l'article « Spinosiste » de l'*Encyclopédie*, t. XV, p. 474.

puissance explicative à cette matière. Mais elle n'est une substance qu'en un sens second : elle regroupe toutes les substances que certains points communs permettent de réunir et de mobiliser contre les agents spirituels.

Plutôt que de refonder une métaphysique à partir de sciences, la démarche diderotienne cherche donc à exprimer les différences, plus ou moins profondes, entre les savoirs. Elle se tourne ainsi davantage vers un *pluriel d'effets métaphysiques*. Ils sont parfois convergents, comme entre les sciences du vivant et la chimie, et parfois en partie divergents, comme entre une certaine physique et la chimie. Mais si cet éclatement rend difficile toute synthèse de type doctrinale, donc tout horizon métaphysique au sens classique, il n'en demande pas moins une attention non triviale envers les implications des concepts, théories et méthodes scientifiques. Diderot est donc bien loin de congédier une certaine *sensibilité métaphysicienne*. Car il ne s'agit pas d'exhiber des résultats pour prouver le matérialisme ou de se contenter de ce que les savants exposent clairement d'eux-mêmes. Il faut savoir interroger leurs cadres théoriques et leurs pratiques, conjecturer sur leurs leçons possibles en osant aller très loin dans l'examen de leur puissance suggestive. Sous cet angle, Diderot s'écarte assez nettement de d'Holbach mais semble encore proche de certaines vues de La Mettrie, quoique l'encyclopédiste insiste bien davantage sur le pluriel des sciences et des points de vue épistémologiques. Mais même chez d'Holbach, on ne peut conclure que le matérialisme des Lumières se réduit à une substitution des sciences à la métaphysique.

LA MÉTAPHYSIQUE COMME CHAMP DE RUINES

On peut conforter cette conclusion par les usages que nos trois auteurs font de l'histoire de la métaphysique, y compris dans la dimension théologique qu'ils ont sévèrement critiquée. De manières très différentes, ils puisent des matériaux dans des philosophies appartenant, sous divers aspects, à une tradition métaphysique. D'Holbach n'hésite pas à s'appuyer sur certains anciens pères de l'Église, par exemple pour défendre avec Augustin l'idée de tendance à la conservation de soi de tous les êtres[1], qui, déplacée dans un cadre nouveau, soutient la thèse d'une tendance à un type de mouvement déterminé définissant l'essence de toute chose. Plus largement, il utilise la référence aux premiers docteurs de l'Église,

1 *SN*, p. 194.

en complément d'analyses sur les images matérielles de l'âme, pour faire valoir qu'ils « n'ont eu pareillement de l'âme que des idées matérielles[1] ». La remarque est révélatrice : d'Holbach cherche moins une caution chez l'adversaire lui-même, qu'il ne déconstruit ses thèses en montrant qu'il ne pouvait pas réellement les penser. Il en revient donc, par-delà les doctrines et les orientations théoriques, à la base idéelle qui la soutient, base qui, nécessairement liée à la naturelle matérielle de l'homme, révèle de fait son caractère matérialiste. Cela permet à d'Holbach de tracer l'histoire de la genèse des idées incompréhensibles de la spiritualité à partir d'idées contraires en quelque façon refoulées.

De son côté, La Mettrie mobilise dans le *Traité de l'âme* des catégories scolastiques, revues et corrigées, pour dépasser la séparation entre matière et pensée, notamment le couple matière et forme. Mais, plutôt que de les enrôler à la cause matérialiste, La Mettrie rectifie avec ces catégories les travers d'autres approches, il les utilise donc librement tout en sachant prendre distance. On le voit à la critique qu'il s'adresse, jeu dont il est coutumier, lorsqu'il moque dans l'*Homme-machine* la démarche du *Traité de l'âme* sans dire qu'il en est l'auteur[2]… Dans l'*Abrégé des systèmes*, ensemble de notes de l'*Histoire naturelle de l'âme* remanié en 1751 pour former un texte suivi accompagnant ce qui devient le *Traité de l'âme*, La Mettrie systématise ce procédé en livrant un aperçu de plusieurs doctrines utiles pour son propos. Mais il ne se restreint pas à des traditions pouvant sembler plus proches des thèses matérialistes ; il se tourne tout autant vers des philosophes comme Descartes, Malebranche, Wolff, etc. Or, si, comme nous l'avons relevé, Descartes est présenté comme un « adroit matérialiste », si Leibniz offre certains concepts aux effets matérialistes intéressants, comme la force motrice[3], si les premiers pères de l'Église sont convoqués pour défendre l'attribution d'une « étendue formelle » à l'âme[4], le propos ne consiste pas simplement à enrôler des grands noms à la cause matérialiste. Il s'agit plutôt de valoriser des éléments intéressants, d'en critiquer d'autres, bref de proposer un abrégé qui, tout en tenant compte de la dimension systématique d'une pensée, permet de trier et de choisir des *matériaux*.

1 *SN*, p. 223.
2 *HM*, p. 109.
3 *AS*, p. 258.
4 *AS*, p. 273.

Mais c'est chez Diderot qu'on trouvera l'expression la plus remarquable de ce genre de démarche. Non seulement il la pratique dans l'histoire de la philosophie qu'il rédige dans l'*Encyclopédie*, mais il la théorise, notamment dans l'article « Eclectisme ». Examiner en détail ce travail dépasserait le cadre de cette étude. Mais remarquons quelques traits justifiant l'idée d'une appropriation de la tradition métaphysique dans le cadre d'une histoire des matériaux que deviennent les éléments doctrinaux. Premièrement, si quelques articles célèbres comme « Hobbisme » et « Épicuréisme » révèlent une volonté de réhabiliter des philosophies subversives, la plupart des articles s'intéressent à ce qu'on peut appeler l'histoire de la métaphysique traditionnelle, que Diderot ne méprise aucunement. Mais, en second lieu, cette histoire déplace le cadre d'analyse pour souligner le devenir réel ou possible des certaines idées, devenir qui dépasse la fonction exacte qu'elle avait dans une doctrine donnée. Un exemple célèbre est le lien entre la molécule hobbesienne et la monade leibnizienne que Diderot[1] révèle et dont il se nourrit lui-même pour penser l'énergie active et sensible toujours un minimum active dans toute portion de matière. La manière d'écrire l'histoire de la philosophie se modifie donc, même quand Diderot semble se contenter de traduire Brucker. Ainsi, dans « Léibnizianisme », comme souvent, Diderot ne retranscrit pas l'ordre des principes des textes leibniziens qu'il traduits à partir de Brucker : il en fait un recueil de maximes à méditer. C'est particulièrement remarquable pour la *Monadologie*, dont la traduction constitue la « Métaphysique de Leibnitz » (le terme de « métaphysique » ne figure pas à ce moment chez Brucker[2]) : le système métaphysique leibnizien devient un recueil de principes dont certains suscitent l'intérêt et le commentaire de Diderot. La métaphysique n'est donc plus un ensemble de doctrines, ni une suite de discussions articulés à des problèmes métaphysiques précis, elle devient un pluriel de principes au devenir ouvert, un ensemble de matériaux à utiliser librement.

Tel est le sens, enfin, de la belle idée que Diderot suggère dans l'article « Eclectisme » : la métaphysique devient un champ de ruines[3]. Il ne faut

1 Dans les articles « Hobbisme » et « Léibnitzianisme ».

2 *Historia critica philosophiae*, 1741-1744, IV-2, p. 401.

3 « Eclectisme », *Encyclopédie*, t. V, 283-284. Diderot parle en fait de la ruine des systèmes, mais le contexte montre qu'il s'agit des systèmes classiques avec une ambition métaphysique assumée, quand bien même ils ne feraient de fait que relier les matériaux de

plus (ou pas seulement) entendre ici, comme c'était en revanche le cas pour les systèmes rationnels dans les *Pensées sur l'interprétation de la nature*, que la métaphysique est renversée par une philosophie expérimentale qui en sape les fondements par ses découvertes incessantes. Les systèmes classiques ont bien été ruinés comme totalité close prétendant cerner la vérité. Mais la ruine demeure et devient recueil fécond : les systèmes ont en quelque sorte rendu leurs matériaux à la vie philosophique, qui peut les employer à de nouveaux usages. Le concept d'usage, central pour penser la philosophie expérimentale, les sciences et les arts dans leur rapport à la nature, s'élargit donc à la métaphysique elle-même.

C'est peut-être le plus bel éloge matérialiste que l'on puisse faire de la métaphysique, c'est en tout cas le seul que Diderot puisse faire à côté de la reconnaissance de la beauté des grands systèmes : sa disparition comme telle révèle sa vraie fécondité, qui est de donner à penser en se distribuant sous divers plans et divers matériaux.

François PÉPIN
UMR 5317-IHRIM

la philosophie expérimentale. Sur cette ruine des systèmes, voir F. Pépin, « Diderot et Bacon », dans V. Carraud et J.-C. Bardout, *Diderot et la philosophie*, à paraître.

DES BILLEVESÉES DE L'UNE À LA SUBLIMITÉ DE L'AUTRE

Les métaphysiques de Diderot[1]

INTRODUCTION

Le programme d'une métaphysique des Lumières françaises s'est, nous semble-t-il, tracé dans ses grandes lignes sous la plume de Condillac dans son ouverture de l'*Essai sur l'origine des connaissances humaines* en 1746, lorsqu'il a distingué, dans un passage devenu célèbre, « deux sortes de métaphysiques » :

> L'une ambitieuse, veut percer tous les mystères ; la nature, l'essence des êtres, les causes les plus cachées, voilà ce qui la flatte et ce qu'elle se promet de découvrir : l'autre, plus retenue, proportionne ses recherches à la faiblesse de l'esprit humain ; et, aussi peu inquiète de ce qui doit lui échapper, qu'avide de ce qu'elle peut saisir, elle sait se contenir dans les bornes qui lui sont marquées. La première fait de toute la nature une espèce d'enchantement qui se dissipe comme elle : la seconde, ne cherchant à voir les choses que comme elles sont en effet, est aussi simple que la vérité même. Avec celle-là, les erreurs s'accumulent sans nombre, et l'esprit se contente de notions vagues et de mots qui n'ont aucun sens : avec celle-ci on acquiert peu de connaissances ; mais on évite l'erreur, l'esprit devient juste et se forme toujours des idées nettes. Les philosophes se sont particulièrement exercés sur la première, et n'ont regardé l'autre que comme une partie accessoire qui mérite à peine le nom de métaphysique[2].

1 Je tiens à remercier Alexandre Declos pour sa contribution aux recherches et à la réflexion qui ont conduit à la rédaction de cette étude, ainsi que Maud Brunet-Fontaine pour sa relecture attentive.

2 Étienne Bonnot de Condillac, *Essai sur l'origine des connaissances humaines*, dans *Œuvres philosophiques de Condillac* (texte établi et présenté par G. Le Roy), Paris, Presses universitaires de France, 1947, I, p. 3. Désormais, nous renverrons à cette édition sous la forme : *OPC*, [No de volume], [No de page].

En effet, on trouve des échos de cette distinction un peu partout en France dans la deuxième moitié du XVIIIe siècle, si bien que cela apparaît comme une sorte de lieu commun. L'analyse et la génération des opérations de l'âme forment cette partie de la métaphysique qu'on doit désormais cultiver – et à ce titre il faut mettre de côté tout ce qui pourrait sembler s'orienter vers une recherche sur les principes de l'être en tant qu'être.

Cette distinction a l'avantage de prendre en charge l'état de déception qu'un récit déjà éculé impute à la métaphysique de l'École : depuis 40 ans, déjà, par exemple, Fontenelle s'amuse à narrer dans ses *Éloges des savants*[1] cette lassitude qui caractériserait l'apprentissage de la philosophie sous sa forme canonique – et le souffle nouveau que la philosophie cartésienne incarnerait. Elle a de plus l'avantage, cette distinction, d'étendre le champ de cette déception pour la génération nouvelle incarnée par Condillac, en y incluant la philosophie de Descartes et sa descendance, qui semblait pourtant naguère un remède à la scolastique. Et c'est à Locke qu'il reviendra désormais d'incarner la bonne manière d'entrer en métaphysique – quitte à y faire ensuite un certain nombre de réaménagements. Autrement dit : le *topos* d'un renouveau de la métaphysique se maintient, quitte à changer de figure pour incarner ce renouvellement.

Le point nodal de l'argumentaire condillacien tient évidemment à ce que, bien avant Kant[2], il fait porter le discrédit dont la métaphysique est l'objet chez ses contemporains non pas sur ce qu'elle est en elle-même, mais sur l'*ethos* de ceux qui la pratiquent :

> De tous les philosophes, les métaphysiciens me paraissaient les moins sages : leurs ouvrages ne m'instruisaient point : je ne trouvais presque partout que des fantômes ; et je faisais un crime à la métaphysique des égarements de ceux qui la cultivaient[3].

Et s'il le fait de la sorte, c'est, au fond, parce que l'enjeu véritable est de sauver la métaphysique du risque qui la guette de produire,

1 Bernard le Bovier de Fontenelle, *Œuvres complètes* (texte établi et présenté par A. Niderst), Paris, Fayard, 1989-1994, vol. VI et VII.

2 C'est, du moins, la thèse développée par Colas Duflo dans : « Le Problème de la métaphysique comme problème des Lumières », in Jean-Claude Bourdin (dir.), *Les Lumières et l'idéalisme allemand*, Paris, L'Harmattan, 2007, p. 21-31.

3 *OPC*, I, p. 3.

au lieu de connaissances, tellement d'erreurs qu'elle en vienne à nous faire désespérer de la raison elle-même, et ainsi d'ouvrir la voie au scepticisme. Et pourtant, la métaphysique est, toujours selon Condillac, d'une importance capitale, elle est : « la science qui contribue le plus à rendre l'esprit lumineux, précis et étendu, et qui, par conséquent, doit le préparer à l'étude de toutes les autres[1] ». Ce développement permet à Condillac de situer le programme philosophique du cercle de penseurs auquel il appartient dans l'horizon d'une réponse à une crise qui a lieu « aujourd'hui » et « en France », tout en lui donnant une portée universelle – puisque c'est du destin même de l'esprit humain qu'il s'agit. Le devoir s'impose de saisir que le scepticisme généralisé à l'égard de la métaphysique – celui du lecteur même de Condillac, qui se voit ainsi convoqué à réfléchir sur les causes inconscientes de sa propre méfiance à l'égard d'une discipline qui semble appartenir à un autre âge – est une conséquence historique et sociologique de l'activité même des métaphysiciens du passé. Pour qui veut éviter que le scepticisme ne gagne du terrain, il faut à tout prix remettre les pendules à l'heure en redonnant à la métaphysique un espace de légitimité.

Dans ce qui suit, nous verrons que cette tâche, Diderot aussi se la donne à sa manière, et cela sous les auspices d'un travail qui comprend deux orientations, que nous définirons en temps et lieu. Mais regardons d'abord comment se joue chez lui ce dédoublement de la métaphysique.

LES MÉTAPHYSIQUES DE DIDEROT

Un an avant la publication de l'*Essai* de Condillac, le constat de l'incapacité de la métaphysique à renverser un mouvement historique d'accroissement de scepticisme – et, apparemment, d'un certain cynisme qui l'accompagnerait – était fait par son ami du moment. Diderot, dans les *Pensées philosophiques* (1745) – où il défend encore un certain déisme –, consacre en effet une série d'aphorismes à ce problème, qui tous évoquent cette idée que la métaphysique, telle qu'elle est pratiquée

1 *Ibid.*

du moins, est impuissante à contrer le développement de l'incrédulité, voire qu'elle en est responsable :

> Toutes les billevesées de la métaphysique ne valent pas un argument *ad hominem* (§ 17).
>
> Ce n'est pas de la main du métaphysicien que sont partis les grands coups que l'athéisme a reçus. (§ 18).
>
> Les subtilités de l'ontologie ont fait tout au plus des sceptiques (§ 19).
>
> C'était en vain que j'avais essayé contre un athée les subtilités de l'école ; il avait même tiré de la faiblesse de ces raisonnements une objection assez forte (§ 20)[1].

Cette réduction de la métaphysique à de pures billevesées est loin d'être la seule occurrence d'une prise en mauvaise part de la philosophie première par Diderot – tellement qu'on serait tenté de croire que la pensée diderotienne est de part en part antimétaphysique. Au d'Alembert fictif du *Rêve* (1769), qui affirme que la sensibilité étant une qualité simple est incompatible avec un sujet divisible (c'est-à-dire un sujet matériel), son interlocuteur, Diderot lui-même, on s'en souvient, lui rétorque : « Galimatias métaphysico-théologique[2] ».

Mais est-ce là le fin mot de l'histoire ? N'y a-t-il pas, même chez Diderot, même chez quelqu'un qui se réclame du matérialisme, un travail visant à sauver la métaphysique du péril qui la guette quand ceux mêmes qui la font la rendent détestable aux yeux de leurs contemporains ? De fait, on aurait tort de conclure trop vite que Diderot est tenté de se débarrasser d'une discipline qui, bien entreprise, peut assurément avoir sa raison d'être :

> Quand on borne l'objet de la métaphysique, dit l'article de ce nom de l'*Encyclopédie*, à des considérations vides & abstraites sur le temps, l'espace, la matière, l'esprit, c'est une science méprisable ; mais quand on la considère sous son vrai point de vue, c'est autre chose. Il n'y a guère que ceux qui n'ont pas assez de pénétration qui en disent du mal[3].

1 Denis Diderot, *Pensées philosophiques*, dans : *Œuvres complètes* (édition commencée sous la direction d'H. Dieckmann, J. Proust et J. Varloot), Paris, Hermann, II, p. 23-24. Les renvois à cette édition se feront désormais sous la forme : DPV, [No de volume], [No de page].

2 Denis Diderot, *Le Rêve de d'Alembert*, DPV, XVII, p. 106.

3 *Encyclopédie ou Dictionnaire raisonné des sciences, des arts et des métiers* (sous la direction de Denis Diderot et Jean le Rond d'Alembert), Paris, Briasson *et al.*, 1751-1765, X, p. 440. Désormais : *Encyclopédie*, [No de volume], [No de page].

« Sous son vrai point de vue », en effet, la métaphysique, loin de n'être que billevesées ou galimatias, a quelque chose de sublime[1]. Et Diderot ne se prive pas d'apostropher vivement ceux qui, par manque de pénétration, n'ont pas saisi que leur cynisme se trompe d'objet lorsqu'il tombe sur la discipline. Ainsi répond-il à un Falconet fictif au début du *Salon de 1767*, qui réagit à son effort pour formuler une théorie du modèle idéal en peinture :

> – Vous m'embarrassez ; tout cela n'est que de la métaphysique.
> – Eh ! Grosse bête, est-ce que ton art n'a pas sa métaphysique ? Est-ce que cette métaphysique, qui a pour objet la nature, la belle nature, la vérité, le premier modèle auquel tu te conformes sous peine de n'être qu'un portraitiste, n'est pas la plus sublime métaphysique ? Laisse là ce reproche que les sots, qui ne pensent point, font aux hommes profonds qui pensent[2].

Il y a donc, pour Diderot comme pour Condillac, une sorte de dédoublement de la métaphysique qui permet de penser qu'elle est à la fois la discipline la plus frivole et méprisable et celle qui est la plus importante, qu'il y a, donc, des métaphysiques, qui se distinguent par leur manière de définir leur objet ou de s'y rapporter.

S'il va de soi qu'elle ne rime à rien quand elle s'élance immodérément sur des questions relatives à la nature du temps, de l'espace, de la matière ou de l'esprit sans s'être d'abord interrogé sur les limites à l'intérieur desquelles toute réponse pourra demeurer légitime, il est également vrai qu'elle est la discipline par excellence qui peut définir ce cadre de légitimité. Il lui suffit en effet pour cela de comprendre qu'elle doit procéder à un retournement : qu'au lieu de viser tel ou tel objet dont l'essence est inaccessible, elle doit réfléchir les conditions de sa mise au jour, elle doit demander d'où vient l'idée que nous en avons, quelles voies d'accès nous sont offertes pour dire quelque chose à son sujet, et comment ces voies d'accès constituent en même temps des limites à ce qu'on peut en connaître.

Alors, à côté des billevesées de l'une, la sublimité de l'autre métaphysique peut apparaître.

Cette sublimité a, semble-t-il, chez Diderot deux versants, qui correspondent à deux modalités de l'enquête métaphysique, modalités

1 Jean-Claude Bourdin (« Diderot métaphysicien. Le possible, le nécessaire et l'aléatoire. », *Archives de philosophie*, LXXI, 2008, 1, p. 13-36) écrira que « Diderot est un grand métaphysicien matérialiste. » (p. 13)

2 *Salon de 1767*, DPV, XVI, p. 68.

qui sont complémentaires, mais qui, à ce titre, se distinguent par un certain nombre de caractéristiques propres. Dans ses premiers essais – plus particulièrement la *Lettre sur les aveugles* (1749) et la *Lettre sur les sourds et muets* (1751) – Diderot développe ce qu'il appelle une « anatomie métaphysique » : s'agissant de réfléchir sur l'origine subjective de nos idées et sur les conditions de leur objectivation, et cela dans l'horizon empiriste qui est le sien, c'est vers les organes des sens que Diderot tourne son attention. Mais son travail d'encyclopédiste l'amène de plus en plus à considérer que l'être révèle les propriétés qui sont les siennes aussi par le jeu des opérations dans lequel on le fait entrer, et que, conséquemment, la métaphysique doit aussi s'intéresser aux principes qui gouvernent ces opérations. Ce qui relie ces deux modalités, c'est évidemment que la métaphysique est d'abord définie comme une théorie de la connaissance. Mais alors que dans le premier cas elle correspond plus à une gnoséologie ou une théorie des idées, dans le second elle prend plutôt le sens d'une philosophie des sciences et des arts. Ce qui tient ensemble ces deux orientations de la métaphysique légitime, c'est le fait que sa pratique ne fait jamais l'économie d'une réflexion sur les limites inhérentes à l'acte de connaître lui-même. Et ce qui confère à cette métaphysique sa sublimité, c'est le fait qu'en dernière analyse, en elle se joue la possibilité pour l'être humain de saisir réflexivement sa place dans l'ordre de la nature.

ANATOMIES MÉTAPHYSIQUES

La notion « d'anatomie métaphysique » apparaît sous la plume de Diderot dans la *Lettre sur les sourds et muets*[1] pour désigner une expérience de pensée consistant dans le fait de « décomposer pour ainsi dire un homme, et de considérer ce qu'il tient de chacun des sens qu'il possède[2] » – souvent vue comme réponse à l'*Essai* de Condillac et un point de départ de ce qui deviendra son *Traité des sensations* (1754). Ce qui pose l'exigence d'un tel point de départ en bonne métaphysique, c'est dans un

1 DPV, IV, 140.
2 *Ibid.*

premier temps que Locke, seul philosophe qui soit à excepter du constat de Condillac en ce qui a trait à l'inanité de la métaphysique, « s'est borné à l'étude de l'esprit humain, et a rempli cet objet avec succès[1]. » Succès mitigé, bien sûr, puisque l'*Essai* se présente justement comme une révision de celui de Locke, où seraient négligées les questions de l'origine des connaissances et du rôle déterminant du langage dans le développement des facultés de l'âme.

Il va pourtant de soi que ni Locke, ni Condillac au moment d'écrire leurs *Essai* respectifs n'en seraient venus à forger la notion d'anatomie métaphysique, puisque, de fait, la perspective qui est la leur les situe d'un côté qui est celui de l'esprit. Or, la thèse empiriste que Locke aurait renouvelée suivant laquelle « il n'y a rien dans l'entendement qui n'ait été auparavant dans la sensation[2] », Diderot semble pour sa part lui donner un tour plus immédiatement attaché à la question du corps, et en impute le geste à Locke lui-même. L'article LOCKE annonce que ce dernier : « avait connu que les pas qu'on ferait dans la recherche de la vérité seraient toujours incertains, tant que l'instrument ne serait pas mieux connu, & il forma le projet de son essai sur l'entendement humain[3] ». Seulement la connaissance de l'instrument, pour Diderot, signifie proprement la connaissance du corps. Locke, quoiqu'il en dise, est ainsi convoqué comme exemple non seulement parce qu'il se borne à l'étude de l'esprit humain, mais aussi parce qu'il assoit sa métaphysique – son enquête sur l'origine des connaissances – sur un savoir du corps :

> Il passa de l'étude du Cartésianisme à celle de la Médecine, c'est-à-dire qu'il prit des connaissances d'Anatomie, d'Histoire naturelle & de Chimie, & qu'il considéra l'homme sous une infinité de points de vue intéressants. Il n'appartient qu'à celui qui a pratiqué la Médecine pendant longtemps d'écrire de la Métaphysique ; c'est lui seul qui a vu les phénomènes, la machine tranquille ou furieuse, faible ou vigoureuse, saine ou brisée, délirante ou réglée, successivement imbécile, éclairée, stupide, bruyante, muette, léthargique, agissante, vivante & morte[4].

Non pas, comme cela pourrait donner à penser suivant une lecture un peu superficielle, qu'en définitive, la médecine épuise ce qu'il y a

1 *Essai sur l'origine des connaissances humaines*, *OPC*, I, p. 3.
2 Telle que reformulée par Diderot dans l'article Locke de l'*Encyclopédie*, IX, p. 626.
3 *Ibid.*
4 *Ibid.*, p. 925.

à dire de l'être humain – Diderot dit bien que la médecine est une sorte de propédeutique parce que sa pratique rappelle ce qu'est, au sens propre, l'instrument dont nous disposons – notre corps – pour la recherche de la vérité. Et ainsi, la raison d'être d'une anatomie métaphysique tient à la nécessité de comprendre la relation de dépendance qu'il y a entre l'esprit et le corps, c'est-à-dire tient au fait de prendre la mesure de ce que signifie faire l'analyse et la génération des opérations de l'âme. Saisir distinctement la contribution de chacun des sens au tableau mouvant que constitue le monde qui se déploie pour nous est précisément une anatomie – un art de disséquer – à portée métaphysique parce qu'à travers elle se révèle un fait fondamental : que l'ordre des phénomènes, le monde dans lequel nous croyons vivre parce qu'il nous est si familier, les principes qui nous apparaissent être ceux des choses mêmes, tout cela, en fait, est fortement sous la dépendance de notre organisation.

Poussons plus loin : une anatomie métaphysique vise en fait à mettre au jour les principes constitutifs de l'ordre des phénomènes. La stratégie de la *Lettre sur les aveugles*, par exemple, consiste à installer autour d'un même « objet » des corps dont l'organisation est différente de manière à rendre compte des variations phénoménologiques dont l'objet en question est l'occasion, puis d'observer comment ces variations influent sur la formation d'idées plus fondamentales autour desquelles se structure le rapport du corps à son environnement. Cette anatomie, en ce sens, n'est pas encore de la métaphysique. Elle en est le moment propédeutique, puisque la métaphysique même renvoie à l'ensemble des principes constitutifs de tel ordre phénoménal, lesquels sont relatifs à l'organisation. En d'autres termes : chaque sens a sa métaphysique propre, puisque le mode d'engendrement des principes structurels de l'ordre phénoménal est conditionné par le mode d'appréhension spécifique à un sens. Diderot suit donc Berkeley dans sa manière de poser une hétérogénéité totale des sensations, mais il y ajoute que, d'une certaine manière, chaque sens est susceptible d'engendrer une métaphysique propre à son mode d'appréhension et aux idées dont il est la source ; chaque organisation douée de plus d'un sens engendre une métaphysique formée de la synthèse qui s'opère entre les idées que chaque sens apporte. Ce que Diderot résume de la manière suivante :

> Comme je n'ai jamais douté que l'état de nos organes et de nos sens n'ait beaucoup d'influence sur notre métaphysique et sur notre morale, et que nos idées les plus purement intellectuelles, si je puis parler ainsi, ne tiennent de fort près à la conformation de notre corps, je me mis à questionner notre aveugle sur les vices et sur les vertus. [...] Notre métaphysique ne s'accorde pas mieux avec la leur. Combien de principes pour eux qui ne sont que des absurdités pour nous, et réciproquement[1] !

Comme le montrent les deux dernières phrases de cette citation, des organisations qui diffèrent auront nécessairement des métaphysiques qui ne s'accordent pas en tout point, ce qui signifie, semble-t-il, que les principes de la connaissance de ces deux organisations auront quelque chose d'hétérogène. Pour qu'une telle possibilité existe – celle d'une multiplicité de métaphysiques – il faut que le terme revête ici une signification qui n'a rien à voir avec son sens traditionnel : que Diderot écrive *notre* métaphysique montre en effet que le terme ne vise plus les principes de l'être, de l'objet de la connaissance, mais bien les principes du connaître, et donc du sujet. Et ce que signifie cette hétérogénéité, de plus, c'est le risque en quelque sorte inéluctable du solipsisme : il pourrait toujours se faire que l'ordre des phénomènes soit un ordre radicalement privé et singulier, et conséquemment que la métaphysique de chacun soit absolument singulière. C'est qu'en effet si la sensation est notre seul mode d'accès au réel, cela signifie que la raison est dans une relation de dépendance à cette sensation et qu'elle ne peut sortir de son domaine – ce qui conduit Diderot à admettre qu'au grand scandale de la raison, Berkeley ne peut être réfuté, et qu'il faut concéder à Condillac que : « soit que nous nous élevions jusqu'aux cieux, soit que nous descendions jusque dans les abîmes, nous ne sortons jamais de nous-mêmes ; et ce n'est que notre propre pensée que nous apercevons[2] ».

Ce qui sauve habituellement du risque du solipsisme, ou de la clôture sur soi de chacun des sens et des principes qui sont dérivés des idées dont ils sont l'occasion, outre les suppositions de la véracité divine ou de l'harmonie préétablie, c'est l'existence prétendue d'idées innées ou factices, ayant la capacité de s'autonomiser par rapport à leur origine sensible, et de développer un pouvoir fondationnel pour les sciences.

---

1 *Lettre sur les aveugles*, DPV, IV, p. 26-28.

2 Il s'agit d'une reformulation d'une phrase de l'*Essai sur l'origine des connaissances humaines* de Condillac par Diderot : *Lettre sur les aveugles*, DPV, IV, p. 45. La phrase de Condillac se trouve au tout début de l'*Essai*, *OPC*, I, p. 6.

Telles sont en effet les idées d'étendue, de figure, etc. qui, une fois leur généalogie réalisée, deviennent telles qu'elles n'ont plus de rapport au sens où elles ont pris leur origine :

> de quelques sens que l'étendue vienne à notre connaissance, elle ne peut être représentée de deux manières différentes. Que je voie ou que je touche un cercle et une règle, l'idée de l'un ne peut jamais offrir qu'une ligne courbe, et celle de l'autre qu'une ligne droite[1].

De cette manière, Condillac parvient en quelque sorte à restituer à la métaphysique un domaine unifié qui, s'il ne tient pas à une prétention, comme c'est le cas dans la métaphysique ambitieuse, d'outrepasser l'ordre des phénomènes, permet tout de même de soumettre cet ordre à un système de principes censé en réguler la marche. De fait, ce domaine unifié permet aux individus dotés d'organisations différentes de forger un système de signes attaché aux idées distinctes dont ce domaine est constitué, et ainsi de limiter l'impact de la variation individuelle du champ phénoménal sur l'ordre des concepts.

Deux remarques de Diderot doivent être rappelées à ce sujet :

- D'abord la définition de l'abstraction amène Diderot à considérer que de tels concepts abstraits pouvant s'autonomiser de leur base sensible sont impensables :

> Il y a une espèce d'abstraction dont si peu d'hommes sont capables, qu'elle semble réservée aux intelligences pures ; c'est celle par laquelle tout se réduirait à des unités numériques. [...]L'unité pure et simple est un symbole trop vague et trop général pour nous. Nos sens nous ramènent à des signes plus analogues à l'étendue de notre esprit et à la conformation de nos organes[2].

- Dès lors, la métaphysique apparaît non pas comme le domaine d'unification des idées issues des divers sens par la constitution de concepts plus fondamentaux, mais plutôt comme un effort d'approfondissement de ce qui est spécifique à chaque sens, c'est-à-dire comme une manière d'exacerber l'hétérogénéité des principes qui sous-tendent les divers types d'informations transmises par les sens. Ainsi :

1 *Essai sur l'origine des connaissances humaines*, *OPC*, I, p. 57.

2 *Lettre sur les aveugles*, DPV, IV, p. 34.

> On cherche à restituer la vue à des aveugles-nés ; mais si l'on y regardait de plus près, on trouverait, je crois, qu'il y a bien autant à profiter pour la philosophie en questionnant un aveugle de bon sens. On en apprendrait comment les choses se passent en lui, on les comparerait avec la manière dont elles se passent en nous, et l'on tirerait peut-être de cette comparaison la solution des difficultés qui rendent la théorie de la vision et des sens si embarrassée et si incertaine [...] Pour moi, j'écouterais avec plus de satisfaction sur la théorie des sens un métaphysicien à qui les principes de la métaphysique, les éléments des mathématiques et la conformation des parties seraient familiers, qu'un homme sans éducation et sans connaissances, à qui l'on a restitué la vue par l'opération de la cataracte[1].

On le voit : le métaphysicien n'est pas l'unificateur des connaissances. Il n'élabore pas de concepts qui précèdent le sensible ou s'en arrachent par abstraction. Il est celui qui s'efforce d'interpréter le sensible, de le comparer au rapport qu'autrui fait de son expérience propre tout en admettant l'irréductibilité des termes de la comparaison. C'est d'ailleurs pourquoi dans la réponse qu'il offre au problème de Molyneux, Diderot déploie un système de réponses diversifiées au sein desquelles, de manière frappante, le métaphysicien est amené à considérer que les idées qu'il a des figures tirées de son rapport tactile au monde ne sont pas transférables à la vue. Même si la réduction géométrique de ces figures comparée à celle des figures tirées de la vue devrait rendre possible de les nommer adéquatement, il n'existe aucune garantie rationnelle que cette adéquation est nécessaire[2]. On se souviendra que cette suspension du jugement du métaphysicien est surmontée par le géomètre qui trouve à ce doute une réponse pragmatique : les démonstrations mathématiques faites par lui sur des figures tactiles étaient compréhensibles à ceux qui le voyaient faire sans toucher. Mais qu'on ne s'y trompe pas : ce qui fonde la communication n'est pas l'usage de concepts exempts d'ancrages

---

1 *Ibid.*, p. 54.

2 DPV, IV, p. 67 *sq.* Diderot construit une quadruple réponse : une personne sans éducation ni connaissance répondra sans pouvoir asseoir son jugement sur quelque fondement ; une personne ayant une imagination féconde procédera par l'application imaginée de ses mains sur ce qu'il voit pour faire la comparaison ; un métaphysicien pourrait raisonner sur les propriétés mathématiques des figures, *mais ne pourrait pas affirmer avec certitude que les propriétés mathématiques d'une figure tactile doive correspondre avec les propriétés mathématiques d'une même figure visuelle* (« je n'ai aucune science qu'ils soient tels au toucher qu'à la vue. ») ; un géomètre pourrait confirmer que ces propriétés correspondent parce qu'il communique ses démonstrations mathématiques à des voyants et que ceux-ci confirment cette correspondance.

dans le sensible, mais le fait d'opérer sur des objets[1] qui parviennent effectivement à mettre les sens d'accord. C'est dans le sensible même que se trouve la possibilité de trouver un ancrage où se fixe le sens des termes du langage, même si ce sensible varie d'un individu à l'autre, parce que ce sensible, justement, est le fait d'une organisation qui, malgré la singularité de chaque individu, entretient une ressemblance au sein de l'espèce.

> C'est qu'il y a dans l'exercice de la raison, et même des sens, quelque chose de commun à tous, et quelque chose de propre à chacun. Cent têtes mal faites, pour une qui l'est bien. La chose commune à tous est de l'espèce. La chose propre à chacun distingue l'individu. S'il n'y avait rien de commun, les hommes disputeraient sans cesse, et n'en viendraient jamais aux mains. S'il n'y avait rien de divers, ce serait tout le contraire. La nature a distribué entre les individus de la même espèce assez de ressemblance, assez de diversité pour faire le charme de l'entretien, et aiguiser la pointe de l'émulation[2].

MÉTAPHYSIQUES DES ARTS ET DES SCIENCES

L'article MÉTAPHYSIQUE de l'*Encyclopédie*, généralement attribué à Diderot, met au jour une seconde entente du terme, entente qui – en sera-t-on surpris ? – décevra les attentes de qui espérait trouver ici un écho de ce qui était annoncé dans le *Prospectus*. Ce dernier, assez fidèle à la tradition, rappelle qu'il existe une « métaphysique particulière » qui est une « Science de l'Esprit ou pneumatologie », laquelle se subdivise en « Science de Dieu ou théologie naturelle », en « Doctrine des Esprits bien et malfaisants » et en « Science de l'âme ». La « Métaphysique générale », laquelle est dite correspondre à l'« Ontologie, ou Science de l'être en général », dont les objets sont dits être : « l'impénétrabilité, l'existence, l'étendue, la possibilité, &c. considérées par rapport à leur nature[3] ».

1 L'aveugle géomètre fait ses démonstrations sur des abaques faites de clous et de fils qui lui permettent de toucher les figures qu'il montre à ses auditeurs.

2 *Salon de 1767*, DPV, XVI, p. 213-214.

3 Denis Diderot, *Prospectus de l'Encyclopédie*, Paris, Briasson *et al.*, 1750, p. 6-7. Dès la réécriture de ces lignes à la suite du *Discours préliminaire* de d'Alembert ouvrant le premier volume, les termes changent légèrement pour faire disparaitre la métaphysique générale au profit

Pour qui déciderait d'aller à l'article MÉTAPHYSIQUE pour y chercher un peu plus d'explication, ledit article ménage un exercice de subversion digne de ce à quoi un lecteur assidu de l'*Encyclopédie* doit commencer à être habitué. L'article, qui porte pourtant sur un sujet qui ne manque pas d'importance, ne fait que quelques lignes et s'écarte complètement du *Prospectus* :

> MÉTAPHYSIQUE, s. f. c'est la science des raisons des choses. Tout a sa métaphysique & sa pratique : la pratique, sans la raison de la pratique, & la raison sans l'exercice, ne forment qu'une science imparfaite. Interrogez un peintre, un poète, un musicien, un géomètre, & vous le forcerez à rendre compte de ses opérations, c'est-à-dire à en venir à la métaphysique de son art[1].

Dans un geste similaire à ce qu'on trouvait dans la *Lettre sur les aveugles*, Diderot donne ici une définition de la métaphysique qui force son usage au pluriel : son unité comme « science des raisons des choses » est en effet immédiatement mise en pièce par l'idée – qui est en fait un prolongement d'une affirmation de l'article ENCYCLOPÉDIE – suivant laquelle « tout art a sa métaphysique[2] ». Si tout art a sa métaphysique propre, on est alors dans un cas similaire à celui de la *Lettre* lorsque celle-ci semblait donner à chaque organisation sa métaphysique propre. C'est qu'au lieu d'en faire une philosophie première fournissant aux sciences une sorte de tronc ou un lieu d'ancrage commun, elle se trouve être définie comme un savoir enté sur diverses pratiques, et qui porte sur les principes de ces pratiques.

L'exemple le plus probant de ce type de démarche est évidemment l'élaboration dans le *Salon de 1767* de la théorie du modèle idéal qui donne lieu à l'échange avec Falconet évoqué plus haut. Dans ce passage du *Salon*, Diderot essaie de montrer comment le peintre est toujours mu dans son activité par une volonté de tracer une forme idéalisée de son sujet. Mais, surtout, ce qui l'intéresse, c'est l'illustration du fait que la prise de conscience de ce principe peut avoir un rôle déterminant pour la pratique du peintre. En ce sens, un peintre qui parvient

d'une métaphysique des corps. On lira à ce sujet : Martine Groult, « Les Métaphysiques dans l'*Encyclopédie* », *Revue philosophique de la France et de l'étranger*, CXXXVIII, 2013, 4, p. 485-503.

1 *Encyclopédie*, X, p. 440.

2 *Encyclopédie*, V, p. 641.

à comprendre la raison de sa pratique peut se faire meilleur juge de la manière d'atteindre ses fins.

On notera que cette métaphysique de la peinture, parce que la peinture fait partie des beaux-arts, partage certes un certain nombre de traits avec la métaphysique d'autres arts (la théorie du modèle idéal fonctionne pour d'autres arts, puisque sa première occurrence est dans le *Discours sur la poésie dramatique*), mais le fait qu'elle soit de la peinture fait aussi qu'elle est singularisée en tant qu'elle vise les raisons spécifiquement attachées à cette pratique. Et le fait qu'elle soit liée à ce point aux pratiques scientifiques et artistiques, que sa fonction soit de rendre compte des opérations qui se font dans les différents domaines de l'activité humaine permet de comprendre que son objectif est avant tout de porter au jour ce qui est déjà immanent aux pratiques.

Cette seconde orientation de la métaphysique n'est pas à proprement parler un développement tardif de la pensée de Diderot. Déjà dans l'article ART, qui est contemporain des *Lettres*, il écrivait que :

> Tout *Art* a sa spéculation & sa pratique : sa spéculation, qui n'est autre chose que la connaissance inopérative des règles de l'*Art* : sa pratique, qui n'est que l'usage habituel & non réfléchi des mêmes règles. Il est difficile, pour ne pas dire impossible, de pousser loin la pratique sans la spéculation, & réciproquement de bien posséder la spéculation sans la pratique. Il y a dans tout *Art* un grand nombre de circonstances relatives à la matière, aux instruments, & à la manœuvre que l'usage seul apprend. C'est à la pratique à présenter les difficultés & à donner les phénomènes ; & c'est à la spéculation à expliquer les phénomènes & à lever les difficultés : d''où il s'ensuit qu'il n'y a guère qu'un Artiste sachant raisonner, qui puisse bien parler de son *Art*[1].

À cette époque, en revanche, le terme de métaphysique n'est pas employé – Diderot semble en être empêché par la restriction que la proximité de la rédaction du *Prospectus* doit lui imposer (la métaphysique est appelée une science dans le paragraphe précédent de l'article ART), mais on voit que les contours de ce domaine du savoir sont dessinés. La partie spéculative d'un art est sa métaphysique.

En ce qui a trait aux arts, il s'agit d'une connaissance inopérative des règles, dont l'une des fonctions est de perfectionner la pratique concernée en expliquant les phénomènes qui s'y révèlent et en cherchant

1 *Encyclopédie*, I, p. 714.

des solutions aux problèmes qui s'y présentent. Le point crucial de cette définition apparaît être le fait que le rôle attribué à cette « spéculation » ressemble à une manière de dialogiser la pratique, c'est-à-dire d'en réfléchir ce qu'elle recèle en termes de présupposés et d'implications. Chaque pratique repose sur un certain nombre de mécanismes naturels que la spéculation vient porter à la connaissance réfléchie : le forgeron connaît les points de fusion des alliages avec lesquels il travaille, le comédien connaît l'effet des passions sur le corps humain, mais chaque fois, cette connaissance peut être, en quelque sorte, immédiate et confuse, une pure habitude. La spéculation vient décrire et spécifier ces pratiques en mesurant, en explicitant, en portant au langage.

On comprend alors pourquoi c'est au moment d'écrire l'article ENCYCLOPÉDIE que Diderot adopte le terme de métaphysique pour désigner cette ouverture d'un espace réflexif inextricablement lié à chacun des domaines du travail de l'esprit[1]. C'est en effet dans le fil de sa réflexion encyclopédique que Diderot en est venu à concevoir la nécessité de traiter les savoirs comme des pratiques différenciées qui exigent que soit mis en œuvre pour chacune d'elle un travail de conceptualisation permettant d'en dégager les principes et les limites.

> Toute science, tout art a sa métaphysique. Cette partie est toujours abstraite, élevée & difficile. Cependant ce doit être la principale d'un dictionnaire philosophique ; & l'on peut dire que tant qu'il y reste à défricher, il y a des phénomènes inexplicables, & réciproquement. Alors l'homme de lettres, le savant & l'artiste marchent dans les ténèbres ; s'ils font quelques progrès, ils en sont redevables au hasard ; ils arrivent comme un voyageur égaré qui suit la bonne voie sans le savoir. Il est donc de la dernière importance de bien exposer la métaphysique des choses, ou leurs raisons premières & générales ; le reste en deviendra plus lumineux & plus assuré dans l'esprit. Tous ces prétendus mystères tant reprochés à quelques sciences, & tant allégués par d'autres pour pallier les leurs, discutés métaphysiquement, s'évanouissent comme les fantômes de la nuit à l'approche du jour. L'art éclairé dès le premier pas s'avancera sûrement, rapidement, & toujours par la voie la plus courte. Il faut donc s'attacher à donner les raisons des choses, quand il y en a ; à assigner les causes, quand on les connait ; à indiquer les effets, lorsqu'ils sont certains ; à résoudre les nœuds par une application directe des principes ; à démontrer les vérités ; à dévoiler les erreurs ; à décréditer adroitement les préjugés ; à apprendre aux hommes à douter & à attendre ; à dissiper l'ignorance ; à

1 Voir à ce sujet : François Pépin, *La Philosophie expérimentale de Diderot et la chimie. Philosophie, science, art*, Paris, Classiques Garnier, 2012, p. 541 *sq.*

> apprécier la valeur des connaissances humaines ; à distinguer le vrai du faux, le vrai du vraisemblable, le vraisemblable du merveilleux & de l'incroyable, les phénomènes communs des phénomènes extraordinaires, les faits certains des douteux, ceux-ci des faits absurdes & contraires à l'ordre de la nature ; à connaitre le cours général des évènements, & à prendre chaque chose pour ce qu'elle est, & par conséquent à inspirer le goût de la science, l'horreur du mensonge & du vice, & l'amour de la vertu ; car tout ce qui n'a pas le bonheur & la vertu pour fin dernière n'est rien[1].

Par là on voit à quel point la métaphysique de Diderot s'apparente en fait véritablement à ce qu'on nommerait aujourd'hui une philosophie des sciences ou des arts, comprise comme un dialogue critique devant s'engager sur le terrain même de chaque science et de chaque art. Ni premières ni secondes, les métaphysiques apparaissent comme des discours enchevêtrés aux pratiques et savoirs qu'ils éclairent, mais préservant une sorte d'autonomie à leur égard qui leur assure une fonction critique, d'une part, et une capacité d'opérer des rapprochements avec d'autres pratiques ou savoirs.

CONCLUSION : MÉTAPHYSIQUE ET SUBLIMITÉ

Je terminerai ce tour d'horizon des manières d'envisager la métaphysique selon Diderot par quatre remarques.

D'abord, on doit souligner le fait qu'il y a une polysémie du terme métaphysique chez Diderot qui apparaît symptomatique de la manière dont le XVIIIe siècle envisage le domaine, et dont il a, consciemment ou non, pris acte, à savoir le fait que les deux espèces de la métaphysique traditionnelle (générale et spéciale) sont sérieusement inquiétées dans leur objet et dans leur méthode. Dans leur méthode, d'abord, parce qu'au fond, pris en mauvaise part, le terme de métaphysique critiqué par la génération des Diderot et Condillac désigne presque toujours la philosophie de l'École et ce qui en reste chez les pères de la modernité quand ils donnent dans une philosophie systématique usant d'un corps de termes abstraits et de procédures de raisonnement hautement formalisées.

1 *Encyclopédie*, V, p. 641-642.

Et dans leur objet parce qu'au fond, la métaphysique spéciale, prenant Dieu pour objet, apparaît de moins en moins un domaine de la philosophie et s'en voit rejeter à la périphérie – la frontière entre philosophie et théologie se creuse. La métaphysique générale pour sa part, comme ontologie, en butte au problème de l'idéalisme ou du solipsisme, en vient à considérer qu'elle doit prendre l'esprit humain comme domaine et abandonner toute prétention à aller au-delà. D'où sa tendance à s'instituer en théorie de la connaissance, voire en anthropologie.

De là, l'entrée en scène de Diderot dans le sillage de Condillac se fait en suivant le réquisit de faire de la métaphysique une analyse de la génération des idées. Redéfini de la sorte, le terme de métaphysique peut faire l'objet d'une réappropriation qui est intéressante notamment parce qu'elle vise non pas à faire émerger une nouvelle science en dessinant les contours d'un nouveau domaine de l'être, mais bien d'opérer une rupture historique sur un domaine du savoir constitué. D'où la propension de Diderot et de ses contemporains pour une critique non pas de la métaphysique en elle-même, mais d'une manière d'en faire qui appartient, selon eux, au passé. Ce faisant, il s'agit de montrer que l'illégitimité des concepts et procédures de sa forme traditionnelle n'invalide pas les enjeux auxquels des concepts et des procédures voulaient répondre. La métaphysique est, dès lors, présentée comme un produit historique de l'esprit humain dont la modernité a pour tâche de se ressaisir pour lui imprimer une nouvelle orientation. Il ne s'agit donc pas de détruire la métaphysique, mais de rendre obsolète une manière d'en faire. L'opération est similaire à – et elle l'accompagne – ce qui se passe quand un autre domaine du savoir vit de grandes révolutions : le passage, par exemple, de la physique aristotélicienne à la physique de Descartes. N'admettant plus la possibilité d'une remontée aux principes des choses mêmes, c'est vers ceux de l'ordre phénoménal qu'il faudra se tourner.

Mais ce monde phénoménal, il ne se donne pas à voir seulement comme un donné faisant impression sur nos sens : il se donne à voir par le jeu des opérations que nous faisons sur lui. Ainsi, non content de suivre Condillac dans son analyse et génération des idées, Diderot apporte une contribution toute particulière à l'histoire du terme lorsqu'il affirme que tout art, toute science a sa métaphysique. Cet usage du terme apparaît peu commun parce qu'il démultiplie radicalement les métaphysiques : il y a en aura pour chaque domaine de l'activité de l'esprit, dégageant après coup les principes de cette activité, mais aussi tirant des conséquences de ce que révèlent ces pratiques au sujet du monde dans lequel l'esprit est immergé.

Or, il va de soi que cette mise au jour de ce que disent différentes pratiques au sujet du monde permet au philosophe de s'orienter sur les questions des deux espèces de la métaphysique traditionnelle – ce qui prouve qu'il n'a jamais été au programme de cesser de les poser. En ce sens, le matérialisme de Diderot, loin de disqualifier la métaphysique (nous avons montré dans l'introduction qu'il fallait au contraire la sauver en l'arrachant des mains de ceux qui en font), vient avec ses propres outils conceptuels et ses procédures nouvelles se superposer au travail habituel de la métaphysique. Dans *Le Rêve de d'Alembert*, par exemple, Diderot mobilise les implications et les présupposés de la physiologie et de la chimie pour forger cette vaste conjecture matérialiste qu'il met en œuvre, où toutes les questions habituelles de la métaphysique ressurgissent : Dieu, le temps, nécessité et contingence, principes constitutifs de l'être, nature de l'âme, etc. Or, que cette conjecture serve de fait à répondre à ces questions parce qu'elles sont fondamentales, un échange entre Bordeu et Mlle de Lespinasse le certifie :

> BORDEU : Croyez-vous, mademoiselle, qu'il soit indifférent de nier ou d'admettre une intelligence suprême ?
>
> MADEMOISELLE DE L'ESPINASSE : Non.
>
> BORDEU : Croyez-vous qu'on puisse prendre parti sur l'intelligence suprême, sans savoir à quoi s'en tenir sur l'éternité de la matière et ses propriétés, la distinction des deux substances, la nature de l'homme et la production des animaux ?
>
> MADEMOISELLE DE L'ESPINASSE : Non.
>
> BORDEU : Ces questions ne sont donc pas aussi oiseuses que vous les disiez.
>
> MADEMOISELLE DE L'ESPINASSE : Mais que me fait à moi leur importance, si je ne saurais les éclaircir ?
>
> BORDEU : Et comment le saurez-vous, si vous ne les examinez point ? Mais pourrais-je vous demander celles que vous trouvez si claires que l'examen vous en paraît superflu[1] ?

1 DPV, XVII, p. 133-134.

On comprend alors ce qui fait de la métaphysique quelque chose de sublime : c'est qu'il s'agit d'une enquête sur des questions vertigineuses, où les réponses ne se donnent pas, ou pas encore, avec toute la clarté désirable. Surtout, il s'agit d'une enquête sur des questions qui nous font apercevoir notre fragilité devant l'immensité de la nature et qui, donc, agitent et inquiètent. Or, en dépit du fait que nous n'ayons pas de réponses définitives à offrir à ces questions, le dialogue de Diderot rappelle que nous ne pouvons pas faire l'économie d'en chercher. C'est d'ailleurs sans doute ce caractère vertigineux qui amène Diderot à présenter, dans son œuvre, les spéculations métaphysiques sous les offices de semi-délires proférés par des individus dans des états quasi pathologiques (agonie, rêve, fièvre, etc.). Non que l'élan métaphysique soit l'effet d'une pathologie, mais c'est plutôt que ces états nous rappellent que cet élan relève d'un effort pour se dégager du domaine de l'expérience – et qui a alors le caractère d'un état-limite.

Mitia RIOUX-BEAULNE
Université d'Ottawa

L'*AGGIORNAMENTO* DE LA MÉTAPHYSIQUE CHEZ L'ABBÉ BERGIER ET CHEZ NAIGEON

Au tournant du siècle, l'*Encyclopédie méthodique* de Panckoucke prend le relais de la grande Encyclopédie. Elle entend faire, comme elle, le bilan actuel des connaissances et surtout faire le point sur les nouvelles tendances pour les présenter à ses lecteurs. Dans les termes de l'éditeur lui-même la *Méthodique* vise à « réformer les sciences humaines pour accomplir les Lumières ». Sous cet horizon, le *Dictionnaire de théologie* (1790-1791) de l'abbé Bergier, l'abbé des Lumières, participe de l'offensive et veut mettre en place un *aggiornamento* théologico-philosophique généralisé. *Aggiornamento* de nature polémique qui se complète paradoxalement par le biais de son adversaire explicite, Naigeon, le matérialiste radical. Son *Dictionnaire de philosophie ancienne et moderne* (1791-1797) abandonne Descartes et illustre, de plusieurs manières, le triomphe des explications qui se passent de tout recours à la transcendance.

Tout en étant des adversaires déclarés, Bergier et Naigeon usent pourtant, au nom du rationalisme expérimental, d'une rhétorique semblable et partagent stratégies, ruses et tactiques méthodologiques communes. Agissant depuis l'*Encyclopédie méthodique*, cette plate-forme discursive les réunit mais elle met aussi en évidence leurs divergences. On peut alors les considérer à un triple point de vue, telle est la thèse que je développerai ici, comme :

- 1° des acteurs, à des degrés divers d'intensité, de l'idéologie nouvelle qui se construit ;
- 2° des médiateurs discursifs matérialisant les démarcations qui se creusent dans les institutions et les pratiques politiques, entre celles du présent et celles qui annoncent la société future ;
- et 3° des protagonistes, en ce tournant du siècle, du rejet définitif de la scolastique ancienne, de la métaphysique substantialiste,

> voire, dans le cas de Naigeon de l'abandon définitif de la métaphysique cartésienne, tout en leur substituant une ontologie scientifique promise à un avenir variable.

Somme toute, en faisant ensemble place nette, en opérant, en même temps, les déplacements indispensables au développement de l'Idéologie, Bergier et Naigeon se révèlent comme autant d'indispensables pivots dans l'histoire de la pensée, à la charnière intellectuelle des Lumières et du positivisme naissant.

C'est sous ces trois perspectives, idéologique, politique, philosophique, que j'examine les *Discours préliminaires* respectifs des auteurs précités. J'ajoute à cet examen leur exploitation respective de la philosophie de Spinoza, ce spectre qui, avec Hobbes, hante le siècle. Autour du commentaire sur Spinoza se distribuent nettement les positions occupées par le théologien et l'athée militant. Je dégage, enfin, en ce qui regarde plus spécifiquement la métaphysique, les implications polémiques-politiques de la critique adressée à Descartes ainsi que de quelques entrées conceptuelles communes aux Dictionnaires précités, et parmi les plus significatives, celles qui gravitent autour de « Nature» et de « Dieu ».

LES DICTIONNAIRES ET LE PROGRAMME NORMATIF DE L'*ENCYCLOPÉDIE MÉTHODIQUE*

Panckoucke donne toute liberté politique à ses directeurs. Il n'empêche qu'une polémique idéologique s'installe entre certains directeurs des Dictionnaires, polémique qui s'enracine aussi bien dans le contexte politique et institutionnel de l'époque que dans le développement des déplacements philosophiques qui accompagnent de nouvelles représentations socio-symboliques. Les Dictionnaires que nous étudions ici se rejoignent dans leur dénonciation des pratiques jugées extrêmes ou simplement désuètes en cette fin de siècle humaniste, comme l'esclavage, les inégalités, les freins à la liberté, accompagnant la Déclaration des droits et la fermentation intellectuelle qui a entouré son avènement. Leurs arguments, l'ordre méthodologique de leurs développements, leur appel réitéré au respect des lois de la nature et des lois d'une société, la célébration de la raison, de l'observation, de l'expérience, s'alignent, sur le plan philosophique, sur l'axe du rationalisme empiriste et sensationniste, et sous l'égide de la trinité, Locke, Newton avec, à son sommet, le maître révéré par tous, Bacon.

À l'un des pôles du discours philosophique commun en train de se fixer, Naigeon, anticléricaliste violent, défend avec véhémence le matérialisme athée – il va jusqu'à exclure Rousseau et Voltaire de son *Dictionnaire* pour cause de déisme, ou encore Clarke parce, selon lui, plus théologien que philosophe. À l'autre pôle, Bergier, avec tout autant d'alacrité que Naigeon, expose la doctrine chrétienne qui, restant, certes, par de larges pans, relativement traditionnelle (en ce qui concerne, par exemple, le mariage des Protestants ou la révocation de l'Édit de Nantes) n'en demeure pas moins assez libérale et passablement hétérodoxe, notamment dans la théorie bergerienne du salut[1].

Jean-Philibert Damiron, philosophe conservateur du XIXe siècle, élève de Burnouf et de Victor Cousin, qui occupe la chaire de philosophie moderne à la Sorbonne, donne le ton du genre des condamnations post révolutionnaires en ce qui touche les hardiesses philosophiques des dernières Lumières et ses « erreurs ». Il critique[2] sévèrement, pour leur matérialisme et leur athéisme, les Helvétius, les Sylvain Maréchal, les Diderot, les d'Holbach, etc. Au cours de son examen féroce de l'œuvre de Naigeon, il rapporte presque avec gourmandise les quatrains de Marie-Joseph Chénier qui fustigent l'opposition entre La Harpe et Naigeon. Ces vers me semblent résumer de façon drolatique comment l'opposition entre le chrétien fanatique et l'athée intransigeant finit par résoudre les deux figures en celle d'un Janus bifrons, l'avers et le revers d'une seule et unique médaille, pour faire place à la sorte de conservatisme

1 Cuchet décèle chez Lacordaire et sa remise en cause du nombre restreint d'élus de la doctrine traditionnelle l'influence de Bergier. Voir Guillaume Cuchet, « Une révolution théologique oubliée. Le triomphe de la thèse du grand nombre des élus dans le discours catholique du XIXe siècle », *Revue d'histoire du XIXe siècle*, n° 4, 2010/2, p. 131-148. Lamennais, à son tour, se proclamant l'héritier spirituel de Bergier, s'inspire de cette thèse controversée de l'infinie miséricorde divine et qualifie l'évêque comme « le plus grand apologiste des siècles passés, et peut-être de tous les siècles ». Voir A. J. Bingham, « The Abbé Bergier : An Eighteenth-Century Catholic Apologist » dans *The Modern Language Review*, Vol. 54, n° 3 (Jul., 1959), p. 337-350 pendant que, du côté des clercs, Proudhon considérait Bergier comme son « théologien ordinaire » (voir Cuchet, *loc. cit.*).

2 Jean-Philibert Damiron, dans *Mémoires pour servir à l'histoire de la philosophie au XVIIIe siècle*, 3 volumes, 1858-1864. Réédition, Slatkine, Genève, 1967.

progressiste[1], à la Lacretelle, qui va dominer désormais les débats en France. J'en cite ici quelques couplets en prenant la liberté de remplacer le nom de La Harpe par celui de Bergier :

> Or, connaissez-vous en France, / Certain couple sauvageon, / Prisant peu la tolérance / Messieurs Bergier et Naigeon ? // Entr'eux il s'élève un schisme : / L'un étant grave docteur, / Ferré sur le catéchisme ; / L'autre athée, inquisiteur. // Tout deux braillent comme pies / Déistes ne sont leurs saints. / Bergier les nomme impies / Naigeon les dit capucins. // Bergier a le feu céleste, / Et Naigeon le feu d'enfer. // Partout ces deux Promethées / Vont formant mortels nouveaux ; / Bergier fait les athées / Et Naigeon fait les dévots.

LES DICTIONNAIRES ET LEURS LUTTES APOLOGÉTIQUES

Le *Dictionnaire de théologie* est peut-être de nos jours le plus méconnu des Dictionnaires de *l'Encyclopédie* alors qu'il en est le plus paradigmatique, ou si l'on préfère celui qui se conforme de façon la plus exemplaire aux desseins de Panckoucke. Systématique, rigoureux scientifiquement, Bergier structure fortement son Dictionnaire selon l'ordre analytique, et guide son lecteur au moyen d'une table d'orientation[2], ce qui fait de son Dictionnaire un véritable traité, autonome, selon ce à quoi s'attendait Panckoucke de tous les Dictionnaires. De plus, ce sera le Dictionnaire qui connaîtra, seul de son espèce dans la *Méthodique*, un grand nombre de rééditions jusqu'à la fin du XIXe siècle, et qui sera peut-être le plus lu et le plus influent de tous les 210 volumes réunis sur un demi-siècle (1782-1832) dans cette entreprise monumentale.

L'abbé Bergier fréquente Grandval, aux dires de Morellet et de Diderot ; il est l'ami des encyclopédistes dont Grimm s'est fait le porte-parole, du

---

1 Lacretelle, l'auteur du *Dictionnaire de métaphysique, de logique et de morale*, adopte des positions qui relèvent moins de l'éclectisme – il n'a pas les talents de Diderot – que de la gare de triage, si on me passe l'expression. Il écrira ainsi en 1817 : « ce n'est plus que les saines acquisitions de la philosophie qu'il faut opposer aux erreurs de la philosophie », entendre les outrances matérialistes (« Progression de l'esprit humain », *Tableau des savants, des littérateurs, des artistes*, dans *Œuvres de P. L. Lacretelle aîné*, 6 vol., Paris, 1823-1824, vol. 5, p. 293).

2 Celle-ci, à cause des aléas de l'imprimeur, ne paraîtra qu'en 1832.

moins jusqu'à quelques années avant sa mort, rompant avec eux après la publication de sa réfutation du *Système de la nature*. Bergier maîtrise avec talent les tactiques pour rapporter aux thèses et aux idées-force du siècle les thèmes théologiques, en particulier, l'idée de révélation inséparable de l'idée de Providence, comme en témoigne Grimm encore qui vante son modernisme éclairé. Ainsi Bergier estime, selon la pente du siècle, que la conscience morale est le fondement ultime des vérités religieuses ; il croit à la responsabilité individuelle dans les choix moraux et intellectuels et ne craint pas d'affirmer, à plusieurs reprises, que l'homme est prédisposé à la religion naturelle. Respectueux de l'esprit de l'entreprise de Panckoucke, Bergier n'a pas l'intention, tout comme Naigeon, du reste, d'instruire des spécialistes. Il vise l'accessibilité du plus grand nombre. Bergier ne cache pas ses partis-pris de polémiste et d'apologiste. À la manière de Naigon, cet autre apologiste, mais de l'athéisme, il part en guerre contre les erreurs, les omissions de ses adversaires, dans le cas de Bergier contre les « incrédules » matérialistes ou même contre les théologiens qui l'ont précédé, rédacteurs des articles concernant le dogme chrétien de la grande Encyclopédie. À l'instar de Naigeon, il conçoit son travail encyclopédique à l'exemple de Diderot. C'est-à-dire que son Dictionnaire doit être pour lui éloigné de la neutralité, mais tout en conservant l'objectivité scientifique, constituer à la fois une machine de guerre et un bilan des connaissances. Bergier, encore plus que Naigeon qui est surtout présent dans les notices et les notes de son Dictionnaire, ne s'embarrasse pas de compilations. Beaucoup plus qu'un directeur de collection, comme les autres directeurs que recrute Panckoucke pour ce rôle, il est le seul auteur de son Dictionnaire sans autre appui que les textes des Pères de l'Église, des Écritures, et des exégèses des critiques de l'histoire sacrée, montrant encore une fois sa modernité scientifique par cette méthode qui substitue au rôle de l'expérience dans les sciences physiques, l'épreuve de l'histoire et de la critique des témoignages en sciences humaines.

Jacques-André Naigeon, athée avoué, ancien secrétaire du baron d'Holbach, disciple et éditeur de Diderot qu'il va choisir comme le référent-maître de son Dictionnaire, est membre du tout nouveau Institut national des sciences et des arts, dans la section de l'idéologie rationnelle. Il entretient des vues nettement militantes, anticléricales et antireligieuses et des thèses philosophiques résolument débarrassées de tout relent substantialiste. Dans les trois volumes de son *Dictionnaire de Philosophie ancienne et moderne*, il fait la part belle au matérialisme tout au long de son exposé des écoles, des mouvements et des auteurs, le foyer central de l'œuvre demeurant Diderot. Le travail décapant de Naigeon pour débarrasser la réflexion philosophique de toute accointance scolastique, pour réformer la logique et la métaphysique d'après les principes du sensualisme, pour balayer la stérilité de l'érudition, aura beaucoup contribué, par ses outrances mêmes, à faire place nette aux nouveaux philosophes, c'est-à-dire aux Idéologues, rationalistes ou médecins.

Naigeon a salué avec enthousiasme la Révolution. Son Dictionnaire, en ce sens, est le plus avant-gardiste, le plus à gauche, politiquement. Il reprochera même à la Déclaration des droits de faire référence à l'Être Suprême ainsi qu'à Robespierre, un peu plus tard, d'avoir fait décréter l'existence de Dieu et de l'immortalité de l'âme. Il critique, en les comparant au curé Meslier, les « curés-députés », déplorant qu'il n'y en ait pas à son image. Naigeon fait grief à Voltaire de ses omissions, de ses édulcorations dans son édition du testament du curé Meslier, et les rectifie dans son article qui restitue rigoureusement le radicalisme de Meslier, son emportement contre les prêtres et les ci-devant nobles. Par exemple, l'article « Jésus-Christ », par la tactique de renvois qui emprunte à Diderot, range Jésus-Christ parmi l'histoire des superstitions. C'est aussi dans cette entrée que Bergier est traité directement comme ce « prêtre d'une crédulité stupide ». Comme Diderot aussi dont il a décrit les habitudes éditorialistes dans ses *Mémoires*, Naigon fait une lecture très personnelle des auteurs dont il rédige la notice ou qu'il présente, se réappropriant leurs thèses pour les réinterpréter, les approuver ou les dénoncer. On le voit aussi réserver la part du lion à des auteurs mineurs mais athées comme Mirabaud (87 pages), ou à des libres penseurs comme Fréret ou Dumarsais.

LES *DISCOURS PRÉLIMINAIRES*

Selon les recommandations de Panckoucke, les Discours préliminaires doivent être l'occasion pour les auteurs de préciser leurs intentions, leur programme spécifique, bref, de hisser leurs propres couleurs.

Ce qui frappe, en premier lieu, dans les Discours préliminaires et les Avertissements, c'est que leurs auteurs ont soin de situer leur démarche par rapport à la Grande Encyclopédie qui demeure la base principale de référence mais aussi d'expliquer de quelle manière ils s'en distinguent. Ils établissent ainsi positivement la nouveauté de l'*Encyclopédie méthodique* et les pratiques éditoriales originales, une des plus marquantes est de rompre avec le repli-refuge consistant à se référer à l'autorité des auteurs des siècles précédents. Naigeon, comparant les conditions politiques entourant son Dictionnaire avec celles du travail de Diderot, fera remarquer, et cette observation vaut pour tous les autres Dictionnaires, combien la production de son Dictionnaire, ses accents neufs, ont bénéficié de l'avènement de la Révolution et du climat de liberté politique et d'accessibilité démocratique qu'elle a institué.

Bergier dans son *Avertissement* proclame d'emblée qu'un quart des deux mille cinq cents articles dont l'ouvrage est composé est inédit, le lecteur ne les retrouvera pas dans la Grande Encyclopédie. Un autre quart, dit-il, constitue la rectification des articles erronés que cette dernière comprenait, leur abrégé ou carrément leur suppression. Il déclare : « À presque tous les égards, notre travail doit paraître absolument neuf ».

Plus spécifiquement, en ce qui concerne la discipline au sein de laquelle il poursuit son œuvre, le développement du protestantisme, écrit-il, a nécessité une tâche nouvelle pour les théologiens catholiques : rectifier les attaques contre les Pères de l'Église que les théoriciens protestants ont critiqués. Il s'agit de la tâche apologétique que Bergier revendique et qu'il considère devoir compléter d'une courte notice présentant les Pères de l'Église ; sans doute par respect de l'histoire, pour chasser les anachronismes, et, en même temps, par souci didactique, pour rendre moins aride la lecture. De même, pour aller au plus vif, Bergier juge plus utile de se concentrer sur les passages les plus controversés dans les doctrines pour les éclairer, ces passages, précise-t-il, dont les hérétiques ou les incrédules ont abusé.

Enfin, ces innovations caractéristiques de tous les Dictionnaires de la *Méthodique* se renforcent de la dimension vulgarisatrice de *l'Encyclopédie.* Bergier n'écrit pas pour former des théologiens : « un dictionnaire de théologie n'a pas à être un cours de théologie », mais pour mettre à la portée du public, synthèses et mises en relation et dégager par ces méthodes d'écriture la cohérence de la doctrine catholique. Bergier, à l'instar des autres auteurs, conclut par préciser ses sources, encore un autre point sur lequel mesurer l'évolution des pratiques, sources qui incluent délibérément des théologiens protestants, marquant l'ouverture d'esprit de Bergier.

Naigeon ouvre son *Discours* par l'invocation à Bacon, le maître révéré des orientations de la philosophie moderne. Il réitère les attaques coutumières dont sont remplies la Grande Encyclopédie et la *Méthodique* contre les prêtres qui ont ralenti le progrès de la vérité, et qui sont responsables des vices dont est chargée l'ancienne philosophie. Naigeon ressuscite, en philosophie, la figure du curé Meslier, sa virulence encore plus vive que la sienne, sa haine des prêtres, ses emportements violents contre trônes et autels. « Les prêtres et les rois, écrit-il, sont les deux fléaux de l'espèce humaine ». Contre Bergier, il rejette la théologie comme une « non-science, vaine et contentieuse », n'ayant pas sa place dans une entreprise comme celle de la *Méthodique*. Retenant des grands hommes du passé le seul Pascal, parce que scientifique et pourfendeur des Jésuites, Naigeon spécifie dans son *Discours*, la place d'avenir qu'il ménage dans son *Dictionnaire* à la philosophie. Il détermine avec radicalité les traits d'une métaphysique laïque et scientifique, et dessine l'homme de la « raison future » pour parler comme son ami d'Holbach. Le Philosophe, écrit-il, s'inspirant des définitions de Dumarsais dans l'article éponyme de la Grande Encyclopédie, est une machine, un automate qui se monte lui-même, doté de raison, dont le physique et le moral sont les deux facettes d'un seul et même être.

La philosophie que consacrent la plupart des Dictionnaires de la *Méthodique* est tournée vers l'avenir. C'est celle qui animera la postérité positiviste et analytique du XIXᵉ siècle, la philosophie expérimentale, l'empirisme rationaliste que la Grande Encyclopédie a réussi à imposer. Ses modèles sont Locke, Newton, Condillac, la pratique de l'analyse et avec elle l'attention portée au langage (« ce qui a nui aux philosophes anciens, remarque Naigeon, est qu'ils n'avaient pas la langue de leurs idées »), modèles auxquels il faut ajouter comme le fait Naigeon de façon prémonitoire, Diderot, le plus moderne d'entre eux. L'idéologie que les auteurs partagent largement est l'idéologie scientiste qui prévaudra et qui se nourrit des dénonciations répétitives d'un Dictionnaire à l'autre, des religions considérées comme des mythologies. La méthode, pour sa part, est consensuelle : faire œuvre scientifique, c'est-à-dire pratiquer l'observation, l'expérimentation, se garder des anachronismes – Naigeon critique longuement les méthodes de Dutens, un collègue de l'époque, de l'Académie des sciences, qui juge des anciens à partir des réalisations des modernes – refaire, corriger les erreurs, combler les lacunes, innover, faire montre d'esprit critique envers les prédécesseurs dans le travail encyclopédique : Naigeon cite le travail de Brucker et Stanley comme mauvais exemples. Enfin Naigeon souligne explicitement l'importance du contexte politique sur le travail intellectuel, et combien les auteurs contemporains jouissent de ce règne de la liberté qui, balayant superstition et fanatisme, facilite et garantit le règne de la raison et de la vérité en même temps que le progrès des connaissances.

SPINOZA ET LA RÉFUTATION DU SPINOZISME

Les *Discours Préliminaires* considérés dans leur ensemble sont consensuels, surtout au plan de la méthodologie nouvelle qu'ils inaugurent. Ils offrent aussi un bon miroir des spécificités de la *Méthodique*, témoignent de ses innovations, de ses anticipations, de son intérêt socio-historique. Bergier et Naigeon vont encore se rencontrer autour du philosophe à qui les Dictionnaires font tous référence, Spinoza. Mais c'est pour mieux se diviser et croiser à nouveau le fer, selon leurs interprétations respectives de sa métaphysique.

Bergier a lu certainement l'article « Spinoza » (qui est de Diderot et que Naigeon reprend) dans la Grande Encyclopédie. Il se montre très averti des dangers que représente pour la doctrine chrétienne l'engouement des « philosophes » pour la philosophie de Spinoza, ce « maître infâme », comme il l'appelle dans ses échanges épistolaires. D'emblée, assimilant la métaphysique spinoziste à un « système d'athéisme » appelé panthéisme, il le range dans la section des religions fausses, première partie de la Théologie, Ennemis de Dieu, tome III. Mais, comme à l'accoutumée, il se place pour porter ses coups sur le terrain de la nouvelle épistémè et assène ses arguments du point de vue rationnel et logique. Ainsi Bergier entend discréditer le spinozisme, a) en alignant les conséquences absurdes du système, b) en lui faisant reproche de procéder à coup d'abstractions et de sophismes. S'inspirant peut-être de la lecture du leibnizianisme des encyclopédistes, il oppose au discours de Spinoza qui parle de la substance en général le fait que dans la réalité il n'existe que des individus, et démonte les sophismes des spinozistes qui jouent, dit-il, sur l'équivoque entre le même et le différent.

Dans la seconde partie de l'article, après avoir récusé l'inspiration cartésienne qu'on attribue à Spinoza, il cite les réfutations que le spinosisme a suscité, et en particulier les arguments de Bayle, dans son *Dictionnaire historique et critique*, autre maître de l'Encyclopédie, qui en effet fait ressortir les contradictions de Spinoza. Bergier conclut la revue des critiques de Bayle en s'écriant victorieusement que Bayle fait s'écrouler de lui-même le château matérialiste, prétendument fort du philosophe. Bergier quittant l'arène philosophique termine sa dénonciation du spinozisme en se rapportant aux réfutations tirées de la doctrine chrétienne de Fénelon, contemporain religieux, si en vogue que, sous la Révolution, on demandera pour lui les honneurs du Panthéon ainsi que du *Nouvel athéisme renversé, contre Spinoza* (1696) de Dom François Lamy renommé pour sa rigueur théologique. Leurs arguments au sujet de l'existence de Dieu sont aussi cohérents que ceux de Spinoza, fait-il remarquer, et par conséquent, se demande-t-il, pourquoi donner la préférence au panthéisme matérialiste ? L'empressement des « incrédules » à développer sa doctrine, à en faire l'apologie, fait de lui-même sa condamnation, conclut-il.

Outre le terrain du rationalisme et de la logique sur lequel se place Bergier, ne déméritant pas de sa position de moderne, l'abbé affirme son indifférence à se rapporter aux Anciens et à les rapprocher de l'argument spinoziste à propos de l'âme du monde ; il écarte également le moderne Toland (dont Naigeon au contraire fera grand cas) vu derechef ses contradictions comme l'obscurité de son argumentation au sujet de l'âme du monde, et du rapprochement erroné de Moïse avec le panthéisme dont se rend fautif Toland, selon lui.

La dernière partie de la critique de Bergier est coutumière de l'époque : elle glisse de façon caractéristique du terrain de la métaphysique pour se déplacer au plan de la morale – on verra également Naigeon aborder cette dimension de l'argumentation. Il s'agit de la question de savoir si on peut être à la fois athée et vertueux, athée et heureux. Bergier de montrer alors qu'athéisme formel ou athéisme pur ont les mêmes conséquences néfastes sur le plan moral comme sur le plan politique. Dans l'article « Athéisme » qu'il faut joindre à ses attaques contre le spinozisme, Bergier dénonce un tel système qui « prépare la ruine des états » et qui frappe la « morale par ses fondements ». « Sans la croyance d'un Dieu souverain législateur, résume-t-il, rémunérateur et vengeur, il n'est plus de lois, plus de devoirs ou d'obligations morales proprement dites, plus de vices ni de vertus ». La morale est vue ici comme une sorte de métaphysique appliquée, selon une optique qui atteindra son apogée au XIXe siècle.

Naigeon, en revanche, est moins tributaire de la Grande Encyclopédie et n'a pas de ménagements à prendre. Il déclare sans fards voir en Spinoza l'athée matérialiste exemplaire qui par la hardiesse de ses critiques contre la révélation et les prophètes, devrait rallier tous les incrédules. Comme on vient de le dire, il reprend l'article de Diderot tout au long. Il y voit un grand avantage, c'est que Diderot sous prétexte de résumer les critiques de Bayle – du reste insidieusement tronqués et dont il rapporte les objections, par exemple sur les miracles, à Fréret, le libre penseur – expose longuement toute la démonstration de Spinoza au bénéfice des lecteurs qui n'en seraient pas familiers. Il loue sa méthode toute nouvelle, la « méthode des géomètres » : grâce à elle cet « athée » a réussi « à réduire l'athéisme en système », en un corps de doctrine « lié et bien tissé » où ne se rencontre d'autre dieu que la nature ou âme du monde, et qui expulse tout recours à une autorité transcendante et arbitraire.

Naigon s'adresse, enfin, à la personne même de Spinoza qu'il considère comme un athée exemplaire. Revenant aux controverses de l'époque sur la vertu des athées, il écarte du philosophe tout reproche de débauche : au témoignage de tous, Spinoza « avait des mœurs », était respectueux des lois, grand défenseur de la liberté de conscience et aimant sa patrie. Si on peut supposer que Bergier a lu Diderot sur Spinoza, on peut *a fortiori* supposer que Naigeon, à son tour, a lu Bergier, et en particulier son entrée sur l'athéisme, le système qui nie, explique Bergier, Dieu, la Providence, la Révélation pour y substituer la nécessité. Naigeon, par l'entremise de Diderot, semble répondre point par point à toutes les accusations assénées par Bergier contre les athées, incapables, dénonce le théologien des Lumières, d'aimer leur patrie, d'être vertueux, d'écouter le langage « de la raison et de la saine philosophie ».

LA NATURE, AVEC OU SANS DIEU ?

Les partis-pris de Naigeon dans l'article « Cartésianisme », qu'il reprend dans l'article éponyme de l'abbé Pestré dans la grande Encyclopédie, sont significatifs tant pour les avancées marquant l'*Encyclopédie méthodique* par rapport à sa devancière que par ses anticipations théoriques. Ils révèlent quelles portions de la philosophie de Descartes seront retenues par la pensée dominante, au tournant du siècle, quels traits de l'icône sont accentués au détriment d'autres retombant dans l'ombre quand on la regarde après Condillac. « Il n'est presque plus aujourd'hui de cartésiens rigides, c'est-à-dire qui suivent Descartes exactement en tout[1] ». Naigeon ajoute au texte de Pestré une dernière partie très critique, due à Charles Batteux[2], sur la réputation de précurseur de Descartes. Il la juge surfaite que ce soit en regard du doute, de la méthode, ou encore du procès fait aux sens. Renvoyant à l'article « Baconisme », ses attaques les plus vives sont dirigées contre sa métaphysique, l'idée de Dieu qui seul meut le monde et le gouverne, l'obscurité de ses explications touchant les causes premières et les causes finales.

Que reste-t-il alors de son legs ? Naigeon-Batteux répond par le combat victorieux de Descartes pour la vérité qui rappelle celui de ses amis Diderot et d'Holbach, et avant eux ceux de Lucrèce ou d'Épicure : « il a purgé la terre de deux monstres sourds et aveugles, le Préjugé et la Prévention qui fermaient aux hommes les avenues de la vérité depuis deux mille ans ». En somme pour Naigeon-Batteux, en ses propres termes assez sévères : « Descartes a fait une nouvelle édition de l'esprit humain, mais le livre avait été fait avant lui[3] ».

Sur le plan philosophique, le Dictionnaire de Naigeon va donc aussi le plus loin. Ses attaques contre Descartes et le cartésianisme, poussent plus profondément que la préférence à accorder à Newton et manifestent la dimension novatrice, féconde du chemin que va frayer la philosophie française

1 Article « Cartésianisme », *Philosophie ancienne et moderne*, t. 1, p. 731.

2 Charles Batteux est l'auteur matérialiste de *La morale d'Épicure tirée de ses propres écrits* (1758) et surtout d'une *Histoire des causes premières* dont la hardiesse lui fit perdre sa chaire de professeur. Batteux s'y fait le défenseur d'Épicure et de Gassendi contre les attaques dont ils étaient l'objet.

3 *Loc. cit.*, p. 731.

avant que son élan soit arrêté par la destruction des centres de diffusion de l'Idéologie (journaux, écoles centrales) rationaliste par Napoléon, facilitant ainsi le retour à l'idéalisme (fût-il transcendantal et critique) de Kant et ouvrant la voie à la prépondérance subséquente de la philosophie allemande.

C'est autour du concept de « nature », concept éminent de la philosophie des Lumières, le « terme, comme écrit Bergier dans son article « Nature, naturel », dont l'abus est le plus fréquent chez les philosophes » que se livrent, à cette époque, les combats les plus âpres pour imposer une signification univoque.

Naigeon et les matérialistes athées, au nom de la science, s'empressent de vider la notion de toute connotation religieuse. Ainsi, à la notion chrétienne de l'unité de Dieu et de ses attributs, les matérialistes substituent l'unité de la nature, matière et mouvement (sensibilité, ajoute même un Diderot pressentant le concept d'énergie), éternelle et nécessaire.

Bergier remarquablement bien au fait des idées de la nouvelle philosophie naturelle et de ses progrès va également faire servir la méthode scientifique et les principes de la logique pour déployer sous la Nature un être personnel, souverain, Dieu créateur des lois de la Nature, instituteur des vérités de la religion chrétienne, garant du trône et de l'autel. Bergier insiste surtout pour montrer la puissance d'un Être au-dessus du déterminisme et de la nécessité et l'associer à l'idée de Providence, d'une finalité transcendante incarnée dans un Être maître de l'histoire et garant de la liberté de l'homme. Il dit dès les premières lignes de l'article « Athéisme » : « À proprement parler un Dieu sans Providence n'existe pas pour nous ».

Malgré les apparences, Bergier participe de la vision moderne d'une science libérée de l'hypothèque métaphysique. Dans sa *Réfutation du système de la nature*, il se montre seulement préoccupé de la fécondité et de la cohérence des hypothèses des sciences qui s'occupent de la nature. Et d'une manière tout aussi insistante, mais toujours au nom de cette pierre de touche de « la philosophie naturelle », le critère de l'utile, l'abbé a soin de montrer pourquoi l'interprète du fonctionnement de la nature doit reconnaître dans sa recherche l'autorité du souverain Maître : le Créateur de la nature lui a donné ses lois, celles-là même que le savant tente d'élucider, sinon on met un frein aux progrès de la physique, et on se soumet à une nature aveugle qui, à son tour, est gouvernée par une nécessité immuable[1].

---

1 Reprenant l'inspiration cartésienne, Bergier déclare dans l'article « Nature » : « Lorsqu'ils [les athées] nous parlent *des lois de la Nature*, ils se jouent du terme de *loi*, puisqu'ils

De même que Bergier a fait intervenir pour la signification métaphysique de la Nature, l'association Dieu-Providence, de même pour réhabiliter la vision de l'homme, ce sera le tour d'argumenter sur le plan pratique sous l'égide de l'association Dieu-Révélation. L'homme n'est pas une brute réduite à la somme de ses penchants, car, dans ce cas qu'est-ce qui distinguerait un scélérat d'un vertueux, les deux étant conformes à la nature. Non, combat Bergier, l'homme est à l'image de son créateur, âme et corps, intelligent, volontaire et libre. C'est pour cela que les « lois morales » qui dirigent l'âme de l'homme, peuvent être appelées naturelles, parce que « conformes à la nature d'un esprit intelligent et libre, destiné à mériter un bonheur éternel par la vertu mais qui peut encourir un malheur éternel par le crime[1] ». Bergier part du même postulat que ses adversaires : la vertu doit accompagner toute action morale si l'homme veut vivre heureux. Cependant, contre Naigeon, il montre le caractère à la fois chimérique et impraticable d'une morale qui, prétendant à la vertu et à une vie heureuse, se passe des lois de Dieu et de la religion.

Concluons. La comparaison que nous avons effectuée des références antagonistes nous aura permis de dégager sur quelles grandes lignes se développent les *aggionarmenti* dont se réclament les auteurs des Dictionnaires, du rôle novateur de l'*Encyclopédie Méthodique* et de l'impact de ses attaques dirigées, à l'aube de la Révolution, contre l'autorité des Anciens et, en général, contre les fondements théoriques des institutions politiques et des pratiques de l'Ancien Régime.

Si l'on suit Naigeon, c'est le rêve prométhéen du « philosophe incrédule » qui l'emporte, sur le temps de l'Histoire courte, pendant la brève période du règne institutionnel des Idéologues, mais aussi sur le temps

---

entendent par-là une nécessité immuable, de laquelle ils ne peuvent donner aucune raison. La matière ne peut donner des lois, ni en recevoir sinon d'une Intelligence qui l'a créée et qui la gouverne ».

1 L'article « Vertu » nous renseignera sans ambages : « [...] S'il n'y avait pas une loi naturelle qui nous est imposée par le Créateur, le mot vertu serait vide de sens. Il n'y aurait plus aucun motif constant et solide qui pût nous engager à faire le bien malgré l'impulsion de nos mauvais penchants. Il n'est pas besoin de force pour faire une action utile à nos semblables par le motif de notre intérêt présent, ou d'un avantage temporel certainement prévu, c'est une affaire de calcul et rien de plus. Les Philosophes qui ne veulent point reconnaître un Dieu législateur, rémunérateur et vengeur, et parlent sans cesse de vertu, sont ou de mauvais raisonneurs qui ne s'entendent pas eux-mêmes, ou des hypocrites qui veulent en imposer à des ignorants. N'assigner d'autre motif d'être homme de bien que les avantages qui sont attachés à la vertu dans cette vie, c'est la dégrader et la confondre avec l'amour-propre ».

de l'Histoire longue, avec les travaux des Idéologues, médecins et physiologues, qui débouchent, de nos jours, sur les avancées des sciences cognitives. Naigeon enjoint ses contemporains d'appliquer les leçons de Condillac, de se préoccuper en philosophie de l'étude du langage et de la génération des idées, de balayer l'érudition stérile, de purger la physique naturelle de tout relent métaphysique, enfin de libérer la morale naturelle de la religion et la vie sociale de toute forme de « tyrannie ».

Ou bien le lecteur regardera du côté du *Dictionnaire de Théologie* et s'accoutumera à partir de la Nature-*phûsis*, la plate-forme que Bergier partage avec Naigeon, à abandonner la métaphysique traditionnelle pour l'incliner plus fortement vers la morale. Il s'appuiera, d'une part, comme le recommande Bergier, sur le Dieu-Providence pour introduire dans les sciences humaines le champ de la philosophie de l'histoire et d'une réflexion orientée par les lois naturelles qui la régissent ; d'autre part, sur le Dieu-Révélation et, par conséquent, sur la nature de l'homme pour affermir la figure anthropologique de cet être libre, volontaire, vertueux, fait pour la vie heureuse et responsable.

La *Méthodique* agit bien comme révélateur des tensions multiples qui traversent la vie intellectuelle au tournant du siècle. Elle nous aura montré, à travers le louvoiement entre ses Dictionnaires, la leçon à tirer, pour nos débats actuels, des conséquences contrastées d'un républicanisme radical et des positions plus modérées qui voient dans les lois, la liberté de conscience et d'expression, la tolérance civile et religieuse, la garantie éprouvée contre l'arbitraire et les dérives de l'autoritarisme, du fanatisme et de la superstition.

Josiane BOULAD-AYOUB
Chaire Unesco de philosophie
Université du Québec à Montréal

INDEX

RÉSUMÉS

Didier OTTAVIANI, « Foi et raison. Remarques autour d'un paradigme métaphysique »

Les métaphysiques se différencient en utilisant des éléments argumentatifs issus des périodes précédentes, puis en les faisant fonctionner dans de nouveaux contextes qui en modifient le sens et la portée. Les rapports entre foi et raison tels qu'ils sont pensés par les Lumières mettent ainsi en œuvre des opérateurs conceptuels hérités des époques précédentes, comme par exemple les arguments averroïstes, dont l'étude permet de comprendre la manière dont se forgent les discours métaphysiques.

Pierre GIRARD, « "*Homo non intelligendo fit omnia*". Vico et la métaphysique poétique »

Vico offre non seulement une redéfinition de la métaphysique en focalisant son regard sur son développement génétique dans les modifications de l'esprit des premiers hommes, mais parvient par là même à la soustraire du champ de la théologie dans lequel l'avait enfermé le parti des anciens. Tout l'intérêt est de montrer que la métaphysique n'est jamais un champ neutre replié sur lui-même et ses valeurs, mais un lieu de confrontation entre plusieurs forces qui tentent de l'investir et de se l'approprier.

Arnaud MILANESE, « La critique berkeleyenne de la matière : une dialectique du sens commun et de la métaphysique »

L'immatérialisme de Berkeley semble régler le sort de la matière dès les premières œuvres, comme celui de la métaphysique, fondée sur elle. Mais prendre en compte l'ensemble de l'œuvre montre plutôt que Berkeley reformule le sens de la métaphysique, tout en révélant un dialogue constant avec les sciences telles qu'elles se font. Ce détour s'articule à un soupçon permanent envers les produits de la vie mentale, y compris le sens commun, qui définit *in fine* la démarche métaphysique de Berkeley.

Claude GAUTIER, « Critique de la métaphysique, philosophie première et construction du réel chez Hume »

La complexité et la richesse de la position humienne – quelques-unes de ses difficultés aussi – tiennent dans la tension entre critique de la métaphysique et constitution d'une philosophie première. L'article s'efforce de dessiner certains contours de cette position et des tensions qui la nourrissent. Ce qui permettra également de montrer que ce point de vue aboutit à l'établissement d'un constructivisme : il n'y a pas de connaissance possible du réel en soi ; ce à quoi nous avons accès est le réel pour nous.

Jauffrey BERTHIER, « Vérité métaphysique et vérité politique chez Edmund Burke. Une critique politique de la raison pure »

La métaphysique pour Burke désigne avant tout un régime particulier de vérité et de rationalité, marqué par l'abstraction et le primat de la raison individuelle et incapable de s'appliquer à la politique. Tel est le fond de la critique de la « métaphysique politique » qu'il propose dans les textes qu'il consacre à la Révolution française ; événement qui manifeste à ses yeux l'incapacité d'une raison métaphysique purement critique à produire les institutions auxquelles aspire le programme des Lumières.

Julie HENRY, « Les *Lettres IV et V* à Serena de John Toland. Une réforme métaphysique de l'éthique spinoziste ? »

Toland, dans ses *Lettre à Serena*, fait un pas de plus en regard de Tschirnhaus en formulant ce qu'aurait dû être selon lui le fondement du système spinoziste : le mouvement considéré comme inhérent, essentiel à la matière. Est-ce là le principe qui faisait défaut à l'édifice spinoziste ou bien une thèse l'orientant vers une perspective autre ? Autrement dit, Toland met-il en place une réforme du système spinoziste ou bien s'éloigne-t-il de la visée éthique qui était celle de Spinoza ?

Mogens LÆRKE, « Mendelssohn, Wachter et les origines du Spinoza idéaliste »

Cet article analyse le rapport entre l'interprétation de Spinoza que M. Mendelssohn propose dans les *Philosophische Gespräche* (1755) et celle que J. G. Wachter développe dans son *Elucidarius cabalisticus* (1706). Il montre que

J. G. Wachter est le premier à proposer l'interprétation idéaliste de Spinoza qui, par l'intermédiaire des *Philosophische Gesprache*, sera déterminante pour le *Spinozabild* en Allemagne qui domine dès la *Pantheismusstreit*.

François DUCHESNEAU, « L'ordre naturel selon Needham. Métaphysique et philosophie expérimentale »

John Turberville Needham, philosophe et naturaliste, tire de ses observations sur les zoophytes et les infusoires un système de la nature qu'il expose dans ses *Nouvelles Observations microscopiques* (1750). Afin de concilier l'épigenèse des corps organiques et le réquisit d'un ordre téléologique immanent, il transpose et adapte des concepts et des arguments de la monadologie leibnizienne.

Daniel DUMOUCHEL, « Johann Georg Sulzer. La psychologie comme "physique de l'âme" »

Cet article présente la psychologie philosophique de Johann Georg Sulzer. Dans un dialogue constant avec Leibniz et Wolff, d'une part, et avec la psychologie expérimentale en émergence, d'autre part, la pensée de Sulzer se veut une « contribution à la physique de l'âme ». Il s'agit de préciser la signification de cette notion et d'en souligner quelques dimensions : « force » de l'âme, aperception de soi-même, « états » de l'âme et explication des paradoxes de la volonté.

Nigel DESOUZA, « Deux périodes et métaphysiques de l'*Aufklärung*. Herder et sa critique de Wolff »

Le sujet de cet article est la critique de la philosophie de Christian Wolff par Johann Gottfried Herder. Il consiste principalement dans l'analyse du texte *Ueber Christian Wolfs Schriften* (1768) qui porte sur le *Discours préliminaire sur la philosophie en général* de Wolff. Herder y imagine le remplacement d'une philosophie comme science des possibles qui repose sur une métaphysique statique des essences par une philosophie anthropologique qui commence par une métaphysique dynamique des forces.

Christian LEDUC, « Métaphysique et mathématique chez Lambert. Une réponse à la *Preisfrage* de 1763 »

L'article porte sur la réponse que rédigea Lambert à la question de 1763 de l'Académie de Berlin sur les évidences mathématique et métaphysique. Elle se résume en deux points principaux : d'une part, la métaphysique accède au même niveau de certitude que les mathématiques, mais doit de surcroît se fonder sur la perception interne et actuelle ; d'autre part, l'ancrage des vérités métaphysiques dans la réflexion en restreint considérablement la portée et semble exclure toute possibilité de téléologie.

Jean-François GOUBET, « L'anthropologie, fille de la psychologie rationnelle ou de la psychologie empirique de l'*Aufklärung* ? Herbart lecteur de Kant et de Wolff »

Herbart, lecteur de Wolff et Kant, poursuit un projet métaphysique inauguré bien avant lui. La psychologie empirique continue d'exister dans sa doctrine en tant qu'anthropologie populaire, *via* le moment kantien, ce qui l'émancipe de la métaphysique ; la psychologie rationnelle, pour avoir été critiquée par Kant, n'y est pas abolie mais continue d'y survivre sous une forme propre, plus originelle, dans un questionnement sur les réels au fondement tant de la physiologie que de la psychologie.

François PÉPIN, « La réduction matérialiste de la métaphysique dans les Lumières françaises (Diderot, d'Holbach, La Mettrie) »

Les matérialistes des Lumières françaises radicalisent la critique contre la métaphysique, qu'il s'agisse des systèmes traditionnels ou d'une pratique philosophique jugée trop abstraite et essentialiste. Pourtant, sans défendre exactement une autre métaphysique, opposée doctrinalement mais de nature analogue, ils s'intéressent à certaines ressources métaphysiques. Mais il faut alors réduire la métaphysique à sa juste expression, qui tend paradoxalement vers sa disparition comme domaine autonome.

Mitia RIOUX-BEAULNE, « Des billevesées de l'une à la sublimité de l'autre. Les métaphysiques de Diderot »

Cet article s'intéresse au traitement de la métaphysique par Diderot. S'il adopte une attitude négative à l'égard de la métaphysique, on se rend vite compte que c'est la scolastique qui est visée. Cela sert en fait à faire valoir une autre pratique de la métaphysique, que nous déclinons ici sous trois chefs : une enquête sur les facultés cognitives, un travail spéculatif sur les pratiques artistiques et scientifiques, une réflexion sur les problèmes qui sont aux confins de la connaissance humaine.

Josiane BOULAD-AYOUB, « L'*aggiornamento* de la métaphysique chez l'abbé Bergier et chez Naigeon »

Confrontant le *Dictionnaire de théologie* (1790-1791) de l'abbé Bergier au *Dictionnaire de philosophie ancienne et moderne* (1791-1797) de Naigeon, son adversaire explicite, cet article interroge leurs *Discours préliminaires* respectifs. Il examine ensuite leur exploitation polémique de la philosophie de Spinoza, la critique adressée à Descartes et les oppositions entre quelques entrées conceptuelles communes autour de laquelle se distribuent les déplacements effectués par rapport à la tradition métaphysique.

TABLE DES MATIÈRES

IMPRIM'VERT®

Achevé d'imprimer par Corlet Numérique,
à Condé-sur-Noireau (Calvados), en septembre 2016
N° d'impression : 131882 – Dépôt légal : septembre 2016
Imprimé en France